Johann Gottlieb Georgi

Geographisch-physikalische und naturhistorische Beschreibung des russischen Reichs,

zur Übersicht bisheriger Kenntnisse von demselben

Johann Gottlieb Georgi

Geographisch-physikalische und naturhistorische Beschreibung des russischen Reichs,
zur Übersicht bisheriger Kenntnisse von demselben

ISBN/EAN: 9783743440920

Hergestellt in Europa, USA, Kanada, Australien, Japan

Cover: Foto ©ninafisch / pixelio.de

Weitere Bücher finden Sie auf **www.hansebooks.com**

Johann Gottlieb Georgi,

der Arzneygelahrtheit Doctor, der Rußisch-Kayserlichen und der Königlich-Preußischen Akademie der Wissenschaften, der Römisch-Kayserlichen Akademie der Naturforscher, der Churfürstlich-Mainzischen Societät der Wissenschaften, der St. Petersburgischen freyen Oeconomischen Gesellschaft, der Gesellschaft Berlinischer Naturforschender Freunde und der Jenaischen Gesellschaft der Naturforscher Mitglied,

Geographisch-physikalische

und

Naturhistorische

Beschreibung

des Rußischen Reichs

zur

Uebersicht bisheriger Kenntnisse von demselben.

Erster Theil.
Allgemeine Landesbeschreibung.

Mit zwey Landkarten.

Königsberg,
bey Friedrich Nicolovius 1797.

Vorrede.

Wenn richtige topographische und physikalische Landesbeschreibungen in der Maße schwieriger, aber auch gemeinnüßiger sind, als ein Land von großem Umfange und deswegen von großer innerer Verschiedenheit, auch in mehr Rücksichten nicht durchaus bekannt ist, so wird eine genaue, gut geordnete topographische Beschreibung des überaus großen und in vielen Theilen nur noch wenig untersuchten Rußischen Reichs sehr verdienstlich seyn.

Von diesem Reiche haben sich in diesem Jahrhundert durch Maßregeln der Regierung, vorzüglich Peters des ersten und Katharinens der Zweyten, die Materialien und Quellen für Landesbeschreibung durch Land- und Seeerpeditionen, geographische Departements-Landmesserepen, Bergbau, öffentliche Bekanntmachungen, Berichte sachkundiger Beamten, Circularien, Anfragen und andere Bemühungen der Akademie der Wissenschaften und der freyen ökonomischen Gesellschaft, Belohnungen, Nachrichten in den Archipen der Kollegien und anderer Dycasterien, durch Bemerkungen einzelner einheimischer und fremder sachkundiger Reisenden und Sammler, durch zerstreuete zahllose

Nachrichten in vielerley Büchern — so angehäuft, daß sie auch bey dem äussersten Streben von einem einzelnen Manne ohne obrigkeitliche Unterstützung, und selbst mit dieser kaum zusammen zu bringen sind, und welcher einzelne Mann könnte sie wohl auch mit eisernem Fleiß, für alle Fächer gehörig verarbeiten.

Es schien daher ein vortreflicher Gedanke des vorigen Directors der Kayserl. Akademie der Wissenschaften des Kammerherrn von Domaschnew, die vorhandenen Materialien durch die Akademie selbst, von einem Ausschuß derselben, bald nach Beendigung der auf Kayserliche Veranstaltung und Kosten bewerkstelligten physikalischen Reisen einiger Akademiker, zu einer möglichst vollständigen Topographie vom Rußischen Reich verarbeiten zu lassen, und dadurch der Feyer des funfzigjährigen Alters der Akademie im Jahr 1777 ein gemeinnütziges Andenken zu stiften.

Die topographische Kommittet kam auch zu Stande und bestand aus den Akademikern Rumowski, Pallas, Güldenstädt, Lepechin, Capmann, und den derzeitigen Adjuncten Inochozow und Georgi, die alle akademische Reisen gemacht hatten, auch aus den dermahligen Lehrern des akademischen Gymnasiums, dem Inspector jetzt Kollegienrath und Ritter H. E. C. Baemeister und Konrector, jetzt K. R. und Ritter Stritter. Den Vorsitz in den wöchentlichen Versammlungen hatte der Herr Director selbst. Sie genehmigte einen Plan für eine Topographie des Rußischen Reichs, dessen historischen Theil Herr Stritter, den statistischen Güldenstädt und das übrige Pallas entworfen sen hatte. Er ward bey der öffentlichen Stiftungsfeyer in Rußischer Sprache verlesen, und in derselben gedruckt, in die Werke der Akademie in Französischer Sprache gerückt und steht auch in der teutschen in Arndts St. Petersburgschen Journal und in Bacmeisters Rußischen Bibliothek. Bey Vertheilung der Bearbeitung der verschiedenen Fächer übernahm auch der Akademikus und Reichshistoriograph Müller in Moskau einen Theil im historischen Fach.

Der Plan der Akademie der Wissenschaften für eine Topographie vom Rußischen Reich ist an sich so wichtig, und hat auf mein dieser Vorrede folgendes Werk so viel Bezug, daß ich ihn zur Vergleichung meines Entwurfs mit demselben, doch nur zusammen gezogen, hier aufstelle, um so mehr, da er nicht sehr bekannt geworden und jetzt fast vergessen ist.

Der Rußischkayserlichen Akademie der Wissenschaften in St. Petersburg Prospectus einer Topographischen Beschreibung des Rußischen Reichs.

Erster Haupttheil.
Allgemeine geographische Beschreibung des Reichs.

Erster Abschnitt. Begrenzung des Reichs.
Zweyter Abschnitt. Lage des Reichs auf der Erdkugel.
Dritter Abschnitt. Orographie des Reichs.
Vierter Abschnitt. Grenzbestimmung zwischen Europa und Asien, innerhalb des Reichs.
Fünfter Abschnitt. Allgemeine Beschreibung der Meere unter Rußlands Herrschaft.
Sechster Abschnitt. Beschreibung der großen Ströhme, nach ihren Ursprüngen aus Gebirgen.

Siebenter Abschnitt. Allgemeine Landesbeschreibung.
  a. von Rußland. b. Sibirien. c. Landstraßen.
Achter Abschnitt. Beurtheilung der Land- und Seekarten, welche das Reich betreffen.

Zweyter Haupttheil.
Allgemeine historische Beschreibung des Rußischen Reichs.

Erster Abschnitt. Das Wichtigste der allgemeinen Geschichte Rußlands.
Zweyter Abschnitt. Besondere Geschichte Rußlands.
Dritter Abschnitt. Besondere Geschichte der unter Rußlands Zepter stehenden Nationen.
  1. Klassification der Nationen.
  2. Beschreibung einer jeden Nation nach Stämmen, Geschichte, Wohnplätzen, Lebensart. —
  A. Slawische Völker. B. Teutsche Völker. C. Lettische Völker. D. Finnische Völker. E. Tatarische Völker. F. Samojedische Völker. G. Mongolische Völker. H. Tungusen. J. Kamtschadalen. K. Koräken. L. Kurilen. M. Aleuten. N. Arinzen. O. Jukagiren und P. Tschuktschen.

Dritter Haupttheil.
Allgemeine statistische Beschreibung des Reichs.

Erster Abschnitt. Von der Obrigkeit, Landesherrschaft, Wappen, Verfassung, Rangordnung.
Zweyter Abschnitt. Vom Kriegswesen.
  a. Von der Landmacht und dem Kriegskollegium.
  b. Von der Seemacht und der Admiralität.
Dritter Abschnitt. Von der herrschenden und den geduldeten Religionen und der Geistlichkeit.
Vierter Abschnitt. Von der Civilobrigkeit und Verfassung.
Fünfter Abschnitt. Von der Bevölkerung des Reichs.
Sechster Abschnitt. Beurtheilung der gegenwärtigen Verhältnisse der Nahrungsgeschäfte.

Siebenter Abschnitt. Bestimmung der natürlichen Reichthümer und Vorzüge des Reichs. Von den Klimaten, der Größe des urbaren Ackers, von den Producten —
Achter Abschnitt. Von der Handlung.
A. Der einheimischen und B. der ausländischen.
Neunter Abschnitt. Finanzetat des Reichs.

Vierter Haupttheil.
Specielle Geographie des Rußischen Reichs.

Heutige Eintheilung in Statthalterschaften und bey jeder Statthalterschaft
Grenzen, Größe, Berge, Wälder, Producte u. s. f.

Fünfter Haupttheil.
Physikalische Beschreibung des Rußischen Reichs und seiner Producte.

Erstes Buch.
Minerographie und Mineralogie Rußlands und Sibiriens; mit minerographischen Karten.

Einleitung. Allgemeiner Bau und Verschiedenheit Rußischer Gebirge.
Erster Abschnitt. Das Kaukasische Gebirge.
Zweyter Abschnitt. Die vom Karpatischen Gebirge stammenden Bergstrecken.
Dritter Abschnitt. Das nördliche Gebirge innerhalb Rußlands.
Vierter Abschnitt. Das Uralgebirge.
Fünfter Abschnitt. Die Flöze der Rußischen Ebenen.
Sechster bis Zwölfter Abschnitt. Sibirische Gebirge.
Dreyzehnter Abschnitt. Mineralogie Rußlands.
   a. Hydrologie. b. Halurgie. c. Brennbare Mineralien. d. Erze und Fossilien.

Zweytes Buch.

Oekonomisch-physicalische Beschreibung des Kräuterreichs.

Erster Abschnitt. In Rußland kultivirte Getreidearten. Ackerbau ꝛc.

Zweyter Abschnitt. Pflanzen mit eßbaren Wurzeln und andern eßbaren Theilen.

Dritter Abschnitt. Pflanzen, die einen unmittelbaren Ertrag geben, Flachs, Toback ꝛc.

Vierter Abschnitt. Pflanzen von technischem Gebrauch, zum Gerben u. s. f.

Fünfter Abschnitt. Pflanzen, welche der Gesundheit zuträglich oder schädlich sind. A. Medicinische. B. Giftige.

Sechster Abschnitt. Die besten Wiesen- und Weidegräser.

Siebenter Abschnitt. Pflanzen und Gesträuch für Flugsand.

Achter Abschnitt. Weinbau und dessen Verbesserung.

Neunter Abschnitt. Vom Obst, Kernbäumen und wilden Früchten.

Zehnter Abschnitt. Kultur der Maulbeerbäume.

Eilfter Abschnitt. Forstbäume und Straucharten.

Zwölfter Abschnitt. Schwämme und Moose; deren Nutzen und Schaden.

Dreyzehnter Abschnitt. Allgemeines Verzeichniß der im Reiche wildwachsenden Vegetabilien, mit Standorten — ohne botanische Weitläufigkeiten.

Drittes Buch.

Das Thierreich und dessen Benutzung im Rußischen Reiche.

Erster Abschnitt. Hausthiere, Pferde, Kameele, Hunde. — Deren Zucht.

Zweyter Abschnitt. Größere jagdbare Thiere.

Dritter Abschnitt. Fleischfressende und Pelzthiere.

Vierter Abschnitt. Nagende und grabende, schädliche Thiere.

Fünfter Abschnitt. Warmblütige Seethiere.

Sechster Abschnitt. Geflügel, Raubvögel. Wasservögel, Hausgeflügel.

Siebenter Abschnitt. Fische und Fischereyen.

Achter Abschnitt. Schädliche, kriechende Thiere, Schlangen, Kröten. —

Neunter Abschnitt. Merkwürdige Insecten. Bienen, Seitenwürmer und Seidenbau. Schädliche. Raupen, Käfer u. s. f.

Zehnter Abschnitt. Weiche Seethiere.

Eilfter Abschnitt. Allgemeines Verzeichniß aller Thiergattungen im Reiche, mit Anzeige ihres Aufenthalts, Russische Namen. —

Das Werk hätte wegen seines Gegenstandes und Umfanges, wegen der gelehrten Männer, die mit Sach- und eigener Landeskenntniß an demselben arbeiten würden, wegen der Hülfsmittel, die die Akademie theils besaß, theils erhalten konnte, auch weil es mit minerographischen Karten und Abbildungen neuer oder Rußland eigener Pflanzen und Thieren ausgestattet werden sollte — einzig werden können. Aber schon nach den ersten Konferenzen des Ausschusses, in welchem die Materialien zusammengebracht, Vorstellungen wegen noch fehlender Nachrichten beschlossen, die Arbeiten näher vertheilt wurden und einige Glieder die Anfänge ihrer Bearbeitungen vorzeigen konnten, kam der Director von der Akademie, die wöchentlichen Zusammenkünfte hörten auf und in der Folge verringerten sich die Kommittetsglieder durch Veränderung ihrer Stellen und durch den Tod des auch hierin so verdienstvollen Güldenstädts und so blieb es bey Entwürfen und deren Ankündigungen.

Seit meinem Seyn im Reiche, das ist seit 1770 war Landeskenntniß bey den physikalischen Expeditionen und auch nachher ununterbrochenes Ziel meines möglichen

lichen Strebens, welches bey dem gewöhnlichen Gange
der Dinge in meiner Lage nicht fruchtlos seyn konnte.
Nach und nach ward ich mit vielen Quellen und Materialien zur Landesbeschreibung bekannt und selbst die zerfallene topographische Anstalt der Akademie war für mich
ergiebig. Für einige Fächer der Landesbeschreibung
trauete ich mir so viel Sachkenntniß zu, als die Prüfung, Beurtheilung und Vergleichung zur Unterscheidung des Wahren, Richtigen und des Irrigen, Schiefen — erfordert, auch konnte ich mich wegen des Lokalen überall mit ziemlicher Sicherheit orientiren, welches
in einem Lande von solchem Umfange nicht so leicht und
besonders Fremden kaum möglich ist.

Der Versuch eines Ersatzes der unausgeführt gebliebenen Topographie der Akademie konnte mir wegen des
riesenmäßigen Umfanges des Werkes, wegen der Hülfsmittel, die öffentliche Unterstützung erfordern, wegen
der Ausführung, bey welcher so gelehrte Männer, jeder in
seinem Fache, gearbeitet haben würden — wohl nicht einfallen; es schien mir aber auch, daß ein minder vollkommenes Werk dieser Art, welches in systematischer
Ordnung alles hieher gehörige, mehr oder weniger bekannte, in gedrungener Kürze, mit möglicher Wahrheit,
zu einer sichern Uebersicht enthielte, ein vorzüglich Beförderungsmittel der Kenntniß großer Länder, namentlich des Rußischen Reichs seyn könne; es würde, stelle
ich mir vor, einen jeden in den Stand setzen, was man
hie und da schon wüßte, selbst zu wissen; jeden Sach-
und Landkundigen aber die Lücken unserer Landeskenntniß
bemerken lassen und ihn gleichsam zur Ausfüllung derselben und zum Nachtrag in dieses Buch als in ein Repertorium, für künftigen allgemeinen Gebrauch auffordern.

Mit

Mit der Ausarbeitung eines solchen Werkes meine litterärische Laufbahn zu schließen, war mein angelegener Wunsch.

Der akademische Plan hat Landesgeschichte, Statistik und Politik, specielle Geographie, Physik, Oekonomie und Naturhistorie. Wenn ich diesen meinen Plan für meine Absichten, Zwecke und Kräfte verenge, so fällt die Geschichte des Reichs als außer meinem Gebiet ganz weg. Die Statistik lag mir näher, da sie aber mein Fach nicht ist, so würde mir schon die Leistung etwas Mittelmäßigen viel zu schaffen machen. Es war mir daher sehr lieb, die Statistik Rußlands unter der Feder eines Sachkundigen, beliebten Schriftstellers, des Herrn Assessor Storch Korrespond. der Rußischkayserl. Akademie der Wissenschaften und Mitglied der St. Petersburgschen freyen Oekonom. Gesellschaft, und schon weit gefördert zu finden. Wir nahmen feste Abrede, daß alles, was im Rußischen Reich die Menschen als Einwohner, deren Verfassung, Regierung, Klassen, Stände — beträfe für den Hrn. Storch, alles physische und naturhistorische; die Producte und deren Gewinnung, Verwendung — für mich Gegenstand seyn solle. Wenn unsre beiden Arbeiten zur Beschreibung Rußlands gleichsam ein Ganzes ausmachen, so sollen sie sich doch nicht auf einander beziehen, sondern Storchs Statistik und meine Geographisch-physikalische Beschreibung Rußland sollten für sich bestehend seyn.

Mein Werk, dessen völliger Plan in der Einleitung folgt, mußte der Ordnung und der Sache wegen geographisch doch mehr physisch- als politisch-geographisch seyn. Es bedurfte nicht mehr statistisches, als

als Verständlichkeit und Deutlichkeit erforderte. Die ökonomischen, technischen und übrigen Anwendungen und hiesige Benutzungen kommen nicht in besondere Abtheilungen; sondern bey den Producten und Naturalien, die anwendbare Producte geben, vor. Absichtlich soll nichts zweckmäßiges ausgelassen, aber alles so kurz und gedrungen angeführt werden, daß das Ganze, der Mannigfaltigkeit und Zahl der vorkommenden Sachen ungeachtet, die Grenzen eines Handbuchs nicht überschreite und zu einer möglichst sichern Uebersicht alles bisher bekanntgewordenen, so weit ich es zu meiner Kenntniß bringen können, und auch zu einem Repertorium diene. Die Karten, die ein Wildprecht, Geograph im Kayserlichen geographischen Departement nach der neuerlich entworfenen großen Generalkarte für Rußland und Sibirien nach verschiedenem Maß gezeichnet hat (um für Rußland mehr Raum zu gewinnen,) werden Uebersicht und Ueberblick, und ein Register, welches alle vorkommende Gegenstände nachweiset, den Gebrauch überhaupt erleichtern.

So wegen meines Planes mit mir selbst einverstanden, konnte ich mich der Gründe, ihn auszuführen nicht erwehren. Der stärkste, die Nüzlichkeit eines solchen Werkes, ist reichlich ins Licht gesetzt, ich will aber für den betrübenden Fall, daß mein Unternehmen für zu gewagt erklärt und getadelt werden möchte, noch einige Gründe für meinen Entschluß nur nennen. Ich glaubte mich der Ausführung gewachsen. Mit Recht kann ich von meinen Lesern und Beurtheilern erwarten, daß sie auch, ohne mir den guten Willen hoch anzurechnen, von einem einzelnen Manne, ohne öffentliche Unterstützung nicht verlangen werden, was sich von

einer

einer berühmten Akademie sicher erwarten ließ. Ich wußte keinen Nebenbuhler, mit welchem ich zu meinem Nachtheil verglichen werden konnte und durfte also auf den Vortheil der Schonung, die Werke dieser Art, weil sie als die ersten, ihrer Natur nach nicht unverbesserlich seyn können, rechnen; auch kann ich die Erinnerungen einsichtsvoller Recensenten und anderer, so wie Selbstbemerktes, in den folgenden Bänden nützen.

Einige Umstände schienen mich zur baldigen Ausführung meines Entschlusses gleichsam aufzufodern. Unter einer thatenvollen Regierung, unter welcher so viel für innere Landeskenntniß geschahe, habe ich die thätigste Abtheilung meines Lebens mit Beschäftigungen, die zum großen Theil Gegenstände meines Buches betreffen, und eine Art von Rechenschaft meiner Zeitverwendung schicklich machen, zugebracht; und der nahe Abend des so ausgezeichneten Jahrhunderts, mit welchem auch der Abend meines Lebens so sehr Schritt hält, daß er noch eher, als das Jahrhundert in seine Nacht versinken kann, scheinen mir für eine Uebersicht bisheriger physischer und naturhistorischer Kenntnisse von dem in jedem Beträcht so merkwürdigen Russischen Reich die passendste Zeit. Der Umstand, daß meine 27jährigen Kollectaneen und meine in dieser Zeit in der Landeskenntniß gemachten Fortschritte (von welchen ich bey nur ganz erträglicher Eigenliebe und Selbstschätzung eine vortheilhafte Meynung habe) mit mir ihre nützliche Anwendung verlöhren, auch daß von meinen akademischen Reisegenossen nur noch wenige vorhanden sind, deren keiner mit mir gleichen Zweck hat, kam sehr in Anschlag.

Die

Die Zeit zur Verarbeitung und Zusammenstellung der gesammleten und eigenen Materialien verschaffte mir leider meine zerrüttete Gesundheit, die mich von den Feuerarbeiten meines Faches abhielt, mir aber meine leidenschaftliche Neigung für nützliche Beschäftigungen zwar beschrenkte, doch nicht entzogen hat. Alles zusammen genommen bin ich also gegen die niederschlagende Erfahrung einiger Schriftsteller, ihre Werke zu überleben, ziemlich gedeckt. —

Gründe genug für die Erscheinung eines litterärischen Productes, welches seiner Natur nach eine mit eigener Kenntniß verwebte Kompilation ist. Werden Recensenten und billige Leser in einer so mühevollen Bearbeitung die sorgfältigste Wahrheitsliebe, bey Aufstellung befriedigender Nachrichten die gedrungene Kürze und gut geordnete Zusammenstellung eines möglichst vollständigen Handbuchs nnd im ganzen mein Werk seinen Zwecken angemessen finden, so entspricht dieses den angelegenen Wünschen und Hofnungen

St. Petersburg
im 1797ten Jahre.

des Verfassers.

Einlei-

Einleitung

zur

geographisch-physikalischen

und

naturhistorischen Beschreibung

des

Rußischen Reichs.

———

Einleitung

zur

Kenntniß der Schriften

der

naturforschenden Gesellschaft

in

Zürich betreffend.

Inhalt und Plan des Werkes zu dessen Uebersicht.

Erster Theil.
Allgemeine Landesbeschreibung.

Einleitung und in derselben 1. Benutzte Hülfsmittel. 2. Geschichte der physicalischen Kenntniß des Reichs. 3. Maß, Gewicht und Münzen zur Bestimmung und Schätzung der Dinge.

Erste Abtheilung.
Allgemeine Landesbeschaffenheit.

Abschnitt 1. Lage, Größe und Grenzen des Reichs. Grenzen Europens und Asiens in demselben.
Abschn. 2. Klima. a) Des südlichen, b) gemäßigten, c) kalten und d) arctischen Landstrichs.

Zweyte Abtheilung.
Gebirgkenntniß Rußlands. Orographie.

Lage, Richtung und Abtheilung unserer Gebirge überhaupt.
Abschn. 1. Das Kaukasische Gebirge, nach seiner a. äusfern und b. mineralogischen Beschaffenheit.
Abschn. 2. Das Taurische Gebirge.
Abschn. 3. Rußische Gebirgstheile der Karpaten.
A. Der Abhang der Karpaten.
B. Das Alaunische Gebirge und Landrücken.
C. Das Waldaische Gebirge.
Abschn. 4. Das Scandinavische und Finnische Gebirge Rußischen Antheils.

B   Abschn.

Abſchn. 5. Das Uralgebirge.
   A. Nowaja Semlia. B. Der Nordural.
   C. Der Werhoturiſche. D. Katharinenburgſche und E-
   Goſchatriſche Ural.
     Klüfte, Höhlen und Erdfälle im Ural.
     Nähere Beſchreibung dieſer Gebirgsabtheilungen.
      a. Das weſtliche Vorgebirge und b. deſſen Landrücken.
      c. Das weſtliche Kalk- und d. Grenzgebirge.
      e. Das Haupt- oder Scheidegebirge.
      f. Das öſtliche Grenz- und g. einfache Kalkgebirge.
      h. Das öſtliche Vorgebirge.
   F. Das Guberlinkiſche Gebirge.
   G. Das Gemeingebirge (Obſtſchei Syrt.)

Abſchn. 6. Das Sibiriſche Grenzgebirge, vom Ural zum
   Irtyſch, mit deſſen ſüdlichen Zweigen.
   A. Ulutau. B. Das Alginkiſche und C. Mangislokſche
   Gebirge. D. Die Flözgebirge der Kirgiſiſchen Steppe und
   E. Das Soongoriſche Grenzgebirge.

Abſchn. 7. Das Gebirge Altai.

Abſchn. 8. Das Kolywaniſche Erzgebirge; deſſen a. äuſſere und b. mineralogiſche Beſchaffenheit.
     c. Kolywaniſcher Bergbau.
     Der Urman am Ob.

Abſchn. 9. Das Teleutiſche, Sajaniſche und Mongo-
   liſche Gebirge.

Abſchn. 10. Das Jeniſeiſche und Krasnojariſche Erz-
   gebirge.

Abſchn. 11. Das Baikalgebirge.

Abſchn. 12. Das Dauriſche Jablonoi- und Selengins-
   kiſche Gebirge.

Abſchn. 13. Das Dauriſche Nertſchinskiſche Erzgebirge.
   deſſen a. äuſſere b. und mineralogiſche Beſchaffenheit.
     c. Nertſchinskiſcher Bergbau.

Abſchn. 14. Das Gebirg Stannowoi.

Inhalt.

Abschn. 15. Das Kamtschatkische Gebirge.
Gebirgsbeschaffenheit der Kurilischen und Aleutischen Inseln.

Abschn. 16. Ebenen und Flächen a. Rußlands und b. Sibiriens.

Dritte Abtheilung.
Die Gewässer im Rußischen Reiche. Hybrographie.

Einleitung.

Abschnitt 1. Gewässer der Kirgisischen Steppen.
A. Seen. B. Flüsse.

Abschn. 2. Kaspische Gewässer.
A. Die Kaspische See. B. Kaspische Flüsse des Rußischen Gebietes, Jemba, Ural, Wolga u. s. f. C. Landseen.

Abschn. 3. Asowsche Gewässer.
A. Das Asowsche Meer. B. Asowsche Flüsse und C. Seen.

Abschn. 4. Gewässer des schwarzen Meeres.
A. Das schwarze Meer. B. Flüsse im Rußischen Gebiet. Die Taurischen, der Dniepr, Dniester — C. Landseen.

Abschn. 5. Ostseegewässer.
A. Die Ostsee und ihre Rußischen Busen.
B. Ostseeflüsse im Rußischen Reiche, die Düna, Newa ꝛc.
C. Landseen des Systems der Ostsee. Der Peipus, Ladoga —

Abschn. 6. Der nordliche Ozean, Rußischen Antheils.
A. Küste des Nordmeers. B. Das weiße Meer.
C. Küste und Busen des Eismeers.
D. Flüsse und Seen des Nord- und weißen Meers, Düna, Petschora ꝛc.
E. Flüsse des Eismeers von W. in O. der Ob und dessen Flußsystem, Jenisei, Lena, Kolyma u. s. f. und Seen.

Abschn. 7. Das Ostmeer mit dem Kamtschatkischen, Ochozkischen und dem Pensinschen Busen.

Inhalt

B. Ostmeerflüsse, Anadir, Ochota, Kamtschatka, Ud, Argun, Schilka. C. Landseen.

Zweyter Theil.
Geographisch-Physikalische Landesbeschreibung.

Einleitung.

Erste Abtheilung.

Statthalterschaften des nördlichen Landstrichs Rußlands.

Abschnitt 1. Archangel. 2. Olonez. 3. Wiborg. 4. Gouvernement St. Petersburg. 5. Riga. 6. Reval. 7. Pleskow. 8. Nowgorod. 9. Twer. 10. Jaroslawl. 11. Kostroma A. Kostroma B. Unscha. 12. Wologda. A. Wologda B. Ustjug. 13. Wiäsk. 14. Permien. A. Permien. B. Katherinenburg.

Zweyte Abtheilung.

Statthalterschaften des gemäßigten Landstrichs Rußlands.

Abschn. 1. Das Gouvernement Moskau. 2. Statthalterschaft Wolodimer. 3. Kasan. 4. Ufa A. Ufa. B. Orenburg. C. Kirgisische Steppe. Hüttenwerke der Statthalterschaft Ufa.

Abschn. 5. Nischne Nowgorod. 6. Pensa. 7. Simbirsk. 8. Saratow. 9. Kaluza. 10. Ridsan. 11. Tambow. 12. Tula. 13. Woronesch. 14. Smolensk. 15. Charkow. 16. Kursk. 17. Orel 18. Nowgorod Sewersk. 19. Tschernigow. 20. Polozk. 21. Mogilew. 22. Gouvern. Wolhynien. 23. Statth. Podolien. 24. Minsk. 25. Gouvern. Kurland, 26. Wilna. 27. Slonim.

Dritte

Inhalt.

Dritte Abtheilung.

Statthalterschaften des südlichen Landstrichs Rußlands. Abschn. 1. Gouvern. Braslaw. 2. Statth. Kiew. 3. Katharinoslaw. 4. Wesnesinsk. 5. Taurien. 6. Land der Donschen Kosaken. 7. Kawkasien. A. Kawkasien. B. Astrachan. C. Gebirgprovinzen. D. Georgien.

Vierte Abtheilung.

Statthalterschaften Sibiriens.

Abschn. 1. Tobolsk. A. Tobolsk. C. Tomsk.
2. Gouvern. Kolywan.
3. Irkuzk. A. Irkuz. B. Nertschinsk. C. Jakuzk. D. Ochozk und Kamtschatka und den Ostmeerinseln, Kurilen und Aleuten.

Dritter Theil.

Bisher bekannt gewordene Naturalien des Rußischen Reichs.

Einleitung.

Erste Abtheilung.

Systematische Anzeige bisher bekannter Wasserarten im Reiche.

Klasse 1. Einfache Wasser.
Klasse 2. Mineralische Wasser, Sauerbrunnen und Bäder.

Zwenyte Abtheilung.

Bisher bekannt gewordene Mineralien im Reiche.

Klasse 1. Erd- und Steinarten.
Klasse 2. Salzarten. Klasse 3. Brennliche Mineralien.
Klasse 4. Metalle und deren hier übliche Darstellung in Hüttenwerken, Veredlungen in Fabriken —

Klasse 5. Versteinerungen und mineralische Verstaltungen.

Dritte Abtheilung.

Nachricht von allen bisher bekannt gewordenen Pflanzenarten im Reiche, mit Anzeige der Gleichnahmen, des Ortes, der hiesigen Benutzung, ihrer Merkwürdigkeiten. —

Oekonomische und technische Vorerinnerungen.

Pflanzen der ersten Klasse des Systems des Ritters von Linné nach Reinhards Ausgabe

und so der übrigen 23 Linneischen Klassen.

Auch kultivirte einheimische und von Außenländern eingeführte Gewächse.

Vierte Abtheilung.

Bisher bekannt gewordene Thierarten des Rußischen Reichs.

Einleitung. Beschäftigungen der mannigfaltigen Nationen des Reichs mit Gegenständen aus dem Thierreich.

Klasse 1. Säugethiere (Mammalia L.) in der Folge des Linneischen Systems nach Gmelins Ausgabe.

Klasse 2. Vögel (Aves L.) Kl. 3. Amphibien (Amphibia L.) Kl. 4. Fische (Pisces L.) Kl. 5. Insecten (Insecta L.) und Kl. 6. Gewürme (Vermes).

Ueber die so zahlreichen Artikel und den mannigfaltigen Inhalt ein kurzgefaßtes, befriedigendes, allgemeines Sach- und Namenregister.

Im ersten Theile des Werkes, der allgemeine Landesbeschreibung enthält, habe ich mich, da historische Untersuchungen meine Sache nicht seyn konnten, in Absicht der Grenzen nach den neuen, unter Autorität erschienenen Landkarten und den Erklärungen der Kayserlichen Ukasen ic. gerichtet. Die beyden zum Werke gehörenden Karten stellen die Lage des Reichs auf der Erdkugel und seine ne jetzigen Begrenzungen und Nachbarschaften, so wie auch die Lage und Begrenzungen der sämmtlichen jetzigen Statthalterschaften und Gebiete des Reichs, merkwürdige Gegenden, Gebirge, Steppen, Meere, große Flüsse und Seen — zu einem leichten und so sichern Ueberblick dar, als es von den rühmlich bekannten Kenntnissen des Hrn. Wildbrecht, Geographen des Kayserlichen Departements für den neuen Rußischen Atlas und von der Theilnahme des Hrn. Akademicus Schubert, Geographen der Kayserl. Akademie der Wissenschaften, zu erwarten ist. Jeder aufmerksame Leser wird sich durch Hülfe dieser verjüngten Generalkarten über alles im Werke vorkommende in Absicht der Oerter und Gegenden sicher und leicht orientiren können, da die Nahmen und Zeichen der Kreisstädte die Lage jeden Kreises, auch ohne punctirte Grenzen, sehr bestimmt zeigen.

In der zweyten oder orographischen Abtheilung des ersten Theils, habe ich bey den Erzgebürgen den Bergbau mit genommen, weil die Kenntniß dieser Gebirge, so wie deren Benutzung, auf demselben beruhet.

In der dritten oder hydrographischen Abtheilung schien mir die Beschreibung der Flüsse nach den Meeren, in die sie fallen, besser, als nach den Gebirgen, an welchen sie entspringen. Die Landseen sind bey ihren Flüssen und die Sümpfe bey den nächsten großen Gewässern angeführet.

Im zweyten oder geographischen Theil habe ich in politischer Hinsicht, so weit es ohne Nachtheil der Verständlichkeit geschehen konnte, Büsching (das Rußische Reich beschrieben von D. A. Fr. Büsching 8. 1787) vorausgesetzt und Plestscheew Uebersicht des Rußischen Reichs (Obozrexie etc.) 1793 benutzt. Bey jeder Statthalterschaft war mir physische Beschaffenheit, Lage, Klima, Producte, und deren Verwendung, Bedürfnisse, Anbau — vorzüglich Zweck. Die Sibirischen Statthalterschaften nahm ich zusammen, weil sie in einem andern Welttheil und bis auf Kolywan in mehr als einem Landstrich liegen.

Im dritten Haupttheil, der der **naturhistorische** ist, sind in der ersten oder **hydrologischen**
Abtheilung die Rußischen bekannten Wasserarten nach dem
sehr vereinbarlichen System des Ritters **Wallerius** und
Bergrath **Cartheusers** angeführet.

In der zweyten oder **mineralogischen Abtheilung** folgte ich des Bergrath **Brünnich**, von mir aus
dem Dänischen mit des Verfassers Verbesserungen übersetzten
Mineralogie. Brünnich hat bey seinem Handbuch die
im Umgange seyenden mineralogischen, orographischen, che-
mischen und besonders metallurgischen Kenntnisse gut benutzt
und durch den Umstand, daß ich in der Uebersetzung Wallerii Systema Mineralogicum citirt habe, sind auch Gleichnahmen und mehr Nachrichten von Mineralien nachgewiesen.
Bey neuen Mineralien, deren hier nur noch wenige, die
Stand gehalten, bekannt geworden, habe ich **Blum-
bachs Handbuch der Naturgeschichte angeführet**. Bey jedem Mineral von ökonomischer und tech-
nischer Nutzung ist die hier übliche Art der Gewinnung,
Veredlung, Nutzung — kurz angezeigt und auch von Stein-
und Salzbrüchen, Salzsiedereyen, Hüttenwerken, Schmelzöfen, Fabriken für Veredelung — Nachricht gegeben.

Die dritte Abtheilung des dritten Theils hat
alle Pflanzen Rußlands, welche ich zu meiner Kenntniß
habe bringen können, in der systematischen Folge des Ritters
von Linné, nach **Reinhardts Ausgabe** (Car. a Linné
Systema Plantarum. Ed. novissima Curante D. Joh. Jac. Rein-
hard 8. 4 Bände). Mit Voraussetzung dieses Werks und
dessen Synonimien ꝛc. ist bey jeder Pflanze, wo ichs konnte,
die hiesige Benennung, Standort, Gebiet, hiesige Anwendungen — angemerkt. Auch die aus dem Auslande
hier eingeführten und gebaueten sind, doch ohne mitgezählt
zu seyn, hier angeführet.

Bey der vierten oder **zoologischen Abtheilung** des
dritten Haupttheils, bin ich der Gmelinschen Ausgabe
des

Einleitung.

des ersten Theils des Linnéischen Natursystems
(Car. a Linné Systema Naturae. Tom. I. Ed. XIII. Cura J.
Fr. Gmelin 8. 1788.) in allen Klassen gefolgt. Mein Verfahren in dieser Klasse ist dem mit den Pflanzen in der 3ten
Abtheilung ganz ähnlich. Auch hier habe ich die hiesigen
Hausthiere ausländischer Herkunft gleichsam als Kolonisten,
ohne sie bey den einheimischen Thieren mit zu zählen, angeführet.

Auf Abbildungen neuer oder Rußland eigener Pflanzen und Thiere, die sich aus den Werken den St. Petersburgischen Akademie der Wissenschaften, den Reisebeschreibungen der Akademiker ꝛc. hatten erhalten lassen, konnte ich
mich aus mehrern, leicht ersichtlichen Gründen nicht einlassen. In einem Buche, welches mehr Uebersicht, als Beschreibung ist, in viele Hände gewünscht wird, also wohlfeil seyn muß, konnte Nachweisung der Abbildungen hinreichen.

Bey Verarbeitung meiner Materialien habe ich in Absicht auf mehr oder weniger Kürze oder Vollständigkeit —
das gewünschte Ebenmaas nicht überall zu erhalten vermocht. Die Hülfsquellen, welche ich als Bürgen, und
damit jedem das Seine bleibe, angeführt habe, flossen weder gleich hell, noch gleich reichlich; nicht alle Gewährsmänner besaßen gleiche Prüfungsgabe und manche Nachrichten müssen als unsicher ganz bey Seite gelegt werden, wenn
anders Wahrheit und Sicherheit des Mitgetheilten keinen
Zweifeln ausgesetzt werden durfte. — Die kurzen Nachrichten aber, sind, da im Werke alles seinen festen Platz
hat, gleichsam Aufforderungen an sachkundige Freunde
durch befriedigendere Nachrichten, diesen Mängeln abzuhelfen. Bey manchen Gegenständen war es bey der Menge
der Nachrichten schwierig, sich in deren Mittheilung nicht
von der beabsichtigten Kürze und Gedrungenheit zu entfernen.

Mein Wunsch, geographische und andere der Veränderung hier sehr ausgesetzte Einrichtungen gerade in ihrem jetzigen Zustande genau zu schildern, hatte bey weitem nicht überall statt. Die ungemeine Größe des Reichs, Mangel an mancherley Zeitschriften, an Buchhandel und an litterärischem Verkehr durch Briefwechsel u. s. f. verursachen, daß viele ertheilte Nachrichten älter als seit heute, theils von der Zeit der neuen Gouvernementseinrichtungen, der Reisen der Akademiker ꝛc. her sind und nicht weiter reichen. Viele Veränderungen in entfernten Gegenden kommen unvollkommen, theils gar nicht zur Kenntniß. Dieses macht für ein kurantes Buch Nachträge nöthig. Aber auch bey den unvermeidlichen Mängeln meines Buchs und ohne große Anmaßungen, glaube ich erwarten zu können, daß meine Uebersicht, als Ueberblick der sehr zerstreuten Kenntnisse vom Reich und wegen der dadurch verschaften Leichtigkeit diese Kenntnisse zu erwerben und zu befestigen, sehr nützlich und meine beharrliche Mühe fruchtbringend befunden werden können.

Maß, Gewicht und Münzen

sind hier nur in so fern kurz anzuführen, als sie bey Bestimmungen, Schätzungen, Vergleichungen der Dinge der Maaßstab sind, ohne welchen manche Anzeigen Lesern außer Rußland unverständlich seyn würden.

Die Zeit rechnet man noch nach dem Julianischen Kalender oder alten Styl, der gegen den Gregorianischen oder neuen jetzt um 11 Tage zurück ist und vom Jahr 1800 12 Tage zurück seyn wird. Der Rußische Kirchenkalender, der vom Jahr der Schöpfung zählt, schreibt 1796 7305. und kömmt nur in kirchlichen Angelegenheiten, Festen ꝛc. vor.

Maß und Gewicht sind von der Regierung festgesetzt und im ganzen Reiche gleich, doch haben einige Statthalterschaften für gewisse Maße und Gewichte eigene Nahmen; überall aber stehen sie unter der Polizey, die sie stempelt und in streitigen Fällen untersucht.

Län-

Längenmaß.

Der Rußische Fuß (Fut) ist der Englische, den Peter der Große für die Flotte annahm und der es für das ganze Reich geworden ist. Man theilt ihn in 12 Zolle (R. Dum) und jeden Zoll in 10 Linien (Skrupuli).

Die Rußische Elle (Arschin) ist 28 englische oder $26\frac{1}{4}$ Französische Zoll lang. Man theilt sie in 16 Werschok, deren jedes also $1\frac{3}{4}$ Englische Zoll lang ist. Drey und neunzig und $\frac{3}{4}$ Arschinen sind 100 Berliner Ellen, 15 Arschinen 16 Ellen gleich. In den neuen Polnischrußischen Statthalterschaften waren in verschiedenen verschiedenes Maß und Gewicht, jetzt aber geschehen die Bestimmungen nach dem Rußischen.

Der Rußische Faden (Saschen) ist 3 Arschinen oder 7 Rußisch und Englische Fuß lang. Der Teutsche Faden hat 6 rheinländische. Die Französische Toise 6 Französische Fuß. Eine Werst hat 500 Rußische Faden (Saschen) oder 3500 Englische und Rußische Fuß. Eine geographische Meile hält 6 Werst, 475 Saschen und $1\frac{1}{2}$ Arschin; ein geographischer Grad von 15 Meilen hält 104 Werst, $131\frac{1}{2}$ Saschen $7\frac{1}{10}$ Werschok, kürzer $104\frac{1}{2}$ Werst. Eine Englische Landmeile hält 2 Werst 86 Saschen, eine Französische Lieue 4 W. 84 Saschen, eine schwedische Meile 10 W. 17 Saschen. In den Polnisch-rußischen Statthalterschaften werden jetzt die Wege nach Wersten gemessen und bezeichnet.

Flächenmaß.

Flächen werden nach Quadratwersten, Desättinen, Saschenen, Arschinen und Fuß, am gewöhnlichsten aber nach Desättinen berechnet. Eine Desättine ist 80 Faden lang und 30 Faden breit oder auch 60 Faden oder Saschen lang und 40 breit, welches wie das vorgenannte ebenfalls 2400 Quadratsaschen oder 117,600 Quadratfuß enthält. In den Baltischen Statthalterschaften wird die Größe der Felder oft noch

noch nach Schwedischen Tonnen Aussaat gerechnet; eine Tonne Land enthält den Raum von 46,772 Französischen Quadratfuß. In Riga und Reval rechnet man die Größe der Landgüter, besonders die der Krone gehörigen noch nach alter Sitte nach Haken und versteht unter einem Haken so viel Land als 5 Männer bearbeiten können.

Getreidemaß.

Eine Garniza, die mit Asmucha und Asmuschka einerley und das kleinste Getreidemaß ist, enthält ⅓ Tschetwerik oder ein Maß, welches 5 Pfund trocknen Roggen faßt. Drey Garnizen machen ein Kütmit oder ⅔ Tschetwerik.

Ein Tschetwerik enthält 1229 pariser Kubikzoll und an getrocknetem Roggen 1 Pud.

Ein Pay oder Pajok beträgt 2 Tschetwerike und hält 2458 Französische Kubikzoll oder den Raum von 2 Pud getrocknetem Roggen.

Eine Pallasmina d. i. ein halbes Achtel, enthält 2 Pay oder 4 Tschetwerik, die ½ Tschetwert sind; nach Kubikmaß 4619 Französische Kubikzoll.

Ein Meschak oder Sak wird für 5 Pud gerechnet und ist für Mehl und Grütze gebräuchlich.

Ein Tschetwert und ein Osmina sind einerley Maß. Es enthält 9832 Französische Kubikzoll oder 8 Tschetwerik; nach gedörretem Roggen gerechnet 8 Pud.

Ein Kut oder Mattensak wiegt mit Roggenmehl 9 Pud und wird gewöhnlich 10 Tschetwerik gleich gerechnet.

Ein Okaw enthält 4 Tschetwert, also an trocknem Roggen 32 Pud, ist aber wegen der Unbehülflichkeit ganz außer Gebrauch.

Eine Tonne Getreide hält in Reval 5964, in Riga 6570, in Narwa 8172, in Schweden 8310 Französische Kubikzoll.

Ein

Maß, Gewicht.

Ein Berliner Scheffel hält 2604 Pariser Kubikzoll.

Ein Rigischer Lof hält 3285 Pariser Kubikzoll und gleicht 27 Kannen. Er ist also etwas über ⅛ Thetwert, denen er gleich gerechnet wird.

Eine Last in Reval hält 24 Revalsche, in Riga 24 Rigische Tonnen oder 48 Lof Gerste und nur 45 Lof Roggen.

Maß der Flüßigkeiten.

Ein Tscharka ist $\frac{1}{11}$ Kruschka oder Asmin. Ein Kruschka oder Asmin hält ¼ Wiedro. Ein Tschetwert ¼ Wiedro oder 2 Kruschki.

Ein Wiedro oder Rußischer Eimer hält 610 Pariser Kubikzoll und gleicht 5 Rigischen Kannen oder 10 Stoffen. Ein Botscha oder Fäßlein fasset 4 Wiedro.

Ein Stof in Riga hat 61, in Reval 60 Pariser Kubikzoll. Ein Berliner Maß hält deren 858.

Ein Faß in Riga hält 12 Wiedro oder 120 Rigische Stof. Neunzehn Wiedro machen ein Oxhofd oder 6 Anker. Sieben und funfzig Wiedro betragen 150 Englische Galonen, deren eine 233 Pariser Zoll enthält.

Ein Polnischer Garnika (Topf) hält $80\frac{1}{2}$ Französische Kubikzoll und ein Korzec 30 Garniki oder 5156 Französische Kubikzoll.

Gewicht.

Ein Salotnik wiegt 68, nach der Rußischen Pharmakopöe aber 70 medizinische Grane. Bey rohem und gemünztem Golde und Silber wird es in 96 Theile getheilt. Edelgesteine werden nach Karat gewogen.

Ein Rußisch Loth wiegt 3 Salotnik, ein Rußisch Pfund 96 Salotnik oder 32 Loth. Fünf und vierzig Rußische Pfunde wiegen 38 Hamburger Pfunde, $114\frac{2}{10}$ Rußische Pfunde sind 100 Berlinischen gleich. Ein Oka Tauriens wiegt 3 Rußische Pfunde. Ein Dwoinik ist 2 Pfund,

1 Tcoinik 3 Pfund; 1 Plateril 5, und ein Defsterik
10 Pfunde.

Ein Rußisch Pud wiegt 40 Rußische Pfunde. Ein
Berkowiz ist 10 Pud oder 400 rußische Pfunde.

Ein Grista Heu wiegt ½ Pud; 1 Penna Heu
480 Grista oder 240 Pud (S. St. Petersb.)

Münzen.

Goldmünzen sind ganze Imperiale zu 10 Rubel, und halbe zu 5 Rubel. Sie halten im Rußischen Pfund 88 Selotnik fein Gold und 8 Sel. Kupferligatur; einer wiegt $3\frac{1}{13}$ Selotnik. Sie sind Kurantgeld, Rußische Dukaten aber zu 2 Rubel und goldne Rubel kommen im Verkehr kaum vor.

Silbermünze wird nach dem Münzedict der Kayserin Katharina der zweiten von 1763, zu 72 Selotnik fein und 24 Sel. Kupferligatur (also zwölflöthig) und auf einem Pfunde legirten Silbers in Rubel, halben und viertel Rubel 17 Rubel $6\frac{3}{4}$ Kopek, in gedoppelten, einfachen und halben Griewen aber 17 Rubel 40 Kopeken geprägt. Die gangbaren Silbermünzen sind: fünf Kopeken oder halbe Griewen, Zehn Kopeken oder Griewen, Funfzehn Kopeken oder fünf Aktnistücke, zwanzig Kopeken oder gedoppelte Griewen. Ein Viertel Rubel 25 Kopeken, halbe Rubel oder 50 Kopeken und ganze Rubel oder 100 Kopeken Stücke.

In Riga, Reval und Kurland kursiren so viele aus Holland eingeführte sogenannte Albertsthaler, daß der Verkauf der Landgüter, Häuser und allerley Dinge von großem Werth meistens nach Albertsthalern gerechnet wird; in solchen mußte auch in Riga und theils in St. Petersburg der Zoll bezahlt werden, der sie dem Münzhofe zur Umprägung in Rußische Münze lieferte. Nach dem jetzigen Kurs (im März 1796) gilt ein Albertsthaler in Assignationen nur 2 Ru-

2 Rubel. Nach einer vor einigen Jahren ergangenen Verordnung kann der Zoll in Rubel mit 25 auf 100 Aufgeld statt Albertsthalern bezahlt werden.

Die Kupfermünze ist jetzt im täglichen Verkehr die gemeinste. Nach dem Kayserlichen Münzedict von 1763 wird das Pud reines Kupfer zu ¼ Kopek (Polluschki) ½ Kopeken (Dengi), 1 Kopeken (Kopek), 2 Kopekenstücke (Grosch) und 5 Kopeken (Piätaki) so ausgeprägt, daß es 16 Rubel gezählte Münze, große oder kleine giebt. Bis 1783 ward in Sibirien in den Kolywanischen Bergwerken das Pud Kupfer, wegen des darinn gebliebenen Silbers und Goldes zu 25 Rubel vermünzet und diese Münze hat nur in Sibirien Kurs. Seit genanntem Jahr aber weiß man alles Gold und Silber aus dem Kupfer zu scheiden und vermünzt nun auch daselbst das Pud Kupfer zu 16 Rubel. Diese Münze hat jetzt im ganzen Reiche Kurs. Von den Münzhöfen als Veredlungswerkstätten der Metalle in des Dritten Bandes 2ten Abtheilung.

In den Polnisch-russischen Statthalterschaften sind Holländische Dukaten so gangbare Münze, als Albertsthaler in Liv- und Kurland.

Die Assignationen oder Bancozettul nahmen nach dem Kayserlichen Befehl von 1768 durch Verordnung einer Assignationsbank den Anfang, 1768 ward die Bank zu einer Reichsassignationsbank in St. Petersburg. Die Assignationen sind auf Kupfermünze, gegen welche sie auch in der Bank für voll und ohne Abzug eingewechselt werden. Gegenwärtig sind Assignationen zu 100-, 50- und 25 Rubel auf weissem Pappier, zu 10 Rubel auf rothem und zu 5 Rubel auf blauem Pappier. Sie sind jetzt die gangbarste Münze und haben auch schon in den neuen Statthalterschaften Kurs, doch wird nach einer Kayserlichen Erklärung diese ganze Zirkulation die Summe von ein hundert Millionen Rubel nicht überschreiten. Die Zettel

tel sind mit so großer Kunst gearbeitet, daß den bisherigen Nachahmern ihre Versuche übel bekamen.

Benuzte Schriftsteller und Hülfsquellen.

Meistens habe ich im Werke selbst und an Ort und Stelle meine Gewährsmänner und die Quellen, aus welchen ich schöpfen konnte, aber nur abgekürzt, oft nur mit Buchstaben und oft ohne Anzeige der Werke selbst angezeigt, und dieses fand doch nicht immer statt, da mehrere Quellen nicht schicklich angezeigt werden können und viele kommunikante Freunde nicht genannt seyn wollen. Damit aber, nach Abzug des eben gesagtem, jedem das Seine bleibe, ich meinen Bürgen haben möge, und damit nicht gerade alles, wo keine Quelle angezeigt ist, für das Meinige gehalten werde, auch des weitern Nachlesens wegen, für die, welche es können, will ich hier meine Hülfsmittel nach ohngefehrer Buchstabenfolge näher anzeigen. Daß sie von sehr ungleichem Gehalt waren, manche wenig und noch weniger Sicherheit hatten, Vergleichungen und Prüfungen erforderten, läßt sich denken; und daß man bei solcher Benutzung das Unrichtige lieber übergeht als rügt, erfordert schon der Begriff von einer Uebersicht.

Ich benuzte:

Die Werke, der hiesigen Kayserl. Akademie der Wissenschaften.

Commentarii Academiae Scientiarum. Petrop. 4to Vol. I — XIV. 1726 — 1747.

Novi Commentarii Acad. Petropol. 4to T. I — XX. 1747 — 1776.

Acta Acad. Scientiarum Imperialis Petrop. pro Anno 1777 — 1782.

Acta Nova Acad. Scientiar. Petrop. T. I — X. 4to 1783 — 1793.

Benuzte Hülfsquellen.

Die akademischen Rußischen und theils Teutschen Kalender, der gemeine, geographisch-historische, Instructiv- und Addreß-Kalender. Sie enthalten einzelne Ortbeschreibungen, Gewerbe, Einrichtungen — meistens von Akademikern.

Probst Alopaeus Beschreibung der Marmor- und Steinbrüche Kareliens 8. 1787.

Ammanni Icones stirpium rariorum in Ruthenorum imperio sponte provenientium. 4. 1740.

Arnds St. Petersburgsches Journal 8. 1—10 B. 1776—1780.

Neues St. Petersburgsches Journal 1—4. B. 1781—1784.

Atlas Kalufchkaro etc. Atlas von Kalujo mit 13 Karten von den Kreisen und einer topographischen Beschreibung.

Bacmeister. H. Lud. Rußische Bibliothek 1—11ter Band 8. 1772—1787.

Barbotte de Marin, Befehlshaber in Nertschinsk ertheilte dem Ritter Pallas viele und gute Nachrichten von den dortigen Gebirgen, die theils von Pallas in seinen nordischen Beyträgen gedruckt sind. Von ihm auch schriftliche Nachrichten.

Bardanes, eines Studenden der physikalischen Expedition des Prof. Falk, Nachrichten von seinen Reisen in der Kirgisischen Steppe. Sie sind zum Theil in Falks Topographischen Beyträgen.

Blackwell Elif. Collectio Stirpium, quae in Pharmacopoliis asservantur Cent. VI. fol. Tab. aen. colorat. ist als ein gangbar Buch wegen der guten Abbildungen der Pflanzen angeführet. (Blw. Taf.)

Bloch Oeconomische Naturgeschichte der Fische, 1 bis 12. Th. 4to mit illuminirten Kupfern 1782—1795 ist wegen Abbildung Rußischer Fische citiret. (Bloch Fisch. Taf.)

Boe-

Boeber, Hofrath und Ritter des Wladimirordens, in Katharinoslaw, ein leidenschaftlicher Pflanzen- und Insekten-Kenner, hat mich mit seiner ganzen Pflanzen- und Insecten-Erndte in St. Petersburg, Moskau, der untern Wolga, Katharinoslaw, Taurien, Oral — bekannt gemacht und mir den Gebrauch für mein Werk überlassen.

v. Born, mineralogische Bemerkungen über Rußland in der Abhandlungen der Böhmischen Gesellschaft.

Botanitscheskii Slowar — Botanisch Wörterbuch, veranstaltet und herausgegeben von der freyen ökonomischen Gesellschaft in St. Petersburg. 4. 1795. Wegen der Rußischen Pflanzennahmen.

Brünich Mineralogie. Aus dem Dänischen, von Georgi; ist für die mineralogische Abtheilung zum Grunde gelegt.

v. Bork Beschreib. der Statthalterschaft Polozk. In Handschrift im Archiv der ökonom. Gesellschaft.

Büsching geographische Beschreibung Rußlands 8. 1787, deren Besitz vorausgesetzt wird.

Büsching wöchentliche Nachrichten 8.

Büsching historisches Magazin 4. 19 Bände.

Buße Journal von Rußland 8. 1ter 2ter und 3ter Jahrg. 1793 — 1796.

Buxbaum Plantarum minus cogitarum Centuriae V. 4to 1728.

v. Campenhausen Versuch der geographisch-statistischen Beschreibung der Statthalterschaften des Rußischen Reichs. Erstes Stück. Von Olonez 8. 1792.

Cartheuser Rudimenta Hydrologiae. 8. 1758. die mit Wallerii Hydrologie in der hydrologischen Abtheilung zum Grunde gelegt ist.

Die-

Benuzte Hülfsquellen.

Dietrich Pflanzenreich nach Linné System 8. 1775. Wegen teutscher Nahmen.

Dillenii Historia Muscorum 4to 1763. Tab. aen. 85.

Dillen Beschreibung der Statthalterschaft Tula. Rußisch. 8. 1774.

Erxleben Systema regni animalis. Mammalia 8. 1777.

Falk Beyträge zur topographischen Kenntniß des Rußischen Reichs. Drey Bände herausgegeben von Georgi 4to 1787. (Fl.)

Ferber Anmerkungen zur physischen Erdbeschreibung von Kurland (Als Anhang zu Fischers Naturgeschichte Livlands 8. 1784.

Fischers Sibirische Geschichte 2 Bände 8. 1768.

Fischers Versuch einer Naturgeschichte Livlands 2te Aufl. 1791. 8. (Fisch. Livl.)

Fichtel und Ferbers orographischen Werke.

Flora Danica von Oeder Fol. 15. fasc. mit 900 Kupfertafeln. Koppenhagen. Wegen der Abbildungen.

Friebe (Wilh. Chr.) Bemerkungen von Liv- und Ehstland 8. 1794. und

Verschiedene, Rußland betreffende, Preißschriften in den Werken der ökon. Gesellschaft.

Friebe (Wilh. Chr.) über Rußlands Handel, landwirthschaftliche Kultur, Industrie und Producte, nebst einigen physischen und statistischen Bemerkungen 1. 2. und 3ter B. 8. 1796.

Poludenow und Müller Geografitscheskii Lexicon. (geographisches Lexicon) gr. 8. 1773.

Geografitscheskii Opisanie Reki Wolgi... in 4. mit 8 Karten, welche die Wolga theilweise vorstellen. Sie erschien 1767 bey der Akademie der Wissensch. durch Veranlassung einer Kayserl. Reise.

Georgi Bemerkungen auf einer Reise im Rußischen Reich 2. B. 4. 1775. (G. und G. R.)

Georgi Beschreibung aller Nationen des Rußischen Reichs nach ihrer Verfassung, Lebensart — 4. 4 Theile mit Kupfern. 1776 — 1780. (G. R. Nat.)

Georgi Beschreibung der Kayserl. Residenz St. Petersburg 8. 1790. (G. St. Petersb.)

Georgi Beschreibung des St. Petersburgschen Gouvernements.

. . . . . (ohne Nahmen) Kulturtabellen, die zur Ausfüllung von der freyen St. Petersburgschen oekonomischen Gesellschaft an alle Statthalterschaften und Kreise versendet wurden, damit die Ausfüllung zeige, was für Gewächse im ganzen Reiche jeden Ortes gebauet werden, wo die Kultur eines jeden anfange, im stärksten Betriebe ist, und deren Fortkommen aufhört. Sie sind größtentheils und viele sehr gut beantwortet und überhaupt ein erheblicher Beytrag für Landeskenntniß.

Georgi einzele Abhandlungen, Preisschriften in den Werken der ökonom. Gesellschaft, den akademischen Isweſtie, Kalendern u. s. f.

Gilibert Flora Lithuanica 8. 1785. (Gil. Fl.)

Gmelin I. G. Flora Sibirica seu Historia Plantarum Sibiriae 4to cum Tab. aeneis Tom. I. II. 1747 et 1749. Tom. III. et IV. Edit. D. Sam. Gottl. Gmelin 1768 et 1769. (Gm. Fl. Sib. auch Gm. Sib.)

Joh. Georg Gmelin Sibirische Reise in den Jahren 1733 — 1743 8. 4. B. 1751 (Gm. S. R.)

Joh. Georg Gmelin einzelne, die Sibirische Reise betreffende, Aufsätze.

S. G.

S. G. Gmelin. Historia Fucorum 4to c. Tab. aen. 1768 (Gm. H. Fuc.)

S. G. Gmelin Reise durch Rußland 1. und 2ter Th. 4to 1770 und 1774. 3ter Theil: Reise in Persien 1774. 4ter Th., vom Ritter Pallas ediret. 1784. (Gm. d. R.)

Gorter Flora Ingrica ex Schedulis Krascheninikow 8. 1761. Gort. Ingr. ed. Gort.

Joh. Ant. Güldenstädt Reisen durch Rußland, im Kaukasischen Gebirge (und in Georgien) herausgegeben vom Ritter Pallas 4to 1787 und 1791. (Gstdt. R. 1. 2.)

Güldenstädts Abhandlungen in den Werken der Akademie, den akademischen Kalendern, akademischen Reden —

Güldenstädts Pflanzensammlung. Sie war vorzüglich aus dem Kaukasus und Georgien. In der Auction nach seinem Ableben ward sie mir zu Theil.

Güldenstädts Flora Caucasica und

Güldenstädts Fauna Caucasica beyde in Handschrift im Nigro, im Archiv der Akademie der Wissenschaften. Der Ritter Pallas wollte beyde ausarbeiten, ist aber darüber nach Taurien abgereiset. Bey meinem Werke habe ich beyde so weit benuzt, als es mir für eine gedrungene Uebersicht des Pflanzen- und Thierreichs zweckmäßig schien.

Hablizl. Fisitscheckoe Opisanie Tawritscheskia. fol. 1785. Ein gründliches und prächtiges Werk, welches der Verfasser, jezt Ritter, Etatsrath und Vicegouverneur, auf Befehl des Reichsfürsten Potemkin verfaßte und von D. Guckenberger, damahls Arzt in Taurien jezt Hannoverscher Feldmedicus, unter dem Titel: Phisikalische Beschreibung der Statthalterschaft Taurien; 8. 1789 teutsch ediret ist. (Habl.)

Hablizl mehrere Aufsätze in den Werken der ökonomischen Gesellschaft, u. a. besonders in Pallas neuen nordischen Beyträgen. (Habl.)

Benutzte Hülfsquellen.

Hakmann Semleipisanie Rosßnskago Goßudarstwo (Geographische Beschreibung des Rußischen Reichs) 8. Mit einem kleinen Rußischen Schulatlas.

v. Haven Neue Nachrichten von Rußland. In Büschings Magazin.

Heidenreich (ehedem Bergmeister) mineralogische und metallurgische Nachrichten in Handschriften.

Hermanns (Beneb. Frz. Joh.) Statistische Schilderungen von Rußland 8. 1790 (Herm. St.)

Hermanns Beyträge zur Physik, Dekonomie ꝛc. besonders der Rußischen und angrenzenden Länder 3 B. 8. 1786. (Herm.)

Hermanns mineralogische Beschreibung des Uralischen Erzgebirges, 2 Bände 8. 1789.

Hermanns Naturgeschichte des Kupfers 1 Th. 8. 1790.

Hermanns mehrere Aufsätze in den Werken der ökonomischen Gesellschaft, u. a. (Herm.)

Hermanns Mineralogische Reisen in Sibirien vom Jahr 1783 bis 1796, welche zugleich enthalten eine ausführliche Mineral- oder Bergwerksgeschichte dieses Landes 8. 1796. (Herm. R.)

Hupels Topographische Nachrichten von Liv- und Ehstland 8. 3 Bände 1774-1782. (Hup.)

Hupels gegenwärtige Verfassung der Rigischen und Revalischen Statthalterschaft. 8. 1789.

Hupels Versuch, die Staatsverfassung des Rußischen Reichs darzustellen 8. 2. Th. 1792 und 93.

Hupels Nordische Miscellaneen 8. 1 — 26 St. (Hup. Misc.)

Hupels Neue nordische Miscellaneen 8. 1 — 14 St. (Hup. Misc.)

Jacquin Flora Austriaca Cent. 1 — 4. fol. Vienn. (Jac. Fl. Austr.)

Jac-

Jacquin Hortus Vindebonenfis Fol. Tab. Aenei color. (Jacq Hort.)

Beyde der Abbildungen wegen.

Jakowlew von Medna Oſtrow; in Pallas neuen nordiſchen Beyträgen.

Irodiakow Geografitſcheskie isweſtia do goroda Toporoza 8. 1778. (Geographiſche Beſchreib. der Stadt Toporez.

Isbrand Ides Reiſe nach China 8. 1707.

Junkers Nachrichten vom Dniepr, Donez ꝛc. in Müllers Sammlungen.

Junker von Salzwerken in Fol. In Handſchrift, mit Zeichnungen; in der akad. Bibliothek.

Kalms u. a. akademiſche Diſſertationen über Finnland.

v. Kaniz von gegrabenen Thierknochen in Pallas Nord. Beytr.

Kanzeleynachrichten von den phyſikaliſchen Expeditionen.

Kanzeleyantworten auf die an dieſelben ergangenen geographiſchen, naturhiſtoriſchen, und ökonomiſchen Fragen. In Handſchriften im akademiſchen Archiv.

Karamyſchew, Krenizin, Lewoſchew und andere Nachrichten von R. Olicher Sibirien. Im Pallas N. Nord. Beyträgen.

Kayſerliche Befehle und Anordnungen wegen verſchiedener Einrichtungen, Gewerbe. ꝛc.

Kerner Abbildung aller ökonomiſchen Pflanzen in gr. 4. 7 Bände mit 700 illuminirten Abbildungen 1786—1792. Wegen der Abbildungen.

Kirwau Mineralogie ins Ruſſiſche überſetzt vom Akad. Sewerzin 8. 1791 und

Kron=

Kronstädt Mineralogie, ins Rußische übersetzt von Kurdimanow. Wegen der Rußischen Benennungen.

Klemann Reisen durch die Tataren, Krim. 8. 1773.

Kratscheninikow Beschreibung des Landes Kamtschatka. 4. 1762. Ruß. und Teutsch.

Kratscheninikow Beschreibung der Kamtschatkischen Bäder, in Handschrift.

Landkarten. Die alten unter Peter dem Grossen von Etatsrath Kirilow und Admiral Soimonew u. a., sind jetzt Seltenheiten. Von 1725 bis 1745 erschien nach und nach bey der Akademie der Wissenschaften ein Atlas von 19 Specialkarten und einer Generalkarte, welcher jetzt nur noch die alten Grenzen des Reichs und die vorige Eintheilung in Gouvernements zeigt.

Seit dem sind beim geographischen Departement vorzüglich unter der Aufsicht des Akademikus und Kollegenrath **Rumowski**, von den Adjuncten Schmidt, Truskot, Islenjew und Tschernoi von Zeit zu Zeit, gut gezeichnete Karten gestochen, deren zusammen nun 100 seyn mögen.

Diese Karten verloren durch die seit 1775 nach und nach erfolgte neue Einrichtung der Statthalterschaften viel von ihrer Brauchbarkeit. 1776 erschien bey der Akademie eine mit großem Fleiße gearbeitete Generalkarte auf drey Blättern, die die dermaligen Grenzen des Reichs und die damalige Eintheilung hatte. Die Generalkarte, welche der Generalprokureur Fürst Wäsemskoi 1782 in noch größerem Format ausgehen ließ, hatte schon die mehresten jetzigen Statthalterschaften. Eine Generalkarte auf 2 Blättern, die die Fürstin Daschkaw 1783 bey der Akademie erscheinen ließ, hatte die Absicht, die Erweiterungen der Grenzen des Reichs in diesem Jahrhundert anschaulich zu machen und blos die neuen Länder sind auf derselben illuminiret. Die akademische Generalkarte von 1786. auf 3 Blättern ist die verbesserte Wäsemskoische, bis 1786 fort geführ=
ret

cet; ist aber wegen der kleinen Rußischen Kursivschrift und verschossenen Farben schwer zu lesen.

Die sehr erweiterten Grenzen des Reichs und die vollendete neue Eintheilung des Reichs in Statthalterschaften, Kreise — erforderten einen neuen Atlas, für welchen auch unter der Aufsicht des Gen. Maj. und Ritters v. Solmonew beym Bergkadettencorps 1785. ein eigenes Kayserliches = geographisches Departement errichtet ward. Dieses erhielt die auf Vermessungen gegründeten gezeichneten Kreis = und Districtkarten und in dem Hrn. Wildbrecht einen sehr geschikten und fleißigen Geographen. Der neue Atlas erschien auch schon 1792 mit 44 Statthalterschafts = Karten und einer Generalkarte. Die Karten haben blos illuminirte Reichs= und Statthalterschafts=, auch Kreisgrenzen. Biß auf die Hauptörter haben einige sehr feine, schwer zu lesende Rußische Kursivschrift; auch die Flüsse sind zum Theil wie Seen und bey einigen stehen ihre Nahmen nur bey den Quellen. Das Departement hat erklärt, daß es einen etwanigen Verleger von Nachstichen mit lateinischer Schrift wegen der dazu erforderlichen Umzeichnung unterstützen wolle. Die Generalkarte des Atlas ist in jeder Hinsicht vorzüglich. Nicht übergroß, mit deutlicher Schrift, und mit derselben nicht überladen —

Da sich die Reichsgrenzen 1793. durch die Zurücknahme der Statthalterschaften Braslaw, Minsk und Isjaslaw von Polen, nach Erscheinung der Generalkarte 1792 abermahls erweiterten, so hat das geographische Departement die Generalkarte mit französischer Schrift umstechen lassen. Diese Carte generale de l' Empire de Russie 1793. hat nun schon die drey Statthalterschaften und ist in Absicht der Schrift ungemein gut ausgefallen. Die Statthalterschaften der letzten Theilung Polens, Volhynien, Wilna, Kurland — erforderten nun abermahl eine erweiterte Grenzkarte, die auch durch den Hrn. Ingenieurkapitain von Oppermann mit großem Fleiß bearbeitet 1796 auf 4 zusammenmengeschmiten Blättern beim Kayserl. geographischen Departement des Kabinet unter der Aufschrift: Nowaja po granitschnaja Rassinskoi Imperii. s. s. So tschinenow 1795. (Neue Grenzkarte des Rußischen Reichs vom Baltischen zum Kaspischen Meer). Der Preis ist 10 Rubel. Sie hat alle Grenzgouvernements von 1773 bis 1793 und ergänzt so bey autorisirter Angabe der jetzigen Grenzen die letzte Generalkarte. Die Karte zu diesem Werk wird sie, auf dem Blatte von europäischem Rußlande, in verkleinertem Maas sehr richtig haben.

Unter den Karten in Büchern sind die für eine Reise der Monarchinn im Jahr 1787. nach Cherson 2c. Karta putetschetira poludennii wegen ihrer Schönheit, und der genauen Vorstellung eines Theils der Generalkarten und die mineralogischen Gebirgskarten des Ritters Pallas, auch die Güldenstädtsche vom Kaukasus und Georgien in Pall. und Gdst. Reisen die vorzüglichsten.

Lapmanns Siberische Nebenstunden 8. und verschiedene Abhandlungen und Nachrichten in den Werken der Akademie und in Pallas neuen nordischen Beyträgen. (Lapm.)

Lehmann Index Mineralium Musei Academici Scientiarum, auch Abhandlungen in den Werken der Akademie und ökonomischen Gesellschaft.

Lepechin Tagebuch der Reise durch verschiedene Provinzen des Rußischen Reichs 3 Th. 4. a. dem Ruß. von Hase. Ein 4ter Theil ist noch in ungedruckter Rußischer Handschrift (Lep. R. 1. 2. 3.)

Lessep Reise von Kamtschatka nach Frankreich. a. d. Franz. 8. 2 B. 1791.

Lerche Lebens- und Reisegeschichte. 8. 1791.

Linné Systema Naturae Ed. XII et XIII. Cura J. F. Gmelin Tom. I. 8. 1788. und

Linné Systema Plantarum, curante Reichard. 4 B. 8. 1779.

8. 1779. Beyde sind in dem Abtheilungen für das Thee- und Pflanzenreich zum Grunde gelegt.

Linné Species Plantarum, Fauna et Flora Suecica.

Löfler vom Gouvernement Smolensk; in Sonntags Monatsschrift.

Marquard Topographie vom Moskau a. d. Franz. 8. 1790.

Mineraliensammlungen, der Akad. d. Wissenschaften des Bergkadettencorps mit der Lapmannischen. Die Pallasische, die fürstl. Daschkawsche, eine eigene und verschiedene andere Privatsammlungen.

Messerschmidt Tagebuch seiner Reise in Sibirien von 1720 bis 1726. In Handschrift von mehrern Bänden, in der Bibliothek der Kayserl. Akad. der Wissenschaften und daselbst auch dessen naturhistorischen und physischen Bemerkungen.

Mineralogitscheskin Slowar — Mineralogisch Wörterbuch veranstaltet und herausgegeben von der freyen ökonomischen Gesellschaft 4. 1790.

Jeschemejatschnia Sotschinenia — Neue monatliche Abhandlungen, die bey der Akad. seit 1786. herauskamen und anfänglich von Osemzkowski besorgt wurden.

(Müllers) Sammlung Russischer Geschichte. 8. 9 Bände 1732 u. f.

Neueste Nachrichten von den Inseln zwischen Asia und Amerika von I. R. S. 8. 1776.

Der ökonomischen Gesellschaft Werke (Trudi) seit 1765. 43 Bände in Octav.

Die übersetzten Abhandlungen der freyen ökonom. Gesellsch. 11 Bände 8. von 1767.

Auswahl ökonomischer Abhandlungen der St. Petersburgschen Gesellschaft 4 B. von 1790 bis 93 und

Preis-

Preisschriften und Abhandlungen dieser Gesellschaft 1 B. 1795.

Olearius Reise nach Moskau, Persien ꝛc. Fol. 1663.

Osenzkowski Abhandlungen und einzelne Aufsätze in den Werken der Akademie und in Zeitschriften.

Osenzkowski Putetschestwa po Oseram Ladoschkomu i Onschnomu (Reise um See Ladago und Onega 8. 1792. Mit Kupfern.)

Pallas Reise durch verschiedene Provinzen des Rußischen Reichs. 3 Bände 4. mit Kupfern 1771—76. (P. R. 1, 2. 3.)

Pallas Flora Rossica Fasc. 1. et 2. 1778. 1788. Tab. aen. illuminat. 125 Fl. Ross.

Pallas Spicilegia zoologica. 4.

Pallas Novae Species Glirium 4. mit Kupfern 1778.

Pallas Betrachtungen über die Gebirge aus dem Franz. 1777.

Pallas mehrere Abhandlungen in den Werken der Akad. der Wissensch., der freyen ökonomischen Gesellsch. u. a. Viele sind in mehreren Zeitschriften abgedruckt.

Pallas Tableau physique et topographique de la Tauride 4. 1795. Auch im Rußischen und in Buffens Journal in teutscher Uebersetzung.

Pallas neue nordische Beyträge 6 Bände 8. 1781—1793. In dieser reichhaltigen Zeitschrift Saikow, Solawiew, Bragin, Jakowlew, Krenizin u. a. Nachrichten von den aleutischen ꝛc. Ostmeerinseln. (P. R. Beytr. 1—6.)

Pflanzensammlungen, die reiche Pallaßische, Güldenstädtsche, Falksche, meine u. a.

Plestscheew Obosvenie Rossinskaja Imperii und Lenzens Uebersetzung: Uebersicht des Rußischen Reichs 8. 1787 und 1793.

Popo-

Benuzte Hülfsquellen.

Popowitsch von Meeren 4to

Renovanz Mineralogisch - geographische Beschreibung — des altaischen Gebirges 4. mit Kupfern 1788.

Renovanz Orographische und mineralogische Aufsätze in einigen Zeitschriften.

Reinegs von Georgien in P. N. Beytr.

Peter Rytschkows Orenburgische Topographica d. Ruff. 8. 1772.

Peter Rytschkows mehrere Aufsätze, Nachrichten — in den Werken der freyen ökonom. Gesellsch.

Nicol Rytschkow Tagebuch seiner Reise durch verschiedene Rußische Provinzen a. d. R. 8. 1774.

Ruban kratkajo Geografitscheskaja Opisania e Maloi Rossia 8. 1773. Geographische Beschreibung Kleinrußlands.

Ruban Opisanie — Moskwi 8. 1782. Beschreib. v. Moskau.

Rudolph, D. und Prof. beim St. Petersb. Kayserl. Chirurgischen Institut; ein leidenschaftlicher Naturforscher, vermehrte mein Pflanzenverzeichniß und revidirte auch die teutschen Benennungen.

Schober Memorabilia asiatico - rossica u. a. in Müllers Sammlungen Rußischer Geschichte.

Schober Descriptio Thermarum Petrinarum in Actis Eruditor. 1727.

Schönströms und anderer Schwedischen Gefangenen handschriftliche Nachrichten vom Rußischen Berg und Hüttenwesen ihrer Zeit.

Schreber Säugethiere mit Abbildungen nach der Natur und Beschreibungen, 3 Bände 4. seit 1775. Wegen der Abbildungen.

Schreber Botanisch - ökonom. Beschreibung der Gräser, mit illuminirten Abbildungen Fol. 1769.

Schlö-

Schlözer Briefwechsel und statistische Hefte.

Schlözer Münz- Geld- und Bergwerksgeschichte des Rußischen Kayserthums. 8. 1791.

Smalews Nachrichten von Kamtschatka.

Snell (Ph. Mich.) Beschreibung der Rußischen Provinzen an der Ostsee. 8. 1796.

v. Stählin nordlicher Archipelagus u. a. Aufsätze in den Rußischen Kalendern ꝛc.

Soimonow statistische Beschreibung der Statthalterschaft Kalluzo. Im Auszuge vom Storch in Buße Journal.

Sonntags Monatsschrift von 1790 und 91.

Stephani Enumeratio Stirpium agri Mosquensis 8. 1792.

Stellers Beschreibung des Landes Kamtschatka 8. 1774.

Stellers Beschreibung der Berings- und Kupferinsel; in P. N. Beytr.

Stellers Abhandlungen in den Werken der Akad. und Handschriften über Ichtyologie, Ornithologie, Phytologie ꝛc.

Stellers Tagebuch seiner Reise auf dem Ostmeer in P. N. Beytr.

Storch statistische Uebersicht der Statthalterschaften des Rußischen Reichs nach ihren merkwürdigsten Kulturverhältnissen in (45) Tabellen Fol. Riga 1796.

Storch Materialien zur Kenntniß des Rußischen Reichs. 8. 1. B. 1796.

Strahlenberg Nord- und Oestlicher Theil von Europa und Asien. 4. 1730. Mit einer guten Karte.

Sujew Putetschwennia — Reise nach Cherson und Taurien a. d. R. 4. 1784 und 1789.

Benuzte Hülfsquellen.

Sujew Natscherrnie — Handbuch der Naturgeschichte. Für die Normalschulen 8. 2. B. 1786.

Tilas Schwedische Mineralhistorie (Vom Scandinavischen Gebirge.) 8. 1769.

Topografitscheskii Isweſtie (Topographische Nachrichten, als Antworten aus den Gouvernements und Wojewodskanzeleyen auf die Fragen der Akademie der Wissenschaften 1 Th. Alle übrigen liegen im Archiv der Akad. in Handschrift.

Topografitscheskii Primetschania — Topographische Nachrichten von der Reise der Monarchinn nach Weiß-Rußland, mit einer guten Karte, durch die Akademie besorgt 8. 1780.

Topografitscheskii opisanie — Topographische Beschreibung der Statthalterschaft Charkow. Ueberſ. in Buſſe Journal.

Topografitscheskii opisanie — Topographische Beschreibung der Statthalterschaft Kursk in Buſſe Journal.

Topografitscheskii opisanie Topographische und historische Beschreibung der Kreise und Städte des Moskawschen Gouvernements. 8. 1787.

Tumanski Roſſinskii Magazin — Rußisch Magazin, und viele andere Zeitschriften dieses sachkundigen Mannes.

Sammlungen ausgestopfter Thiere, im akademischen, Pallaßischen und andern Musäen.

Tschebatarew Roſſinskii Imperii Opisanie (Geographie vom Rußischen Reich. 8. 1776.

Varenii Geographia Generalis. 16mo 1650. (Vom schwarzen Meer).

La Vaſſeur Sier de Bauplan Beschreibung der Ukraine, Krim ꝛc. a. d. Franz. 8. 1780.

Wallerii Hydrologia eller Watturikel. 8. 1748. Sie ist in der hydrologischen Abtheilung mit Cartheuser benuzt.

Wal-

Wallerii Syſtema Mineralogicum 8. 1772. iſt in der mineralogiſchen Abtheilung wegen Gleichnahmen angeführt.

Wevers neuverändertes Rußland 4. 1721. und 1739.

Witſen Het Nord en Oeſter gedelt van Aſia en Europa. fol. 1692. und 1705.

Zimmermann Specimen zoologiae geographicae Quadrupedum 4. 1777.

Zur Geſchichte der phyſikaliſchen und naturhiſtoriſchen Kenntniß des Ruſſiſchen Reichs.

Zerſtreuete innere Landeskenntniß, ſelbſt von entlegenen Gegenden, war, wie es die Natur der Dinge mit ſich bringt, auch im Rußiſchen Reiche immer, war aber wegen der Größe deſſelben, dem Mangel der Aufklärung, wegen fehlenden Einrichtungen, auch wegen der einfachen, bedürfnißloſen Lebensart, wohl nirgends unvollkommener. Dieſe Kenntniſſe von entlegenen Gegenden beruheten meiſtens nur auf den Berichten der Civil- und Militairbeamten der Krone an ihre Behörden, und auf den Nachrichten von reiſenden Kaufleuten, kommandirten Koſaken und Jagdgeſellſchaften, wobey dieſen Leuten ihre natürlichen Fähigkeiten zur Erlernung der lakoniſchen Sprachen der Landſaſſen, charakteriſtiſche Neugierde, Leichtigkeit etwas zu faſſen, und andere zu verſtehen und wieder zu erzählen — ſo zu ſtatten kam, daß ihre Nachrichten durch Vergleichungen — mehr Brauchbarkeit erhalten, als von ſo ununterrichteten, meiſtens rohen Leuten zu erwarten war. Unter und nach der Eroberung Sibiriens durch den Zaar Iwan Waſſljewitſch und folgende wurden von den Befehlshabern mehr inſtruirte Leute zu Erkundigungen in fernen Gegenden nach Meeren, Flüſſen, Landſchaften, Produkten, Bewohnern. —

versendet, deren abgestattete Berichte man in den Archiven der Ostroge und Städte schriftlich aufbewahrete.

Um 1660 beschrieb Olearius, was er auf seiner Persischen Reise bey der Durchreise durch Rußland bemerkt hatte. Dieses that auch Isbrand Ides, als er wie Rußischer Gesandter 1694. nach Pekin, also durch ganz Rußland, reisete. Beyde Reisebeschreibungen sind aber für Rußische Landeskenntniß unbedeutend. Nikolaus Witsen, Bürgermeister in Amsterdam, ließ schon 1687 eine unterrichtende Karte vom nordöstlichen Sibirien stechen, und sein 1692 zum ersten und 1707 zum zweyten mahl in Fol. gedrucktes Buch: Het Norden Oester gedelt van Asia en Europa, enthält nach Müller, unter unrichtigen, auch viele richtige Nachrichten.

Peter der Große machte, so wie in der Kultur, also auch in der Beschreibung des Reichs, Epoche. Er ließ im Anfange dieses Jahrhunderts die Kaspische See und das Asowsche Meer, und in der Folge auch mehrere Provinzen des Reichs, auf Karten bringen; ließ durch den Moskauschen Physicus Schober, die Gegend des Terek und der untern Wolga untersuchen, stiftete ein Musäum, in welchem die Produkte der Naturreiche und des Landes und andere Merkwürdigkeiten gesammlet wurden, welches Katharina die erste der Kayserlichen Akademie, als ein Kayserlich Depot übergeben ließ, unter welcher es nach und nach überhaupt, und besonders an Rußischen Produkten eines der reichhaltigsten Europens geworden ist, und auch im Reiche mehrere Nachahmer solcher Sammlungen fand. Durch eine errichtete medizinische Kanzeley wurden die im Reiche vertheilten Aerzte und Wundärzte angewiesen, für Physik, Naturgeschichte und Landeskenntniß aufmerksam zu seyn, zu sammlen und Berichte abzustatten.

Die Rußischen Seereisen, von welchen der Etatsrath Müller in seiner Sammlung Rußischer Geschichte te Nachricht giebt, trugen zur Kenntniß unserer Meere und Küsten, und überhaupt zur geographischen Landeskenntniß viel bey. Schon vor der Mitte des vorigen Jahrhunderts, waren Fahrzeuge von der Mündung des Jana, Indigirka, Alaseja und Kalyma auf dem Eismeer um das Tschuktische Vorgebirge geschifft, und 1646 kam Bomyschlan und 1648. Deschnew um dasselbe zum Anadyr, welches auch von mehreren Kosaken geschehen seyn soll. Im Anfange dieses Jahrhunderts ließ Peter der Große Schiffe von Archangel der östlichen Küste des Nordmeeres folgen. —

Die vom Peter dem Großen angeordneten und von der Kayserinn Katharine der Ersten, und Anna zur Außführung gebrachten, und 1742 beendigten Seereisen unter dem Kommandeurkapitain Bering, den Kapitains Spangenberg, Wapel, Tschirikow und anderen untersuchten die Mündungen der grossen Flüsse Sibiriens, das Eismeer zwischen denselben, und beschifften von Ochozk und Kamtschatka aus das Ostmeer, fanden die Aleutischen Inseln und das feste Land von Amerika, auch besuchten sie mehrere Kurilische Inseln. Nach den Befehlen der Kayserinn Katharinen der Zweyten, veranstaltete die Kayserliche Admiralität 1766 eine Expedition von zwey Schiffen, die der Kapitain, jetzt Admiral Tschitschazow und Ponin führten. Sie segelten von Kola nach Spitzbergen, und kamen im Meer bis 80 Gr. 21 M. Br. und 28 Gr. 31 M. Länge, (Tschitschazows Seereisen aus dem Rußis. 8. 1794.)

Ein vom Peter dem Großen um 1720 in Permien bey dem Hüttenwerk Jaguschicha errichtetes und denn nach Kathrinenburg verlegtes Bergkollegium, trug zur mineralogischen Kenntniß vom Ural nicht nur, sondern vom ganzen Reiche viel bey.

Den grössesten Schritt zur geographischen, physikalischen und naturhistorischen Kenntniß des Reichs machte Peter

Zur Geschichte der Landeskenntniß.   51

ter der Große durch die 1725 gestiftete Akademie der Wissenschaften. Diese erhielt ausser dem Kayserlichen Museum auch die Kayserliche Bibliothek. Sie selbst ließ die Länge und Breite vieler Hauptörtern bestimmen, suchte nach dem Etatsrath Kirilaw, der von 1726 bis 1734 einen Rußischen Atlas von einer General- und 19 Specialkarten zu Stande gebracht hatte, durch ein geographisch Departement nach und nach von allen Theilen und Provinzen des Reichs gute Karten zu liefern, ließ durch einige Mitglieder Gegenden des Reichs bereisen — und bereitete der stufenweisen Aufklärung überhaupt, und der physischen und naturhistorischen Kenntniß vom Reich einen sichern Weg. Letztere machte die größesten Fortschritte durch physische Reisen einiger Akademiker.

Die medizinische Kanzeley hatte schon 1720, also von der Stiftung der Akademie, den D. Daniel Messerschmidt aus Danzig der Materia Medica, Naturgeschichte, Völkerkunde ꝛc. wegen nach Sibirien geschikt, von da er 1727 zurück kam, und der in der Zeit entstandenen Akademie seine Sammlungen und Tagebücher abzugeben hatte. Er bekam bey freyer Reise 500 Rubel jährlich Gehalt, aber weder Dolmetscher noch Zeichner, und leistete dennoch in allen seinen Fächern über Erwartung viel. Die nähere Anzeige der Reisen Messerschmidts und anderer wird bemerklich machen, welche Gegenden von mehrern, von einzelnen oder auch bieher von keinem besucht sind, also auf künftige Reisen die größesten Ansprüche haben.

Messerschmidt reisete 1720 von St. Petersburg nach Moskau, Solikams, die Tura hinab durch Turinsk und Tiumen nach Tobolsk.

Im Jahr 1721 ging seine Reise in Gesellschaft des gefangenen Schwedischen Kapitains Tobbert, dem nachherigen Strahlenberg, den Irtysch hinauf bis Tara, hier durch die Baraba nach Tomsk, am Tom hinauf nach Kusnezk.

1722 reisete er an den Jenisei und an diesem hinab nach Krasnojarsk, wo Strahlenberg ihn verließ.

1723 schiffte er den Jenisei hinab bis Jenisetsk und Turuchansk. Von hier die Nischnaja Tumguska und dann die Lena bis Wercholensk hinauf, nach Irkuzk.

1724. Von Irkuzk über den Baikal, in Daurien, Nertschinsk und am Delai Nor in der Mongolischen Steppe.

1725 nach Irkuzk zurück, die Angara und obere Tunjuska hinab, nach Jenisei8k. Den Kett hinab in den Ob. Den Ob hinab nach Surgut und der Mündung des Irtysch.

1726 fuhrer den Irtysch hinauf bis Tobolsk, und von hier über den Ural nach Chlinow in Widzk, 1727 aber über Wolodimer und Moskau nach St. Petersburg zurück.

Hier erhielt er nicht die gute Aufnahme, die er erwartete, sondern blos 200 Rubel als Belohnung. Er reisete nach Danzig, war aber auch da nicht zufrieden, kehrte daher nach St. Petersburg zurück, wo er meistens von der Freygebigkeit lebte, und 1735 starb. Sein mürrischer Charakter verdarb ihm alles. Seine zahlreichen Papiere arbeitete er nicht aus, sondern hinterließ sie in rohen Handschriften in der akademischen Bibliothek. Sie sind von seinen Nachfolgern in der Pilgrimmschaft weidlich benutzt. Mein Auszug seines Tagebuchs steht in P. Nord. Beytr.

Philipp Joh. v. Strahlenberg lebte als gefangener Schwedischer Kapitain Tobbert in Tobolsk, von einem kleinen Solde und als Kinderlehrer. Er reisete 1721 mit Messerschmidt, ward 1722 ausgewechselt, und in Schweden mit dem Nahmen Strahlenberg geadelt. Sein Werk: Das Nord- und Oestliche Asia 4. 1730 ist durchaus unzuverläßig, seine große Karte aber leistet mehr, als von seiner Lage zu erwarten stand.

Joh. Chr. Buxbaum, Botanicus der Akademie, machte mit dem Grafen Rasumowski eine Reise von St.

Petersburg nach Konstantinopel, und kam 1727. über den Kaukasus zurück. In seinen Centuriis IV. Plantarum minus cognitarum, und in den Werken der Akademie, hat er mehr Pflanzen des südlichen Rußlands beschrieben und abgebildet. Er starb 1731 in Teutschland.

Von Junker, der 1731 zur Akademie kam, ist eine Beschreibung der Ukraine und der Bachmutschen Salzwerke, mit schönen Zeichnungen, in Handschrift in der akademischen Bibliothek. Ein Auszug der Beschreibung der Salzwerke ist in Müllers Sammlung Russischer Geschichte.

Der Plan der Kamtschatkischen Seeerpedition erforderte die Theilnahme der Akademie. Sie sollte auf dieser Reise astronomische, geographische, historische und auch naturhistorische Bemerkungen machen. Für Astronomie erbot sich De Lisle de Croir aus Frankreich, für Geschichte der Akadem. Gerh. Frdr. Müller, und für Naturgeschichte der Akadem. Joh. Georg Gmelin. Die Reise nahm 1732 im Dezember den Anfang, und dauerte bis 1743, also über 10 Jahr. De Lisle starb 1791 am Scharbock in Kamtschatka auf dem Schiffe. Müller und Gmelin machten die ganze Reise in Gesellschaft.

Müller aus Westphalen sammlete auf der Reise in Archiven für Geographie, Geschichte, Völkerkunde. Diese Sammlung ist zum Theil vom Akadem. Fischer, der Müllern nachgeschickt wurde, aber allein reisete, in Fischers Sibirischen Geschichte 8. 2. B. edirt. Fischer starb 1771 in St. Petersburg. Müller blieb bey der Akademie, ward aber beym Reichsarchiv in Moskau als Historiograph angestellt, und starb 1784 sieben und siebzig jährig, als wirklicher Etatsrath und Ritter von Wolodimerorden dritter Klasse.

D. Joh. Georg Gmelin aus Tübingen in Schwaben, kam 1727. zur Akademie. In Müllers Gesellschaft trat er seine Reise 1733. von St. Petersburg an, und ging nach Jaroslawl, Kasan, über den Ural nach Kathrinenburg.

1734 nach Tiumen, Tobolsk, den Irtysch hinauf bis Ustkamenogorsk, durch das Kölywanische Gebirge über den Ob nach Kusnezk, am Tom hinab nach Tomsk und von da nach Jeniseisk.

1735 reisete er am Jenisei hinab bis Krasnojarsk, nach Irkuzky Daurien und Nertschinsk, und da zurück nach Irkuzk.

1736. reisete er die Angara hinab bis Ilimsk, von hier nach der Lena und diese herab bis Jakuzk, 1737 aber die Lena hinauf bis Kirenskoi, 1738 wieder nach Irkuzk und von hier die Angara und Werchnaja Tunjuska hinab nach Jeniseisk. Hier traf Steller bey ihm ein.

1739. reisete er den Jenisei hinab bis Turuchansk und den Jenisei hinauf bis Saganskoi Ostrog, nun wieder hinab bis Krasnajarsk und 1740 an Tasewa und Manja, denn nach Tomsk. 1741 durch die Baraba nach Tara und Tobolsk. 1742 reisete er im Ural, und ging 1743 über Ustjug, Totma und Wologda nach St. Petersburg zurück. Sein ganzer Weg hatte eine Länge von 28,928 Wersten.

Seine Reise war in dem damals noch sehr unbekannten Sibirien wegen der Flora Sibirica (S. vorh.) die das ganze Produkt dieser Reise ist, wegen den vielen naturhistorischen, geographischen, statistischen Nachrichten — ein vorzüglicher Beytrag zur Landeskenntniß des Rußischen Reichs. Bey der Flora, deren 5ten Band die Kryptogamisten enthalten sollte, nutzte er Stellers reichhaltige Sammlungen. Er ging nach Tübingen zurück, wo er 1755, nur 46 Jahre alt, starb.

Stephan Krascheninikow aus Moskau, begleitete Gmelin als Student. Gmelin und Müller schickten ihn 1737 von Jakuzk an der Lena nach Kamtschatka um diese Halbinsel zu bereisen und zu beschreiben. 1741. traf
er

Zur Geschichte der Landeskenntniß.

er wieder bey seinem Führer ein, und kam mit demselben 1743 nach St. Petersburg, wo er bey der Kayserl. Akademie Adjunct und dann Akademicus ward. Er war der erste naturhistorische Schriftsteller Rußischer Nation. Von ihm ist: Opisanie Semli Kamtschatki 4. 1754. und übersetzt Kratscheninikows Beschreibung des Landes Kamtschatka. Sie hat mit der später erschienenen Stellerschen Beschreibung eine Aehnlichkeit, die den Gebrauch der Stellerschen Papiere nicht verkennen läßt. In St. Petersburg sammlete er für eine Flora Ingrica, die, da er 1755, 42 Jahr alt, starb, nach ihm von Archiater Garter, vermehrt durch Lapmann, Falk u. a. (Gorter Flora Ingrica, ex Schedulis Kratscheninikowii 8. 1761) im Druck erschien.

Georg Wilhelm Steller, aus Franken. Für Naturgeschichte und Reisen geschaffen, kam er 1734 nach St. Petersburg und zur Akademie, die ihn 1738 als Adjunct zu Gmelin schickte, den er nach einer sehr thätigen Reise in Jeniseisk antraf. Sein Weg, auf welchem er ein Tagebuch mit Sachkunde hielt, ging von St. Petersburg nach Moskau, Kasan, Solikamst und Tobolsk. Von hier fuhr er den Irtysch bis zur Mündung herab, und dann den Ob bis Surgut und Naurim hinauf nach Jeniseisk, wo ihm Gmelin eine kleine Expedition einrichtete, und über Irkuzk, Jakuzk und Ochozk nach Kamtschatka abfertigte. Auf Kamtschatka stieg er 1740 d. 21. Septbr. ans Land.

Am 5ten Jun. 1741 trat er mit dem Kommandeurkapitain Bering die berühmte Seereise von Peterpauli Haven oder Awalscho an, sahe die entdeckten Inseln, beschrieb die Meerthiere, kam aber wenig ans Land. Als Bering an der nach ihm benannten Insel scheiterte, und auf derselben am Schurbock elend gestorben war, kam er mit dem Rest der Mainschaft auf einem Both aus den Trümmern des Schiffs 1742 im August nach Kamtschatka zurück. Stellers Tagebuch dieser Seereise ist im Pallas N. Nord. Beytr. 5ß B.

Das Jahr 1743 brachte er auf Kamtschatka zu. 1744 kam er nach Ochozk zurück, und reisete über Jakuzk, Irkuzk, Krasnajarsk nach Tobolsk.

Im Jahr 1745 kam er über den Ural nach Solikamsk, mußte aber eines Kamtschatkischen Rechtshandels wegen bis Tara zurück reisen. Hier erfuhr er die Beendung seiner Streitsache, und trat von neuem die Reise nach St. Petersburg an, kam aber nur bis Tiumen, wo er an einem hitzigen Fieber, welches für eine Folge seiner Lebensart gehalten ward, elend starb.

Sein litterärischer Nachlaß, den die Akademie erhielt, bestand ausser gesammleten Naturalien und Tagebüchern, in vielen von grosser Sachkunde und Thätigkeit zeugenden, ziemlich ausgearbeiteten Handschriften. Sillabe Plantarum circa Tobolsk nascentium, Flora Camtschatica, Ichtyologia et Ornithologia Sibirica, und vielen andern. Mehrere derselben sind in Handschrift in der akademischen Bibliothek, und von spätern Pilgrimen ganz benutzt. Unter seinem Nahmen sind im Druck: Die Beschreibungen der Meerthiere in den Werken der Akademie im Hamburgschen Magazin u. s. f.

Beschreibung des Landes Kamtschatka, 8. 1774.

Beschreibung der Berings- und Kupferinsel, und Tagebuch der Seereise, in Pallas N. Nord. Beyt. Mehrere Handschriften sind verloren gegangen.

Joh. Gottl. Heinzelmann starb 1734 bey der Orenburgschen Grenzexpedition unter dem Etatsrath Kirilaw, als Historiograph. Von seinen botanischen Bemühungen besitzt die Akademie, ausser seinen Sammlungen auch die Handschrift einer Flora Tatarica, Orenburgensis und Flora Samarensis, die schon Siegesbek und Ammann nutzten.

D. Traugott Gerber, war 1735 Aufseher des Moskauschen medicinischen Gartens. Er beselste der Pflan-

Zur Geschichte der Landeskenntniß. 57

zenkunde wegen die Gegenden des Don und der untern Wolga, wovon die Bibliothek der Akademie das Manuscript einer Flora Tanaicensis et Wolgensis, und das medicinische Collegium einer Flora Moscoensis und einen Index botanicus tetraglottis nebst einer ansehnlichen Pflanzensammlung besitzt. Lerche.

Joh. Amman, Botanicus der Kayserl. Akademie, machte in seinem Stirpium rariorum, in Imperio Ruthenico sponte provenientium, Icones et Definitiones 4. 1734. Messerschmidtsche, Heinzelmannsche, Gerbersche, Gmelinsche und Stellersche Pflanzen bekannt.

Alex. Philip Martini ward Gmelin von der Akademie als Gehülfe nachgeschickt, der auch seinen Fleiß im Sammlen und seiner Kenntniß im Beschreiben großes Lob ertheilt. Nach seiner Rückkunft mit Gmelin nach St. Petersburg ging er wieder nach Tübingen, wo er 1781, 70 Jahre alt, als Demonstrator der Botanik starb, und ein ansehnlich Rußisches Herbarium hinterließ.

D. Joh. Lerche, aus Potsdam, ging 1736 und 1745 als Feldarzt mit dem Gr. Münnich nach Persien, über das Kaukasische Gebirge, und hatte überhaupt zu vielen Reisen in Rußland Gelegenheit. Immer reisete er mit vieler Aufmerksamkeit. Seine Bemerkungen theilte er vorzüglich Gmelin und Linne' mit. Der letztere verewigte seinen Nahmen durch das Pflanzengeschlecht Lerchea. Von ihm sind botanische Beobachtungen in den Actis N. curiosorum. Lerche Lebens- und Reisegeschichte 8. 1791, von Büsching ausgegeben, zeigt den nicht unerheblichen Antheil dieses Mannes an der Kenntniß Rußlands. Er starb 1780, als Kayserl. Kollegienrath und St. Petersburgscher Stadtphysicus, 80 Jahre alt.

Kleinere Beyträge zur physischen und naturhistorischen Landeskenntniß lieferte der Bergmeister Heidenreich. Der Resident Weven im neuveränderten Rußlande, Haven, Kleeman u. a. in ihren Reisen und andern Nachrichten. Der Orenburgsche und nachherige Moskausche Physicus Rinder hatte in der Orenburgschen Provinz und Kirgisischen Steppe ein ansehnlich Herbarium gesammlet, und theilte aus demselben den Herren Pallas und Falk mit, was sie nicht selbst gefunden hatten. Vieler kleiner, theils nahmenlosen, Beyträge zu geschweigen.

Um die Materialien zur Landesbeschreibung bald und ansehnlich zu vermehren, entwarf die Kayserliche Akademie der Wissenschaften Fragen, deren gründliche Beantwortungen alles zu jeder Kreis- und Provinzialbeschreibung erforderliche enthalten hätten. Diese Fragen ergingen 1760. an alle Gouverneurs mit einem Staatsbefehl, sie mit Kenntniß und Wahrheit in allen Wojawodschaften, Kreisen, beantworten zu lassen. Es sind auch viele, theils gründliche, theils geringfügige Antworten eingetroffen, aus welchen der damahlige Inspector des Gymnasiums, jetzt Kollegienrath und Ritter Bakmeister, das Zweckmäßige drucken lassen sollte, es blieb aber bey den 4 ersten Stücken des ersten Bandes; das übrige ist in Handschrift in der akademischen Bibliothek.

Der Etatsrath Peter Rytschkow, Oberbefehlshaber der Uralischen Berg- und Hüttenwerkskanzeley in Katharinenburg, gab 1760. eine Topographische Beschreibung Orenburgs (Topografitscheskie Opisanie Orenburgskoi) heraus, die auch 1772 teutsch in 8. erschien, und das damalige Gouvernement und die Kirgisische Steppe gut beschreibt. Von diesem Verfasser sind auch, in den Werken der ökonomischen Gesellschaft mehrere hierher gehörige Aufsätze.

Im Jahre 1765 errichteten einige Magnaten und Patrioten in St. Petersburg eine freye ökonomische Gesellschaft, die die Kayserliche Bestätigung erhielt. Ihr Zweck war Beförderung und Erweiterung der Land- und Stadthaushaltung, wodurch also Landeskenntniß befördert

werden

werden mußte. Sie versammlete sich wöchentlich einmal, deliberirte, hörte eigene oder eingeschikte Abhandlungen vorlesen, sezte ökonomische Preise aus, ermunterte die Patrioten durch die Ehre der Aufnahme zu Mitgliedern, und machte von Zeit zu Zeit ihre besten Abhandlungen unter dem Titel: Trudi Wolnago Ekonomitscheskago Obtschestwa (Werke der freyen ökonomischen Gesellschaft) bekannt. Bis auf die Kosten des Drucks, die die Monarchinn übernommen hatte, wurde alles aus freyen Zuschüssen der Mitglieder bestritten. Gegenwärtig besizt die Gesellschaft durch die Lösung aus ihren Werken und patriotischen Geschenken einiger Mitglieder ein ansehnlich steinernes Haus, eine Bibliothek, Modellen- und Naturaliensammlung. Die Zahl der Bände ihrer Werke beträgt an 50, und vieles aus denselben ist auch in teutscher Sprache gedruckt. S. Hülfsq.

Erich Laxmann, aus Finnland, erst Prediger in Kolywan, denn Akademikus in St. Petersburg, hernach Bergrath in Nertschinsk, hatte gute naturhistorische Kenntnisse, und machte seit 1765 in Rußland und Sibirien viele und weite Reisen, war am weißen und am ochozkischen Meer. — Er war ein träger Schriftsteller, und außer seinen wenigen Abhandlungen in den Werken der Akademie, seinen Sibirischen Briefen, seinen handschriftlichen Reiseberichten aus Finnland, und von der Wolga, und dem, was der Ritter Pallas aus Laxmanns Briefwechsel in Pallas Nord. Beyträgen bekannt gemacht hat, wird nichts von ihm seyn. Hat er ein Tagebuch geführt, so muß es vieles enthalten. Seine Mineraliensammlung hatte er schon 1786 an das Bergkadettencorps für 6000 Rubel verkauft. Er starb 1796. im Januar auf der Reise von St. Petersburg nach Irkuzk im Schlitten, etwan 100 W. hinter Tobolsk, als Kayserl. Kollegienrath und Wolodimer-ordensritter.

Den bisher größesten Schritt für physikalische, geographische und naturhistorische Kenntniß des Rußischen Reichs, machte die Kayserinn Katharina die Zweyte te durch die 1767 der Akademie der Wissenschaften aufgegebenen astronomischen und physikalischen Expeditionen. Die astronomische sollte 1769 den Durchgang der Venus durch die Sonnenbahn außer St. Petersburg in Kóla, Umba, Astrachan, Gurjew, Jakuzk, beobachten, Polhöhen aufnehmen. — Die physikalischen hatten die verschiedenen Theile der Landeskenntniß zur Absicht. Die Akademie beschloß zwey Astrachanische, und zwey Orenburgsche physikalische Expeditionen von gleicher Einrichtung. Jede bestand aus einem Führer, mit 4 Studenten, einem Mahler, Jäger, und Ausstopfer, und zur Besorgung des Fortkommens aus einigen Soldaten. Die Gegenstände ihrer Beschäftigungen waren überhaupt der Nutzen des Reichs und die Erweiterung der Kenntnisse und nahmentlich: 1. Die Natur des Erdreichs und der Gewässer. 2. Der würkliche und mögliche Anbau. 3. Vieh- und Bienenzucht, Seuchen ꝛc. 4. Wild, Thiere, Vögel, Fische, — Jagd, Fang. 5. Mineralien und Mineralwasser. 6. Pflanzen. 7. Geographische Beschreibungen. 8. Meteorologische Bemerkungen. 9. Beschreibung der Gewerbe und Bemerkungen über dieselben. 10. Lebensart, Sitten, Verfassung der Einwohner. 11. Alterthümer.

Die Gegenden, in welchen sie sich beschäftigen sollten, konnten nur im Anfange genau vorgeschrieben werden, nachher hatten die Führer deswegen Vorstellungen zu thun. So entstanden die Sibirischen Expeditionen auf Pallas und Falks Vorstellungen.

Die Regierung und Akademie verschafften den Reisenden alle Erleichterungen. Bey völlig freyer Reise, Fuhrwerk, Vorspann, Quartier — hatten die Akademisten während der Reise doppelt Gehalt, und einen offenen Befehl, aus Kayserlichen Kasten überall Reisekosten und Gehalte heben, in Geschäften Wegweiser, Arbeiter, Bedeckungen und überhaupt alle Unterstützung verlangen zu können, — auch waren die Befehlshaber der mehresten Oerter

sehr

Zur Geschichte der Landeskenntniß. 61

sehr willig. Der Natur der Sache nach aber blieben ihnen doch viele Beschwerden, Unannehmlichkeiten und theils Gefahren. Die Kosten waren beträchtlich, die Pallaßische kostete in den 7 Jahren ihrer Dauer über 12,000 Rubel, die Falksche um 8000 Rubel, die Güldenstädtsche 21,834 Rubel; die Gmelinsche von wegen zweyer Seereisen die kostbarste.

Eine kurze Anzeige der Wanderungen und durchwanderten Gegenden der Expeditionen macht ersichtlich, in welchen Gegenden des Reichs die Beobachtungen dieser Physiker statt hatten. Die Führer und ihre Expeditionen mögen sich in der Ordnung ihrer Abreise von St. Petersburg folgen. Vorher will ich nur noch bemerken, daß die an grossen und glücklichen Folgen reichen Reisen der Monarchinn in Ihren Staaten auch durch die für diese Reisen gestochenen schönen Karten und kurzen Anzeigen der Beschaffenheit und Merkwürdigkeiten dieser Gegenden zur Landeskenntniß viel beytragen. Diese Reisen waren auf der Wolga von Twer bis Simbirsk; nach Weißrußland, und besonders die Reise nach Taurien, welche viele Statthalterschaften berührte. S. benutzte Hülfsquellen.

Der Akademicus D. Sam. Gmelin aus Tübingen, reisete mit seiner Expedition zuerst, im Jun. 1768. nemlich von St. Petersburg, und kam über Stararussa, durch das woldaische Gebirg und Moskau bis Woronesch am Don; 1769 am Don hinab bis Asow und durch die Steppen nach Zarizyn und Astrachan.

1770 schiffte er auf der Kaspischen See an ihren westlichen Ufern nach Derbent, Baku, und Enseli. 1771 kam er nach Rösch und an der südlichen Küste bis Balfuß. 1772 schiffte er zurück und erreichte im April Astrachan. Hier reisete er in den Kaspischen Steppen.

1773 unternahm er die zweyte Beschiffung der Kaspischen See, und ging von der Wolga nach der Mündung des Urals und der Jemba, und nun an der östlichen Küste

bis

bis Monzislak und Astrabat, dann aber an der südlichen bis Enzeli. Die See war nun rundum befahren.

Von Enzeli mußte er zu Lande nach Lenkeran, Sültania und Baku, und 1774 über Kuba nach Derbent. Hier mußte er auf Befehl des Chans schleunig abreisen, statt aber an Bord seines Schiffs zu gehen, reisete er zu Lande, und ward im Gebiet der Chaitaken von deren Usmey oder Chan im Dorfe Parakei beraubt und gefangen; man ließ ihm jedoch seine Papiere. Der Usmey Amro Hamsa forderte für Gmelins Befreyung 30,000 Rubel, während der Unterhandlung aber starb Gmelin am 27 Jun. an der Ruhr, nur einige und dreyßig Jahre alt. Von dem Leben dieses gelehrten Mannes giebt Pallas in der Vorrede zum 4ten Theil von Gmelins Reise Nachricht.

Gmelin trug viel zur Kenntniß des Reichs bey. Von ihm sind mehr Abhandlungen in den Werken der Akademie. Seine Werke sind schon bey den Hülfsquellen meiner Arbeit angezeigt.

Unter den Gmelinschen Studenten zeichnete sich C. Habliyl, aus Preußen, durch Kenntniß und Fleiß sehr aus. Er machte unter Gmelin nützliche Nebenreisen nach den Gilanschen Alpen, begleitete den Grafen Woinowisch auf zwey Seereisen vom Astrachan nach Astrabat, und bereiste und beschrieb auf des Reichsfürsten Potemkin Befehl Taurien (s. Hülfsquellen), auch hat er mehrere Abhandlungen, Nachrichten ꝛc. in Pallas neuen Nord. Beyträgen. Gegenwärtig 1796 ist dieser, für die Naturgeschichte noch immer thätige, Mann Kayserl. Etatsrath, Vicegouverneur in Taurien, und Ritter des Wolodimer-Ordens.

D. Joh. Anton Güldenstädt aus Riga, Abjunkt der Akademie der Wissenschaften, undd Führer der 2ten Astrachanischen Expedition, ging mit derselben 1768 den 16. Jun. von St. Petersburg, nach den Quellen der Wolga ga und Moskau, und 1769 nach Woronesch, Tambow, Zaritzyn und Astrachan.

1770 reisete er am Terék, und 1771 und 72. im Kaukasischen Gebirge und in den Georgischen Provinzen. 1773 überfuhr er den Kaukasus auf der Rückreise, und kam bis an den Dniepr. 1774 reisete er am Dniepr, in der Ukraine und Weißrußland bis Moskau, von da er 1775 über Nowogrod im März nach St. Petersburg zurück kam. Sein Weg betrug um 10,000 Werste.

Güldenstädt war in allen Theilen der Akademischen Aufträge bewandert, und sein Reisegebiet nicht groß, aber sehr merkwürdig. Nach seiner Rückkehr suchte er seine Beschreibungen durch Briefwechsel zu vervollkommnen; auch hielten statistische Arbeiten ihn von der Ausgabe seiner gesammelten Nachrichten ab. — Dieser biedere Gelehrte starb 1781 an einem faulen Fieber als würklicher Akademicus und damaliger Präsident der hiesigen freyen ökonomischen Gesellschaft.

Er hat mehrere Abhandlungen in den Werken der Akademie und in den Rußischen Kalendern. Seine hinterlassenen Handschriften enthielten sein Tagebuch, dessen Ausgabe die Akademie dem Ritter Pallas übertrug. Es erschien auch der erste Theil 1787, und der zweyte 1791 in der Form eines Tagebuchs mit der Aufschrift: D. J. A. Güldenstädt Reisen durch Rußland und im Kaukasischen Gebirge. Mit einer großen und ganz vorzüglichen Karte vom Kaukasus und Georgien. Der Natur der Sache nach mußte die Reisebeschreibung verlieren, was der Verfasser bey eigener Ausgabe hätte zusetzen können. — Auch seine Flora und Fauna Caucasica sind in Handschrift nachgeblieben; doch sind die neuen Thiere vom Verfasser und theils aus dessen Papieren vom Ritter Pallas in den Werken der Akademie beschrieben. (S. Hülfsq.) Von Güldenstädts Nachlaß erhielt Pallas die Mineralien und ich die Pflanzen.

D. Iwan

D. Iwan Lepechin, damals Adjunct, jetzt Akademicus, Hofrath und Ritter vom Wolodimerorden, reisete als Führer mit einer Orenburgschen Expedition am 8. Jun. 1768 von St. Petersburg nach Moskau, und an die Wolga, und 1769 an der Wolga hinab, an den Kaspischen See und am Uralfluß und Sakmara bis Tabinsk an den Belaja, 1770 reiste er im Ural; 1771. von Solykamsk nach Ustjug, und an der Dwina hinab nach Archangel. Von hier reisete er in diesem und dem folgenden Jahre am weißen Meer, dann aber nach St. Petersburg.

Im Jahr 1773 reisete er von St. Petersburg nach Plaskow, nach dem Ursprunge der Wolga und Düna, nach Polozk, und dann über Riga nach St. Petersburg zurück.

Seine Reisebeschreibung Dnewnia Sapiski Iwan Lepechina pa rasnim provinziam rossinskage Gossedarstwa, ist vom Hase verteutscht. (S. Hülfsq.) Die Reise im südlichen Rußlande ist noch in Handschrift.

Von den Lepechinschen Studenten machten Malgin, jetzt Assessor, eine Nebenreise nach der Petschoro, und Oserezkawski, jetzt Akademikus, Hofrath und Ritter des Wolodimerordens nach Kola u. s. f. Letzterer machte auch neuerlich eine akademische Reise nach den Seen Ladoga und Onega. S. Hülfsquellen.

Peter Simon Pallas aus Berlin ward 1767 der physikalischen Reisen wegen als Akademikus berufen, und erhielt eine Orenburgsche Expedition, mit welcher er 1768 d. 21. Jun. St. Petersburg verließ. Er reisete nach Nowgorod, an der Okka, nach Simbirsk. 1769 an der Wolga, am Sok, in der Kalmukschen Steppe, am Uralfluß, und kam bis Ufa. 1770 im Uralgebirge, wo er sich mit der Falkschen Expedition traf. 1771 über den Tobol und Jrtysch, im Kolywanschen Gebirge, am Ob, Tom, Abakan, und Jenisei bis Krasnajarosk. 1772 nach Irkutzk und in Daurien.

Von

Zur Geschichte der Landeskenntniß. 65

Von Daurien trat er die Rückreise an und kam bis Krasnojarsk am Jenisei. 1773 nach Tobolsk, über das Uralgebirge, Uralsk am Uralfluß und durch die Steppe nach Zarizyn an der Wolga. Von Zarizyn ging die Rückreise über Tambow, Moskau, Twer, Nowgorod nach St. Petersburg, welches er 1774 den 30. Jul. erreichte.

Von seinen Studenten machte Sokalow eine Nebenreise nach dem Terek und an der mongolischen Grenze, und Sujew am Ob von Tobolsk bis zum Eismeer, auch am Jenisei von Krasnajarsk bis unter Turuchansk. Pallas hatte 27,264 Werste, und die detaschirten Studenten um 6000 W. gereiset. Unter allen akademischen Pilgrimmen breitete er sich am meisten aus, daher sich auch seine Expedition mit den Expeditionen seiner Kollegen so oft kreuzte, und ihre Erndten kärglicher machte.

Pallas hatte am Irtysch eine schwere Krankheit erlitten, und von seinen Begleitern starben einige. Der Student Sujew starb als Akademikus. Sokolow ward Akademikus und Hofrath, verließ die Akademie und starb als Arzt. Pallas selbst ist jetzt (1796) noch Akademicus, Rußisch-Kayserl. Etatsrath, Historiograph der Admiralität, und Ritter der 4ten Klasse des Wolodimer-Ordens. Er lebt seit 1795 in Taurien, auf einem von der Milde der Monarchinn ihm geschenkten Landgut und Weinberge bey Sympferopal, und arbeitet an Vollendung seiner angefangenen Werke. Des Ritter Pallas Beyträge zur Kenntniß des Rußischen Reichs sind sehr zahlreich. Seine hierauf Bezug habenden Werke sind schon vorher bey Anzeige meiner Hülfsquellen angeführt. Die Monarchinn erkaufte sein reiches und instructives Musäum mit Kayserlicher Freygebigkeit, und ließ es in der Eremitage aufstellen.

In den Jahren 1793 und 94 machte Pallas aus eigenem Betriebe eine Reise nach der untern Wolga, dem Terek und Taurien, deren Beschreibung schon unter der Presse ist.

Nikol Rytschkow, Kapitain bey den Dragonern, jetzt Hofrath und Director des Kayserlichen Seidenbaues bey Zarizyn, reisete unter der Leitung des Ritter Pallas in den Jahren 1770 und 1771 am Tscherentschan, Sok, dem Kama, Wiatka und Belaja, und begleitete auch die Truppen, welche die 1771 entflohenen Kalmucken in der Kirgisischen Steppe verfolgten. Von ihm im Schurnal Putetscheskaja Kapitain Nikola Rytschkowa 4., welches Hase verteutscht hat (s. Nikol. Rytschkow Tagebuch 1774.) S. vorh. Hülfsquellen.

Joh. Peter Falk, Prof. der Botanik im medicinischen Garten in St. Petersburg, aus Schweden; eingelehrter Zögling des Ritters von Linné, ward als Führer einer den übrigen gleichen Orenburgschen Expedition von der Akademie der Wissenschaften in Dienst genommen. Er erwartete bey dieser Anstellung sehr nützlich zu werden, und sich seiner Hypochondrie und Kränklichkeiten zu entledigen. —

Mit seiner Expedition verließ er St. Petersburg 1768 den 5. Septbr. und kam bis Moskau. 1769 reisete er an der Oka, Sura und Wolga bis Zarizyn. 1770 kam er nach Astrachan. Als er hier im Jul. bey Sannan über die Wolga gehen wollte, traf Georgi, den er von Upsal her kannte, und von der Akademie wegen seiner Kränklichkeit zum Gehülfen in Geschäften erbeten hatte, bey ihm ein. Dieser begleitete ihn auch bis zu Falks Rückreise von Tomsk. Die ganze Zeit genoß er seines Führers Vertrauen und Freundschaft. Falk ging nun in Gesellschaft einer Armenischen und Tatarischen Karavane, unter einer Bedeckung von Kosaken, durch die Kalmukische Steppe nach Uralskoi am Ural, und wieder in der Steppe nach Orenburg, wohin er im August kam und bis zum Februar 1771 blieb. Hier machte er Excursionen im Gemeingebirge und in der Kirgisischen Steppe.

Im Jahr 1771 reisete er von Orenburg an der Linie nach Tschelebo in der Isettischen Provinz. Seinen Begleiter

ter ließ er den Weg dahin durch das Uralgebirge nehmen. In Tscheleba traf er den Akademikus Pallas. Beyde verabredeten die Reise des Jahres, worauf Pallas abreiste, Falk aber noch blieb, und Excursionen in der Isettischen Provinz und nach Kathrinenburg machte, und die Frühlingsflor beobachtete. — Den Studenten Barbanes, einen geschickten und fleißigen Mann, ließ er von hier mit den Truppen, welche die Kalmuken verfolgten, eine Wanderung in die Kirgisische Steppe machen, auf welcher er bis an den Tschol-Gurbonfluß bis zu dem Soongarischen Gebirge Kalmy Tologoi kam. —

Falk setzte nun die Reise in Sibirien auf der großen Heerstraße fort, und kam über den Tobol und Ischim nach Omsk am Irtysch, wo Georgi, den er, um mehr zu bestreiten, an der Ischimschen oder neuen Sibirischen Linie der Kirgisischen Grenze früher abreisen lassen, seiner wartete. Von Omsk ging die Reise durch die Baraba nach dem Ob, und an diesem hinauf bis Barnaul, wohin auch die Pallaßische Expedition kam. — Falk erlitt hier eine schwere Krankheit, nach welcher er Excursionen nach dem Erzgebürge und den Hüttenwerken machte.

Am 20. Dec. 1771 reisete er von Barnaul über den Ob nach Kusnezk, und dann am Tom hinab bis Tomsk, dahin er im Anfange des Januars 1772 kam. Hier erhielt er wegen zunehmender Kränklichkeit seinen Rückruf von der Akademie. Für die Rückreise, deren Einrichtung ihm ganz überlassen war, behielt er zwey Studenten, den Zeichner und Jäger; Georgi aber und 2 Studenten kamen zur Pallaßischen Expedition.

Die Rückreise, die er d. 27. März 1772 von Tomsk aus antrat, machte er mit aller einem kranken Manne nur möglichen Thätigkeit, auch ist sie recht gemeinnützig geworden. Sie ging über den Ob und Irtysch, nach Tara und Tobolsk, Tiumen, Tura und Kathrinenburg, über den Ural,

Ural, wo er verschiedene Hüttenwerke besuchte, nach Kasan, wo er winterte.

Im Jahr 1773 ging er mit Genehmigung der Akademie die Wolga hinab nach Astrachan, und durch die Kumanische Steppe nach den Terekschen Bädern, die er mit Erfolg gebrauchte, und auf demselben Wege im December nach Kasan, aber sehr krank zurück kam.

Im Jahre 1774 d. 31. März endete er bey unüberwindlicher Hypochondrie sein leidenvolles Leben durch einen Pistolenschuß. Mehr von dem Leben dieses unglücklichen Gelehrten in Falks Bemerkungen auf einer Reise im Rußischen Reich S. 802. und im Teutschen Museum 1777.

Als Laxmann die Falkschen Papiere, die ihm von der Akademie zur Ausgabe der Falkschen Reisebeschreibung gegeben wurden, bey Veränderung seines Aufenthaltes 1780 ungebraucht zurückgab, erhielt Georgi den Auftrag, Falks Reisebeschreibung zu ediren, und so erschien:

J. P. Falk Beyträge zur topographischen Kenntniß des Rußischen Reichs in 4. 3 Bände 1785 und 86. Außer mehrern Kupfern haben sie auch zwey verkleinerte Landkarten vom Reiche, auf welchen alle physikalische Reisen mit Linien bemerkt, und durch Farben unterschieden sind.

Joh. Gottl. Georgi aus Pommern kam, nach angenommenem akademischen Ruf, in Reisebeschäftigungen Gehülfe des Prof. Falk zu seyn, 1770 im May nach St. Petersburg, und trat die Pilgerschaft von da aus im Jun. an. Mein Weg ging über Moskau und Tambow nach der Wolga bis Astrachan, und denn von der Wolga mit meinem schätzbaren, freundschaftlichen Führer, nach Orenburg, Tscheleba, Batnaul und Tomsk, wo mein Führer seine Rückreise antrat, ich aber zur Pallaßischen Expedition versetzt ward. (S. vorh.)

Von Tomsk ging meine Reise, begleitet vom Falkschen Studenten, nach Krasnojarsk am Jenisei, wo Pallas

las winterte. Nach einem leichten Uebereinkommen sollte ich zwar zur Pallaßischen Expedition gehören, aber stets abgesondert reisen, und auch der Akademie selbst Reiseberichte abstatten. Den 7. März 1772 reiseten wir gesellschaftlich nach Irkuzk, von da er nach Daurien ging, mich aber mit 2 Studenten und einem Schützen zurück ließ, um von hier meine eigene Wallfahrt anzutreten.

Diese fing außer Excursionen in der Gegend im Jun. mit einer Umschiffung des Baikalsees und Untersuchung der ihm umgebenden, theils unwirthbaren Ufergebirge an. Das Fahrzeug war eine Barke, die Besatzung bestand aus 20 gewandten Kosaken, und der Aufnahme einer Karte wegen begleitete mich auch ein Admiralitätssteuermann. Vom August waren meine Wanderungen in Daurien überhaupt und besonders im Nertschinskischen Erzgebürge. Im December kam ich über den gefrornen Baikal nach Irkuzk zurück.

1773 im Januar verließ ich Irkuzk, und reisete nach Krasnojarsk am Jenisei, wo ich den Ritter Pallas noch antraf, und dann nach Tomsk, Tara, Tobolsk und Kathrinenburg. Von hier im Ural, die Tschußowaja hinab, und an Kamaflusse nach vielen Berg- und Hüttenwerken. Nun im Gemeingebirge nach Orenburg und an der Linie nach Ukalskoigarodk. Von hier durch die Steppe, am Irgis hinab zur Wolga, und an dieser von Malinowka bis Zarizyn hinab, wo Pallas winterte und auch ich blieb.

1774 reisete ich von Zarizyn nach Astrachan, und von hier an der Wolga hinauf nach Saratow, Simbirsk, Kasan, nach Totma an der Suchona, wieder an der Wolga hinauf bis Jaroslawl, endlich nach Moskau und von hier auf der Heerstraße nach St. Petersburg, wohin ich am 10ten Septbr. kam. Mein Weg von St. Petersburg und dahin zurück betrug, ohne kleine Excursionen zu rechnen, 39,870 Werste.

Zur Geschichte der Landeskenntniß.

Meine Beyträge zur Landeskenntniß sind, so weit und lange ich den seel. Falk begleitete, in dessen Beyträgen zur topographischen Kenntniß Rußlands. Vorh. Die spätern auf abgesonderten Reisen enthalten:

J. G. Georgi Bemerkungen auf einer Reise im Rußischen Reich. 4. 1772. S. a. Hülfsq.

Basilius Sujew, ehedem bey der Pallaßischen Expedition Student, dann Adjunct und Akademikus, machte 1781 und 82 eine akademische Reise nach dem südlichen Rußlande, am Dniepr, in Taurien ꝛc. bis Konstantinopel. Es ist schon bey Ang. d. Hülfsq. erwähnt, daß der erste Band dieser Reisebeschreibung gedruckt, und auch bereits übersetzt ist, und der 2te nach dem Ableben des Verfassers ausbleiben wird. Vorh. S.

Nikolaus Oserezkowski, ehemals Student der Lepechinschen Expedition, jetzt Akademikus, Hofrath und Ritter des Wolodimerordens, machte 1785 eine akademische Reise um den Ladoga- und Onegasee, deren Beschreibung gedruckt und auch schon angezeigt ist. (Hülfsq.) Noch erhalten wir von demselben eine Beschreibung von Kola.

Kleinere Beyträge zur Landeskenntniß waren die Seereisen einiger Kosaken und Kaufleute auf dem Ostmeer. 1763 geschahe es von dem Geodesisten Andrew, 1768 und 69 von Kremizin und Lewaschew, 1770 von Solawiew, 1771 von Bragin, 1779 von Saikow und Pobilew, und einigen andern. Eine im geographischen Departement 1788 erschienene Karte stellt die Entdeckungen auf dem Ostmeer bis dahin vor, und Pallas nordische Beyträge und Arndts St. Petersburgsches Journal enthalten nähere Nachrichten von denselben.

Ein vorzügliches Beförderungsmittel der Landeskenntniß ist die 1775 von der Monarchinn angeordnete neue Einrich-

Zur Geschichte der Landeskenntniß.

richtung der Statthalterschaften. Die Gerichtshöfe können der Kenntniß ihrer Kreise kaum ausweichen, und die dadurch veranlaßte Vermessung gab genaue Karten, die in dem beym Bergcadettencorps eingerichteten und jetzt zum Kabinet gekommenen Kayserlichen Geographischen Departement nach und nach erschienen, und 1792 einen ganzen Atlas aus einer Generalkarte und 44 Specialkarten ausmachten. S. Hülfsq.

Der Livländische Prediger Hupel in Oberpahlen, hat seit 1774 bis jetzo durch seine Topographischen Nachrichten von Liv- und Estland, Statistik und Nordische Miszellaneen, zur Kenntniß des Reichs, besonders Livlands, viel beygetragen, und manche unbekannte Nachrichten hervorgezogen. S. Hülfsq.

Der Hofrath und Ritter Boeber treibt seit 1786 die Naturgeschichte, besonders Entomologie und Botanik, leidenschaftlich, und machte zu deren Behuf an der untern Wolga, am Dniepr und in Taurien Reisen. Diese noch ungedruckten Nachrichten sind mir bey meiner Arbeit sehr nützlich gewesen. Die einzelnen Verdienste mehrerer, und mir theils unbekannt gebliebener Männer zu geschweigen.

Im Jahre 1785 verordnete die Kayserin Katharina die Zweyte eine Seeexpedition zur Untersuchung der östlichen Eismeerküste, Umschiffung des Kschutskischen Vorgebirgs, und Beschiffung des Ostmeeres. Diese Expedition bestand aus dem Kapitain vom dritten Range, Billings, einem Engländer, der schon mit dem berühmten Kapitain Coure im Ostmeer geschifft hatte, den Kapitains Gabrül, Seitschew und Bering (Großsohn des berühmten Führers der ersten Kamtschatkischen Expedition,) überhaupt aus 6 Flottofficiers, zwey Schiffsbaumeistern, dem Doctor Märk als Naturhistoriker, auch einem Mechanicus, einem Mahler, 3 Wundärzten und 150 Matrosen und Soldaten, deren 25 Jäger waren.

Die Expedition ging noch in genanntem Jahr von St. Petersburg auf der Heerstraße nach Irkuzk, und 1786 nach der Lena, wo für dieselben Barken gebauet wurden, und die Lena hinab nach Jakuzk. 1787 ging ein Theil nach der untern Lena, der andere nach der Kolyma, um von da das Kap zu umsegeln, und da hier nichts auszurichten war, begaben sich alle nach Ochozk, wo zwey Schiffe gebauet wurden. Alle hatten einen großen Theil des unwirthbaren nordöstlichen Sibiriens durchzogen, und sich dessen Kenntniß erworben.

1789 segelte die Expedition in 2 Schiffen von Ochozk nach Kamtschatka. 1790 gingen beyde Schiffe vom Hafen Petripauli oder Awatscha nach einigen Aleutischen Inseln und dem nördlichen Lande von Amerika. Am Amerikanischen Lande waren sie etwan 14 Tage, und kamen dann nach Awatscha zurück.

1791 segelten beyde Schiffe von Awatscha nach Tschuzkoi Nos in den Busen des heil. Laurenz, und der Insel Gore. Es war nicht möglich ins Eismeer zu kommen. Von hier nach der Insel Unalaschka, wo sie winterten. 1792 gingen sie wieder nach Awatscha, und im Ochozkischen Meer nach den Kurilen, gegen Japan hin, und nun winterte ein Schiff auf Kamtschatka, das andere aber in Ochozk. 1793 im Jul. waren alle in Ochozk. Die hier geendete Seereise hatte keine großen Unfälle, und eine nur geringe Sterblichkeit. Die Expedition reisete nun zu Lande nach Irkuzk, entließ die in Sibirien erhaltenen Leute, und traf auf der Heerstraße im Oct. 1794 in St. Petersburg ein.

Die Tagebücher, Bemerkungen der Reise, werden wahrscheinlich vom Ritter Pallas, als Historiograph der Admiralität, bearbeitet. Die Reiserapporte und gesammleten Naturalien, die das akademische Museum erhalten hat, machen zu ihrer Reichhaltigkeit Hoffnung. Die Expedition ist

ist mit Rang und Gelde, und der Kapitain Billings auch mit dem Wolodimerorden der 3ten Klasse belehnt worden.

Einigen Zuwachs erhielt auch die Kenntniß der natürlichen Beschaffenheit des Reichs durch eine 1790 vom medizinischen Kollegio besorgte Expedition, um den ächten Rhabarber in den Grenzgebirgen Sibiriens aufzusuchen, und mit demselben Kulturversuche zu besorgen. Der Apotheker Sievers, ein guter Botaniker, schickte aus diesen Gegenden vielerley Saamen und Pflanzen an den Ritter Pallas, und hatte bey seiner Rückkunft nach St. Petersburg im Jahr 1795 in seinen Tagebüchern gewiß viel Nützliches. Er entzweyete sich aber mit seinem Leben und nahm Gift. Aus seinem Kräuternachlaß hat der Ritter Pallas bereits zwey Decaden neuer Pflanzen in den Actis bekannt gemacht.

Der naturhistorischen Privatreise des Ritter Pallas in den südlichen Gegenden des Reichs, in der unteren Wolga, am Kaukasus, in Taurien, am Dniepr ꝛc. in den Jahren 1793 und 94 ist schon, und auch daß die Beschreibung derselben gedruckt wird, (S. vorh.) erwähnt. Da dieser gelehrte und thätige Naturforscher seit 1795 in Taurien, ohne die Stöhrungen, die in der Residenz unvermeidlich sind, lebt, so läßt sich von seiner Wissenschaft, seinem Fleiß und seiner Muße, für Landeskenntniß noch viel erwarten.

Der gelehrte Schweizerische Prediger Wittenbach versuchte, die Reisebeschreibungen der Akademiker zu vereinigen, und so das ihm Zweckmäßige auszuziehen und zu verbinden. Es erschien auch in einigen Octavbänden: All-gemeine Geschichte der neuesten Entdeckun-gen, welche von verschiedenen gelehrten Rei-senden in vielen Gegenden des Rußischen Reichs gemacht sind. 8. 1777 ꝛc. Da aber ein Auswärtiger die hiezu erforderlichen Lokalkenntnisse unmöglich haben, und die kleinen Lücken und Verbindungen nicht immer füllen und ersetzen kann, so entsprach sein Werk seinen eigenen Erwartungen nicht; er brach also ab. Man wird nun sehen, wie meinen einzelen Kräften ein Versuch einer Uebersicht aller bisherigen physischen und naturhistorischen Kenntniß von diesem fast unermeßlich-großen Reiche gelingen wird.

Des ersten Theils

erste Abtheilung.

Allgemeine Landesbeschaffenheit.

Erster Abschnitt.
Lage, Größe und Grenzen des Reichs.

Rußlands Größe und Macht nahm nach Besiegung der Tatarn unter seinen Alleinherrschern von Zeit zu Zeit zu. Der Zaar Ivan Wasiljewitsch eroberte 1552 das Kasansche und 1557 das Astrachanische tatarische Königreich, die beyde dem Rußischen Reiche einverleibt wurden. 1582 übergab der Kosak Jermiak Timopheitsch seine seit 1578 in Sibirien gemachten Eroberungen, der Regierung, die sie fortsetzte und noch in demselben Jahrhundert vollendete. — Um die Mitte des 17ten Jahrhunderts fiel unter dem Zaar Alexei Wasiljewitsch Kleinrußland und Smolensk an Rußland zurück.

Um und nach 1700 eroberte Peter der Große Jngermannland und 1711 Liv- und Ehstland, welches nebst einem Theil von Karelien 1721 und 1727 von Schweden an Rußland abgetreten ward. Von 1714 bis 1752 wurden die östlichen und südlichen Grenzen durch die Orenburgsche und Sibirische Linie bestimmt und befestigt. 1727 wurden die Grenzen mit China, und 1732 mit Persien im Kaukasus festgesetzt.

Unter der Regierung Katharinens der Zweyten ist das Reich durch die Ostmeerinseln, die Einverleibung Tauriens, die Unterwerfung Kurlands und Georgiens und die Zurücknahme der ehemahligen Rußischen Provinzen, die bisher den größten Theil

Polens ausmachten, auch durch das türkische Gebiet von Otschakow beträchtlich im Umfange und dazu in seinen fruchtbarsten und mildesten Gegenden erweitert.

Das Rußische Reich liegt in seinen jetzigen Begrenzungen ganz und ununterbrochen auf der nördlichen Hälfte der Erdkugel. Es reicht nach den autorisirten Karten des Rußischen Atlas von Westen auf der Insel Oesel in O am Uralfluß von 39 bis 70 Grad, mit der Kirgisischen Steppe bis 103 Gr., in Daurien bis an die Chinesische Grenze bis 137 Gr., auf Kamtschatka bis 180 Gr., auf Tschutskoi Nos an Berings Meerenge 210 Gr. und mit den äussersten Aleutischen Inseln noch weiter. Die südlichste Grenze des eigentlichen Rußlands ist unter 43 Gr. in Georgien, in der Kirgisischen Steppe aber bis um 40 Gr.; in Sibirien liegen die äussersten, Rußische Herrschaft erkennenden, Kurilen unter 45 Gr., die Daurischen Grenzen aber unter 39 Gr. Es reicht am Eismeer bis 70, auch 73, in Nowa Semlia und auf einem Kap zwischen dem Jenisei und der Lena bis 77 Gr. Norderbreite. Die Arealgröße des auf dem festen Lande ununterbrochenen Reichs betrug vor den Erweiterungen gegen Polen nach Büsching (Erdbeschreibung) 60,000. Sibiriens 249,000 Quadratmeilen. Nach Hermann (statistische Schilderungen) beträgt der Flächenraum des ganzen Reichs 320,000, nach Ebeling 350,000, nach Kraft (Act. Acad. Petrop.) ohne den Kaukasus und Georgien und ohne die östlichen Inseln 330,506 Quadratmeilen oder 16 Millionen und 41,290 Quadratwerste. Zu allen Angaben sind noch die neuesten Erweiterungen zu fügen, die auch einige tausend Quadratmeilen ausmachen. Auf jeden Fall hat das Reich ohngefehr die gedoppelte Größe Europens.

Grenzen und Begränzungen des Reichs.

Da die Geschichte des Reichs, also auch die Grenztractate ꝛc., außer meinem Gebiete sind, so beziehe ich mich

Größe und Grenzen des Reichs.

wegen derselben auf den autorisirten neuen Rußischen Atlas, der alles in einem Blick sicher zeigt. Was ich hier anführe, wird einigen Lesern zur Erläuterung dienen.

Die ganze nördliche Begrenzung macht von Kola bis zum Uralgebürge das Nordmeer. Dem weißen Meer östlich liegt die Insel Kalgunew im Nordmeer. Der Petschera Mündung östlich sinkt das Uralgebirge unter das Meer und erhebt sich denn in demselben erst in den Waigazinseln, denn nordlicher in Noweja Semlia als ein N. N. östlicher Felsenrücken. Hierdurch entsteht die Meerenge Waigaz.

Vom Uralgebirge und der Meerenge Waigaz heißt das Land in O. Sibirien und der Ozean Eismeer. Auf dieser Strecke ist das Land bis zum Jenisei flach und von demselben bis Berings-Meerenge mehr felsig. — Es sind hier große Landspitzen, große Busen und die Mündungen der Sibirischen großen Flüsse.

Die östliche Küste von Tschutskei Nos liegt an der Berings-Meerenge und der Felsenrücken Kamtschatka am Ostmeer, welches daselbst das Kamtschatkische heißt. Das feste Land von Sibirien liegt von Ochozk bis zum Amur oder Ud. Das Ostmeer wird bis hieher das Ochozkische Meer genannt.

Vom ochozkischen Meer folgt die Grenze nach dem 1727 mit China geschlossenen Grenztractat gegen S. westlich dem Gebirgrücken Stannowoi bis zum Gorbiza, der nahe über dem Amur in die Schilke fällt. Vom Anfange des Amurs an folgt nun die Grenze dem linken Ufer des Arguns hinauf bis gegen die Mündung des Chilar, bey welchem der Argun aus der Chinesischen Mongolei kömmt. Die Grenze am Argun hat außer Argunskoi Ostrog nur einige geringe Schanzen und Postirungen.

Vom Argun unter 49 Gr. Br. und 134 Gr. L. geht die durch geringe Schanzen und Postirungen bestimmte

Grenze in und am wilden Gebirge und in ofnen meist oben Steppen, über den Terei Nor, Ultsa, den obern Onan und dessen Flüsse, zum Tschikoi, den Selengo und an diesem hinab bis Kiachto, unter 50 Gr. 15 M. N. Br. Von Kiachto geht die der vorigen ähnliche Grenzlinie in ähnlichere Gebirge und Steppen, in S. W. am Baikal hin über die Tunka des Baikal und dann am nördlichen Gehänge des Grenzgebirges über den obern Irkut, Okka und Uda der Angara, und Tunguska, in W. und Südwest, über Saganskoi Ostrog und über den Jenisei. Vom Jenisei geht sie neben der Chinesischen Mongoley und Songoreη über den obern Abakan und dessen Taschtip, über den Mrasa des Tom und den Tom selbst. Man mußte sich bey Anlage der Grenzschanzen nach dem Gebirge und Wasser richten, in Daurien ist die Grenzlinie deswegen meistens unter 48 und 49 Gr. und von Baikal bis zum Tom meist vom 50 bis 52 Gr. Br.

Die **Kusnezkische Linie** geht vom Tom zum Ob durch das Kolywanische Gebirge am kleinen Altai hin, über den Kakunja, Buchtarma, Tizerük ꝛc. zum Irtysch bey Ustkamenozorsk. Diese Distanz im Gebirge heißt die **Kolywanische Linie** und ist nach ihrer ersten Anlage weiter südlich gerückt.

Vom Ust Kamenozorsk unter 49° 56′ B. folgt die Grenzlinie dem rechten Ufer hinab bis Omsk unter 54 Gr. 58 M. Br. und heißt auf dieser Strecke die **Irtyschlinie**. Sie hat eins ums andere Festungen und Reduten, besser gebauet und besetzt als auf den vorigen Abtheilungen. Die Besatzungen bestehen aus Landdragonern, Garnison-Baraillonen, Kosaken und dienenden Tatarn. Von solcher Beschaffenheit sind alle Linien-Distanzen bis zur Kaspischen See.

Bey Omsk verläßt die Grenzlinie den Irtysch, und folgt unter dem Namen der **Ischmischen Linie** der Kirgisischen Steppe meistens von O. in W., bey Petripaulsk Festung geht sie über dem Ischim, bey Swerinogolovsk über den

den Tobol und dann am Ui hinauf bis zum Uralfluß. Die Uiskische Distanz liegt wie die Jschimsche meistens unter 54 und 55 Gr. Br.

Von Werchuralsk folgt die Orenburgsche Grenzlinie dem Uralfluß meistens, am rechten Ufer hinab neben der Kirgisischen Steppe bis Orsk, Orenburg, Uralsk und Gurjew an der Kaspischen See unter 46 Gr. 18 M. Von den Linien noch mehr im 2ten oder geographischen Theil.

Die mittel- und kleinen schutzverwandten Kirgisischen Horden reichen mit ihren Steppen ans Soongorische Gebirge. Nach der Karte geht ihr Gebiet vom obern Jrtysch am Soongorischen Gebirge bis zum obern Sarasu in W., am ganzen Sarasu hinab in S. W. und von demselben fast in W. zum Aralsee, dann aber weiter in Westen bis zur Kaspischen See bey Manzislak, wo Karakalpaken wohnen.

Von Gurjew hat die Grenze bis zur Wolga und dann bis zum Terek die Kaspischen Ufer. Hier folgt sie dem linken Terekufer hinauf bis Mosdak unter 43 Gr. 43 M. Br. fast in W. Von Mosdak geht sie über die Kuma zum Kuban, wo er aus dem Gebirge kömmt und dann westlich fließt. Auf dieser westlichen Richtung an der rechten Seite folgt sie ihm bis ans Asowsche Meer. Am Terek und Kuban ist eine befestigte Linie.

Das Asowsche Meer liegt nun ganz in Rußland und umgiebt nebst dem schwarzen Meer Taurien. Die Taurischen Steppen haben das schwarze Meer zur Begrenzung.

Die Wosnesenskische Statthalterschaft hat südlich von Dniepr zum Dniestr die Ufer des schwarzen Meeres. Die Küste geht von Dniepr meist in W. S. W.

Vom Dniestr in N. W. und so die übrigen neuen Statthalterschaften, deren Grenzen am türkischen, römisch-kayserlichen und preußischen Ländern meistens in N. W. bis zur Ostsee liegen, haben nach Kayserl. Befehlen von 1793 und 95. (Buffe Journal 3ter Jahrg.) und nach der Oppermannschen Grenzkarte von 1795 durch den Dniester, Bog, Niemen und andere Flüsse, meistens ziemlich natürliche Grenzen, die nur in kleinen Strecken über Land gehen. Woønesensk grenzt mit der Pforte und der Moldau, Brazlaw mit der Moldau, Podol. mit der Moldau, Wolhynien mit Oesterreich, Slonim mit Oesterreich und Preußen und Wilno mit Preußen. Sie erhalten, wie die vorigen Grenzlande, Linien aus Wornstanzen, Postirungen, Schanzen und Festungen, auch Grenzzölle und Garantäinen, deren Plätze bereits bestimmt sind. Der Dniepr und die Düna sind nun ganz in Rußland.

Das Gouvernement Kurland, die Statthalterschaften Riga, Reval und das Gouvernement St. Petersburg reichen in Westen an die Ostsee, deren Rigischen Busen Riga, so wie die östliche Spitze des Finnischen Busens St. Petersburg umgiebt. Die Statthalterschaft Wiborg hat südlich den Finnischen Busen und westlich, so wie auch Olonezk, das Schwedische Finnland, dessen Grenzen Gewässer und Festungen machen. Archangel grenzt im Scandinawischen Gebirge westlich mit Schweden und Norwegen, in meist unwirthbaren, den nomadisirenden Lappen überlassenen Gegenden. Die Befestigungen gegen Schwedisch Land werden noch vermehrt.

Grenze Europens und Asiens im Reich.

Ihre Bestimmung erfordert nicht die pünktliche Genauigkeit der politischen, gehört aber in die Erdbeschreibung und hier zur Bestimmung Rußlands und Sibiriens oder des Europäischen und Asiatischen Rußlands, welches hier, besonders im Ural, auch der gemeine Mann nicht verwechselt.

Die alten Erdbeschreiber hielten alle den Ural für die Grenze beyder Welttheile, südlicher aber waren sie über diese Gren=

Größe und Grenzen des Reichs.

Grenze verschiedener Meynung. Der Ritter Pallas, der die meisten alten Erdbeschreiber auf seiner Seite hat, nimmt folgende Grenze an: vom Eismeer bis zur Belaja sey es der Scheiderücken des Urals, der den Gewässern, welche an demselben entspringen, die Richtung ihres westlichen oder östlichen Laufes bestimmt. Dann werde es die südliche Fortsetzung des Gemeingebirgs (Obstschei Syrt), so wie es sich am Sok westlich zur Wolga wendet, und von derselben durchschnitten wird. Am rechten Wolgaufer sey es eben dieser Bergrücken, der an der Wolga hinab bis zur Sarpa streicht, sich aber an derselben westlich zum untern Don, als ein hoher Erdabsatz, wendet, dadurch der untere Don und das östliche Ufer des Asowschen Meeres Asien begrenze. P. R.

Noch natürlicher aber wird diese Grenze vom Uralgebirge an in Süden, zwischen der Wolga und dem Uralfluß bis zur Kaspischen See, vom Gemeingebirge (Obstschei Syrt) selbst gemacht. Dieses giebt wie der Ural Flüsse von westlichen und von östlichen Lauf. Die westlichen Uralflüsse fallen in die Kuma der Wolga, die des Gemeingebirgs in die Wolga selbst. Die östlichen Uralflüsse werden dem Ob Sibiriens theils durch den Tobol zu Theil; die östlichen Flüßchen des Gemeingebirgs fallen alle in den Uralfluß. Im Nordural ist diese Grenze ohngefehr unter 73=, bey der Kaspischen See um 67 Gr., macht aber auf dieser Strecke mehrere westliche und östliche Abweichungen. Nach dieser Angabe wäre weiter in S. die Kaspische See selbst Grenz beyder Welttheile, ihr westlich Ufer und der Kaukasus gehörten zu Europa, ihr östliches aber mit dem Mangislakschen Gebirge zu Asien. Nach dem Hofrath und Ritter Inochozow würde vom Ural an in Süden die untere Wolga selbst Grenze seyn, die nach der vorherigen Bestimmung ihren ganzen Lauf im Europäischen Rußlande hatte.

F 2

Zweyter Abschnitt.
Allgemeine Landesbeschaffenheit.

Klimate und Landstriche.

Durch die große Ausbreitung des Reichs von etwa 40 bis 210 Gr. östl. Länge und von 40 bis etwa 77 Gr. N. Br. entstehen mehrere geographisch-mathematische Klimate, deren Witterung, Naturerscheinungen, Naturproducte, Vortheile und Nachtheile für die Bewohner — bey ungefehr gleichem Boden nur erst in mehr zusammengenommenen Klimaten sehr merkbar werden. Es sind deswegen für die Erleichterung der Landeskenntniß und zur Vermeidung der Wiederholungen in Beschreibung gleichförmiger Gegenden allgemeinere, leichtverständliche Angaben nützlich.

Die kayserliche Verordnung wegen der Uniformen, welche 1784 erging, theilt das Reich nach geographischen Breiten in Landstriche (R. Polosi), welche, da sie auf natürlichen Gleichheiten und Verschiedenheiten beruhen, auch in physischer Hinsicht alles leisten und bey der eben gedachten Zusammenfassung mehrerer Klimate zum Grunde gelegt werden können. Nach dieser Verordnung reicht A. der südliche Landstrich (Jousnoi Polosi) von den südlichsten Grenzen des Reichs bis zum funfzigsten Gr. nördl. Br.

B. Der mittlere oder gemäßigte (Serednoi Polosi) vom 50ten bis 57ten Gr. N. Br. und

C. Der nördliche (Sewernoi Polosi) vom 57ten bis zum nördlichsten Gr. der Br. des Landes.

Diese Eintheilung habe ich bey physischen und naturhistorischen Bestimmungen befolgt, und blos den nördlichen Landstrich wegen seiner großen Breite und der darauf beruhenden großen Verschiedenheit in den C. kalten Landstrich

strich vom 58ten bis zum 67ten Grade, wo die Waldungen und Europäische Wirthbarkeit aufhören — und in den D. arctischen oder hyperboreischen Landstrich, vom 67ten Gr. bis zu unserm äussersten Norden am Eismeer und dessen Inseln getheilt.

Wenn ich hier das Allgemeine und Eigenthümliche jeden Landstrichs, um es in der Folge voraussetzen zu können, kurz anführe, so ists kaum zu erinnern, daß Lage und Boden, Berge, Sümpfe, Wälder — schon in einzelnen Graden der Breite starke Abweichungen machen, und daß dagegen bey gleicher äusserer Beschaffenheit der Lage und des Bodens, in Ebenen, ofnem Lande — die Verschiedenheiten des Klima nur nach und nach und in nicht grossen Entfernungen kaum merklich fühlbar werden; also auch bey den Landstrichen keine scharfen Grenzen zu setzen sind.

A. Allgemeine Beschaffenheit des südlichen Landstrichs.

Dieser Landstrich, der von den südlichsten Grenzen des Reichs bis zum 50ten Gr. N. Br. reicht, und auch noch diesen Gr. einnimmt, hat in Rußland die Statthalterschaften Katharinoslaw, Taurien, Braslaw, Kiew, das Land der Donschen Kosaken und Kaukasien. Kaukasien und Taurien haben zum Theil Gebirge mit den Eigenthümlichkeiten der Witterung derselben. Die übrigen Gegenden sind flach und meistens offen.

Diese flachen Gegenden haben einen frühen und schönen Frühling, dauernde oft trockne Sommer, späte und gute Herbste, die für alle Kulturen und Erndten zureichen und kurze Winter mit öftern Thauwetter und wenig Schnee. Der längste Tag dauert in Astrachan 15 Stunden 36 Min. in Kiew 17 Stunden 14 Min. — Die westlichen Statthalterschaften haben viel gutes Land, und für Menschen,

Vieh

Vieh und Gewächse gedeihliche Witterung, gute Erndten, keine eigene Seuchen; nur haben sie wegen der Pest der Grenzländer Vorsicht nöthig.

Die östlichern Taurischen, Kaukasischen und Asiatischen Steppen der Kirgisen, sind trocken, zum großen Theil salzig, haben schlechtes, im Sommer meistens stehendes, oft faulendes Wasser, selten Regen und nur sparsam fruchtbaren Boden. Die Sommerhitze ist anhaltend und oft so groß, daß den ausgetrockneten Augen die Luft voller zitternder Spinnenfaden scheint, und den Schafen, wo es am Wasser fehlt, blutiger Schaum fürs Maul kommt. Im Winter steigt dagegen die Kälte, selbst um Astrachan, unter 46 Gr. N. B. bisweilen bis 20, auch bis 24 Gr. reaumürisches Maßes (Lerch). Im Winter wüten in den Steppen des südlichen und auch des gemäßigten Landstrichs dann und wann Wirbelstürme (Burani). Diese scheinen mehr zirkelförmige oder drehende als fortschreitende Bewegung der Luft zu seyn. Mit der größesten Heftigkeit und bey durchdringender Kälte drehen sie Schnee und allerley leichte Körper im Kreise, und führen sie oft hoch in die Luft. Sie reißen oft schlecht befestigte Breterdächer ab, heben sie in die Höhe, und lassen sie dann in einiger Entfernung fallen. Wenn Reisende von solchen Buranen überfallen werden, verbergen sie sich so gut sie können unter ihren umgekehrten Wagen; oft aber werden Menschen und Pferde ein Raub des Todes.

Die östlichen Flächen des südlichen Landstrichs sind, wegen der kurzen Winter, wenigem Schnee, trockner und gesunder Weide, wenigern Raubthieren — für die Viehzucht vorzüglich und auch meistens Hirtenvölkern überlassen.

In den östlichen Gegenden des warmen Landstrichs leiden die Menschen durch den schnellen Wechsel der Witterung, Erkältungen, Erhitzungen, viele kühlende Früchte, theils durch schlechte Wasser, deren Folgen faulende, hitzige und Wechselfieber auch Durchfälle sind. Gleichwohl ist der
Ueber-

Ueberschuß der Gebohrnen gegen die Gestorbenen meistens ziemlich beträchtlich. Keine eigenen Viehseuchen, oft aber eingeschleppte, theils sehr verheerende.

B. Allgemeine Beschaffenheit des gemäßigten Landstrichs.

Dieser Landstrich nimmt die Breite von 51 bis und mit 57, also von 6 Graden ein. Die Witterung der westlichen oder Europäischen Gegend ist von der östlichen oder Sibirischen merklich verschieden.

a. Der Rußische gemäßigte Landstrich.

In demselben sind die Statthalterschaften Minsk, Polozk, Mogilew, Kaluga, Orel, Kursk, Moskau, Tula, Nowgorod Sewersk, Riäsan, Wolodimer, Tambow, Pensa, Nischne Nowgorod, Simbirsk und Kasan ganz, Podol, Tschernigow, Charkow, Woronesch und Saratow zum Theil im südlichen, so wie Smolensk zum Theil im kalten Landstrich. Ufa gehört zum großen Theil zur östlichen Abtheilung.

Dieser ganze Landstrich ist bis auf Ufa flach, mit allen Abwechselungen von Feldern, Wäldern, Heiden, Steppen, Wiesen, Brüchen, Gewässern. Die Felder sind fruchtbar, die Wälder gemischt, die Steppen zum Theil salzig, die Gewässer bis auf wenige Brake der Steppen gut.

Das Klima ist in so flachen Gegenden sehr gleichförmig, milde, und Menschen, Thieren und Gewächsen sehr gedeihlich. Die Wolga steht bey Kasan am Ende des Octobers, und bricht in der letzten Hälfte des Aprils. Der ganze Landstrich ist gut bewohnt und die Bewohner vermehren sich jährlich sehr; der Getauften sind immer viel über die Zahl der Gestorbenen, doch sterben auch einige außer ihren väterlichen Sitzen bey der Miliz ꝛc. Die Landesproducte über-

übersteigen die eigene Konsumption in den mehresten Artikeln, und theils in beträchtlicher Menge.

b. Der Sibirische gemäßigte Landstrich.

Er reicht in der angezeigten Breite vom Ural bis ans Ochozkische Meer, über Kamtschatka, und die ganze Aleutische Inselreihe liegt in diesem Landstrich. Er enthält den größten Theil der Statthalterschaft Ufa, das ganze Kolywanische Gouvernement, den südlichen Theil von Tobolsk mit der nordlichen Kirgischen Steppe, von Irkuzk die Irkuzkische Provinz, Daurien und Ochozk.

Der Sibirische gemäßigte Landstrich hat viel Gebirge und darin verschiedene Klimate. Die Flächen haben alle Abwechselungen des Bodens und eine sehr verschiedene Fruchtbarkeit. Im östlichen Sibirien ist der Boden felsigt. — Fast überall ist gut Wasser.

Die Witterung hat die gewöhnlichen Abwechselungen, ist aber überhaupt weit rauher, als im Rußischen gemäßigten Landstrich, wenig milder, als die des kalten Rußischen Landstrichs, und diese Rauhigkeit nimmt mit der östlichen Länge sichtlich zu. Die Baraba und andre niedrige Flächen sind des Sommers mit einem Nebel bedeckt, durch den man mit bloßen Augen in die gelbroth scheinende Sonnenscheibe sehen kann. Viele seichte Gewässer frieren meistens aus und behalten blos eine gelbe Jauche, und des Sommers trocknen die sehr seichten Seen sehr ein und werden schlammig. Bey Omsk, unter 54 Gr. 58 M. Br. und 95½ Gr. Länge steht der Irtysch am Ende des Octobers und bricht in der Mitte des Aprils. Bey Bernaul unter 53 Gr. 20 M. Br. und 100 Gr. 57 M. L. tritt der Winter in der Mitte des Octobers schnell und ohne Herbstwitterung ein. Der Sommer hat bisweilen Frostnächte (Ren ov.) Bey Tomsk, unter 56½ Gr. Br. und 102 Gr. 39 M. L., bricht der Tom in der Mitte des Aprils.

Gemäßigter Landstrich.

Bey Irkutzk unter 52 Gr. 18 M. Br. und 123 Gr. 13 M. L. bedeckte sich die schnelle Angara im Zeitraum von 30 Jahren nie vor dem 15ten Dezember und brach nie vor den 21. März. Die gewöhnliche Winterkälte ist hier zwischen 22 und 32 Gr. und die gewöhnliche Wärme von 30 bis 35 Gr. In Daurien und um den Baikal behalten die Sümpfe unter dem Moos beständig Eis, auch thauet die Erde in Nertschinsk stellenweise nur 2 Fuß tief auf. Gm.

In der Nertschinsk'schen Silberhütte unter 51 Gr. 16 M. Breite und 136 Gr. L. ist die Winterkälte gewöhnlich von 24 bis 27 reaumürischer Grade, 1765, und 66 aber kam sie hier und am Onar im Grenzort Tschandan Turuk bis 38 Gr., in welchem das Quecksilber erstarrete. Laxm). Der Argun und die Schilka bedecken sich in der ersten Hälfte des Octobers und das Eis bricht um die Mitte des Aprils. In Daurien und um den Baikal werden meistens jährlich zwey oder doch eine, und in Kamtschatka einige nicht starke Erderschütterungen bemerkt, die jedoch keinen Einfluß auf Witterung, Gesundheit, Fruchtbarkeit — äussern.

Für die Ursache der rauhern Witterung in Sibirien hält man die östliche Lage überhaupt, die aufsteigende Höhe im südöstlichen Sibirien, die besonders der lange und schnelle Jenisei, und dessen Baikalflüsse zeigen, und den allgemeinen Felsengrund mit ewigem Eise unter dem Rasen. Gm. P.

Die Fruchtbarkeit der Hausthiere ist noch in Daurien ziemlich ungestört; nordöstlicher aber nimmt sie so ab, daß in Kamtschatka und in den nordöstlichen Kreisen nur kaum einzelne Hausthiere durchzubringen sind. Die gewöhnlichen Getreidearten geben in den südlichen Gegenden dieses Landstrichs bis zum Baikal noch sichere und einträgliche Ernten, im nördlichen Theil des Landstrichs bis zum Baikal und von Baikal im ganzen östlichen Landstrich erfordert der Feldbau in Absicht der Bestellung und Zeit die Genauigkeit des kalten Landstrichs Rußlands und hat doch

von

von Sommerfrösten, kalter Witterung, frühen Herbst — nur hier oder dort Ausfälle; bis 130 Gr. L. wird doch Ackerbau ziemlich allgemein getrieben und giebt auch im Durchschnitte, hinreichend Getreide.

In Nertschinsk und der östlichern Gegend dieses Landstrichs sind viele Einwohner etwas scorbutisch und leiden durch Wechselfieber und epileptische Krämpfe. Die Barabinzen haben von ihrem feuchten Boden ein kakochymisch Ansehen, im Ganzen aber ist die Sterblichkeit geringe und viele Einwohner erreichen bey Munterkeit ein hohes Alter, auch vermehren sich die Einwohner nicht unbeträchtlich.

In den trocknen Steppen vom Ural zum Ob und bis in Daurien ist das Rindvieh, und weit mehr noch sind die Pferde der Luftseuche (T. u. R. Jaslua) ausgesetzt, die auch schon in den Rußischen Steppen, doch sparsamer als in Sibirien angetroffen wird. Sie wütet in heissen Sommern vorzüglich im Jun. und Jul. in den Steppen, und verringert die Heerden oft beträchtlich. 1785 rieb sie in Kolywan 40,000 und in Sibirien überhaupt 85,000 Pferde auf (Herm.). Das weidende Vieh wird träge, schwindlich, wie gelähmt; und bekömmt irgendwo am Körper eine brandige Beule von Gröfse einer Wallnuß, und krepiret, wenn ihm nicht geholfen wird, in 3 oder 4 Tagen. Bey Pferden und Rindern ist hiebey alles gleich. Eine erprobte Heilweise ist folgende: man macht in die Beule mit einem Pfriem einen Stich bis ins gesunde Fletsch, aus welchem einige Blutstropfen hervortreten, und verbindet dann die Beule mit gekauetem Tobak und Salmiak. Einige Verbände bewirken die Heilung. In großen Heerden wird das Uebel meistens zu spät bemerkt. Auch Menschen, die die schwülen Sommernächte in den Steppen zubringen, werden bisweilen von der Luftseuche befallen; da man dieses aber bald bemerkt, so werden sie durch das angeführte Verfahren meistens gerettet. Die Erforschung der Ursachen der Jaßua hat bisher nicht glücken wollen, doch scheint sie

von

von einer Wurmbrut, die aus der Luft auf die Haut fällt, vielleicht von Furiex infernalis L. zu kommen. P. Fk. u. a.

Fast ähnliche tödliche Zufälle bewirken zwey so genannte Lauseſeen (Woſchawoe Oſera) an der Orenburgiſchen Linie bey den Feſtungen Taualizkaja und Kyſilskaja Krepaß. Das Waſſer dieſer kleinen Steppenſeen wimmelt des Sommers von Gewürmen oder Inſekten, kleinen Läuſen ähnlich, und tödtet nicht nur das tränkende Vieh, ſondern es bewirkt auch, wenn es Menſchen auf die Haut ſpritzt, die beſchriebenen tödlichen Zufälle der Brandbeule. Fk.

C. Allgemeine Beſchaffenheit des kalten Landſtrichs.

Der kalte Landſtrich enthält die ſüdlichern Grade N. Breite des nördlichen Landſtrichs (Severna Polos) vom 58ten bis um den 67ſten Grad, wo Waldungen und alle Kulturen Europäiſcher Haushaltung aufhören. Auch dieſer Landſtrich iſt in Rußland merklich milder, als in Sibirien.

a. Der kalte Landſtrich in Rußland.

Er hat das Gouvernement St. Petersburg, und die Statthalterſchaften Reval, Nowgorod, Wiborg, Olonez, Jaroslavl, Koſtroma und Wologda ganz; Riga, Pleskow und Wiazk reichen in den gemäßigten, und Archangel in den arctiſchen Landſtrich.

Dieſer Landſtrich hat weſtlich das niedrige, kalte, naſſe und waldige Scandinawiſche Gebirge von mäßiger Fruchtbarkeit; dann hat er bis zum Ural flaches Land mit Landrücken und Höhen ohne erhebliche Berge. Das flache Land hat abwechſelnd Felder, Wieſen, Brüche, Waldung, ſo nehmlich, daß die ſüdlichen Grade bis über 69 Gr. Br. ziemlich

ſichere

sicherer und unerträglich Mißernten geben, und deswegen
mehr bewohnt und angebauet sind. In dem nördlichern
Theil wird Feldbau und Viehzucht mit jedem Grade schwieriger, Waldung aber gedeihet. Um 67. Gr. Breite erscheint
die Waldung als Krüppel-Gesträuch. Der hieher gehörige
Abhang des Urals hat die gewöhnliche Verschiedenheit der
höhern und niedern Gebirge.

Der jüngste Tag ist in Riga unter 56 Gr. 56 M. L. und
41918 M. Länge 17 Stunden 34 Min.; in St. Petersburg
unter 59 Gr. 57 M. Br. 18 Stunden, 28 Min., in Archangel unter 64 Gr. 33 M. Br. 21 Stunden 48 M. — Bey
St. Petersburg bedeckt sich die schnelle Newa gewöhnlich im
Anfange des Novembers, und das Eis geht in der ersten
Hälfte des Aprils, bisweilen schon im März. Die Kälte
ist hier von 22 bis 33 reaumürscher Grade verschieden. Unter Archangel gefriert die Dwing am Eyde des Octobers,
und ihr Eis bricht vom 20sten April bis 10ten May. Um
Wologda unter 59 Gr. B. erfordert der Hafer von der Saat
zur Ernte 17 bis 18 Wochen, Erbsen 18, Sommerweizen
15, Buchweizen 13, Lein 12 Wochen (Sasezkoi). In Ustjug, unter 60 Gr. 46 Min. Br. und 63½ Gr. L., stieg die
Kälte 1784 und 1786 bis 34 Gr., und beydemal gefror
das Quecksilber (Friese). Gewöhnlich fängt der Frühling
mit schönen Wetter an, dann folgt eine ungestüme Periode.
Der Sommer ist bisweilen naß und kalt, und hat Frostnächte. In den kalten Gegenden kömmt der Herbst früh
und ungestüm. Frühling und Herbst haben ersterer Spät-, letzter
Frühfröste. Der Winter ist schneereich, standhaft und lang.
In guten Jahren reichen die südlichen Ernten auch für den
nördlichen Theil dieses Landstriches.

6. Der Sibirische kalte Landstrich.

Er reicht vom Ural bis ans Ostmeer, und hat Theile
der Tobolskischen Kreise, Turinsk, Tobolsk, Beresäw und
den

Kalter Landstrich.

den südlichsten Theil von Turuchansk, in Irkusk hat er Theile der Kreise, Kirensk, Olakminsk, Jakutsk, Saschiwersk, Ochozk und Ischiginsk mit dem Lande der Koräken.

Das Land ist vom Ural zum Jenisei flach, vom Jenisei bis zum Ostmeer mit Höhen, auf Felsengrunde, in nassen Boden. Die Witterung ist merklich rauher, als im Rußischen kalten Landstrich, und diese Rauhigkeit ist je weiter in Osten, desto größer. Frühlingswetter erscheint spät. Der Sommer ist immer kurz, und behält in Morästen und beschatteter Erde beständig Eis. Der Herbst ist gewöhnlich naß und kalt, und der Winter lang und hart. Bey Beresowo, fast unter 64 Gr. Br. und 82½ Gr. L., steht der Ob von der Mitte des Octobers bis zum Ende des Mayes. Die Witterung in Tobolsk unter 58 Gr. 12 M. ist der St. Petersburgschen sehr ähnlich. Um Narim am Ob, unter der Breite von Tobolsk und 98 Gr. L., ist die Witterung viel rauher und die Erndten sind viel mißlicher. Weit gewagter sind sie bey Surgut unter 61 Gr. B. Um Jeniseisk, unter 58 Gr. 26 M. Br. und 109 Gr. 38 M. L., war die Kälte im Jahre 1735 nach Reaumür 35 Gr.; in dieser Kälte fielen Häher, Sperlinge und andere Vögel erfroren aus der Luft. Der Jenisei befriert hier am Ende des Octobers.

In Turuchensk am Jenisei, unter 66 Gr. Br. und 107 Gr. L., hat man am 10. Jun. am St. keinen Sonnen-Untergang, und am 10. Dec. keinen Aufgang. Meistens hat der Junius noch Schnee, der Herbst beständige Nebel, und der Winter blendende Nordscheine. Am Wilui der Lena, unter 64 Gr. Br. und 104 Gr. L. fror 1787 im Winter das Queckfilber mehrere Tage (Laxm.) An der Küste des Ochozkischen Meeres bey Ochozk, unter 59½ Gr. Br. und 160 Gr. 45 M. L., wird die Atmosphäre des Sommers von einem dicken, beißenden, stinkenden Nebel erfüllet, der den bloßen Augen in die Sonnenscheibe zu sehen, verstattet.

Ueber-

Ueberall wachset die Waldung sehr langsam. Der Feldbau kann nur etwan bis 62 Gr. Br. und nur bis zum Jenisei getrieben werden, und erfordert große Aufmerksamkeit. Vom Jenisei östlich hat diese ziemliche Sicherheit der Ernte nur bis 60 Gr. Br. statt. Um Beresowo, unter 64 Gr. Br. und 82 Gr. L., ist jede Kultur, selbst des Wurzelwerks mißlich. (Guj.) Um Jeniseisk unter 58 Gr. 26 M. B., in Lirensk und Olekminsk bauet man Getreide, welches meistens jährlich reif wird. Bey Jakuzk an der Lena, unter 62 Gr. Br. 147 Gr. L., säet man Roggen und Gerste blos auf Gartenbetten, wie zum Vergnügen, weil sie bisweilen reif werden. Gm. In Turuchansk, Ochozk, Satschiwersk und Ischginsk ist die Witterung für Ackerbau und Viehzucht zu rauh.

In den östlichen Gegenden gegen Ochozk hin und auf Kamtschatka werden viele Leute scorbutisch und hypochondrisch. Die Hausthiere verkrüppeln (Büsching).

D. Allgemeine Beschaffenheit des arctischen Landstrichs.

Die als Unterabtheilung des nördlichen Landstrichs angenommene arctische oder hyperboreische Landstrich (Vorh.) reicht in Rußland und Sibirien von 67 Gr. Br. so weit in N. als Land ist, also bis ans Nord- und Eismeer, und an den Rußischen Inseln dieser Meere.

Dieser ganze Landstrich hat eine große Einförmigkeit, und ist sich in Rußland und Sibirien gleich. Vom weißen Meer bis zum Ural, und über den Ural bis zum Jenisei ist eine moosige und morastige Torfläche (Tundra), wahrscheinlich auf Felsengrund; nicht hohes Gebürge um Kola und im Ural,

Ural, und eine felsigere Gegend vom Jenisei zu Beringa Meerenge. Ueberall Holzlosigkeit, beständig Eis, sehr lange Tage und Nächte, Unwirthbarkeit für Europäische Haushaltung; Gleichheit und Armuth an Naturprodukten, heftige Kälte und überhaupt rauhe Witterung. —

In Rußland fängt dieser Landstrich ohngefähr mit 48 Gr. O. Länge an. Im Nordmeer ist die Insel Kalgujew und gegen den Ural Waigaz und Nowa Semlia. In der Statthalterschaft Tobolsk hat dieser Landstrich viele Meerbusen und Landecken, von welchen die an Taimur bis zu 77 Gr. Br. reicht. —

In den verschiedenen Gr. der Breite sind auch Witterung und Tageslänge sehr verschieden. Das weiße Meer bedeckt sich jeden Winter mit Eise, und das Nord- und besonders das Eismeer frieret jährlich weit vom Lande, des Sommers aber bringen Nordwinde Treibeis, theils in kleinen Hügeln an die Ufer. Die einfallenden Flüsse bedecken sich früh mit Eise, und verlieren es spät. Einige Seen, besonders im Nordöstlichen Sibirien, haben beständig Eis, und dieses ist unter dem Moos der Flächen fast überall. Des Sommers ist die Atmosphäre fast beständig mit dicken Dünsten, Heerrauch ähnlich, erfüllt, die die Sonne theils verdunkeln, theils verdecken. Der Winter hat viele heitere, aber auch viele Schnee- und Reiftage. Die häufigen Nordscheine sind theils blendend. Gewitter sind so selten, daß selbst das Wild für Blitze und etwas starken Donner vor Schreck stehen bleibt, bis es sich erholt.

In Umba am weißen Meer fast unter 67 Gr. Br. dauert der längste Tag 30, in Kola unter 68 Gr. $52\frac{1}{2}$ M. 60 unserer Tage, in Nowa Semlia mehr als drey Monate.

Der ganze Landstrich verträgt keine Europäische Kultur, und ist daher Nomaden, die mit Renthieren haushalten und

und von Fischerey und Jagd leben, überlaßen. Hie und da wohnen doch einige Kosaken in sogenannten Winter=hütten (Simowie) der Sammlung des Tributs und der Jagd wegen. Diese sind, so wie die Nomaden, gesund, welches sie dem Genuß frischen Blutes, das den Scharbock hindert, zum Theil verdanken. Auch diese Rußen leben gewöhnlich ohne Brod, vom Wilde, Vögeln, Fischen und wilden Beeren.

Des

Des ersten Theils
Zweyte Abtheilung.
Gebirgkenntniß.

Einleitung.

Das Rußische Reich wird von ansehnlichen Gebirgsketten theils umgeben, theils durchstrichen. Einige Gebirgstriche stehen mit auswärtigen Gebirgsreihen in Gemeinschaft. — Was ich hier von den Rußischen Gebirgen anführen kann, ist aus den Reisen der Akademisten und aus Nachrichten von Renovanz, Herman, Laxmann, Barbotte —, auch habe ich ansehnliche Strecken dieser Gebirge selbst besucht. Unsere Erzgebirge sind auch bereits ziemlich durch Bergbau erforscht; überhaupt aber ist der größere Theil unserer Gebirge noch sehr unbekannt.

Bey dieser noch sehr unvollkommenen Kenntniß wird die Zusammenstellung des bereits bemerkten zu einer Uebersicht und auch als Erinnerung an das, was in diesem Falle noch zu thun übrig ist, den Freunden der Kenntniß des Reichs überhaupt, und der Orographie desselben insbesondere nützlich seyn können.

Lage, Richtung und Abtheilungen der Gebirge des Reichs.

Der Kaukasus oder das Kaukasische Gebirge liegt mit seinem Hauptrücken vom Kaspischen bis zum schwarzen Meere fast von O. im W. und meistens unter 43 Grad Br.

Es hat theils Alpenhöhe, und fällt südlich in Georgien und nördlich nach Rußischen Steppen ab; östlich sinkt es unter die Kaspische See, westlich unter das schwarze Meer, und den Cimmerischen Bosphorus oder die Jenikalische Meerenge.

Vom Kaukasus im W. erhebt sich in Taurien das nicht hohe **Taurische Gang- und Flözgebirge**, und sinkt westlich und südlich unter das Meer.

Vom **Karpatischen Gebirg**, welches in vorigen Polen, der Moldau ꝛc. eine südöstliche Richtung hat und südlich, am schwarzen Meer südöstlich streicht, — haben wir in den wiedereroberten Polnisch-Rußischen Statthalterschaften, und am Dniepr in Wosnesensk, Katharinoslaw und an unserer nördlichen Küste des schwarzen Meeres die sehr ausgebreitete Verflächung, die wie flach, theils etwas welliges Land, mit scheinbar allgemeinen, nicht tiefliegenden Felsenarten, meistens alter Gebirge, erscheint.

Das **Alanische Gebirge** oder der **Wolchonskische Wald** der Statthalterschaft Twer und Pleskow ist eine hohe ausgebreitete Fläche, die der Wolga und mehr großen Flüssen den Anfang giebt, und Flözgebirge, der tiefern Verflächung der Karpaten aufgesezt zu seyn scheint. Von Alanischem Gebirge laufen einige Landrücken (R. Uwaki) ost- und südöstlich, und geben Dniepr und Wolgaflüssen Quellen und Richtung. Auch das **Waldaische Gebirge**, eine Gruppe nicht hoher Flözberge in Twer am Ilmensee und der **Duderhoffsche Bergstrich**, der von dem Waldaischen Gebirge nördlich bis Oranienbaum am Finnischen Busen streicht, gehört hieher.

Unser **Finnisches Gebirg** ist eine Fortsetzung des **Scandinawischen** oder **Schwedischen Severnegebirgs**, und nimmt außer einzelnen höhern Bergen als flaches morastiges Felsengebirge die westlichen Archangelschen Kreise, fast ganz Olonez und ganz Wiborg, überhaupt die Gegend zwischen

Gebirgskenntniß.

schen dem Nord- und weißen Meer und der Ostsee, ein, umgiebt den Ladoga und Onega und fällt im St. Petersburgschen Gouvernement und in den Statthalterschaften Nowgorod und Wologda in niedrig, flaches Land ab.

Der Ural erhebt sich in Nowa Semlia mit Felsengebirge, welches von der Meerenge Waigaz durchschnitten ist. Dann erscheint er wieder, und streicht unter 75 und 76 Gr. Länge in S. S. westlicher Richtung als ausgebreitetes, theils hohes Felsengebirge zwischen der Rußischen Petschera und Kama und dem Sibirischen Ob, Irtysch und Tobol bis zur Belaja der Kama. Die nördliche Abtheilung wird der Nordural, die mittlere von der Sawda zum Mias der Kathrinenburgsche, die südlichste der Baschkirische Ural genannt.

Das Gemeingebirg (Obstschei Syrt) ist ein vom Ural südsüdwestlich bis zur Kaspischen See fortstreichender sanfter Landrücken, der seine westlichen Flüsse der Kama und Wolga, die östlichen aber dem Uralfluß giebt, und so die Grenze Europens und Asiens (S. vorh.) fortsetzt. Ein Arm des Gemeingebirgs begleitet den Sok zur Wolga, wird von dieser durchschnitten, und macht hier im flachen Rußlande den Samarischen Landrücken und dessen Zweige, die die Zuflüsse der Hauptflüsse theilen. Ein Arm begleitet das rechte Wolgaufer als ein Theil des Wolgagebirgs bis unter Zarizyn.

Vom Baschkirischen Ural wendet sich ein Zweig unter dem Rahmen des Guberlinskischen Urals in O., wird vom Uralfluß durchschnitten, und setzt dann am Or hinauf, meist in O. über den Tobol und Ischim bis zum Irtysch fort. Diese Strecke ist felsiges, theils flaches, theils hohes Grenzgebirge, und wird wegen einzelner hoher Berge Kirgisisch Ulutau d. i. hohes Gebirg genannt. Von demselben streicht ein dem Obstschei Syrt ähnlicher Landrücken, dem Uralfluß parallel, in der Kirgisischen Steppe in Süden. Weiter in O., gegen den Irtysch hin, streicht das Alginskische

kische Gebirg in S. wahrscheinlich bis zum Mangislakschen Gebirg an den östlichen Ufern der Kaspischen See.

Vom Jrtysch streicht das Grenzgebirg unter dem Nahmen kleiner Altai bis zum Ob mit Schneealpen (R.
Bielki), der nördlichere Theil aber ist das niedrigere Kolywanische Erzgebirge. Von demselben streicht ein niedriger Bergrücken am linken Obufer hinab, und macht um
den Ursprung des Om und der Tara eine Gebirgsgruppe,
die Urman genannt wird. Vom Ob zum Jenisei setzt
der Altai mit hohen Gebirgen, unter dem Nahmen Kusnez-
kisches, und am und über den Jenisei Sajanisches,
und östlicher Mongolisches Gebirge fort. Die Unwegsamkeit dieser hohen, wilden Gebirge veranlaßte, daß die
befestigte Grenzlinie, auf dem Hauptrücken des Gebirgs, als
der wahren natürlichen Grenze, nördlich und theils weit vom
Scheiderücken angelegt ist. Vom Sajanischen Gebirge folgt
das Jeniseische Gebirge, dem Flusse eine Strecke am
rechten Ufer und das Krasnojarische Erzgebirge
am linken Ufer. Das Mongolische Grenzgebirge
ist hoch, aber flach, und giebt nördlich Tunjuska- und An-
gara-Flüssen Quellen. Am Baikal umgiebt ein Arm unter
dem Nahmen des Baikalgebirges mit hohem Felsengebirge diesen See, und steht auch mit nördlichen Gebirgs-
zweigen in Gemeinschaft.

Das Hauptgebirge liegt nun südlich gegen Tibet und
China hin —, ist aber auch an der Daurischen Grenze,
um die obern Selenga- und Ononflüsse hoch und wild. Von
demselben streicht das so genannte Apfelgebirg (Iablonoi
Chrebet) in mehrern Zweigen westlich, und giebt Lena- und
andern Flüssen die Quellen; macht das Nertschinskische Erzgebirge und den Gebirgrücken Stannowoi, der dem
Meerufer folgt, am Ud neben dem Amur die Chinesische
Grenze bestimmt; in seiner Ausbreitung aber das Tschuts-
kische Vorgebürge, und von diesem südlich den Kamt-
schat-

Zur Geschichte des Bergbaues. 103

schatkischen Gebirgrücken und Aleutischen und Kurilischen Inselstrich zu machen scheint. Das ganze nordöstliche Sibirien ist felsigt, und der Kurilische und Aleutische Inselstrich machen wahrscheinlich, daß auch der Meeresgrund felsiger Beschaffenheit sey.

Zur Geschichte des Rußischen Bergbaues und Hüttenwesens.

Die Geschichte des Rußischen Bergbaues wäre hier am rechten Orte, da ich sie aber nicht ausgearbeitet zu geben vermag; so wird das folgende an einander gereihete Bruchwerk, den Anfang und Fortgang dieser wichtigen Gewerbe, zwar nur unvollkommen, aber doch richtig darstellen.

Die Finnischen Nationen schmelzen seit Alters Sumpfeisenstein und Kupfer, wahrscheinlich so, als Eisen noch jetzt von den Dorfschmieden in Olonez, Wologda u. a. geschmolzen wird. In Sibirien schmolzen Abinzen und andere Nationalen Eisen. Im Ural, Kolywanischen und Krasnojarischen Gebirgen zeigen die vorhandenen verfallenen Bergarbeiten, Ruinen von Schmelzöfen, Schlacken, und das eiserne, kupferne und silberne Geräth in alten Gräbern, daß die Kunst schon viel weiter ging. In Nertschinsk hatten die Manschuren lange vor den Rußen Bergbau und Schmelzarbeiten.

Eigentlicher oder kunstmäßiger Bergbau war vor der Mitte des vorigen Jahrhunderts nicht bekannt, doch soll Fonina Kupfergrube im Olonezkischen Gebirge schon um die Mitte des 16ten Jahrhunderts 60 Faden Tiefe eingebracht haben. (Larm.) Zaar Michael Fedorowitsch ließ durch fremde Bergleute ein Eisenhüttenwerk anlegen, dessen Olearius (Persische Reise) erwähnt.

Im Jahre 1674 hatte Rußland drey Eisenhütten, die jährlich um 159,000 Pud Stangeneisen fertigten. 1676 ließ

ließ Zaar Alexei Michaelowitsch die Bergleute,
Fritsch und Herhold im Ural reisen. Nach Archangel kamen Englische Eisenschmelzer, und an der Wiatka schmolzen einige Schweden etwas Kupfer. Am Ende des 17ten Jahrhunderts legte ein Herr von Narischkin eine Eisenhütte an, die nach dem Obersten Schönberg 1720 noch im Gange war, und jährlich um 20,000 Pud Stangeneisen stellte. Auch in Ingermannland bey Duderhof baueten die Schweden vor, und die Russen nach dem Anfange dieses Jahrhunderts auf Kupfer.

Um den Anfang des 18ten Jahrhunderts nahm sich Peter der Große des Berg- und Hüttenwesens mit besonderer Vorliebe und Nachdruck an, berief teutsche Berg- und Hüttenleute, und benutzte die Kenntnisse der gefangenen sachverständigen Schweden, die dadurch ihr Glück machten. Die Gebrüder Möller, Moskowsche Kaufleute, hatten in der Statthalterschaft Kaluga drey Eisenwerke, bey welchen viele Ausländer angestellt waren, in vollem Gange, welches dem großen Kayser so wohl gefiel, daß er sich oft einige Tage daselbst aufhielt, und zur Ermunterung der Arbeiter bisweilen selbst Hand anlegte.

Unter den Inländern war Nikita Demidow, anfänglich Schmidt in Tulo, in diesem Gewerbzweige von so ausgezeichneter Thätigkeit, daß man ihn den Vater des Uralischen Berg- und Hüttenwesens nennen kann, um so mehr, da seine Nachkommen auf seinem Wege fortgingen, und die Zahl der Berg- und Hüttenwerke von Zeit zu Zeit mit dem glücklichsten Erfolge vermehrt haben. Im Anfange dieses Jahrhunderts bauete Nikita Demidow am Nejwa der Tura das Hüttenwerk Newiansk, welches auch Starot Sawod (die alte Hütte) genannt wird. Diesem folgten nach und nach andere.

Die ersten Berg- und Hüttenleute wurden den Berg- und Hüttenherren von den Rekruten der Miliz gegeben, und diese blieben dann beständig; die jetzigen Bergleute sind
Nach-

Nachkommen dieser Rekruten. Sie können mit den Hütten verkauft, oder auch nach andern Berg- und Hüttenwerken versetzt werden; man kann sie aber nicht wie Leibeigene einzeln verkaufen. Viele Berg- und Hüttenherren (R. Sawotschiki) kauften auch Erbleute für ihre Werke.

Im Jahr 1704 ward der von den Manschuren in Nertschinsk verlassene Bergbau auf Silber ꝛc. durch Griechen wieder aufgenommen. 1712 wurden im Ural am Uklus, an der Kama, Ufa, mehrere Kupfergruben erbrochen, sie geben aber nur, nach dem schwedischen Obersten Schönberg, der Aufseher war, jährlich 3000 Pud Garkupfer. 1715 ward bey Turka die Eisenhütte Dugino Sawod von Demidow erbauet. 1716 kam die Eisenhütte Petrowskoi Sawod, zur großen Ermunterung des Gewerbes, unter des Kaysers eigener Aufsicht zu Stande. Sie schmolz und schmiedete vorzüglich für die Flotte und Armee Ammunition. Der erste Schmelzer Halek hatte jährlich 1000 Rubel Besoldung. Dieses Werk war eine Pflanzschule guter Berg- und Hüttenleute. Im Finnischen Gebirge erhielten nach und nach die Eisenwerke Powenezk, Turpezkoi, Ustrizo u. a., auch die Sestrabekſche Schmiede und Gewehrfabrik ihr Daseyn. Im Ural werden von 1716 bis 1720 die Eisenhütten Schuralinsk und Binjawsk von Demidow, Istinskoi, Saltwieskoi in Riäsan von Fürsten Repnin, Riapinsk in Tambow und die Kupferhütte Kuenselinsk in Nertschinsk von der Krone erbauet.

Im Jahr 1719 errichtete Peter der Große ein Bergkollegium in der Permischen Hüttenslobode Jaguschicha, von da es 1723 nach der neuen Bergstadt Kathrinenburg kam. Die damahls verfaßte Berg- und Hüttenordnung erhielt unter der Kayserin Anna 1739 Haupt- und unter den folgenden Regierungen kleinere Aenderungen. Die Präsidenten waren der Graf Bruce, der Generallieut. v. Hennin, unter welchem viele Gruben erbrochen und Hütten für Rechnung der Krone erbauet wurden, der Geheimerath Tatischew, der Baron Schönberg. Als in St. Petersburg ein Reichs-Bergkollegium errichtet ward, war der Graf Muschin Paischkin dessen erster Präsident. Im Jahr 1720 wurden jedem Hüttenwerke einige tausend Bauern zugeschrieben, die ihr Kopfgeld, welches die Hüttenherren erlegten, bey den Werken abarbeiteten.

1720 wurde die Kupferhütte **Wimsk** im Ural und die Eisenhütten **Gusawskoi** in Wolodimer, **Lipezkoi** in Woronesch, **Siwinskoi** in Pensa und 1721 die Kupferhütte **Tamanskoi** im Ural erbauet. Die Schmieden in Tula wurden zu einer Gewehrfabrik eingerichtet. 1722 ward die Eisenhütte **Kolginskoi** in Wolodimer angelegt. 1723 bauete die Krone in Kathrinenburg mehrere Fabriken und das Hüttenwerk **Kamenskoi**, auch ward die berühmte Kupfergrube **Gumeschowskoi Rudnik** erbrochen. 1724 erbauete die Krone die Kupferhütte **Piskaiskoi** und die Eisenhütte **Werch Iselskoi**. Demidow bauete 1726 die Eisenhütte **Tschirm Istoikoi** und die Kupferhütte **Laiskoi**, die Krone 1727 **Scheikanskoi** für Eisen und **Polewskoi** für Kupfer. In diesem Jahre fing auch Akimpf Demidow im Kolywanischen Erzgebirge auf Kupfer zu bauen an.

Von 1729 bis 1740 wurden von der Krone und Privatbesitzern an verschiedenen Orten, vorzüglich im Ural 15 Eisenhütten und 14 Kupferhütten erbauet und für dieselben Gruben erbrochen. 1730 und in einigen folgenden Jahren bereiste der Bergmeister Heidenreich viele Berg- und Hüttenwerke. 1739 nahm die Woizer Goldgrube in Olonez den Anfang.

Von 1741 bis 1745 wurden 5 Eisen- und 3 Kupferhütten im Ural erbauet. 1745 übernahm die Krone die Demidowschen Berg- und Hüttenwerke in Kolywan,

die

Zur Geschichte des Bergbaues.

die auf Kupfer gebauet wurden, aber mit grösserm Gewinn auf gülbisch Silber gebauet werden konnten, welches damahls eine ausschliessende Gerechtsame der Krone war. Der Bergbau der Krone nahm 1747 den Anfang und ward unter einer Kanzeley und einem Oberbefehlshaber geführet.

Von 1746 bis 1752 wurden im Ural 5 und in Orel eine Eisenhütte, auch im Ural 10 Kupferhütten erbauet. 1752 nahm auch der Bau der Beresowschen Goldgruben im Ural den Anfang. Nach einer Verordnung von der Kayserinn Elisabeth, die 1752 erging, sind nach und nach einige Eisen- und Kupferhütten der Krone mit ihren Leuten, Gruben und Wäldern nach vorgenommenen Taxationen an Privatleute überlassen.

Unter der Regierung der Kayserinn Elisabeth wurden bis 1762 im Ural 19 Eisenhütten und 18 Kupferhütten erbauet. Eisenhütten erhielten in diesem Zeitraum Orel 2, Woronesch 2, Pensa 3, Tula 1, Riäsan 1, Tambow 1, Kaluga 2, Olonez 2, Wiäzk 2, Wologda 1, Wolodimer 1. Das Krasnojarische Gebirge erhielt die Kupferhalle Jesagatsch.

Unter der jetzigen Regierung Katharinens der Zweyten erweiterte sich das Berg- und Hüttenwesen 1763 mit den Koliwanischen Goldwäschen und der Dutscherskischen Silberhütte in Nertschinsk. 1764 erbauete Pochabjaschin die jetzt der Krone gehörigen Uralischen Kupferwerke Nikola Pawdinsk und Nowo Pawlowsk. Nertschinsk erhielt die Silberhütte Kutomarsk. 1765 ward eine Kayserliche Expedition in Kathrinenburg zur Aufsuchung und Bearbeitung schöner Steine eingerichtet. 1766 erhielt der Ural drey neue Eisenwerke.

Das Kolywanische Erzgebirge erhielt 1766 in Susim eine Kupferhütte und einen Münzhof für Kupfer, und das Nertschinskische Erzgebirge die Schittinskische Silberhütte. Von 1767 bis 1770 wurden im

Ural

Ural 4 Privat-Eisen- und eine Kupferhütte, und in Kolywan die Tomskische Eisenhütte der Krone erbauet. 1775 erhielt Kolywan die Aleische und 1783 die Loktewskische Silberhütte; auch Nertschinsk bekam 2 kleine Silberhütten. 1783 ließ die Krone die **Pischminsche Stahlhütte** am Pischma des Tobol durch den Hofrath Hermann anlegen.

 Die vielen nach und nach angelegten Eisen- und Kupferhütten fanden theils, theils veranlaßten sie eine große Anzahl Bergwerke und eine Menge Tagegruben (R. Jami) deren viele sehr bald erschöpft und durch neugefundene ersetzt wurden. Viele sind doch auf lange Zeit im Umgange; im Ganzen aber fallen die Kupfererzte ärmer und sparsamer, als in den vergangnen Jahren, daher auf einigen Hütten einige Oefen kalt stehen. Die Eisenhütten sind aber in vollem Gange geblieben.

 Das Kayserliche Patent von 1775, welches die Einrichtung der Statthalterschaften vorschreibt, hebt auch die bisherigen Bergwerks- und Hüttenverwaltung durch das Bergkollegium auf, und überträgt sie dem Kameralhofe jeder Statthalterschaft, welches, wenn Bergbau ist, einen eigenen Beysitzer hat, der nicht immer vom Fach ist. Ein Senatsdepartement führt die Aufsicht des Rechnungswesens, welches hieben vorkömmt. Eben so ist das Salzwesen den Kameralhöfen untergeordnet. Kolywan und Nertschinsk haben ihre Kanzeleyen, in welchen ein Oberbefehlshaber (R. Glawni Natschatnik) den Vorsitz hält, behalten und stehen unmittelbar unter dem Kayserlichen Kabinet.

 Im Ural steht das ganze Berg- und Hüttenwesen unter dem Kameralhofe in Perm und Ufa; die großen Kayserlichen Werke aber, der Kathrinenburgsche Münzhof, die Blegobalschen Eisenwerke, auch die Steinschleiferei, haben Komtoire, die jedoch dem Kameralhofe Bericht abstatten müssen.

Die

Die Kronwerke haben schulgerechte Vorsteher, deren Rang nach dem Militairetat bestimmt ist; Die Oefner, Schmelzmeister — gleichen Unteroffizieren, der Schicht- meister dem Fähndrich, der Berggeschworne dem Lieutenant, der Bergmeister dem Kapitain u. s. f. Sie tragen die Uniformen der Statthalterschaft und signali- siren sich durch ein Portepee. Die Kolywanischen und Nert- schinskischen Bergoffiziere rangiren mit der Artillerie, und sind also eine Stufe höher, auch haben sie eine eigene Uni- form; Privatwerke haben selten Aufseher vom Fach, nur gewandte Landleute. Sie heißen Vögte (Nasirateli), Auf- seher (R. Prikaschik) und Amtleute (Uprawiteli).

Die Rechenschaften der Berg- und Hüttenbeamten, die den Kanzeleyen des Bergkollegiums und jetzt den Kameralhöfen halbjährig über Erzforderung, Gang der Oefen, Aufwand an Kohlen, angestellte Leute, Ausbeute und Producte zu über- geben sind, haben nach der Bergwerksverordnung eine ta- bellarische Form, sind leicht, und gewähren eine leichte Ue- bersicht des jedesmaligen Zustandes und erleichtern die nö- thigen Nachfragen.

Die den Werken 1720 zugeschriebenen Bauern arbeiteten von ihrem Kopfgelde täglich 5 Kopeken und mit ei- nem Pferde 10 Kopeken ab. Ein Kayserlicher Befehl von 1789 ertheilt den Bauern große Erleichterung. Die Arbeit eines Tages ist für 6 Kop. und mit einem Pferde 12 Kop. angeschlagen. Sie können nur zwischen den Feldarbeiten genommen werden und erhalten für jede 25 W. Entfernung von der Hütte, 3 Kopeken Wegegeld, sind auch von gewis- sen Arbeiten bey den Werken befreyet. Da die Bauern in erzgebirgigen Gegenden bereits vorhandenen Werken zuge- schrieben sind, so müssen die neuen Anlagen mit lauter eige- nen, ererbten oder gekauften Leuten bestritten werden. Eben so sind in Erzgebirgen die Kronwälder bereits verliehen, weswegen, wer neue Werke anlegt, eigene Waldung ha- ben muß.

Nach einem Kayserlichen Befehl war der Bergbau auf edle Metalle ein Regal. Wenn sich also in Privatgruben edle Erzte fanden, so wurden sie durch vereidete Steiger ausgelesen, und brachen sie häufig, so mußten solche Gruben nach gerichtlicher Taration der Krone abgetreten werden. So verlohr Demidow 1745 die Kolywanischen Werke. — Später aber ward dem Hüttenherrn Sibirikow auf Silber und Gold zu bauen nachgegeben, nur mußte er in einer Kronhütte schmelzen lassen, und das ausgebrachte reine Silber für einen festgesetzten Preis abliefern. Nach einer Verordnung Katharinens der Zweyten ist es jedem erlaubt, auf seinem Boden auf alle, auch die edlen Metalle zu bauen, sie auszuschmelzen, edle Steine zu graben und überhaupt alle Mineralien seines Bodens zu gewinnen und zu veredlen, nur muß er von Gold und Silber den 10ten und von den übrigen Metallen und Producten die gesetzlichen Abgaben entrichten.

Die Bergordnung erlaubt jedem, Erzte zu suchen und für den Bau auf dieselben beym Bergkollegio zu muthen, welches Grubenfelder von 250 Quadratfaden anwies und, wenn die Erzgänge sich weiter erstreckten, das Feld noch durch 150 Quadratfaden vergrößerte. Davon haben viele Hütten sehr entfernte Gruben und oft liegen die Gruben entfernter Hütten unmittelbar neben einander. Ein neuerer Befehl verbietet auf fremden Hüttengebieten zu schürfen; außer den Hüttengebieten kann jeder schürfen und sich auf gute Erzenbrüche von der Finanzkammer der Statthalterschaft Grubenfelder anweisen lassen.

Erster

Erster Abschnitt.
Das Kaukasische Gebirge.

Der Kaukasus der Alten, berühmt durch Lage, Höhe, Bewohner und deren Wanderungen — ward 1683 von Kämpfer, in diesem Jahrhundert von Gerber, Buxbaum, Schober, Lerch, auch in neuerer Zeit von Gmelin, Reinegs, Hablizl, Falk, Pallas, vorzüglich von Güldenstädt, der von 1770 bis 1773 am und im Gebirge reisete, besucht. Güldenstädts Reisebeschreibung enthält auch die beste Karte vom Kaukasus, wozu Reinegs und Pallas beytrugen. Was hier vorkömmt ist meistens aus Güldenstädt.

Der Kaukasus liegt mit seinem Hauptrücken meistens von O. in W., und nimmt mit seinen Neben- und Vorgebürgen fast den ganzen Raum zwischen der Kaspischen See und dem schwarzen Meere ein. Nördlich macht der Terek der Kaspischen See und der Kuban des schwarzen Meeres, südlich aber der Kur der Kaspischen See und der Tscharisch und Rion des schwarzen Meeres seine Begrenzung. Die letztgenannten Flüsse begrenzen eben so den nördlichen Fuß des Gebirgs Ararat. Meistens hat der Kaukasus um 300 Werste Breite. So wie er sich nordlich und südlich verflächt, fällt er auch an beyden Meeren ab, die ein etwa 10 Werste breites Vorland haben, mit welchem das Gebirge unter die Meere zu kriechen scheint.

Aeussere Beschaffenheit des Gebirges.

Ueberreiset man das Gebirge von N. in S., welches am obern Terek und an der Küste der Kaspischen See geschehen

hen ist, so findet man den Kuban auf seiner westlichen Richtung in einer flachen Niedrigung. Ueber dem Kuban und Terek ist Vorgebirge mit niedrigen Bergen, großen Flächen und wenig Waldung, welches alles die Kabardeyen einnehmen. Das dem Vorgebirge parallele Kalkgebirge gleicht, bis auf mehrere Höhe, dem Vorgebirge. Das Schiefergebirge neben dem Kalkgebirge, liegt etwa 5 bis 7 W. breit und hat höhere Berge, engere Thäler und mehr Waldung. Einige Berge sind auch steil und behalten den Schnee lange.

Der Hauptrücken liegt fast recht von O. in W. 5 bis 7 Werste breit und seine Bergkette hat Alpen, theils mit dauerndem Schnee. Er steigt gegen Baku und in Gilan jähe, und fällt auch am schwarzen Meere steil ab. Die Kappen oder Gipfel des Hauptrückens sind meistens nakte, selten zerrüttete Felsen, und behalten in den nördlichen Klüften den ganzen Sommer Schnee. Wo die niedrigern Gipfel eine Erddecke haben, sind auch, doch nur wenige, Bäume. Ueberhaupt sind die höchsten Berge des Hauptrückens wild und unwirthbar. Die höchsten Berge reichen in die Wolken. Einige vorzüglich hohe Berge sind Elbrus (R. Schalgora) und das Gilanlsische Gebirge. Die niedrigern Berge haben sparsam Fichten, Tannen, Abreschen, Birken, Weiden, Espen und Wacholder.

Das südlich an den Hauptrücken gelehnte Grenz- oder Schiefergebirg, liegt nur 30 W. breit, ist nahe am Hauptrücken hoch und wilder, abwärts mit mehr ofnen und theils bewalteten Flächen und geringern Bergen. Die Flüsse haben hier hohe, abgerissene Felsenufer. Die Waldung besteht aus Laubholz, Erlen, Rüstern, Espen, wildem Obst, Weiß- und Rothbuchen und hat auch wilde Weinreben. Das südliche Kaltgebirge ist sanft, hat wenig Holzung und viel gutes Land. Es fällt in eine niedrige, theils magere, theils fruchtbare Fläche ab, die in der Breite von etwa 30 Wersten von der Kaspischen See bis

zum

zum schwarzen Meer reicht. Zwey Queerrücken theilen sie in drey Distanzen, von welchen die östlichste den Alasan, die westlichste den Rion hat. An den Flüssen des Kalkgebirges stehen viele Ruinen von Flecken, Klöstern und Dörfern.

An dieser Fläche liegt das südliche Vorgebirge von der Kaspischen See bis zum schwarzen Meer, um 30 Werst breit, mehr wellig als bergicht, mit weniger aber guter Waldung. Den östlichen Theil wässert der Kur und Liachwa, den westlichen der Rion und dessen Flüßchen. Die vorbeschriebene Fläche und das Vorgebirge sind der angebauteste Theil Georgiens.

Die südliche Verflächung des Vorgebirgs ist sanfte, ohne, wenig fruchtbare Steppenfläche von etwa 15 Werst Breite und wird östlich von Kur und dessen Ksia und westlich von Tscharuk des schwarzen Meeres gewässert. Von dieser Fläche steigt südlich das nördliche Vorgebirg des Ararat, (welches dem südlichen des Kaukasus in allen gleicht) sanft an.

Mineralogische Beschaffenheit des Kaukasus.

Der Kaukasus ist unter den großen Gebirgen eins der regelmäßigsten und üngestörtesten, ohne Spuren alter Vulkane oder anderer großen Zerrüttungen. Heiße Quellen, verwitterte Kiese, brennend Bergpech und Naphta hat er jedoch, und in einigen Jahren werden auch Spuren geringer Erderschütterungen bemerkt.

In der nördlichen Verflächung am Jägerlik, Kalaus und obern Manitsch findet man unter dem trocknen Rasen bald Sand- bald Kalkstein, zusammengebacknes Muschel- und Schneckenwerk, Roggenstein und dergleichen, oft von ziemlicher Härte. Ebst.

Das nördliche Vorgebirge (Vorh.) hat unter dem Rasen meistens Mergel oder kalkschüßigen Thon, gewöhnwöhnlich auf grauen, theils kalkschüssigen Sandstein, mit und ohne Kiese, Selenit oder Schwefel. Am Sundscha ist Thonmergel und Kalktuf. Hier und an mehr Orten sind heiße, Naphta= und Bittersalzquellen. An mehr Orten sieht man, daß der Kalkstein den Sandstein untertieft. Bey Baku sind brennende Naphtquellen.

Hier sind auch auf dem Vorlande des Kaukasus am Meer die berühmten **wachsenden Berge**. Sie entstehen von Quellen, aus welchen ein warmer grauer kochsalziger Thonschlamm sprudelt, machen durch Austrocknen Rinden, die der nachsprudelnde Schlamm zerbricht und hebt, wodurch Hügel von einigen Faden Höhe entstehen. Wenn der sprudelnde Schlamm die Rinde nicht zerbrechen kann, so sucht er eine andere Ausbruchstelle; diese neuen Ausbrüche werden bisweilen von kleinen Erderschütterungen begleitet; und so vermehren sich diese Hügel. Den größesten dieser wachsenden Hügel sah Lerch bey Baku; er hatte um 70 Faden Höhe und etwa 100 Faden Umfang. Aehnliche Berge sind und vermehren sich bey Saltan, an den Mündungen des Kur. Lerch. Gm ——

Die Flöze des Gebirgfußes sind Mergel, Kalkstein mit Versteinerungen, auch Sandstein und Gyps, der besonders in einer niedrigen Stelle bey Tarku eine ungemeine Kälte verursacht. Unter den Geschieben ist auch Eisenstein.

Das **nördliche einfache Kalkgebirge** besteht unter dem Rasen aus Felsen= oder salinischen Kalk, ohne Versteinerungen, aber stellenweise mit beygemischten Quarzsande, Feldspathkörnern, Schörl und Glimmer. In den Steinscheiben am Schiefergebirge sind verschiedene Steinarten, auch Eisen und andere Erzte. Gbst.

Das **nördliche Ganggebirge** konnte Güldenstädt wegen der räuberischen Gebirgbewohner weniger, als das südliche untersuchen. Die gangbarsten Bergarten sind Horn= Thon= und Alaunschiefer, Trap und Porphyr

phyr; auch sind Eisengänge, Bleyglanz und Kupferkiese mit Quarz in Adern und Nestern!

Der Hauptrücken ist nach Güldenstädts und Smelins Bemerkungen granitisch, also uralt. Der Granit besteht aus gemeinem Granit und mehrern Abarten, kleinkörnigem Granitell und großgemengtem Granit, in welchem Quarz, Feldspath und Glimmer parthienweise vorkommt. Stellenweise hat er Hornblende oder Schörl. Auch Gneis ist eine häufige Bergart. Im anliegenden Schiefergebirg ist Granit als Geschiebe.

Das südliche Gang- oder Schiefergebirge hat Horn- und Thonschiefer, Thonfels, Tafelschiefer, Porphyr, Jaspis, Glimmerschiefer; und außer Eisen sind auch hie und da Kupfer-, Bley- und Silbererzte, Blende und Kiese bemerkt, welchen jedoch bisher nicht nachgearbeitet ist. In Imereti am Rion bricht in diesem Gebirge Porphyr; der Kochunfluß hat eine um 50 Faden hohe Uferwand von Felskiesel, der stellenweise zu Thon verwittert.

Im südlichen, einfachen Kalkgebirge ist, wie im nördlichen salinischer Kalkstein die gemeinste Bergart: Stellenweise ist auch Bresche z. B. am Ozery Liachwa und Didi Liachwa. In Imereti ist der Kalkstein streckweise Kreidestein ähnlich. Am Flüschen Potaiso sind starke Lagen von Topfstein im Kalkgebirge und beym Dorf Ulsera erzeugt sich noch fester Tuf. Zwischen dem Ksani und Aragi bricht Thon-Bresche mit Kalkbrocken. In den Steinscheiden hat der Kalkstein Quarz-, Spath- und Eisenklüfte, auch hie und da Kupfer-, Bley- und Silbererzte. Am Puzu des Didi Liachwa hat eine Kalkhöhe kaum kenntlich Muschelwerk; sie scheint tiefern salinischen Kalt aufgeschleimmt.

Die Thalfläche am einfachen Kalkstrich zeigt in den Flußufern Erdschichten und in den Queschichen unter einer Thonschicht Sandschiefer.

Das südliche Vorgebirge des Kaukasus hat in Flußufern Sandstein, Kalk, Thon und Mergel in wechselnden Lagen. Zwey Regenklüfte bey Tiflis zeigen von oben unter Thon. 1) Grobkörnigen Sandfels mit Feldspathkörnern 2) Kalkschiefer 3) mit eisenschüssigen Sandschiefer 4) Feinfügiger Sandsteinquader, 20 Faden mächtig; und 5) wieder Sandfels, tiefer als der Spiegel des Kur. Wegen der Allgemeinheit der Sand- und Kalksteinlagen nennet Güldenstädt dieses Vorgebirge das kalk- und sandsteinige.

In Karteli hat dieses Gebirg einige Erzanbrüche mit Glaskopfigem und anderm Eisenerz, Kupfersanderz, Zinkblende, Bleyglanz und Kies. Daselbst sind auch Steinkohlen, Schwefel, Maltha, Napht- und Kochsalzquellen.

Um die Mündungen des Kur, bey Saljan an der Kaspischen See sind sprudelnde Koch- und Bittersalzquellen, auch gegen Baku hin heiße und Naphtquellen. Die salzigen Quellen sprudeln zum Theil Thonschlamm, mit Bergöl, und bilden wachsende Hügel, denen bey Baku in allem ähnlich (Vorh.) Man bemerkt um dieselben bisweilen kleine Erderschütterungen und auch blitzende Flammen. Lerch. Gm.

In Imereti ist die Bergart des Vorgebirgs vorzüglich bald sandiger Kalkstein, bald kalkschüssiger Sandstein, und bey Schulateschc, Safano, Taurifo rc. hat sie Chamiten und andere Versteinerungen. Bey Tschari und an mehr Orten Imeretiens ist auch brauner Jaspis in mächtigen Lagen, vermuthlich von unterlaufenden Schiefergebirge, welches daselbst unbedeckt geblieben. Beym Dorfe Arago und an mehr Orten Imeretiens schließt grauer Thon eine Menge Sandsteinbälle ein. Auch in Imereti sind wie in Kartele einige Erzanbrüche bekannt.

Die Verflächung des Vorgebirgs oder dessen Abfall gegen das Gebirge Ararat zeigt unter dem

Rasen

Rasen nur Thon. Das ansteigende Vorgebirg des Ararat gleicht dem südlichen Kaukasischen ganz. Obst.

Der nördliche Kaukasus hat bisher wenig Erzspuren gezeigt; der südliche hat zwar mehrere, und es werden auch Eisengeschiebe und Kupfererzte aus Schürfen in Handöfen verschmolzen; lohnen aber schlecht. Bey jetziger Verfassung der Einwohner und ihren Verhältnissen mit räuberischen Nachbarn würden auch mehr Anbrüche keinen vortheilhaften Bergbau verstatten.

Zweyter Abschnitt.
Das Taurische Gebirge.

Die Halbinsel Taurien ist in ihrem südlichen, besonders aber südwestlichen Theile Gebirge. Außer ältern geographischen Nachrichten haben wir auch des Ritters Hablizl und Pallas orographische Beschreibungen desselben. (Hablizl Beschreib. der Taurischen Statthalterschaft und Pallas Tableau physique et topographique de la Tauride) Vorzüglich aus diesen Quellen das folgende:

Aeussere Beschaffenheit des Gebirges.

Das Taurische Gebirge liegt in S. und W. am schwarzen Meer, und fällt östlich gegen die Halbinsel Kertsch in eine wellige Fläche, nördlich und nordöstlich aber in das flache Land Tauriens ab. Es hat gegen das Meer meistens in O. und W. gestreckte, 50-, 100- und mehr Faden hohe Berge, die am Meer jähe sind, und kurze, schnelle Bäche theils mit Wasserfällen. Landwärts fällt das Gebirge sanft sinkt in die Taurischen Flächen, und hat die Quellen des Salgir und anderer Flüßchen des faulen Meeres.

Die hohen Berge haben oben und an den Nordseiten nur Gebüsch, am Fuße aber, und in den Thälern, auch an Flüssen und Bächen gute Waldung. Das Gebirge hat überhaupt von dem flachen Lande viele ökonomische Vortheile, ein besser Klima, fruchtbaren Boden, Waldung, schnelle und reine Gewässer. — Die Fläche ist waldlos, trocken, mit trägen schlechten Gewässern. — Die höhern Berge haben meistens eine Oberfläche aus fruchtbarer Dammerde, die niedrigern Kalkberge sind theils ohne oder doch oft für Fruchtbarkeit zu schwache Erddecke; Thäler und Flußniedrigungen sind überall fruchtbar.

Der Tschaturtag bey Aluschta wird für den höchsten Berg des Gebirges gehalten. Er streckt sich in O. und W. und ist an beyden Seiten jähe, oben mit Gebüsch, unten mit Waldung. Vom Gipfel sieht man das schwarze und faule Meer; er selbst wird schon von Perekop, also 70 W. weit gesehen. Er hat eine 1½ Faden tiefe Eisgrube, die auch im Jul. etwas Eis behält. Der Berg Tonidschit ist fast eben so hoch, und macht mit dem Tschaturtag das Thal bey Aluschta.

Am Alma, zwischen Bokschi Sarai und Achmetsches hat der Kalkberg Bobatag viele Höhlen, einige mit Kammern, die vorigen Einwohnern zum Aufenthalt gedient haben. Solche Höhlen sind auch in mehr Bergen. Ein Berg, 30 Werst von Karasu Basar, hat eine natürliche Grotte mit beständigem Eise. Um in die Höhle zu kommen, steigt man 15 Faden hinab, und findet dann ein 7 Faden breites, tiefes Gewölbe mit Schnee und Eis. (Habl.) Der Berg Agermynsch bey Starei Krim hat eine ofne Kluft, Ingistau Kuju, welche die Tataren für unermeßlich tief halten und viel von derselben fabeln. (Habl.) Auch bey Talto haben viele Berge Höhlen und Klüfte.

Von

Das Taurische Gebirge.

Von Balaklawa streicht ein hoher Bergstrich der Meeresküste parallel bis Feodosia, in einem wenig unterbrochenen Rücken, der an 360 Faden höher, als der Meeresspiegel zu seyn scheint. Ein Zweig dieses Rückens heißt Ajadaga, und streicht nach Salto. In einigen tiefen Regenklüften sieht man große Steinblöcke, die dem Feuer ausgesetzt gewesen zu seyn scheinen. Habl. Bey Bokschi Sarai und Starol Krim zeigen einige Berge abgerissene kalkige Sandsteinwände, Mauerwerk aus Quadern ähnlich. Die Berge, die den Hafen Sewastopol umgeben, sind nicht hoch, und nur einige haben am Meer steile und stellenweise abgespaltene Ufer.

Einige Berge mit tiefern Thonlagen werden unterwaschen; einige stürzen auch ein, und haben ein Ruinen ähnlich Ansehen. Bey Bokschi Sarai stürzte 1786 ein Platz von 800 Faden lang und stellenweise bis 500 Faden breit ein, oder er sank vielmehr nur nieder. Die Oberfläche des gesunkenen Platzes erhielt ein fremdes Ansehen und einige Pfützen (Pall. N. Neu. Beytr.). Ansehnliche Gebirgsruinen sind im Thal Alupka, am Berge Kosterl bey Temirdschi, am Meer zwischen Limena und Simens, auch an mehr Orten.

Mineralogische Beschaffenheit.

Das ganze Taurische Gebirge zeigt nirgends uraltes Granit- oder Grundgebirge, welches wahrscheinlich tiefer liegt und zur Ausbreitung des Kaukasus und der Karpaten, die vereinigt den Meeresboden machen können, gehören möchte. Pallas unterscheidet von diesem anfgesetzten Gebirge drey Ordnungen. Die erste, die sich in verschiedenen Zeiträumen gebildet hat, den höchsten Bergstrich ausmacht, und vom Georgien Kloster bis an den Berg Karadag bey Frodosia reicht. Die zweyte später entstandene, die kalkig ist

ist und Schaalwerk enthält, welches das schwarze Meer nicht
hat. Für eine 3te Gebirgsordnung kann man die spätern
Ansetzungen halten, welche aus Kießsand, Kieselsteinen und
solchen kalzinirten Muschelwerk bestehen, die das schwarze
Meer jetzt besitzt.

Erste Gebirgsordnung.

Wegen ihrer großen Aehnlichkeit mit Flözgebirge, die
durch die Absätze des Wassers entstanden, kann sie kaum zu
Schiefergebirge gerechnet werden. Pall. Nach Hablizl
aber hat sie doch viele unverkenubare Spuren der Würkungen ehemaligen Feuers.

Bergarten derselben.

Felsenkalk ist die gemeinste Bergart. Er ist meistens von brauner, oft auch schwärzlicher Farbe, Hornstein
ähnlich, bald politurfähig, bald erdiger, sparsam mit kaum
kenntlichen Korallen, Madreporiten u. a. Im Thal Aluschta, wo er eine schwärzliche Farbe und Kieselhärte hat,
scheint er dem Ritter Hablizl dem Feuer ausgesetzt gewesen
zu seyn.

Eine große Verschiedenheit von Thon und Thonschiefer.
Letzterer ist in dicken Lagen von Ansehen des Trapps. Meistens ist er mürbe und oft hat er einen Salz-, selten einen
Kalkschuß. Seine Lagen wechseln oft mit Thon, Sandschiefer, Eisenstein und Ocher, oft in vielen Wiederholungen. Bey Staroi Krim bestehen die Berge meist aus Thon;
der Fuß derselben aber aus Thonstein, rother, grauer oder
mehrerer Farben, aus Eisenstein und Kalkstein. Die
Berge beim Dorfe Amarat, 6 M. von Staroi Krim, bestehen aus Kalk- und kalkschüßigen Schreibeschiefer, Thon,
rother,

rother, grauer, gelber, Thonschiefer und Kalk in sehr vielen Lagen. Die Regenklüfte bey Balaklawa zeigen auch runde Schiefernieren, schwarzen brauchbaren Dachschiefer, und am Fuß schwarzen, schiefrigen Thon, der an der Luft zerfällt. Stellen dortiger Sachufer beblühen mit Salz. Der Berg, auf welchem das Dorf Parthemite steht, hat starke Lagen von grauen, versteinerten, eisenschüßigen Thon, stellenweise mit unreinen, auch blätterigen Quarz und Stahlstein. Im hohem Tschaturtag ist der Kalk zum Theil Stinkstein.

Schiefernder Sandstein liegt oft in mäßigen Schichten mit Thonschiefer wechselnd, oft aber macht er auch in horizontalen Lagen ganze Berge. Meistens ist er kalkschüßig. Hie und da hat er kleine Quarzadern, die sich in Wänden, wie von Quadern aufgeführt, zeigen; auch macht er viele, theils hohe und jähe Klippen. Oft wechseln seine Lagen, außer Thon auch mit Kalk, Mergel und Breccien.

Trümmersteine oder Breccien aus Kieseln verschiedener Größe, durch Thon, Sandstein und andere Kittungen zu Massen verbunden, machen einen beträchtlichen Theil der Masse dieser Gebirge aus. Sie sind in den Bergen neben dem Tschaturtag, im Thal Sudak bey Uskuta und an viel mehr Orten.

Sparsamer vorkommende Gebirgsarten sind:

Grauer, poröser, sehr harter Trapp mit eingesprengter Hornblende, zwischen Aluschta und Lambal u. a. m. O.

Eine kleinkörnige, Granitellen ähnliche Steinart aus Quarz, Kalkspath und Hornblende, am hohen Berge Ajudag und am Flüßchen Lambal macht er Klippen. P.

Schwärzlicher Basalt mit Schörl, bey Balaklawa P.

Gelblichter Serpentinfels, unter den Trümmern im Thal Alupka in großen Blöcken, deren einige halb Serpentin und halb Kalk zu seyn scheinen. P.

Im ganzen Gebirge aber findet man nirgends Spuren von wahrem Granit, Feldspath, Gneis, Glimmer und Hornschiefer. Außer Eisenerz, Ocher und Kies sind selbst in den Quarzadern nicht die geringsten Spuren von Metallen und Halbmetallen. Es sind auch nirgends Spuren von Steinkohlen, obgleich die Bergoelquellen tiefe und vielleicht entzündete Harzlagen andeuten.

Zweyte Gebirgsordnung.

Um den Fuß des Gebirges der ersten Ordnung liegt ein Strich neuer Kalkberge, aus beinahe horizontellen Lagen. Er hat dem Gebirge erster Ordnung nach höhere Berge, die mit einem starken Absatz abfallen, und gegen N. und N. W. unmerklich in Ebenen übergehen. Die stärksten Erhebungen dieses Kalkstrichs oder Gebirges der 2ten Ordnung sind an beyden Seiten des Balbak, zwischen diesem Flusse und der Katscha auf der einen, und dem Biluk auf der andern Seite, und dann auch zwischen beyden Karasuflüssen und in der Nähe von Starei Krim, wo sie der Berg Agermysch hat. Er ebenet sich auf der Seite von Chersones gegen das Meer, macht aber demselben doch einen ziemlich hohen, schroffen Absatz. Nach der von Symphperopol und Theodosia nördlichen Fläche und auf der ganzen Halbinsel Kertsch laufen die völlig horizontell gewordenen Kalklagen unter der Erde fort, und liegen nur wenig höher, als der Meeresspiegel selbst. Sie reichen, so wie über die ganze Halbinsel Kertsch, also auch weit über die Hälfte der Ebenen Tauriens. So weit sie reichen, ist wenig Waldung; auch sind auf denselben überhaupt Pflanzen nur sparsam.

Die

Das Taurische Gebirge.

Die Gebirgsart ist loser und fester kreideartiger Kalkstein, in ungleichen, theils starken Lagen. Die niedrigen Lagen bestehen aus zerbrochenen Schalwerk und kleinen Oolithen oder überzogener Schneckenbrut, die oft für sich starke Lagen bilden. In den höhern Bergen von Mergel und Kreide, besonders am Karasu und Salgir, sind kenntliche Versteinerungen, Linsensteine, Orthozeratiten, Austern u. a. Alle zeigen von einem hohen Alter, und nichts von denselben wird jetzt im schwarzen Meere angetroffen.

Einige Berge bestehen größtentheils aus Kreide, welche, unter einer Decke von Kreidemergel, meistens mit Kalksteinlagen wechselt. Der Kalkstein derselben ist mürbe, und hat, unter andern Schalwerk, auch Belemniten, z. B. bey Karasu Basar und an m. O. Habl. Am Flusse Alma bey Inkermann, Balyklawa und an mehr Stellen, haben die abgerissenen Kalkwände Höhlen und Zellen, die mit Mauersalz beschlagen sind. H. P.

Die Geschiebe Tauriens sind überall Thonstein, Kalkstein, Sandstein, verschiedene Kiesel, Mergelbälle, Quarz- und Schieferbrocken und Eisenstein.

Lagen von neuer Ansetzung, die gleichsam eine dritte Gebirgsordnung ausmachen.

Zwischen Kos und Gubek, nahe bey Partheinit und am Vorgebirge Iphigenia hat man mehrere Lagen aus groben, durch Kalk verbundenen Kiessand, theils mit wenig kalzinirten, ganzen und zerbrochenen Konchilien, jetzt im Meer vorhandenen Arten, die ganz das Ansehen eines neuen Absatzes des Meeres haben. Diese Lagen von verschiedener Stärke liegen flach, unmittelbar an der schrägen Lage der ersten Gebirgsordnung, und reichen höchstens nur 1½ Faden über den Meeresspiegel. Wahrscheinlich sind ähnliche neue Ansetzungen an mehr Orten der Küste Tauriens.

Der Ritter Habljl bemerkte auf seinen Taurischen Untersuchungsreisen viele Spuren von gewaltsamen Veränderun-

rungen durch Erdbeben und Feuer. An mehr Orten sahe er
zerrissene Gebirge von aufgebrochenen, theils stehend gewordenen Lagen. Die Berge um den Hafen von Balaklawa
haben viele Spuren der Würkungen heftigen Feuers; man
hat daselbst schwarzen Bimsstein mit Thoutlumpen und La-
venarten. Eben solche Beweise hat das Gebirge bey Feodosia. Bey Falta und Aluschta haben die Berge
große Klüfte mit andern Steinarten angefüllt, auch große,
ringförmige Gruben, alten Kratern ähnlich. Bey Usowa
sind wie abgerissene Steinklüfte, und ähnliche hat ein isolir-
ter Berg am Meer. Beym Dorfe Parthemite sind über
ein hundert Faden hohe Berge mit Kuppeln ähnlichen Gipfeln.
Hier ist auch eine harte Lawaart mit Schörlkörnern. Eine
felsige, nur niedrige Landspitze, 5 W. von Parthemite, ist
von eben dieser Beschaffenheit. Um diese Bucht und theils
im Meere liegen als Beweise voriger Erdbeben große Steinblöcke, weit von den Bergen, von welchen sie gerissen seyn
können. Vier Werste von Groß Lombat siehet man in
den vielen Steinklüften auch Vulkanproducte. Der Berg,
auf welchem Sudak steht, hat Lagen aus schwarzer Lawa,
Bimsstein und Kalk gemengt, eine dunkelbraune, thonige
Steinart mit vielem Schörl, Granatkristallen und gleichsam
schlackigen Eisenerz. Am Meere selbst liegen die Flöze aus
versteinertem Thon und grauem Schiefer in verschiedenen,
theils fast stehenden Richtungen. Habl.

Verflächung des Taurischen Gebirges.

Das Gebirge fällt in W. und S. gegen das schwarze
Meer ziemlich jähe, meistens in ein schmales Vorland ab,
welches dem Meer ein schroffes, ein auch mehr Faden hohes
Ufer macht. (Vorh.). Oestlich verflächt sich das Kalkgebirge oder das Gebirge der 2ten Ordnung in der Halbinsel
Kertsch, die am Cimrischen Bosphorus kleine Thonhügel
hat, welche aber dem Begrif von Fläche keinen Eintrag thun.

Da-

Daſelbſt ſind auch am Ufer Salzſeen. S. weiter von den Flächen.

Nord oſt- und Nördlich verflächt ſich das Kalkgebirge über dem Salgir und Upſalei in eine völlige, ofne, trockne Ebene, die öſtlich aus faule Meer (R. Gniloe More), und nördlich gegen Perekop an einen Arm dieſes und des ſchwarzen Meeres reicht. Auch hier ſind an den Ufern des ſchwarzen und faulen Meeres Kochſalzſeen. Hievon bey den Flächen und Gewäſſern.

Dritter Abſchnitt.
Rußiſche Gebirgstheile der Karpaten.

Das Karpatiſche Gebirge, das Sarmatiſche der Alten, welches aus Mähren durch Polen, nach Ungarn, der Moldau, Wallachei ꝛc., meiſt in öſtlicher Richtung ſtreicht, breitet ſich in ſeinen Verflächungen über einige der neuerrichteten Polniſch-rußiſchen, und einige der frühern Rußiſchen Statthalterſchaften am Dnepr gegen das ſchwarze Meer, meiſtens als Felſengrund der Flächen und Höhen aus.

In den Gegenden des Dnieprs waren die Naturforſcher Güldenſtädt, Lepechin, Sujew, Böber und Pallas, aber bisher haben nur Güldenſtädt und Sujew ihre Bemerkungen bekannt gemacht. In orographiſcher Hinſicht ſind alſo dieſe Gegenden, und am meiſten die neuen Statthalterſchaften, noch wenig bekannt.

Am untern Dnepr und am Dneſter, auch am ſchwarzen Meere in den genannten Statthalterſchaften und in den Tauriſchen Steppen, iſt das Land von hohen und niedrigen Flächen wellenförmig, ohne erhebliche Berge. In den Kreiſen fen Cherson und Elisabet schien Güldenstädt das Land nur 30 bis 40 Faden höher als der Flußspiegel.

An sehr vielen Orten trift man unter einer schwächern oder stärkern erdigen Oberfläche von Rasen und Thon einen granitischen Felsengrund, den man um so mehr für allgemein annehmen kann, da er sich an der Linken des Dnepers bis zum Donez und am schwarzen Meere in den Taurischen Steppen, am Flusse Konskji Wodi und am Orel bis zum Don eben so zeigt. Hievon mehr im Abschnitt von den Flächen.

Das Alaunische Gebirge.

Die alten Erdbeschreiber nannten es Mons Alaunus, auch Alanus, Nestor den Wolchonskischen Wald (R. Wolchonskoi Bor), und jetzt nennet man es gewöhnlich die Wolgahöhe (R. Wolgskoi Werschina). Außer der gemeinen Kenntniß von derselben, besuchten auch die Akademiker Güldenstädt, Lepechin und Laxmann diese Gegend.

Die alaunische Höhe ist kein Gebirge aus mehrern Bergen, sondern eine von allen Seiten sanft ansteigende Landhöhe, die sich wegen ihrer großen Ausbreitung in die Statthalterschaften Twer, Smolensk und Pleskow erstreckt. Sie ist der höchste Punkt des flachen Rußlands, da sie den größten Flüßen, der Wolga der Kaspischen See, dem Dnepr des schwarzen Meeres, dem Lowat und der Düna der Ostsee die Quellen giebt. Sie ist sehr wassersüchtig, hat viele und theils große Seen, die zum Theil Flüßen den Anfang geben, Brüche und nasse, gemischte Waldung. Zu einem großen Theil ist sie aber auch trocknes, fruchtbares Land. Ueberall findet man Granitgeschiebe, theils in großen Blöcken.

Eine

Das Alaunische Gebirge.

Eine so beträchtliche hohe Fläche ist wahrscheinlich ein überschwemmtes Felsengebirge, welches mit den Karpaten in Gemeinschaft stehen kann. Die hier noch nicht hohen Ufer der Flüße und andre Stellen die den Grund unter dem Rasen zeigen, haben nur Flözlagen. Die Ufer am obern Lowal z. B. zeigen von oben

   1 Mulmigen Rasen.
   2. Rothen, eisenschüßigen Thon.
   3. Kalkstein, voller Meeresbrut, und darunter
   4. Brauner und röthlicher Thon mit Kiesen.

Bey Ostaschkow haben die Wolgaufer
   1 Rasen.
   2. Losen und theils erhärteten Thon.
   3. Flözkalk mit Meeresbrut in starken, theils einige Faden mächtigen Lagen. Fast solche Schichten zeigen auch die Ufer der Düna bey Toropez. Ohst. An vielen Orten und theils in großem Umfange ist Moostorf und Sumpferde, letztere oft voller Sumpfeisenstein gleich unter dem Rasen. Weiter an der Wolga hinab zeigen die Ufer Kalkstein-, Thon-, Mergel- und Schieferlagen, und am Lowal hinab sind auch Steinkohlen, mit Schieferlagen und Gips sichtbar. Bey Stararussa u. a. m. O. sind Kochsalzquellen.

Von der Alaunischen Landhöhe laufen mehrere Landrücken (R. Uwalli) zwischen den größern Flüßen ins flache Land, und geben deren Zuflüßen Quellen und Richtung. Ein solcher scheint über die Quellen der linken Dneprflüße und dann über die südlichen Flüße des Don und Donez, über den Don selbst, den Choper, die Oka, Sura und Schwiaja weg, und bey Samaröfoe Luk gegen die Wolga, deren Bergufer er sich einverleibt, und so den Fluß hinab begleitet. Auf seinem Streichen legt er Zweige zwischen genannte Flüße und deren Zuflüße, die den Gewäßern die entgegengesetzten Richtungen geben. Diese Landrücken sind sanfte, oft unmerklich ansteigende Erhöhungen, die dem Auge meistens nur Flächen scheinen, aber doch zur Theilung fließender Ge-
wäs-

wässer Höhe genug haben. Im Innern zeigen sie sich als Flöze abwechselnd mit Thon-, Kalk, Sand, Schiefer, Gipslagen — und Hauptrücken und Zweige gleichen sich völlig.

Das Waldaische Flözgebirge.

Es liegt in den Statthalterschaften Twer und Nowgorod, um die Seen Waldai und Ilmen, und scheint eine nördliche Fortsetzung des Alaunischen Gebirgs zu seyn. Der Durchmesser des Raumes, den es einnimmt, beträgt um 150 Werste. Die Moskowsche Heerstraße geht über dasselbe, daher es alle akademische Reisende am Wege gehabt haben.

Aeußere Beschaffenheit.

Das Gebirge besteht aus vielen Bergzügen. Berge und Thäler sind sanft, und erstere selten über 50 Faden hoch) zum Theil bewaldet, theils mit fruchtbarer ofner Oberfläche. Die Thäler sind zum größten Theil naß, und werden von mehrern, Sümpfen und Seen, deren einige des Sommers austrocknen, eingenommen. Die größesten Seen sind, der Ilmen and Waldai, die größesten Flüsse, der Lowal, Msta und Szelon des Ilmen und die Twerja der Wolga. Außer umher gestreueten Granitblöcken zeigt es keine Spuren großer Veränderungen.

Mineralogische Beschaffenheit.

Es ist durchaus Flözgebirge und zeigt in den nassen Thälern unter dem Rasen Morasterde oder Moostorf, meist auf Thon. In den Morästen ist Sumpfeisenstein häufig.

Die

Das Düderhoffſche Gebirge.

Die trocknen Thäler haben unter einem mulmigen Raſen meiſtens Thon, theils die Lagen der Berge. Dieſe beſtehen abwechſelnd aus mürben oder erhärteten Thon, Flözkalk mit Meeresbrut, Sandſtein, theils zu Mühlſteinen tauglich, groben Tafel- und Brandſchiefer, am Mſta Steinkohlen, auch haben ſie am Lowal, Poliſſa und Spelon Kochſalzquellen. Der Thon iſt oft kieſig und vitrioliſch. Die Geſchiebe beſtehen aus den genannten Granitblöcken und Brocken, mancherley Bach-, Thon-, Eiſen-, Kalk-, Sandund andern Steinarten. Da bisher nur ſchlechte Steinkohlen gefunden ſind, ſo hat dieſes Gebirge außer einigen Sand- und Kalkſteinbrüchen keine Bergarbeiten.

Das Düderhoffſche Flözgebirge.

Es ſtreicht in nordweſtlicher Richtung von Spelon bis Oranienbaum am Finniſchen Buſen, theils als Landrücken, theils als Hügelſtrich. Den Namen hat es von einem Finniſchen Kirchdorfe auf dem höchſten Berge. Meſſerſchmidt, Heidenreich, der ältere Gmelin, Steller u. a. beſuchten es.

Im ſüdöſtlichen Theil iſt es als Landrücken flach, mit Waldung und fruchtbar; der bergige nordweſtliche Theil beſteht aus mehr oder weniger bewaldeten Bergen von 30 bis 50 Faden Höhe, hat meiſt flache Thäler und überhaupt fruchtbare Oberfläche. Von den entſtehenden Flüſſen fließt die Luga zum Finniſchen Buſen und die Toſna und Iſchora zur Newa.

Mineralogiſche Beſchaffenheit.

Der ſüdöſtliche niedrige Theil dieſes Hügelſtrichs hat Thon- und Kalkſteinlagen voller Meeresbrut, und ſo ſind auch die hohen Ufer der hier entſpringenden Flüſſe, vorzüglich der Toſna.

Tosna. Der nördliche bergige Theil aber hatte im vorigen Jahrhundert einen kleinen, von Schweden betriebenen Bergbau auf Kupfersanderzte, den Rußland zwar 1720 erneuerte, aber weil er nicht lohnte, wieder aufgab. Die Tiefe der Gruben betrug 11 Faden, der Nataliastollen aber hatte eine Länge von 64. und der Petersstollen von 85 Faden. In diesen Arbeiten hatte man von oben hinab:

1) Sandigen Thon. 2) Grauen Kalkschiefer mit Versteinerungen und ochrigen Eisenerz. Gm.

3) Erhärteten gelblichen und bläulichen Thon, mit Eisenerz.

4) Stellenweise mürben Sandsteinschiefer mit Eisensanderz, Groben und Eisennestern; an andern Stellen mit armen Kupfersanderz und Kupferkiesen, 1 Faden mächtig.

5) Sandschiefer, tiefer als 11 Faden, in unbekannter Stärke.

Beym Durchstechen der Höhen für Zarskoezeloische Wasserleitungen war unter dem Rasen Moostorf, bräunlicher, weicher und tiefer erhärteter Seethon. An einer andern Stelle war unter dem Rasen Torf, dann Thon, hierauf Sand und nun schiefernder blauer Thon mit Kies (Gen. Lieut. v. Bauer). Bey Gatschina, oben an der Jschora, bricht strohgelber, sehr thonichter Sandstein, von welchem das großfürstliche Schloß daselbst erbauet ist, und der auch in Werkstücken häufig nach St. Petersburg gebracht wird.

Vierter Abschnitt.
Das Scandinavische oder Finnische Gebirge Russischen Antheils.

Es ist die ost- und südöstliche Fortsetzung des Schwedischen und Norwegischen Severnegebirgs. In Rußland, wo es sich endet, nimmt es den westlichen Theil der Statthalterschaft Archangel bis zum Fluß Mesen, die ganze Statthalterschaft Wiburg und fast ganz Olonez ein, auch reicht es in den nördlichen Theil des Gouvernements St. Petersburg und der Statthalterschaft Nowgorod. Es umgiebt das weisse Meer und reicht an den Botnischen und Finnischen Ostseebusen. Ueberall fällt es in niedrige Flächen ab. Wir kennen dieses ausgebreitete Gebirge aus Nachrichten Schwedischer Orographen, vorzüglich Tilas (deff. Mineralgeschichte) und unseres Renovanz, Lepechins, Laxmanns und zerstreueten Bemerkungen.

Aeussere Gebirgsbeschaffenheit.

Das ganze Gebirge Russischen Antheils ist niedrig Felsengebirge, dessen ansehnlichste Berge 50 bis 70 Faden Höhe zu haben scheinen. Den grösesten Raum nehmen niedrige, nasse, sumpfige Flächen, die Felsenhöhen und niedrige Berge umgeben, ein. Auch diese sind meistens unter einer morastigen oder doch nassen Rasendecke. Im arctischen Landstrich (Vorh.) ist das Gebirge theils holzlos, theils mit Krüppelwaldung und Gebüsch bedeckt, und widersetzt sich Europäischer Kultur. Die hieher gehörigen Meerinseln sind felsig, niedrig, mit Sumpf bedeckt, unbewohnt.

Im kalten Landstrich hat das Gebirge bey der beschriebenen Beschaffenheit zum großen Theil nasse Waldung von Nadel- und Laubbäumen; auch ist es stellenweise offen und des Feldbaues fähig. Dieser Gebirgtheil ist noch wassersüchtiger, und scheinbar nehmen die Gewässer den 4ten Theil der ganzen Fläche ein. Die Waldungen haben revierweise trocknen Boden, und geben fruchtbare Aecker; das rauhe Klima aber erschwert die Kulturen. Durch das ganze Gebirg liegen kleinere und größere und zum Theil sehr große Granitblöcke; solche sind auch an den Meerufern häufig. Am weißen Meere sind stellenweise Klippen von zerrüttetem Gebirge, die durch die Zeit entstanden seyn können. Die niedrige Lage zwischen Meeren und die häufigen Gewässer lassen vermuthen, daß das Finnische Gebirge Meergrund gewesen; von Vulkanischen Verwüstungen aber sind keine Spuren.

Mineralogische Beschaffenheit.

Sie ist im ganzen Gebirge sehr gleichförmig. Ueberall ist altes Schiefer- oder Gang- und Flözgebirge nicht weit auseinander, ohne daß das uralt Gebirge eine Hauptkette macht. — Fast überall sind Granithöhen, und auch viele flache Stellen haben Granit. Das Schiefergebirge scheint dem Granitgebirge mehr aufgesetzt, als angelehnt, auch steigt es höher, als die Granithöhen.

Die drey Inseln (R. Tri Ostrowi) des weissen Meeres und die Bäreninsel, die Bergwerke auf Silber hatten, bestehen aus Granit, mit aufgesetzten Gneis, hornartigen Bergarten und Trapp. Kalkspathgänge halten Bleyglanz und Silbererzte. Granit ist am Kemfluß des weissen Meeres und den Inseln. Um der untern Wig und Suma ist Gneis mit aufliegenden Trapp und Serpentinschiefer. Vom Onegabusen Kandala bis zum Suma ist Granit allgemein; im Suma und Wig macht er die Wasserfälle.

Das Finnische Gebirge.

ſerfälle. Am Ladoga und Onega gegen Beloſero hin iſt faſt überall Granit. Am Konſoſero wird der Granit vom Trapp bedeckt. Im Wiburgſchen iſt Granit ſehr gemein und meiſt nackt. Ein Granitſtrich aus Salvolax, der an den Grenzfluß Kymene kömmt, hat verwitternden Granit (Finn. Rapakiwi.) Der Granit iſt übrigens von vielen Abänderungen in Korn und Zuſammenſetzung.

Das Gang- oder Schiefergebirge hat bey Woiz quarzigen Gneis mit vielen Quarzadern, und unter dieſen auch den berühmten Goldgang. Vom Konſoſero reicht der Trapp bis zum weiſſen Meer. Talkiger Schiefer untertieft ihn. Im Woizer Berge iſt auch Trapp mit Serpentin. Am Munoſero iſt reines Trappgebirge. Reiner Trapp und Trappfels aus Trapp, mit Feldſpath, Schörl und Eiſenglanznieren, iſt von Kandala und wahrſcheinlich noch nördlicher am weiſſen Meer bis zum nördlichen Onega und weſtlichen Ladoga gemeine Bergart. Am Sundala macht er Hügel. Daſelbſt und an mehr Orten findet man ihn von 1 bis 20, ja 40 Faden mächtig (Renov.). Der Trapp hat kreuzende Gänge aus Quarz mit Bleyſchwärze und Glanz. Am nördlichen Onega iſt Trapp auf Marmor und dieſer auf Thonſchiefer, der Kranit zur Sohle hat. Stellenweiſe iſt auch Trapp unter Thonſchiefer.

Trapp iſt am nördlichen Onega auf den Landecken, auf und neben ſaliniſchem Kalk. Auf einer großen Inſel des Puch Oſero iſt der Trappſchiefer ſo mürbe als Kreide und ſehr vitrioliſch. Auf Uſowno und Perewolok, einer nordweſtlichen Halbinſel des Onega, hat der Trapp viele Gänge mit Quarz, Spath und Kupferkies. Bey Peſtna Wolok, am weſtlichen Onega, in der Gegend der martialiſchen Waſſer, beſteht der Trappfels aus ſchwärzlicher, ſehr eiſenſchüſſiger Thonart mit Feldſpathkörnern, und liegt etliche 40 Faden mächtig. Er hat auch mächtige Gänge, auf welche vordem gebauet ward. (Ren.)

Thon,

Thonschiefer, meistens trappartiger, ist Hauptgebirgsart im Olonezkischen Erzgebirge zwischen dem Onega und Ladoga und vom letztern nördlich bis zum Wigsee. Die Berge, welche aus dieser schiefrigen Gebirgsart bestehen, haben Gänge mit Kupferkies und Fahlerz, auch, doch sparsam Bleyglanz, sie sind arm. So ists auch am Grenzfluß Kymene.

Serpentinfels, eine talkige, thonige, eisenschüssige Bergart mit eingestreuetem Feldspath, dem Trapp sehr ähnlich, ist im Woizer Berge. Am Pereguba, auf Kimenskoi Ostrow im Onega, um die Quellen des Wig und so fast längst dem Onegafluß, wo sich der Granit mehr senkt, ist dem Granit überall Serpentinfels aufgesetzt. Oben am Onega liegt er niedrig und tief, aber doch nur stellenweise entblößt (Laxm.) An der N. und N. W. Küste des Onega ist wenigstens stellenweise Serpentin unter dem Marmor, und erhebt sich in Hügeln durch denselben. Talkiger, oder Schneidesteinartiger Serpentinfels mit Quarz ist Bergart einer Halbinsel des Wigsees (Oen.)

Einfach- oder Felsenkalkgebirge liegt vom obern Wigfluß und See über dem nördlichen Onega, dessen Inseln und Halbinseln er macht, in N. W. über den Ladoga, dem er ebenfalls Inseln macht, bis zum und unter dem Finnischen Busen, in welchem es sich in den Inseln Aspö, Lawensarl, Hogland u. a. zeigt. Am Onega und Ladoga erscheint er als salinischer, sehr harter Marmor verschiedner Farben und wird bey Tifdiwa, Pereguba, Sundala, Lisma und Ruskola für St. Petersburg gebrochen. Es ist wohl dasselbe Kalkgebirge, von welchem Tilas (Schwed. Mineralgesch.) sagt, daß es von Abo am Finnischen Busen hinstreiche. Stellenweise ist dieser Kalkstein von eingeschlossenen Kiesseln eine Art Kalktrümmerstein oder Breccia. Laxm. Bey Tifdiwa, Sundala und Usowno Perewolok deckt Trapp den Felsenkalk, der in Hügeln durch den Trapp hervorsticht. Oen.

Flöz-

Das Finnische Gebirge.

Flözgebirge oder doch Flözlagen sind im Finnischen Gebirge ebenfalls nicht sparsam. Thon- und Mergellagen, weiche oder erhärtete, reine oder kiesige — sind überall auf Granit, Trapp und allen obern Fels- und Gangarten, auf einfachem Kalkgebirge, im Seegrunde, unter Torf und Morästen, allein oder in wechselnden Schichten mit andern Flözlagen.

Schiefernder Flözkalk mit Meeresbrut und andern Versteinerungen ist bey Woiz am Onegasee, an der Dwinà, am Onegafluß, am Belosero und hier, so wie in Ingrien, von allgemeiner Ausbreitung, am südlichen Ladoga und dessen Nasla bey Putilowa. — An den Flüßen Onega und Dwina wechseln auch Kalk- und Gipsschichten.

Loser Sand ist oft unter dem Torf der Moräste auf blauem Seethon, dessen Bette an vielen Orten Kalkstein mit Versteinerungen ist. Mürber Sandstein zeigt sich in mehr Flußufern und Hügeln. Bey Woiz ist ein Sandrücken mit Sandhügeln.

Die trocknen, offenen und waldigen Flächen haben unter dem Rasen reinen oder thonigen Mulm, auf Thon mit Geschieben hiesiger Gebirgsarten und thonigen und andern Eisensteinbrocken, Groben, Glaskopf u. s. f. Die Moräste haben oft häufigen Sumpfeisenstein und tiefen Sand und Thon.

Bergbau.

Das Scandinavische Gebirg, Russischen Antheils hat vom vorigen Jahrhundert einigen, doch nur wenig blühenden Bergbau.

Die Báreninsel (Medwedii Ostrow) im weissen Meer, hatte seit 1727 einige berühmte Silbergruben, die 1742 40 Faden Tiefe einbrachten, und deren Silber-, Bley- und Kupfererzt in Waldnuskoi Savod bey Archangel verschmolzen wurden. Die Erzgänge setzten in noch größere Tiefe, die Gruben konnten sich aber nicht des Wassers erwehren, sondern ersoffen. Gerade so war es mit dem Bergbau auf den Dreyinseln (Triostrowa) des weissen Meeres. Er nahm 1739 den Anfang, erhielt nach und nach bis 30 Gruben, denen auf der Bäreninsel gleich, ersoffen aber 1744. Die sämmtlichen Gruben, deren 60 seyn mochten, waren bergmännisch gebrochen und mit 1000 Mann belegt.

Den Anbruch der Woizer Goldgrube entdeckte der Bauer Antokow 1739 durch eine Quarzstufe mit schönem, gediegenem Golde. Der Grubenberg macht eine Landecke am Woizer See, ist um 2 W. lang und 50 Faden hoch. Der Gang enthält in Quarz außer gediegenem Golde auch Kupfererzte; auf beyde ward gebauet. Das Gold ist von hoher Goldfarbe in Körnchen bis zu Klumpen oder Massen bis 1 Pfund schwer. Der Bergbau lohnte aber sehr kärglich, daher er oft ruhete. Von 1739 bis 1779 waren nur 2 Pud Gold und 40,000 Pud Kupfererzte gefördert. Nach Oserezkowski sind vom Anfange bis 1791 181 Pfund 23 Salotn. Gold und 6379 Pud Kupfer gewonnen.

Am Konsosero sind mehrere Kupfergruben in schiefriger Bergart, in welchen ab und zu gearbeitet wurde. Sie lohnten schlecht, und dazu fehlt es hier an Bergleuten. Der nordwestlichen Küste des Onega und dem Busen Fönina nahe ist die Kupfergrube Foninskoe Rudnik; vielleicht die älteste dieses Gebirgs, (S. vorh.) aber schon längst aufläßig.

Das Trappgebirge am westlichen Onegaufer bey Pestna Wolok und gegen den Munosero hin (S. vorh.) hat mächtige Gänge mit Quarz, Spath und Asbest, auf welche die Gruben Niselskoe, Nikolskoe und Nadeschda gebauet wurden; sie lohnten aber schlecht und wurden wieder aufgegeben, worauf sie ersoffen sind.

An Eisenstein ist das Gebirge zwar reich, er liegt aber nahe unter dem Rasen, und wird mit Hacken ꝛc. ohne Bergbau gewonnen.

Steinkohlen und Kochsalzquellen sind noch nicht gefunden, wenigstens nicht bekannt geworden. Granit und Marmorbrüche sind am Onega, Ladoga und Finnischen Busen zahlreich und beschäftigen viele Landleute.

Fünfter Abschnitt.
Das Uralgebirge.

Der Ural, das Riphäische auch Hyperboräische Gebirge der Alten, hat seine Russische Benennung Ural (Gürtel) und Weliko Kamenoi Pojas (großer Felsengürtel), weil er als ein hoher Rücken Rußland von Sibirien und so Europa von Asien trennet. Die Tataren nennen ihn schlechthin Syrt d. i. Gebirge.

Das Gebirge erhebt sich im Nord- und Eismeere etwan unter 77 Gr. N. Br. in der Felseninsel Nowa Semlia und wird durch die Meerenge Waigaz vom festen Lande getrennet. Auf demselben liegt es vom Meer an als hohes, ausgebreitetes Felsengebirge zwischen der westlichen Petschora und Kama und dem östlichen Obbusen, untern Ob, Irtysch und Tobol bis zur Belaja unter 52 Gr. Br., und denn, als ein hoher Landrücken, unter dem Namen Obstschei Syrt d. i. Gemeingebirge; zwischen der untern Kama und Wolga und dem östlichen Uralfluß bis zur Kaspischen See unter 47 Gr. Br., und macht so vom Eismeer zur Kaspischen See die Grenze Europens und Asiens. Auf seinem Striche wendet sich der Ural bald etwas östlich bald mehr westlich, überhaupt aber liegt er von N. N. O. in S. S. W.

Der Ural ist seinem Daseyn, seiner Gegend, ansehnlichen Höhe — nach von Alters, seiner innern oder mineralischen Beschaffenheit nach nur in seinem Erzgebirge, in seiner nördlichen Abtheilung aber sehr wenig bekannt. Auf Nowa Semlia war bisher kein Sachkundiger, und im Nordural nur der Akademikus Sujew, der am Ob hinab bis zum Karischen Busen kam. Das Uralische Erzgebirge und auch den Baschkirischen und Guberlinskischen Ural, auch das Gemeingebirge überreiseten Messerschmidt, Steller, Gmelin, Pallas, Lepechin, Falk, Georgi, Rytschkow, Hermann, Renovanz u. a. Von Hermann, der von 1787 bis 1791 im Ural als Director einer Kayserl. Stahlfabrik lebte, ist eine Beschreibung des Uralischen Erzgebirges s. 1789. 2 B., und in Pallas und Georgi Reisen sind Karten, welche die Lage der Hüttenwerke zeigen.

Die gewöhnlichen Abtheilungen dieses großen Gebirges sind:

1. Nowaja Semlia.

2. Der Nordural, vom Eismeer bis zur Tawda.

3. Der Werchoturische und 4 Kathrinenburgsche, die mit 5. dem Solykamskischen, 6. Permischen und 7. Ufaischen, das Uralische Erzgebirge ausmachen.

8. Der Baschkirische Ural vom Kathrinenburgschen bis zur Belaja.

9. Der Guberlinskische oder die östliche Wendung des Baschkirischen, und

10. Das Gemeingebirge (Obtschei Syrt), dessen westlicher Zweig das Sokgebirge ist, und westlich streicht der Sandrücken Narim dem Gemeingebirge parallel.

---

1. No=

Das Uralgebirge.

1. Nowaja Semlia.

Diese äußerst rauhe, unwirthbare Felseninsel ist ihrer Lage nach durch Seefahrer und ihrer Beschaffenheit nach durch Robbenschläger, Wallfischjäger, Vogelfänger und verunglückte Seefahrer, also nur sehr unvollkommen bekannt. Man weiß, daß es ein theils hohes, vorzüglich Kalkfelsengebirgrücken, ohne Waldung und ohne Erddecke, bloß mit Moosen überwachsen ist. Ein schmaler Sund theilt es fast gleich in den nördlichen und südlichen Theil. Die Meerufer haben viele Trümmer und Klippen. Die Waigainseln im Sunde sind niedrig Felsenland mit einigem Gesträuch, aber auch ganz unwirthbar. Nur des Sommers werden die großen Waigainseln und oft auch Nowa Semlia selbst von einigen Samojaden besucht.

---

2. Der Nordural.

Die nördlichste Abtheilung des Urals steigt von einem schmalen Vorlande vom Meer in drei Rücken auf, die sich um den Ursprung der Petschora und des Sob vereinigen. Der westlichste, meist im Strich von Nowa Semlia, ist der höchste, doch sind alle nicht hohe Felsenrücken. Die Felsen sind zum großen Theil nackt, und der ganze Gebirgtheil meist mit Moos, theils auch Torf bedeckt, holzlos oder doch nur mit Krüppelholz. Viele Felsen sind durch die Würkungen der Witterung mit abgesprengten Felsentrümmern bedeckt. Um den Ursprung der Petschora, unter 63 gr. Br., fängt kleine Nadelwaldung an, die südlich auf dem an Höhe zunehmenden Gebirge größer wird. Westlich gegen die Petschora ist Kalkgebirge mit vielen Klüften und Grotten (R. Petschori); auch an der Ostseite sind Trümmerstellen, nirgends aber deutliche Spuren von Vulkanen; nur Zerstöhrungen durch Wasser, Zeit und Witterung.

An den Eismeerflüßen sieht man Klippen und Trümmern von Granit und Felsenkalk; an der Petschora sind hohe Wände von Felsenkalk. In den niedrigen Thälern hat es unter Rasen und Moos Moorerde mit Eisenstein, oder auch Torf, in welchem Elephantenknochen gefunden sind. Am Fuß der Bergzüge sind stellenweise Lagen aus Thon- und Kalkschiefer mit Versteinerungen.

---

3. Der Werchoturische, 4. Kathrinenburgsche, 8. Baschkirische und 9. Guberlinskische Ural.

Diese Abtheilungen der Uralgebirgskette von N. n. S. machen das übrige Haupt- oder Felsengebirge des wahren, bis zur Belaja reichenden Gebirges aus, haben keine natürlichen Trennungen, sondern im Aeußern und Innern so viele Gleichheit, daß sie der Deutlichkeit und Kürze wegen zusammen genommen werden können. Eben so machen

5. Das Solikamskische, 6. Permische und 7. Ufaische Gebirge zusammen das westliche Vorgebirge des Urals aus.

Uebertreiset man das Uralgebirge von W. in O. von Solykamks bis Tiumen oder von Perm nach Kathrinenburg und weiter am Iset hinab, oder auch von der Kama über Ufa nach Tscheleleba und bis zum Tobol, so hat man:

A. Das westliche Vorgebirge, welches sich theils schon an der rechten der Kama, besonders an der Wiatka mit niedrigen Flözbergen, hohen und großen Flächen offen und bewaldet zeigt.

B. Hö-

Das Uralgebirge.

B. **Höheres**, ofnes oder bewaldetes **Kalkgebirge**, theils unmittelbar an dem vorigen, theils durch einen flachen, ofnen Landstrich abgesondert.

C. **Gang- oder Schiefergebirge**, meistens aus höhern, sanften oder jähen, gewöhnlich bewaldeten Bergen.

D. **Das Hauptgebirge oder der Scheiderücken** in einer Art Kette aus hohem Gebirge, theils oben flach erhaben, theils wie im Werchoturischen und Baschkirischen Ural mit hohen Koppen, die in Klüften der Nordseite Schnee behalten und waldlos sind. Am Hauptrücken:

E. **Das östliche Ganggebirge**, dem westlichen ähnlich.

F. **Einfach Kalkgebirge**, am Iset 2c., meist nur in sanften Höhen.

G. **Das östliche Vorgebürge** und dessen meistens offene Verflächung.

Ueberfährt man das Gemeingebirge (Obstschei Syrt) von der Wolga am Sok hinauf, so hat man einen Bergstrich aus meist ofnem Flözgebirge, der durch die Wolga abgeschnitten zu seyn, und an ihrer rechten Seite einen samarischen Bogen, und der im Wolgagebirge bis unter Zarizyn sich fortzusetzen scheint. Die Haupthöhe des Gemeingebirges ist hier, wie überall, offen, flacherhaben, trocken, und fällt sanft gegen den Uralfluß ab. Ueberfährt man dieses Gebirg unter Zarizyn, so hat man von der Wolga

a. Die Kalmückische Steppe.

b. Den Sandstrich Rynpeski, der dem Rücken des Gemeingebirgs mit einer Sandhügelreihe parallel liegt, und

c. Den sanften flacherhabenen Rücken des Gebirgs, dem Uralfluß nahe. Folgt man von der Wolga der Kaspischen

schen See, so hat man die Verflächung vom Rynpeski und Obstschei Syrt bis zum Uralfluß, als ganz ebene, sandige und salzige magere Steppe.

Die Quellen der Flüsse des Hauptrückens des Urals von westlichen und östlichen Lauf oder der Rußischen und Sibirischen Flüße, sind zum Theil nur 1 oder einige wenige Werste von einander, und zeigen also eine sehr bestimmte, schmale Grenze beyder Welttheile. Die vorzüglichsten, am Ural entspringenden Flüsse westlichen Laufs sind von N. nach S.

Der Petschora des Nordmeers und deren Zuflüße an der rechten Seite.

Die Kama der Wolga und so der Kaspischen See und die Flüße ihres linken Ufers, die Wischera, Kolwa, Jaiwa, Tschussowaja, Belaja, If. ꝛc.

Die Wolgaflüsse des Obstschei Syrt, der Tscheremischan, Sok, Samara, Irgis und kleinere. Hier sind auch die Salzseen Elton und Bogdo.

Sibirische oder Flüsse östlichen Laufs, die in den Ob, untern Irtysch und Tobol fallen, und so dem Eismeer zufließen: Der Sob, die Tawda und Tura mit ihren Flüßen, der Iset und Ui. Der Uralfluß der Kaspischen See und dessen Zuflüße der rechten Seite Guberla, Sakmara, Tschagar und kleinere.

Das Klima und die Witterung des Uralgebirgs ist wegen der so verschiedenen nördlichen Breite, Lage, Höhe Beschaffenheit der Berge, Thäler und Flächen so verschieden, daß von denselben fast alles gesagt werden kann. Die Glazberge haben schneidende Kälte, die Alpenkoppen beständigen Schnee, enge Thäler, fast ewigen Nebel, das flache ofne Gemeingebirge wenig Regen, und des Sommers eine austrocknende Hitze. — Waldung ist im Haupt- und Vorgebirge von gutem Wuchs und zum grossen Theil aus Nadeln und Laubholz gemischt. Das hohe

Gebirg

Höhlen im Ural.

Gebirg hat viele Lechen, und der Werchoturische Ural auch viele Zederfichten. Die gemeinsten Baumarten sind Birken, Erlen, Rüstern, Fichten, Weiß- und Rothtannen, Leriches und Zederfichten. Hievon im 3ten Theil.

Klüfte Höhlen und Grotten.

Das einfache- und auch das Flözkalkgebirge des Urals hat viele ofne Klüfte und Grotten, die sich vorzüglich in den abgerissenen Felsenwänden der Flüße zeigen. Einige scheinen Riße vom Austrocknen der Berge, andere Räume von Unterwaschen entstanden zu seyn. In allen herrscht eine merkliche Kälte und reine Luft; sie haben auch frisches Wasser und einige beständig Eis; mehrere haben Tropfsteine. In vielen Gewölben liegen Trümmer, von der Decke niedergefallen. Einige Höhlen dienen Thieren und Vögeln bey übler Witterung zum Aufenthalt; in andern hausen Fledermäuse; einige waren ehedem Zufluchtsörter der Menschen. — Mit Uebergehung minder großer Höhlen will ich nur einige vorzügliche anzeigen.

Im westlichen Ural.

Der Jaiwa der Kama hat am Bache Tschikman, in einem 40 Faden hohen Kalkfelsen eine 15 Faden lange, 4 Faden breite und 2 Faden hohe Höhle. Eine ähnliche mit einer Kluft, der man 25 Faden lang folgen kann, ist hier im Berge Tuhaja Gora. Beyde haben Stalactiten. Am Zeiwa des Jaiwa ist eine Kalkhöhle, den Wogulen heilig; sie hat Götzenbilder; und vor dem Eingange liegen Knochen geopferter Thiere. Lep.

Am Kolwa, den linken der Kama, hat der Berg Diwoi Kamen in Kalk und Gips 2 Gewölbe, die ein

Portal trennet. Jedes derselben hält 11 Faden im Durchmesser. Der Eingang ist eine enge, 50 Faden lange Kluft. **Rytschk.**

Unter den vielen Höhlen der Kalkfelsenwände der Tschussowaja der Kama hat der **Dirowatoi Kamen** eine 3 Faden breite, 1 Faden hohe, aber an 200 Faden lange Höhle. Die Höhle, in der sich Jermak, der Eroberer Sibiriens, verbarg, ist am Bache Sylwiza, und wenig kleiner als die vorige. G.

Die **Kunjurische Höhle** in einem Uferberge der Sylwa bey Kungur, ist weitläuftig und besteht vorzüglich aus vier Gewölben, jedes von einigen Faden weit, die durch lange Gänge in Gemeinschaft stehen. Sie hat viele Trümmer, Tropfstein und Wasser. Der Berg besteht aus Kalk, Gips, Oolith und Mergel. Lep. u. a.

In der Kalkwand des Katau, des Jurgusen der Ufa ist eine 16 Faden lange, 5 Faden breite, ungleich hohe Kluft. G. Am Ai der Ufa hat der Kalkfelsenberg **Lakletau** eine Höhle mit einem Eingange von Trümmern, portalähnlich; von zwey Gängen kann man einem 38 Faden folgen, und trift zwey ansehnliche, mit Stalactiten geschmückte Gewölbe, die von einer eingestürzten Dachstelle Tageslicht haben. P.

Der **Sim** der Ufa hat in seinen abgerissenen Kalkfelsenwänden mehrere Höhlen und Grotten. Der Kluft des Jamantasch kann man 150 Faden lang folgen. — Die merkwürdigste Kluft ist die, durch welche der Sim unter einem hohen Berge fließt. S. Hydrogr. Abth.

Die Kalkfelsenwand am Tuibasch der Belaja hat unter mehrern eine Kluft, der man 60 Faden in den Berg folgen kann. Eine andre hat ein 10 Faden hohes Gewölbe mit Stalactiten. Die Ufer des Auergasi der Belaja, aus Kalk, Gips und Alabaster, haben unter mehrern kleinern auch vier ansehnliche Klüfte und Grotten. Die Höhle in Mu-

Höhlen und Erdfälle im Ural.

Muniaktafch an der Belaja ist am Eingange 8 Faden hoch und 10 Faden breit, und führt in ein 18 Faden langes niedriges Gewölbe. Im Berge Baklantafch, 7 W. vom vorigen, ist eine noch etwas größere Höhle. Lep. Der Schuljugan Tau an der Belaja, 15 Werst von der Wosnesenskischen Kupferhütte, hat eine sehr weitläuftige Grotte mit Kammern, Staffeln, Teichen u. s. f. Rytschk. Lep. Die Antoushöhle in einem Kalkfelsen an der Belaja, die sich der Sonderling Anton zur Wohnung einrichtete, hält nur 6 Faden im Durchmesser. —

Wahrscheinlich sind auch an der Petschora große, bisher aber noch unbesehene Höhlen.

Im östlichen Ural.

Am Uwelka des Ui, 9 W. von Koelga, ist eine 8 Faden tiefe und eben so weite Grube, wahrscheinlich von einem Erdfall. Am Boden dieser Grube ist der Eingang der sogenannten großen Koelgischen Grube, in welcher Klüfte in Felsenkalk, mehrere Grotten oder Gewölbe mit Tropfwasser ohne Stalactiten sind. Die sogenannte kleine Grube in einer andern flachen Kalkfelsenhöhle besteht in ähnlichen Klüften und einem 8 Faden weiten Gewölbe. Fl.

Erdfälle N. Prowalli.

Im Permischen Vorgebirge des Urals am Iren der Sylwa, auch im Ufaischen bey Krasno Ufimsk an der Ufa und weiter am Fluß hinab, auch oben an der Utka der Tschussowaja u. m. a. Orten sind in dem welligen Flözgebirge viele offne Erdgruben, meistens von umgekehrter Kegelform, bis 2 Faden tief, oben auch so weit, deren Seiten Thon-, Mergel- und Kalklagen zeigen, und vom Einstürzen unterwaschener Kalk- und Mergellagen entstanden. Mehrere sind viel größer und tiefer, und einige mit Wasser erfüllet. Am Jren bey Troizkoe Selo ist der so genannte große Erdfall (R. Bolschoi Prowal) von Trichterform, 13 Faden tief, oben 20, im Boden 10 Faden weit, trocken, und zeigt in seinen Wänden die genannten Schichten. Bey Dubrowka am rechten Ufer des Jren, 9 W. über Kungur, 2 W. vom Fluß entstand 1767 ein Erdfallsee (Prowalnoje Osero). An dem sanften Abfall eines Berges stürzte die Oberfläche eines Platzes, von etwa 25 Faden im Umfange, mit den darauf stehenden Bäumen ein, und füllte sich bald mit Wasser. Dieser Teich hat 5 Faden Tiefe. G.

An der Linken der Ufa, einige W. über der Stadt Ufa, ist unter mehrern kleinen Erdfällen des Vorgebirges auch die Besdonaja Jama (unbekannte Grube), dem großen Erdfall bey Kungur (Vorh.) ähnlich.

Landrücken (R. Uwalli) des westlichen Vorgebirgs.

Ueber die Quellen der Petschora streicht ein Landrücken in N. W. und W. N. W. bis gegen die Dwina, und giebt den Nordmeerflüßen Mesen, Waschka u. a., auch eben so den südlichen Dwinaflüßen Witschegda, Wischera, Wim und mehr andern die Quellen. Zweige des Landrückens legen sich dann zwischen die großen Flüße, und geben ihren Zuflüßen Quellen und Richtung.

Ein anderer Landrücken streicht vom westlichen Vorgebirge des Urals bey Katgorodok an der Kama, über die Quellen einiger Witschegda-, Wiätka- und Suchona flüsse, und über den Jug selbst, auch über die Flüße der Linken der Wolga, Wetluja, Unscha, Kostroma u. m. a., bis zum Schaksna des Belosero, und legt seine Zweige zwischen die Zuflüße.

Der

Westlich Vorgebirge des Urals.

Der äußern Beschaffenheit nach sind diese Landrücken nur hie und da hügelicht, meistens sanfte, sehr ausgebreitete, ofne oder bewaldete Höhen, dem flachen Lande gleich.

Die mineralogische Beschaffenheit der Landrücken und ihrer Zweige zeigt sich vorzüglich in dem hohen oder Bergufer, mit welchem sie gewöhnlich eine Seite der an ihnen entspringenden Flüsse und Bäche begleiten. Es sind abwechselnd Lagen von Thon, Mergel, Flözkalk, Gips und Alabaster, Thonschiefer, Sand und Sandstein, am Wiätka auch Steinkohlen, dem Ural nahe hie und da Kupfersanderzte. Am Witschegda, Suchona bey Totma, Kostroma bey Salgalezkoe sind Kochsalzquellen, und unter den Geschieben viele thonige und glaskopfige Eisensteine. Die Landhöhe, auf welcher die Kama, Wiätka und Dwina den Anfang nehmen, gehört auch zu diesem Landrücken. Sie hat in der fast unmerklichen, und doch beträchtlichen Erhöhung, großen Ausbreitung, waldigen, morastigen und wasserreichen Beschaffenheit mit der Wolgahöhe (Vorh.) große Aehnlichkeit.

Das westliche Vorgebirge des Werchoturischen, Kathrinenburgschen und Baschkirischen Urals.

Man unterscheidet das Solikamskische nördliche neben dem Solikamskischen Kreise, das Permische mittlere und das Ufaische Vorgebirge, doch ohne genaue Begrenzung, die bey der allgemeinen Gleichheit auch nicht erforderlich ist. Das Solikamskische und Permische zeigen sich schon an der Rechten der Kama, und lezteres nimmt auch den östlichen Theil der Statthalterschaft Wiätk ein; dagegen reicht das Ufaische nur in seiner Verflächung an die Kama.

Die Berge des Vorgebirges zeigen sich sanft, oft nur als Höhen in großen, meistens trockenen, offenen oder waldigen Flächen. Berge von 30 Faden Höhe sind selten. Die Waldung besteht bis auf Lärichen und Zedern, die hier noch sparsam sind, aus den schon genannten Baumarten, und Laub- und Nadelwaldung sind ohngefehr in gleicher Menge. Mehrentheils ist zwischen dem Vor- und Kalkgebirge eine 5 bis 15 Werste breite Ebene. An fließenden Gewässern haben mehrere Höhen kleine Erdfälle.

Das Vorgebirge ist durchaus **Flözgebirge**, und zeigt in verschiedenen Bergen, in Fluß- und Bachufern und Bergarbeiten in ungleich abwechselnden Lagen Thon- und Mergelschichten, Sandschiefer, Sandtrümmerstein oder Breccie, aus Sandstein und mehrerley Kieseln, Kalkstein mit Versteinerungen, Gips und Alabaster. Der Sandschiefer hat häufig kohlige oder asphaltische Ablösungen, und ist stellenweise und theils auch in dem Trümmerstein **Kupfergrünig Sanderz**. Der Kalkstein macht mehrere eigene Berge oder Höhen, meistens aber schichtet er mit Thon, Mergel, Gips. —

Granit- und **Granitellartig feinkörnig Gestein** wird in einigen Bergarbeiten in aufgeschossenen Hügeln in der Tiefe der Flußflächen angetroffen.

An der Kama bey Solikamsk, und an der Tschussowaja über der Sylwa sind **Kochsalzquellen**.

Das westliche einfache Kalkgebirge.

An der steppenähnlichen Fläche des Vorgebirges steigt das Mittel- oder Nebengebirge an, und besteht aus **einfachem Kalk-** und dann aus **Gang-** oder **Schiefergebirge**. Beyde Gebirgarten liegen sich nicht genau parallel, sondern nahe und ohne kenntlichen Unterschied durcheinander.

Das westliche Uralgebirge.

Die Flußufer, welchen das Kalkgebirge abgerissene Wände macht, zeigen solche Felsenkalkwände vom Hauptrücken an hie und da. Die Kalkberge sind, wie die Schieferberge, von ungleicher Höhe und Ausbreitung, mit Thon, Mergel, Mulm oder Sand bedeckt, meistens bewaldet.

Der Kalkstein ist meistens glimmernd, oder von gleichsam schuppigem Gefüge, hart, und in mehr oder weniger horizontellen, oft auch stehend abgetheilten Lagen. An Flüßen zeigt er sich oft mit seigern Wänden, oft mit Trümmern. Er ist ohne oder doch nur mit undeutlichen Spuren von Versteinerungen. Daß seine Klüfte oft durch Austrocknen oder Auswaschen ansehnliche Höhlen und Gewölbe bilden, ist schon vorher gesagt. Wo die einfachen Kalkberge am Ganggebirge liegen, sind oft weite, mit Eisen- oder andern Steinbrocken, und nicht selten mit guten Erzten gefüllte Steinscheiden.

Das westliche Ganggebirge.

Es liegt unmittelbar an der Westseite des Hauptrückens und theils in dessen Einbuchten, bis ans Flötzgebirge, in vielen Bergzügen und Gruppen, mit einfachen Kalkgebirge neben und durch einander. Mehrere dieser Berge sind hoch und einige wenige jähe; verschiedene sind an mehr nackten Stellen etwas zerrüttet, überhaupt aber ist das Gebirge ohne innere Zerstöhrungen, und im Ganzen genommen, gemischt bewaldet. Die Thäler zwischen nahen, höhern Bergen sind naß und kalt, auch meistens mit Nebel bedeckt. Am Kolwa und Wischera der obern Kama ist das Gebirge mehr wild und unwegsam. Rytschk. Die höchsten Berge dieser Gebirgsordnung heißen Kalgautau, Usingar, Sarjak, Baschmak, Tajanai, Uertisch u. a. am Ai; Kaschmartau, Patto u. a. am Jurju-

fen; Dschigertau, Jamasa, Mulwak, Schuljugan ꝛc., auch am Sim der Belaja sind einige
hohe Berge.

Mineralogische Beschaffenheit des Ganggebirges.

Die häufigsten Bergarten dieser Gebirgordnung sind
thoniger Hornstein und Thonfels in vielen Ber-
gen bey Solikamsk, Polewoi ꝛc. P. Hornstein oder
Felskiesel am Kolwa. Jaspis oder jaspidisch erhärteter
Thon am Iren. Schwarzer Thonschiefer in vielen
Bergen. Gneis am Kyn der Tschussowaja. Herm.

Schwarzer Kohlenschiefer im Karaguschtau am
Ai und Kuguschtau am Jurgusen der Ufa. Ersterer ward
1758 vom Blitz entzündet und glimmt noch. Auch der
I_zte glimmt seit mehrern Jahren. Beyde hinterlassen nach
dem Brande rothen Thon.

Eisenerzte und Eisensteine sind reichlich vorhanden. Am Fuße des Berges Dschigilga, am Bache
Bulanka streicht ein mächtiger Eisensteingang an 20
Faden in die Tiefe, und wird für Satkinskoe Sawod
gewonnen. Lep. Am Ai, 8 W. unter der Hütte Slatu-
stofskoi, besteht das so genannte rothe Ufer (R. Krasnoi-
jar), auf 15 Faden Höhe, durchaus aus porösem Eisenstein mit Ocherschichten. Am Fuße der Berge Psetak und
Jamantau ist alles dichte Eisensteinmasse, die auch
an beyden Orten gewonnen wird. Eisensteinbrocken,
glaskopfige, thonige, schalige, ochrige sind fast überall als
Geschiebe, und an vielen Bergen des einfachen Kalk-, des
Ganggebirges in der deckenden Thonerde gleich unter dem
Rasen in Haufen, Nestern oder Lagen von 10 bis 100 Faden im Umfange, und von 1 bis 5 und mehr Fuß
mächtig. S. Min. Abth.

- Von

Von Kupferzten sind bisher außer der Gumeschewskischen Grube nur wenig lohnende Anzeigen bemerkt.

Das Haupt= oder Scheidegebirge.

Die Hauptkette des Werchoturischen, Kathrinenburgschen und Baschkirischen Urals besteht überall aus einer Reihe ungleichhoher, durch Niedrigungen abgetheilter, nirgends aber durch Thäler oder Flüße durchschnittener Berge und Bergzüge. Im Werchoturischen Ural behält der hohe Rücken am Wagran stellenweise Schnee. Der Wostroi Kamen, zwischen dem Wagran und Kolonga, hat nur 200 Faden Höhe, und auf dieser Höhe stehen 2 nur 15 Faden hohe Koppen. Der Kowinskoe-, Kolwa- und Pawdinskoe-Kamen geben Kama- und Tobolflüßen Quellen. Der Pawdinskoe Kamen ist beym Messen nach Kaffini Art. 941= und die Basis 5456 — alsc 6397 Fuß höher, als der Spiegel der Kaspischen See gefunden worden. Der Wetlan-, Pominnenaja- Kamen und andere Werchoturische Berge sind auch sehr hoch. Diese Berge zeigen vor eintretendem Regen rauchähnliche Dünste, von welchen die Landleute sagen: die Berge sind geheizt.

Der Kathrinenburgsche Hauptrücken ist niedriger, sanfter und mehr flach, hat Waldung und eine ziemlich gemäßigte Witterung.

Die Hauptkette des Baschkirischen Urals hat Glaz- oder holzlose Berge, und auf einigen Koppen beständigen oder doch lange dauernden Schnee. Bey niedrig ziehenden Wolken reichen einige Gipfel in dieselben. Alpenhöhe haben der Jmentau, Jremeltau, Jaman, an welchem der Belaja entspringt, und Dschigilga. Glazberge mit waldlosen Gipfeln sind Matschaktau, Saklitau, Karatau, an welchem der Uralfluß entspringt,

hringt, Pfetau, Kofch, Ifchek, Jarak, Al-
la, u. m. a. Fk. P. Lep. G.

Die Berge haben meistens eine Erddecke, aber auch viele nackte Felsenstellen, und diese sind häufig mit Trümmern, die Zeit und Witterung zuwege brachten, bedeckt. Bis auf die Glazen und Alpenkoppen ist der Hauptrücken ziemlich allgemein mit Schwarz- und Laubwaldung bedeckt.

Die vorzüglichsten Gebirgsarten der Hauptkette sind: Granit, reiner oder gemengter, mit Hornblende, Schörl, Granaten von feinem Korn bis zu Mischungen, in welchen dessen Bestandtheile in Haufen vorkommen, Quarz z. B. in großen Parthien im Dschigilga. — Im Gang- und einfachen Kalkgebirge erscheint der Granit an mehr Orten als untertiefendes Grundgebirge, an der Tschussowaja, und selbst unter den Flözen in Permien, am Ik. u. s. f.

Gneis ist vorzüglich an der östlichen Seite des Kathrinenburgschen Urals, in Wostroi Kamen ꝛc. So ists auch mit Graufels.

Saltinischer oder Felsenkalk ist dem Hauptrücken im Kathrinenburgschen Ural, bey Gornottschit aufgesetzt. Die Untertiefung von Granit ist hier an vielen Orten bemerkbar.

Das östliche Ganggebirge.

Es gleicht im Aeußern dem westlichen, nach Lage neben dem Hauptrücken, Mengung mit dem Kalkgebirge, Höhe der Berge, Bewaldung —; liegt aber schmaler und ist nicht so bestimmt von seinem Vorgebirge abgesondert.

D.r

Der mineralogischen Beschaffenheit nach ist es mehr Erzgebirge, als das westliche. Die Bergarten desselben haben Klüfte, Adern, Trümmer, Steinscheiden mit Kupfer-, Eisen- und sparsamer mit andern Erzten.

Die vorzüglichsten Bergarten dieses Gebirgstrichs sind:

Hornschiefer und Hornfels, am Wagran und hier mit reichen Kupfererzten, von der Liala zur Soswa, Tura, Uwelka; auch am Iset, Sisert, Neiwa, oben am Uralfluß, bey Blagodad — Herm. Lep.

Trapp und Trappfels, am Kolonga des Wagran P. oben am Tagil, am Schaburicha der Neiwa. Herm.

Gneis in mehr Abarten, vorzügliche Bergart im Beresowschen Goldgebirge; bey Mursinsk am Reesch, oben am Tagil, am Wagran und Sisert, oben am Sakmara. Herm.

Porphyrarten bey Blagodad, am Uwelka des Ui, bey Nischne Tagilsk, wo er Sohle des Magnetbergs ist, und neben der Haüptgebirgskette an vielen Orten. Herm.

Hornstein an der obern Sakmara. Lep. Oben am Ui bey Maloi Jurt. P. Quarziger Hornstein am Ui im Akembettau P.

Topf- und Schneidestein am Wostroi Kamen, am Sisert und an der Sinara des Iset.

Serpentin und Serpentinfels am Ai der Ufa, oben am Ui, bey Tschebarkul, am Pyschma, Uktus, Tagil, auch bey Newiansk. Herm.

Jaspisarten am Wagran, oben am Uralfluß, am Karatau, Ikedewlet, Kalkanaktau.

Weisser Quarz, Bergart am Sauarka des Ui, wo er große Plätze einnimmt und Hügel bildet. P. G.

Eisenstein und Erz kann im östlichen Ganggebirge als Gebirgsart betrachtet werden. Im Bergzuge Suchai, dem Hauptrücken nahe, zeigt sich in einer abgerissenen Felsenwand eine 2 Faden mächtige, flachfallende Lage von Eisenstein, der eine geringe magnetische Kraft äußert, und für das Hüttenwerk Nikolai Powotnskoi gewonnen wird. Lep. Am Wolschanka der Sosna hat die Steinscheide von Schiefer und Kalkgebirge eine starke Eisenfüllung. P. Der Bergzug Keskanaer am Wut der Linken der Tura besteht zum Theil aus Eisenerz, und hat eine 4 Faden hohe Koppe ganz aus Eisenerz, von 59 an 100 Eisenhalt. Am Is des Wui hat ein so genannter Magnetberg Eisenstein mit Magneten. P. Der Eisenberg Blagodad am Kuschwa der Tura besteht an der Südseite aus einer Eisenerzmasse, die einen Raum von 150 Faden im Durchmesser einnimmt, aus welchem jährlich um 2 Millionen Pud Erz gefördert werden. An andern Bergstellen ist die Eisenmasse Kupfergrünig. Auch der kleine Blagodad hat viele Eisenerzmasse. Am Tagil bey Mischne Tagilskoe Savod ist der seit 1702 bekannte und seit 1721 berühmte Magnetberg (Magnetnoi Wisokogora). Er liegt neben Felsenkalk, der ihm wahrscheinlich auch die Sohle macht, hat eine Kegelform, eine Höhe von etwan 40 Faden, und besteht ganz aus einer reichen Eisenmasse, stellenweise Kupferschüssig, hie und da mit Magneten. Man gewinnet hier jährlich um 3 Millionen Pud Eisenerz, von 50 bis 60 an 100 Eisenhalt.

Mehrere der angeführten Berggarten besitzen in Adern oder eingesprengt Kupfer- und Bleyerze und einige auch Gold.

Das

Das östliche Felsenkalkgebirge.

Wie im westlichen Ural, liegt auch das einfache Kalkgebirge nicht für sich in einem fortgehenden Strich, sondern mit dem Schiefergebirge durcheinander. Die Kalkberge haben eine Erddecke und einige Waldung, auch machen sie an einigen Ufern Kalkfelsenwände, sparsam mit Klüften und Höhlen.

Wo der Felsenkalk an Schieferbergen liegt, enthalten die Steinscheiden oder Räume zwischen beyden Gebirgsarten oft Eisenerzte und hie und da auch Kupferletten und andere Kupfererzte, auf welche auch gebauet wird. So ist es am Turja der Sosna. Von der Liala der Sosna zur obern Tura ist neben körnigem Hornschiefer auch viel salinischer Marmor. Der Tagilskische Eisenberg (Vorh.) liegt neben Kalkgebirge, und steht auch auf demselben. Um Tscherno Istozkoi Sawod und bey Koelga am Uwelka ist Felsenkalk die gemeinste Bergart.

Als salinischer Marmor von großer Festigkeit hat man den Felsenkalk auf dem Scheiderücken bey Gornoitschit eben an der Tschussowaja; er ist auch am Sisert, bey Polewoi, am Iset bey Klutschewskoi, am Pyschma der Tura bey Stannowoi u. v. m. Orten.

Das östliche Vorgebirge.

Das östliche Gang- und einfache Kalkgebirge (Vorh.) fällt östlich gegen den Tobol in eine theils ebene, theils wellige, meistens waldlose Fläche ab, ohne ein eigentlich Vorgebirge zu zeigen. Dieser Abhang hat aber unter der Deckerde Flözgebirgslagen, die an dem Gang- und Kalkgebirge liegen. Auch im Gebirge sind die höhern Berge mit Flözen um-

umgeben. Die Lagen dieser Flöze sind abwechselnd **Thon** mehrerer Arten.

Schwarzer Thonschiefer, am Mias über Tscheles ba ꝛc., **Sandstein** verschiedener Art und Farbe. **Felsiger Sandstein** am Reesch bey Mursinsk.

Flözkalk, mit vielen Versteinerungen.

Der östliche Abhang des Gebirges besitzt auch sehr viele süße, und mehr oder weniger gesalzene, auch einige eigentliche Salzseen.

Der Guberlinskische Ural.

Das alte und Ganggebirge des Urals hat bis zur Belaja eine südliche Richtung, und wendet sich dann östlich zum Uralfluß, der es gleichsam abschneidet, worauf es an der Linken des Uralflußes am Or hinauf östlich weiter streicht. Hier nur von dem Gebirgsarm an der rechten Seite des Uralflußes, der vom Flüßchen Guberla der **Guberlinskische Ural** genannt wird.

Der Guberlinskische Ural liegt von N. in S. etwan 60 W. breit. Er ist nirgends hoch, mit trocknen Thälern, meistens, aber doch nur schwach bewaldet. Keine Spuren gewaltsamer Zerrüttungen von Erdbeben. —

Er hat altes oder **Granitgebirge,** welches sich einigermaßen in zwei Reihen zeigt, und **Gang-,** auch **Kalk-** und **Flözgebirge,** welches durch einander zu liegen scheint. Die Bergarten dieser Abtheilung des Uralgebirges sind **Granitarten, Gneis, Porphyr, Hornschiefer, Thonschiefer, Felsenkalk,** auch **Thon, Flözkalk, Gips** und **Sandstein,** der, vorzüglich an der Südseite, stellenweise **Kupfersanderz** ist.

Das

Das Gemeingebirge. R. Obſtſchei Syrt.

Das Gemeingebirge liegt als ein hoher, ſanfter, ſehr ausgebreiteter Landrücken vom eigentlichen Uralgebirge und der Belaja, meiſt in ſüdlicher Richtung, bis gegen die Kaspiſche See hin, und nimmt mit ſeinen Verflächungen beyder Seiten den Raum zwiſchen der weſtlichen untern Kama und Wolga und dem öſtlichen Uralfluß ein. Es hat keine eigentliche Berge, doch iſt es von ungleichen Höhen hie und da wellig. Außer geringen Hainen und Ufergehölzen aus Pappeln, Espen, Birken, Weiden, Erlen, Weißdorn und andern Geſträuch iſt es ganz waldlos. Die Oberfläche iſt außer einzelen niedrigen, mulmigen fruchtbaren Plätzen und Flußgeſtaden trocken, mager, meiſt thonicht, mit Sandſchollen und von Orenburg ſüdlich zum großen Theil ſalzig und unfruchtbar; meiſt Steppe ohne Anbau. Auch die Witterung iſt die Witterung der öſtlichen Steppen, mit großer Dürre, wenig Schnee, Wirbelſtürmen. (Gurm. ꝛc.) (S. vorh.).

Der geringen Höhe und trocknen Beſchaffenheit ohngeachtet enthält es doch viele Gewäſſer und Quellen mehrerer Flüſſe, des weſtlichen Dioma, Jk, Sok, Samara, Tſcheremiſchan, Jrgis u. a., des öſtlichen Sakmara, und der Flüſſe Tſchagan, Uſan u. m. a.; auch hat es die berühmten weſtlichen Salzſeen Elton und Bogdo und den öſtlichen See Kamyſch Sanara. S. Hydrograph. Vom Jrgis ſüdlich hat es den dem Hauptrücken parallelen, bis zur Kaspiſchen See ſtreichenden Sandrücken Naryn oder Rynpeski.

Innere oder mineralogische Beschaffenheit des Gemeingebirges.

Das ganze Gemeingebürge ist Landrücken und Flözgebirge, auch die Steppen, in welche er abfällt, zeigen an Ufern und in Regenklüften überall Flözlagen. Meistens besteht die Oberfläche aus mehr oder weniger sandigen und mulmigen, theils auch salzigen Thon. Am Dioma der Belaja und ihren Flüßchen und am Sakmara und deren Flüßchen zeigen sich abwechselnd Thon, Sand, Sandstein, der hie und da Kupfergrünig Kupfersanderzt ist, schiefernder Kalk mit Meeresbrut, Gips-, Thon- und Sandmergel; hie und da auch Trümmerstein aus gemeinem oder Kupfergrünigem Sandschiefer mit mehrerley eingeschlossenen Steinbrocken. In den Sandsteinlagen werden an vielen Orten Stubben und theils große Stücke von Bäumen verkieselt angetroffen. In Gruben am Ujasi der Dioma trift man eine feinkörnige, sehr feste Granitart, in Hügeln wie aus der Sohle aufgeschossen, an. Man läßt sie als hart und taub bey der Bergarbeit unter dem Namen der Inseln (Ostrowi) stehen.

Die Ufer des Ik der Kama und dessen Bäche zeigen Thon-, Mergel- und Kalkstein-, Gips-, Alabaster- und vorzüglich Sandsteinlagen, theils mit Kupfersanderz. Einige Uferstellen haben von Unterwaschen Grotten und die Oberfläche Erdfälle. (S. vorh.)

Den Sok begleitet von seinen Quellen am höchsten Rücken des Gemeingebirges ein Hügelstrich bis zur Wolga, unter dem Namen des Sokgebirges. (S. Vorh.) An der Linken des Sok wendet sich das Sokgebirge unter dem Namen der Falkenberge (Socolo Gori) an der Wolga hinab bis zur Samara. Unter diesem Berge liegt der Zarew Kurgan ganz isolirt, und hat das Ansehen eines Werks der Menschen, worauf auch der Name Zarew Kurgan (Zarew Grabhügel) deutet, doch ist er nach Pallas wahrscheinlicher ein Werk der Natur. Das Sokgebirge hat
die

Das Gemeingebirge.

die gewöhnlichen Flözlagen und auch Quellen, die Maltha, Naphta und Schwefelleberschlamm, Kalk- und Gipsgur, geben.

Die Samara mit ihren Kniel, Tok u. a.; der Tscheremtschan, Jrgis, Uruslan und die übrigen westlichen Flüsse zeigen in ihren Ufern die gemeinen Flözlagen, Kalk mit Meeresbrut, Thon, Sandschiefer u. s. f.

Der Sandstrich, den die Kalmücken Naryn, die Russen Rynpeski nennen, fängt fast gegen Saratow an und streicht dem Gemeingebirge in S. S. W. meistens bis zur Kaspischen See parallel. Er besteht in einem ausgebreiteten Strich niedriger Sandhügel mit einigem Gebüsch aus Elaeagnus Rhus Weiden — ruhet auf Thon und hat mehrere Quellstellen, Pfützen und Teiche. Eine Strecke dieser Teiche rc. der West- und Ostseite des Naryns ist salzig; die Teiche der Ostseite nennen die Kalmücken Gaschun.

Die Hügelgruppe Assagat Schoggat zwischen dem Naryn und der Achtuba hat etwan 8 W. im Umfange. Die Höhe desselben, welche die Kalmücken Tschaptschaks-cha (d. heißt, wo man mit dem Beil hauet) nennen, hat unter der Thondecke eine derbe Steinsalzmasse von großem Umfange und unbekannter Mächtigkeit. Auch hier sind kleine Erdfälle.

Das Bogdogebirge, Kalm. Bogdo Oola von Tschernoija, in O. N. O. nicht weit von der Achtuba, ist eine ansehnlichere Hügelgruppe als Assagat. Der Arslan Ula (Löwenberg) desselben scheint um 70 Faden höher als der Spiegel der Achtuba. Man sieht hier Kalkstein mit Versteinerungen, Thon, Thon- und Sandmergel, Sandstein und Alabaster. Eine von den Kalmücken für heilig gehaltene Höhle ist absichtlich verstürzt.

An der Ostseite des Gemeingebirges ist die Gegend der Sakmara, wo sie aus dem Felsen- und Flözgebürge kömmt und ihrer beyderseitigen Flüßchen, Salmysch, Jangis,

Kat-

Kargala — der Gegend am Dioma ganz ähnlich, Flöze aus rothem und weiſſem Sandſtein, theils Kupferſanderz und eingeſchloſſenes verkieſeltes Holz, Thon- und Sandmergel, Gips, Kupfergrüniger Thonſchiefer ꝛc. Bey Krasnojarsk zeigt die Grube Sirjanskaja Jama von oben

1. Trocknen Thon.
2. Rothen Sandſtein und rothen Sandmergel 3 bis 4 Faden.
3. Grauen Thonmergel mit Kupferblau.
4. Schwärzlichen Thonſchiefer, ſtellenweiſe mit Kupfergrün.
5. Weißlichen Sandſchiefer, ſtellenweiſe mit Kupfergrün, in der Tiefe von 20 Faden, ſo tief nemlich die jetzigen Arbeiten reichen. Ft. In dieſer Lage werden verſteinerte Brocken von Palmenſtängeln und auch verkieſelt Holz gefunden. Nahe über Orenburg hat das rechte Uralufer einen anſehnlichen Flözkalkrücken. An der Rechten der Sakmara ſind an ihrem Ik und an den Kargalabächen mehrere Gruben auf Kupferſanderz; dieſe Gruben zeigen den genannten ähnliche Flöze. In der Mittelgrube (Serednaja Jama) am Kargala z. B. ſind in der Tiefe von 10 Faden von oben

1. Thon.
2. Mürber grauer, kupferblauiger Mergelſchiefer.
3. Stellenweiſe ſchwarzer kupferſchüſſiger Schiefer.
4. Grauer, mürber Sandſchiefer mit verkieſelten Holz- und Palmbrocken und Kupfergrünigen Sandſchiefer im 10ten Faden der Tiefe und tiefer. In der Grubenſohle zeigen ſich einige feinkörnige granitiſche, aus der Tiefe ausgeſchoſſene Hügel. Das Sanderz iſt von 3 bis 5 an 100 Kupferhalt. Ft. G.

Unter Orenburg hat der öſtliche Rücken des Gemeingebirgs keine Bergarbeiten. Regenklüfte und Ufer aber zeigen hie und da trocknen Thon und Thonmergel, Schieferkalk

mit

mit Meeresbrut, weissen und rothen Sandschiefer, sparsam mit wenig Kupfergrün, Kreidemergel und bey Mischne Oser- naja am Uralufer einen Kreidehügelstrich, mit mürber Kreide, Gipserde, Alabaster, Eisenstein- und Ocherbrocken. Die Geschiebe bestehen aus mehr genannten Steinarten, auch Granit, Quarz- und Feldspathbrocken.

Bergbau im Uralgebirge.

Die Ueberbleibsel des Bergbaues voriger Landsassen im Ural und dessen Neben- und Vorgebirgen bestehen vor- züglich in kleinen, runden, tonnenförmigen Gruben und den bey denselben liegenden Bergarten. Die Gruben werden von den Russen Tschudskii Kopi genannt. Viele jetzi- ge Gruben sind Erneuerungen dieser alten tschudischen. —

Der jetzige Bergbau im Ural nahm beynahe nur um 1720 unter Peter dem Großen den Anfang und ist jetzt sehr wichtig. Man bauet hier auf Gold, Kupfer und Eisen, auch sind Salzsiedereyen und Steinbrü- che. Der eigentliche Bergbau geschieht hier vorzüglich auf zweyerley Art.

1. Bergbau in ofnen Tagegruben (R. Jami) und

2. in Bergwerken (R. Rudniki).

1. Bergbau in Tagegruben.

Die Russischen Bergleute nennen diese ganz kunstlosen Bergwerke schlechthin Gruben (Jami), welches sie auch im eigentlichen Sinne sind, und Sommergruben (Le- towii Jami,) weil in denselben nur des Sommers gearbei- tet werden kann. Die größern heißen Roswali, d. i. von oben niedergebrochene. Sie haben die Gewinnung der Erzte und Mineralien zur Absicht, die am Tage oder doch nicht tief unter dem Rasen, von größerm oder kleinerm Um- fange,

fange, liegen. Da sich die Tagegruben nach den Lagern der Mineralien richten, so sind sie auch von sehr verschiedener Größe, Form, Tiefe. —

Im Ural machen sich mehrere Russen und Baschkiren das Auffuchen reicher, oder doch schmelzwürdiger Erzte zum Geschäft. Sie haben ein geübtes Auge, und wenn sie z. B. an einem Berge Kupfersanderz vermuthen, bohren sie mit einem 4 Fuß langen eisernen Stabe, unten mit einer vierkantigen Spitze, und einem eines Fingers langen umgekehrten hohlen Kegel, in welchen das Berggruß fällt, rund um den Berg, auf allen seinen Höhen. Treffen denn die Erzsucher (R. Rudopromyschli) gute Stellen, so schürfen sie. Aus guten Anbrüchen bringen sie denn dem Grubenherrn (R. Rudokoptschiki) Proben, der die Untersuchung im Berge fortsetzt, den Erzsucher belohnt, und vom Kameralhofe ein Grubenfeld muthet. Die Grubenherren sind nicht immer Hüttenherren, sondern Gewerke, meistens die Bauern eines Dorfs, die einen von der Obrigkeit bestätigten Kontract schließen, der den Hüttenpreiß des gelieferten Erztes nach Entfernung, Güte, Halt — bestimmt.

Die Zahl der Tagegruben des Solikamskischen, Permischen und Ufaischen Urals und des nördlichen Gemeingebirgs am Dioma, Sakmara u. a. auf Kupfersanderzte ist sehr groß; manches Hüttenwerk hat seit seinem Anfange mehrere 100 bis 1000; viele derselben aber sind längst erschöpft und dieses geschieht mit mehrern jährlich. Meistens läßt ein Hüttenwerk in einem Jahre nur in wenigen Gruben arbeiten. Die Eisengruben mit Tagearbeit sind auch, doch weniger zahlreich, als die Kupfergruben.

Der Grubenbau ist äußerst leicht. Die Gruben werden von Tage niedergebrochen und nur selten haben Kupfergruben auch schlecht gezimmerte, oder nur etwas gestützte Stollen oder Strecken. Die Eisengruben dieser Art sind ganz offen. Die Bergleute sind Bauersleute der Hütten, oder auch freye Bauern, Tschuwaschen, Tscheremissen rc. Die Bergleute

leute der Hütte bekommen Proviant und Kleider, also einen nur kleinen Geldsold. Die freyen Grubenarbeiter werden nach Kubikfaden der gelieferten Förderungen bezahlt. Das Grubengeräth besteht meistens nur in Hakken, Spaten, Schaufeln, Stangen, Karren, Sieben (zum Scheiden). Alles steht unter dem Grubenvogt (R. Nasiratel,) der auch ein Bauer ist, welcher schreiben und rechnen kann, und in den hier vorkommenden Arbeiten und Vorfällen gewandt ist. Manche Tagegrube hat Anfang, Flor und Ende in einem Jahr, manche lohnen 30 und mehr Jahre.

2. Bergbau in Bergwerken oder Wintergruben.

Der Ural hat im Kathrinenburgschen Erzgebirge die Beresowschen Goldbergwerke und einige Kupfergruben, mit regelmäßigem Bergbau; auch wird in den Vorgebirgen an einigen, doch nur wenigen Orten in eigentlichen Bergwerken (R. Rudniki) auf Kupfersanderzt gebauet. Die hiesigen Bergwerke sind von Sachsen und Schweden den ausländischen gleichförmig und mit nicht mehr Verschiedenheit eingerichtet, als Lage und Beschaffenheit des Gebirges, vorhandene Berg- und Meisterleute, Zwecke — erforderten. Sie haben eben solche Schächte, Strecken, Gesenke, Stollen, Zimmerung, Wasser- und Förderkünste, über Tage Scheidebänke, — doch meistens eine einfachere Verwaltung und unter den Bergleuten vielmehr gemeine Arbeiter, als die auswärtigen Bergwerke.

Die Beresowschen Goldbergwerke, welche ein Bauer entdeckte, haben seit 1752 regelmäßigen teutschen Bergbau. Das Gebirge am Bache Beresowka und dem Turaflusse Pischma, 15 W. von Kathrinenburg, ist niedrig, mit Granitgebirge umgeben, und besteht vorzüglich aus glimmrigem Thon- oder Hornschiefer, Graumacke, Schneidestein und gneistiger Bergart. Der goldhaltige Gebirgstrich liegt an beyden Seiten des Beresowka, also in zwey Reihen in der Breite von 3 bis 4 W. Jetzt sind 20 Gruben, die bis 23 Faden Tiefe einbringen, und zum großen Theil in Gemeinschaft stehen; auch dient ein 300 Faden langer Stollen den mehresten Gruben. Die tiefern Arbeiten werden nach Mrn. unterschieden. Das gediegene Gold kommt vorzüglich in Klüften und Adern von 1 Zoll bis $2\frac{1}{2}$ Fuß mächtig und 5, 10 und mehr Faden Länge, in Quarzarten und schörlartigen braunen Eisenkieswürfeln, aber auch in den übrigen Bergarten eingesprengt, als Staub oder feine Körnchen vor, und wird durch Pochen und Waschen in mehr Waschwerken erhalten. Allgemein werden die Klüfte, je tiefer, desto ärmer. Häufig werden die Erzklüfte von überkreuzenden rothen Lettengängen (R. Krassik) abgeschnitten.

Das Gewinnen der Wascherzte geschieht mit Schlegel, Eisen und Pulver, meistens aber mit Brechstangen. Die mürbe Beschaffenheit der Bergarten erfordert starke Zimmerung, auch sind die Wasser schwer abzuhalten. Es sind 3 Roßkünste. — Des Sommers ist die meiste Arbeit in den Tagearbeiten und nur des Winters in den Gruben. Das Scheiden macht die meiste Mühe. Man scheidet 1) gut Erzt aus braunen Kieswürfeln und zelligem Quarz, und 2) Grubenklein, aus Quarz, haltigen Bergarten und Abgängen. Die Ausbeute des aus dem Schlich geschmolzenen Goldes betrug von 1758 bis 1796 jährlich von 1 bis 9 Pud. P. Herm. u. a.

Die Schilo-Isetskische Goldgrube am Iset, glich den Beresowschen, ist aber längst ersoffen. Verschiedene neue Goldanbrüche dieses Gebirges haben bisher nicht lohnen wollen.

Die Gumeschewskische Kupfergrube oben an der Tschussowaja ward 1725 vom General Hennin erbrochen, ruhete, kam 1752 wieder in Umgang und gehört seitdem Turtschaminow jetzt (1796) dessen Söhnen. Sie ist auf eine Steinscheide von Schiefer und einfachem Kalkgebirge

gebirge Bergmännisch gebauet, belgt jetzt 25 Faden Tiefe ein und leidet sehr durch Wasser; daher 10 Wasserkünste mit 80 Pferden ein 400 Faden langer Stollen, der doch nur 5 Faden Tiefe einbringt, nöthig sind. Ihre Erze sind vorzüglich Kupfergrüniger Letten mit 4 in 100 Kupferhalt, Malachiten, theils sehr große und schöne, Kupferglas u. s. f. Sie ist mit 200 Arbeitern belegt und seit langer Zeit eine der reichsten des Urals. P. Fl. u. a.

Im östlichen Ganggebirge des Urals sind die Kupfergruben am Turja Wasiljewskoi, Frolewskoi und Olgowskoi und Suchodoiskoi, die dem Hüttenherrn Pochobjäschin gehörten und von dessen Erben der Krone für die Münzhöfe verkauft wurden. Sie sind der Gumeschewskischen (vorh.) ganz ähnlich und auch auf Steinscheiden, von Schiefer- und einfachem Kalkgebirge, werden bergmännisch gebauet, geben reiche Letten, Glas- auch malachitische Erze, und mehr als jene gediegen Kupfer, theils in Massen von 1 bis 5 Pud, daher ihre Erze überhaupt im Durchmesser auch 10 in 100 Kupfer gerechnet wurden. Jetzt lassen sie nach, sind aber noch die reichsten im ganzen Reich.

Die Wutskische Kupfergrube der Demidowschen Erben erbrachen 1711 Schweden und baueten sie bergmännisch; sie ist aber schon seit 1736 aufläßig. Rudlewskoi Grube oben an der Tura ist eine Erneuerung tschudischer Arbeiten, aber arm und buhet oft. Mehrerer alten, aufläßigen Bergwerke am Lobwa der Tawda, beym Hüttenwerk Alepajewsk u. a. a. zu geschweigen.

Auch in den Flözen des westlichen Solikamskischen, Permischen und Ufaischen Vorgebirges und im Gemeingebirge werden einige Gruben bergmännisch gebauet. Wenn nehmlich ein Berg in niedrigern Lagen unter höhern, tauben Kupfersandes hat, welches unter dem Berg reicht, so gewinnet man es, wenn es die Festigkeit des Sandschiefers leidet, in Stollen, die bis zu Ende des Erzlagers getrieben werden; man bricht auch seitwärts, und läßt der Festigkeit

L 3   wegen

wegen Säulen (Stolbi) oder sogenannte Inseln (Ostrowy) stehen, die dann endlich nachgeholt werden. Das Dach wird auch mit Balken etwas gestützt. Des Luftwechsels wegen geht man mit kleinen, tonnenförmigen, unverzimmerten Schächten nieder. Wenn sich Wasser findet, so ists alles zu Ende. Daher wenige über 20 Faden Tiefe haben. Die Bergmeister dieser Wintergruben (Simii Rudniki) sind die schon erwehnten, gemeinen Grubenvögte. (S. vorh.)

Eisenstein und Erzte sind am und im westlichen Ural theils als zerstreuetes Geschiebe, theils in größern oder kleinern Haufen, die auf Thonhöhen gleich unter dem Rasen ganze Nester oder Lager von mehrern Faden im Umfange und theils über ein Faden mächtig ausmachen. Da sie schmelzwürdig sind, so werden sie eben so, als bey den Kupfersilberzten angeführt ist, in ofnen Tagegruben gewonnen. Die Eisenmassen im östlichen Ural sind auch gleich unter dem Rasen und haben also auch nur Tagegruben. Sie würden mit Sprengen schwer zu gewinnen seyn, wenn nicht diese Eisenmassen in der Oberfläche in kleinern und größern Brocken erschienen, die so, wie sie sind, geröstet und dann leicht gehörig zerklopft werden können.

Sechster Abschnitt.
Das westliche Sibirische Grenzgebirge vom Ural zum Irtysch.

Das Guberlinskische Uralgebirge, an der Mündung des Guberla und Or, vom Uralfluß durchschnitten, (S. vorh.) setzt an der Linken des Uralflusses in die Kirgisische Steppe östlich am Or hinauf und dann über den Ursprung des Tobol

und

Das westliche Sibirische Gebirge.

und Jschim bis zum obern Irtysch fort, und macht so den westlichen Theil des **Sibirischen Grenzgebirges.** So eine natürliche Grenze aber auch die die Gewässer theilende Höhe des Gebirgs wäre, so ist doch die befestigte Grenzlinie von Orsk bis Ustkamenogorsk viel nördlicher und auf der Russischen Verflächung des Gebirgs gezogen, so daß das Gebirge ganz in der Kirgisischen Steppe liegt; ein Umstand, der die Kenntniß von demselben hinderte.

Diesen Theil des Grenzgebirges sahen Rytschkow der Jüngere und Barbanes in der Kirgisischen Steppe stellenweise, und der ältere Rytschkow, Pallas, Falk ꝛc. sammleten Nachrichten von demselben. Im Russischen Atlas ist es auf der neuen Generalkarte und der von Tobolsk besser, als auf der Treskottschen und Jslenjewschen ältern vorgestellt. Alle Kenntniß ist nur ärmlich, wozu auch die Unfruchtbarkeit dieser Gegenden, die keine Gewerbleute an sich zieht, beyträgt. Das folgende scheint mir der Sinn des bisher von diesem Gebirgstheil bekannt gewordenen zu seyn.

Den Gebirgstheil vom Ural und Orsk bis zum Jschim nennen die Kirgisen von einigen ansehnlichen Bergen **Ulutau** d.i. großes Gebirg. Von Jschim zum Irtysch nennen es die Russen bald überhaupt, bald eine Parthie desselben, das **Algiuskische auch Agaginskische Gebirge** (Alginskoi und Agaginskai Chrebel).

Das Gebirge Ulutau

fängt, wie gesagt, am Uralfluß bey Orsk an, und streicht am Or in O. über die Quellen des Tobol zum obern Jschim. Einen andern Anfang hat es im Baschkirischen Ural, wo am Ursprunge des Ui das Gebirge **Ottokaragai**, dem Ui zur Rechten, mit dem Berge **Jabik Karagai, Kobbasch** u. a. bis gegen den Ursprung des Tobol streicht, und sich

dann

dann mit dem Rücken vom. Or vereint, U:utau genannt wird.

Beyde Zweige sind niedrig, flach, mehr wellig als bergicht, trocken, sparsam mit Hainen. Am Gebirge entspringen nördlicher Ui und Tobolflüsse an der Südseite Turgaiflüsse, auch der Irgis der Kirgisischen Steppe und kleinere. Unter den Seen, Teichen und Pfützen am Gebirge ist oben am Tobol der reiche Salzsee Ebelei und die noch größere Naurzim Nor. S. Hydrogr. Abth. Der Rasen ist zum Theil salziger Thon mit Salzpfützen und Salzplätzen, salzigen und süßen Seen; so ists auch an der nördlichen Verflächung neben der Grenzlinie.

In den Flußufern und Regenklüften der südlichen und nordlichen Verflächung sieht man kiesigen **Thon** und **Thonmergel**, **Sandstein** und **Kaltschiefer**, auch **Jaspis**. Unter den nur sparsamen Geschieben sind auch **Eisensteine**. Am Or sind vorzüglich **Jaspis**, **Felskiesel**, **Achat** und in ganzen Massen **Milchquarz**. Eine **talkige Steinart** macht hier einen ganzen Berg. Vom Or nördlich hat die Kirgisische Steppe den einzelnen, nicht hohen **Magnetberg**, reich an schlechtem Eisenstein und schlechten Magneten (S. Min. Abth.) Ueberfährt man dieses Gebirge vom Orbach Kamyschla in N., so hat man einen Granit- und einen Schieferstrich; höher am Or ist einfach Kaltgebirge. Ein Baschkirischer Erzsucher wußte in diesem Gebirge Kupfer-, Bley- und Silbererzanbrüche. Rytschk. d. j. Oben am Irgis und am Turgai sind **Jaspis**, **Achat**, **Felsenkalk** und **Marmor** Bergarten, deren Klüfte hie und da **Kristallen** und unter diesen auch **Topase** haben. Rytschk. Im Oktokaragai sind **Horn-** und **grauer Sandfelsschiefer** mit Erzanbrüchen, Bergarten und Eisenstein-Geschiebe. P.

———

Das

Das Alginskische Gebirge.

Die Russen nennen es Alginskii Gori, Syrt oder Chrebel, die Soongoren Algidin Schaolo und Dalai Kamtschat; die einzelnen Gebirgzüge Russ. Takiskii Gori, Kirgis. Tak Turma, Golgidin Zams, Kislk Tau, Agaju, Eremei Tau u. s. f. Es ist die östliche Fortsetzung des westlichen Grenzgebirges von Ischim zum Irtysch.

Im äussern ist das Alginskische Gebirg dem Muxau ähnlich, trocken, waldlos, nur mit Hainen und Ufergehölzen und am südlichen und nördlichen Abfall mit vielen süßen, bracken und salzigen Seen. Es hat aber höhere Berge. An denselben entspringt der Ischim nördlich, der Tschargurban, Kotbukta und Ablakel östlich, und südlich der Sarasu und mehr Flüsse des Saisan Nor und Balchas Nor. Die Berge haben alle Nahmen, Akscha Tau, Bajan Tau u. a. Der Eremei Tau begleitet den Ischim mit einem Gebirgrücken fast bis Petri Paulus, dieser Rücken wird Kuktschim benähmet.

Ueberfährt man den westlichen Theil dieses Gebirgs von S. in N., so hat man:

1. wellige sanftansteigende, salzige Steppe mit Gipshöhen.

2. Hügel mit Felsenkalk und Schieferposten.

3. Den bis 6 W. breiten Rücken zwischen dem Turgat und Sarasu, aus Felsenarten.

4. Den nördlichen Abhaug, der flach ist und Salzplätze, Salzpfützen und Seen hat. Rytschk. T. B. Hie und da werden Spuren alter Bergarbeiten bemerket.

Im Gebirgzuge Ditbergattau, oben am Tschar Gurban, hat der flache Fuß Sandmergellagen, Salzplätze und Salzpfützen; im höhern Gebirge sind Kalk, Jaspis und Hornschiefer Bergarten. Der Bergzug Kalmy

Talagoi, an welchen der Tschargurban, Kolbulta und mehr Saisan- und Irtyschflüsse entspringen, hat eben diese Bergarten und zerrüttete Stellen. Bard. Ueberall enthalten die Geschiebe die genannten Bergarten. Am See Kaptschi, außer der Ischinischen Linie, haben Berge, gefärbten Thon mit Selenitnestern auch malachitisches Kupfergrün. P. Im höhern Gebirg, oben an Ischim sind Kupfer- Silber- und Eisenanbrüche, Rytsch. d. ä.

Das Flözgebirge der Kirgisischen Steppe.

Es hat keinen allgemeinen Nahmen, theilweise aber heißt es die Ilezkischen, Utwinskischen, schwarzin, Schaf- und Inderskischen Berge. Wie der Obstschei Syrt (S. vorh.) vom Uralgebirge an der Rechten des Uralflusses südlich bis zur Kaspischen See streicht, so fängt dieses am Grenzgebirge oben am Or an, und streicht meistens süd- südwestlich, zwischen der Linken des Urals und der Rechten des Jamba, zur Kaspischen See, an welcher es sich in einer Sandfläche verliert.

Nach der wenigen Kenntniß von diesem Landrücken, gleicht er dem Gemeingebirge im Aeußern und Innern. Er ist waldlos, sanft, flach, mager, in seinen Verflächungen hie und da salzig mit Salzpfützen und Pflanzen, giebt mehrern Flüßchen Quellen, und hat nur auf Flußgestaden und in Regenklüften geringes Gehölz. Die an demselben entspringenden vorzüglichen westlichen oder Uralflüsse sind der Ilek, Kobda und Utwa und die östlichen oder Jembaflüsse Temir, Sagis u. a.

Mine=

Mineralogische Beschaffenheit.

Der Landrücken zeigt vom Or zum Ilek Thon-Mergel- und Sandschieferlagen und in letztern ist, wie mehrere Schürfe und die Twerdischewschen Hasengruben (Saigatschii Rudniki) ausweisen, an mehr Stellen Kupfersanderz. Diese Gruben sind am Berdjanka, etwa 50 W. über Orenburg und haben noch bisweilen Arbeit.

Das Ileksche Steinsalzgebirge an der rechten des Ilek, 50 W. vom Ural und 60 W. von Orenburg, ist bergicht, und liegt um einen kleinen See. Der Wachtberg (Karaulnii Gora), von etwa 50 Faden Höhe, besteht aus Gips und Alabaster, hat eine große Höhle, und streicht als ein Rücken in die Steppe.

Der Steinsalzberg ist eine flache Höhe, 400 Faden vom Ilek, und hält 500 bis 600 Faden im Durchmesser. Durch Schürfen findet man hier überall unter einer 3 bis 7 Fuß mächtigen Thondecke eine weiße, reine Steinsalzmasse, deren Sohle ein 20 Fuß tiefes Bohren noch nicht gefunden hat. Es wird in einer großen Tagegrube gewonnen.

Der Todte Salzberg oder das Todte Salz (R. Mortwoi Sol), etwa 10 W. nördlich von Steinsalz, hat viel Eigenes. Er ist einzeln, von Kegelform, ziemlich steil und hat auf dem Gipfel einen runden Kessel von etwan 10 Faden im Durchmesser, und scheinbar ist er auch so tief. Am Fuße hat er zwey kleinere Wasserbecken. Auf dem Rande des obern Kessels liegen Brocken und Blöcke von Granit, Thonstein, Mergel, Kalk mit Meeresbrut. Die mehresten Steine haben ein sehr gebranntes Ansehen und viele gleichen Laven und Bimsstein. Es scheint ein Vulkan gewesen zu seyn.

Das kleine Inderskische Gebirge gegen Inberskoi Krepost, 10 W. vom linken Uralufer, umgiebt den Inderskischen Salzsee, hat eine nur geringe Höhe, einige Erdfälle, und zeigt abwechselnd Lagen aus Thon,

Mergel, Kalkſchiefer, Gips, Alabaſter, Sandſchiefer, Steinkohlen, Eiſenſtein und Ocher. Ein Rücken dieſes Gebirgs ſtreicht nach den Kaspiſchen See und hat an beyden Seiten Salzplätze. P.

Das Mangislakſche Gebürge.

Es heißt auch und beſonders in ſeiner nördlichen Strecke das Mogulſchariſche Gebirge, bey den Kirgiſen Magaldik Tau. Die wenigen Nachrichten von demſelben ſind vom ältern Rytſchkow, dem jüngern Gmelin und Falk; die Rytſchkowſchen und Falkſchen durch Nachfragen bey morgenländiſchen Reiſenden, Karavanen, Geiſeln (Amanati) und aus der Gefangenſchaft entlaufenen.

Dieſer Gebirgsrücken geht vom Ulutau über den Quellen des Or ab, und ſtreicht in den Kirgiſiſchen Steppen in Süden an der Kaspiſchen See und dem öſtlichen Ufer des Aralſees bis zum Perſiſchen Gebirge bey Aſtrabat, wodurch beyde Gebirge in Verbindung ſtehen. Auf ſeinem Strich giebt es dem Jamba und deſſen linken Flüßchen, dem Irgis u. a., Quellen. Wo die Buchariſchen Karavanen dieſes Gebirge überfahren, iſt es flach, faſt ganz waldlos und der Hirtenwirthſchaft der Kirgiſen nicht hinderlich. Der Kaspiſchen See macht es theils Felſenufer und Felſeninſeln, und iſt hier höher und wilder, hat aber Ruinen voriger anſäſſiger Bewohner; jetzt ziehen Truchmenſen und Karakalpaken in demſelben. Stellenweiſe ſoll es doch ſehr zerrüttet ſeyn und unter den Geſchieben Bimsſtein, Laven, Schlaken und gebrannte Steine haben.

An der Kaspiſchen See hat es Kalkſtein mit Meeresbrut, Kreideſtein, Mergel= und Thonlagen. Eine nahe Uferinſel hat von Naphtaquellen den Nahmen; Naphta, und Malthaquellen ſind auch im Gebirge ſelbſt. Aus demſelben ſahe Gmelin Bley und Kupferſtufen,

Stufen, auch sollen die Flüße Gold führen und überall sind Eisengeschiebe. Im und am Gebirge sind auch Salzseen.

Das Soongorische Kirgisische Grenzgebirge.

Es streicht vom Alginskischen Gebirge oben am Irtysch über Ustkamenogorsk an der Soongorey südlich über die Quellen der Flüße des Saissan Nor, den obern Ili, Tekes, über die westlichen Flüße des Syr Amu und östlichen Irken — bis in die Bucharey und weiter zum indischen Gebirge. Isleniefs Karte vom Irtysch im ältern akademischen Atlas zeigt diese Lage am besten; die hier gegebenen Nachrichten aber schrenken sich meistens auf das ein, was Falk und andere bey Bucharischen und andern Karavanenkaufleuten, Soongorischen, Kirgisischen und Rußischen Gefangenen und entflohenen Delegaten — erfragen konnten. Es gehört auch nur, als am Lande der Kirgisen streichend hieher.

Dieses Gebirge, an welchem hinab China die Grenzen zwischen den Kirgisen und Soongoren durch einigermaßen befestigte Postirungen, Feldwachen ꝛc. gezogen hat, ist eigentlich der westlichere Rand von einem von Tiber aus nach allen Himmelsgegenden ausgebreiteten hohen, flachen, ofnen Gebirge.

Es hat in verschiedenen Abtheilungen verschiedene und theils sehr verwechselte Benennungen. Oben am Irtysch heißt es schlechthin das Alginskische, weiter überhaupt das Soongorische, und hier sollen die Bergzüge Kakun, Serka, Argus Chagei und Aru hoch und ansehnlich seyn. Um den obern Ili und dessen Tekes wird es Musart genannt. Dieses ist der höchste Theil mit Glazbergen und Alpen, und zu einem Theil mit Roth- und Weiß-

Weißtannen, Pistazien, Birken, Espen, Weiden, Rüstern, Abreschen und Vogelkirschen bewaldet. Nach Pallas (Rede von Gebirgen) kommt der Musart als ein niedriger Arm vom Tibetischen Gebirge, und heißt auf dieser Strecke Alek Aula, süd-, südwestlich und westlich breitet es sich in der Bucharey und dem Gebiet der großen unabhängigen Kirgisischen Horde aus. Alle erhebliche Berge des Musart haben eigene Nahmen. Die Schneealpen werden von den Kirgisen überhaupt Alek Aula (bunte Berge) genannt; ein Alpenzug oben am Ili heißt Chanas Sabantau, andere Bergzüge Bara Opket, Jamen Opket, Erau, Kabargatau. —

Der Musart ist gewiß uralt Gebirge mit anliegenden oder aufgesetzten Gang- und Flözgebirge. Am hohen Bergzuge Torpischet Schar, dem Nor Saissan südlich, ist ein niedriger Steinsalzberg; auch zwischen den Flüssen Karkara und Sagen ist Steinsalz. Die China unterworfenen Bucharen müssen ihren Tribut in Goldsande entrichten, und wahrscheinlich hat das Gebirge auch andere Metalle.

An vielen Orten hat der Musart ein zerrüttetes vulkanisches Ansehen, zerrissene Felsen, unter den Geschieben Laven, Bimsstein, gebrannte Steine. — Er ist auch Erdbeben ausgesetzt. Im Jahr 1710 ward die Stadt Aksu fast ganz durch ein Erbeben verwüstet. Nach mehr Zeugnissen Bucharischer Kaufleute hat ein Berg 3- oder 4 Tagreisen von Aksu eine Kluft, die sich abwechselnd fast ganz verschließt, und sich dann bis zur Breite von 6 Faden wieder aufsperret. Daselbst findet man auch Bergsalmiak.

Siebenter Abschnitt.
Das Gebirge Altai.

Der Nahme ist soongorisch und heißt Goldgebirge. Es ist ein Zweig des hohen Bogdo- und Tibetischen Gebirges, welches sich nördlich gegen Sibirien, so wie südlich über einen Theil der Soongorey verbreitet, und den großen Sibirischen Eismeerflüssen Irtysch, Ob und Jenisei die Quellen giebt. Hier jetzt nur von der Abtheilung zwischen dem obern Irtysch und Ob, die man den kleinen Altai (Maloi Altai), auch von seinen Schneebergen Bielki (das weisse Gebirge) nennet.

Dieser Gebirgstheil liegt, ob er gleich in seiner Scheidehöhe die natürliche Grenze macht, wegen seiner Unwegsamkeit außer der befestigten Grenzlinie, ist aber doch seit dem Kalywanischen Bergbau von 1729 durch unsre Bergleute, und auch durch die physikalischen Reisen der Herren Gmelin, Pallas, Falk, durch eine militairische Expedition des Major Petrow und Staabschirurgus Kiesing, und besonders durch die Bemühungen der Oberbergmeister Renovanz und Schangin, in seinen nördlichen Gegenden ziemlich gekannt.

Lage und äussere Beschaffenheit

Der kleine Altai streicht als Fortsetzung des Sibirischen Grenzgebirges (Abschn. 6.) am und von Irtysch zwischen 49 und 51 Gr. Br. in N. O. über den Buchtarma, Tigeräk ꝛc. des Irtysch, den Katunja des Ob, den Teletzkischen

schen See und dann über die Quellen des Tom und Abakan zum Jenisei, wo er das Sajanische Gebirg genannt wird. Auf dieser ganzen Strecke liegt die Hauptgebirgskette, wegen der Unwegsamkeit des Gebirges, theils weit außer der Kolywanischen und Kusnezkischen Grenzlinie. (Vorh.)

Die Berge sind von mäßiger, theils von Glashöhe, deren Gipfel holzlos sind, und einige von Alpenhöhe mit vielen Felsentrümmern und Zerstöhrungen, wie sie Zeit und Witterung bewürken konnten, ohne deutliche Kennzeichen von Vulkanen und Zerrüttungen durch Feuer. Ueberhaupt ist es rauh, theils mit engen Thälern, die Schnee behalten, mit Flüssen stellenweise von Felsen zusammengepreßt, oder von Felsentrümmern stolpernd. Renovanz fand einen Berg mit dem Barometer gemessen 4392′, und einen Schneeberg 5243 Fuß höher als den Kolywanischen Schlangenberg. Nördlich fällt der Altai mit einer von 20. bis 50 W. breiten Thalfläche gegen das Kolywanische Erzgebirge ab.

Mineralogische Beschaffenheit.

Renovanz, Schangin und andere folgten am kleinen Altai den Flüßen Tscharysch, dessen Zuflüssen, dem Buchtarma u. a. des Irtysch, auch waren sie am Katunja, und bemerkten in Absicht des Innern des Gebirges wesentlich folgendes:

Von der thalähnlichen Fläche zwischen dem Kolywanischen Erzgebirge und dem kleinen Altai hat man in lezterm anfänglich vorzüglich einfach Kalkgebirge, theils in eigenen Höhen und Bergen, theils andere Gebirgsarten untertiefend. Dieses Kalkgebirge erscheint auch hie und da bis hoch ins Gebirge eben so, doch fand es Schangin nirgends auf den höchsten Bergen. An Flüssen nimmt es ganze Stre-

Strecken als Felsenwände, Klippen oder Trümmern ein. Die Steinart ist theils derb, theils Salinischer Kalkstein, theils wie am Katunja und mehr Orten Marmor mehrerer Farben. Am Kargan des Tscharysch ist Korallenmarmor Bergart, und dieser ist auch an mehr Orten. Schangin.

Granit von verschiedenen Korn und verschiedener Mischung ist in allen Gebirgrevieren in erhabenen Rücken und Koppen und noch gemeiner untertiefend. Immer sahe Schangin ihn in abgetheilten Lagen verschiedener Richtung, doch nirgends waren sie senkrecht.

Die folgenden Bergarten sind alle, diese hier, jene dort und häufig: **Porphyre** mancher Abarten und Farben. **Gneisarten.**

Horn-Thon- und andere **Schieferarten** und **Felskiesel, Jaspis** mehrerer und theils schöner Farben. **Trapp** ganz oben am Tscharysch. **Serpentinporphyr,** der selten Schiefergebirge nahe liegt. **Trümmersteine** oder **Breccien,** kalkige, korallinische, kieselige und jaspidische, theils in hohen Bergen.

Im Schiefergebirge sind an mehr Orten **Silber-, Bley-** und **Kupferze,** theils von großer Hofnung erschürft und auf Karten getragen, um sie nach erschöpften Kolywanischen Bergwerken zu bauen.

Die Flöze in Thälern und am Fuß der Berge bestehen aus Lagen von Thon, Flözkalk mit Versteinerungen, Sandstein u. m. a.

Achter Abschnitt.
Das Kolywanische Erzgebirge.

Es hat den Nahmen vom Kolywansee im Gebirge, an welchem der erste Rußische Bergbau und das erste Hüttenwerk war. Als die Woskresenskische Grube die ersten Silbererze gab, und dadurch veranlaßte, daß die bisherigen Demidowschen Kupferwerke als Silberwerke von der Krone übernommen wurden, erhielt das Erzgebirge und dessen Kanzeley den Nahmen des Kolywano-Woskresenskischen, den es noch in Kanzeleyen führet.

Das Erzgebirge hat eine sehr bestimmte Lage von W. in O., vom Irtysch zum Ob und von S. in N., vom kleinen Altai bis zur Barabinzischen Steppe, in welcher es sich verflächt. Die Kolywanische Grenzlinie vom Irtysch zum Ob hat 250 Werste Länge, liegt aber nicht in gerader Linie. Vom Fuß des kleinen Altai bis zur Baraba sind abwechselnd von 50 bis 100 Werste.

Die Bergwerkskanzeley bestimmt Gruben und Hütten in Absicht der Lage nach den Flüssen, der Ritter Renovanz theilt das Gebirge nach sächsischer Art zur bessern Unterscheidung in 6 Bergreviere ein, die ich hier annehmen will.

Aeußere Beschaffenheit des Gebirges.

Ueberhaupt ist das Gebirge nicht hoch, und die Berge sind sanft mit flachen, meist trocknen Thälern umgeben; einige

nige Berge aber haben doch eine beträchtliche Höhe, und die werden von ihrer Form Spizberge (R. Sopki) genannt; solche sind Sinaja Sopka, der nach Reiser 1400 Fuß höher, als der Spiegel des Kolywansees, und nach Renovanz noch viel höher ist, der Magnetnaja Sopka am Uba, Tschainaja Sopka, Lewinaja Sopka am Tscharysch. — Außer einigen felsigen Uferstellen siehet man nirgends große Zerrüttungen, ob sich gleich meistens jährlich geringe Erderschütterungen bemerken lassen. Bis auf wenige Stellen haben die Berge eine gute und meistens fruchtbare Erdfläche, daher auch das ganze Gebirge mit Dörfern wie besäet ist. Am Alei ist doch der Boden stellenweise salzig. Scheinbar nimmt dünne, aber gedeihliche Waldung von Laub- und Nadelholze mit Gebüsch den dritten Theil des Flächenraums ein.

Die Gewässer des Gebirges gehören zum westlichen Irtysch oder östlichen Ob. Irtyschflüße von oben sind der Buchtarna, Ulba, Uba mit dem Schamanicha, und Talowka, Schulba und kleinere. Zum Ob fließen von oben der Katunja, die Peßtschana, der Aki, Tscharysch mit dem Tigeräk, der Alei mit seinen Flüßchen, der Barnaul und Kasmala. Sie sind zwar schon außer dem Gebirge, haben aber Hüttenwerke und Hüttenwälder.

Das einfache Kalkgebirge hat verschiedene Höhlen und Grotten. Am Ina hat der Berg Tschesnakowa eine 10 Faden lange, 3 Faden breite und 2 Faden hohe Kluft. Ein Kalkberg an der Mündung des Tigeräk hat eine bis 25 Faden lange, 3 Faden breite Kluft, und eine zweyte dieses Berges ist nur wenig kleiner; beyde theilen sich in mehrere Zweige. Am Charchara des Tscharysch hat ein Alabasterberg eine Grotte, und der Klosterberg hat den Nahmen von vielen zellenförmigen Gewölben. —

Das Klima unter 50 bis über 52 Gr. Br. ist der östlichen und hohen Lage wegen kalt, hat aber meistens heitere Wit-

Witterung, und macht dem Feldbau und der Viehzucht wenig Hindernisse.

Mineralogische Beschaffenheit.

Das Gang- und Schiefergebirge ruhet auf altem Granitgebirge, welches sich im ganzen Rücken, und höher am Tage zeigt. Noch häufiger liegt es mit einfachem Kalkgebirge durch einander. Flözgebirge bedeckt den Fuß der Berge und nimmt ganze Flächen ein. Vom kleinen Altai streicht ein Granitrücken nördlich ins Erzgebirge, und bestimmt zum Theil den westlichen und östlichen Lauf der Gewässer zum Irtysch und Ob. Zu diesem Rücken, an welchem das mehreste Ganggebirge zu liegen scheint, gehört der Sinaja Sopka. (S. vorh.) Es untertieft wohl das ganze Erzgebirge als Sohle. Ein kleiner Granitrücken streicht am Irtysch hinab bis zum Uba, und wendet sich dann nördlich ins Ganggebirge. Lewinaja Sopka ist granitisch. Ren.

Die vorzüglichsten Bergarten des Ganggebirgs sind: Thon-, und Hornschiefer, Hornblende, hornblendiger Schiefer, Hornstein, Jaspis, Pechstein, Porphyr. Diese Bergarten haben theils in sich, theils in Steinscheiden Gold-, Silber-, Kupfer- und Bleyerze, und in Geschieben Eisensteinbrocken.

Einen großen Theil des Erzgebirges nimmt einfach Kalkgebirge ein. Vorzüglich liegt es in zwey Strichen, zu beyden Seiten der Fläche zwischen dem kleinen Altai und dem Ganggebirge; aber auch in demselben zeigt es sich in mehrern Bergzügen am Ina, Tigeräk u. s. f.; an diesen Flüßen ist auch Flözkalk mit Meeresbrut. Herm. Wo der Kalk neben oder am Ganggebirge liegt, enthalten die Stein-
scheie

scheiden oft viele und gute Kupfer-, Silber- und Bleyerze, und Kupfer und Silber oft gediegen. Neben den Steinscheiden oder Ablösungen findet man Erze als Sprengwerk oder Nieren in den Bergarten selbst.

Die Flöze überall am Fuße der Berge, an den Flüssen, am Abfall des Gebirges —— bestehen außer Thon, Mergel und Sand, auch aus Schieferkalk, Gips, Alabaster, und schwarzem Schiefer. Am Alei, Barnaul und Kasmala sind stellenweise Koch- und Bittersalzpfützen und Plätze. Eine weit größere Salzigkeit hat das flache, flözige Ufer an der Rechten des Irtysch hinab, wo gegen Jamyschewa Krepost und weiter hinab der berühmte Jamyschewa und mehr andere große und kleine Salzseen sind. S. Hydrogr. Abth.

Geschiebe sind im Gebirge nicht häufig, und die bestehen aus den genannten Gebirgsarten und ziemlich häufigen Eisensteinbrocken.

Kolywanischer Bergbau.

Zur Geschichte des Kolywanischen Bergbaues.

Wie im Ural (S. vorh.) findet man auch im Kolywanischen und Krasnojarischen Gebirge Spuren und Ueberbleibsel von Bergbau und Erzschmelzen der Alten, welche in nicht tiefen, verfallenen, tonnenförmigen Gruben, Trümmern kleiner Schmelzöfen, Resten geförderter Erze, Schlacken, Steinhammern, die mit Riemen an die Hand gebunden wurden, und Steinkeulen, kupfernen Meißeln —— zur Gewinnung der Erze u. s. f. bestehen. Ein vorzüglicher Beweis der Gewinnung und Schmelzung der Erze voriger Zeiten sind auch kupferne, silberne und eiserne Geräthe, welche in den Gräbern der Alten am Jenisei mit und neben

Knochen ziemlich häufig gefunden wurden. Die Gräber scheinen Mongolische zu seyn, und von diesem Volke waren wohl auch die Metallurgen. Als die Russen Sibirien eroberten, wurden diese Gegenden Wüsten, in welchen Soongoren und andre Nomaden umherschweiften.

Im Jahre 1725 fanden sich bey dem Bergherrn Akympfi Demidow einige Russen, die sich aus der Soongorischen Sklaverei am Ob ꝛc. gerettet hatten, mit guten Kupferzproben aus den Kolywanischen Gegenden ein, worauf Demidow daselbst Bergbau auf Kupfer veranstaltete, und in der erbaueten Kupferhütte am Kolywansee 1729 zum erstenmal schmelzen konnte. Es wurden nach und nach mehrere Gruben erbrochen, und 1744 konnten aus dem Erze einiger 30 Gruben nahe an 50,000 Pud Garkupfer gestellt werden. Die Erze gaben im Durchschnitt 7 bis 8 in 100 Garkupfer. Ein Pud kostete, ohne die Zinsen vom Kapital der Anlage, 1 Rubel 50 bis 60 Kop.

Auf Silber und Gold zu bauen war damals ein Regale, und da die Kolywanischen Gruben auch Kupfererze mit güldischem Silber und silberhaltigem Bleyglanze gaben, so zeigte Demidow der Regierung selbst an, daß seine Bergmeister Sauza und Dreyer aus 137 Pud ausgeworfenen Silbererzen 27 Pud 18 Sel. Silber geschmolzen hätten. Dieses veranlaßte eine Kommission aus dem Brigadier Byer, dem Hüttenverwaltern Ulich und Reiser und den beyden Demidowschen Bergmeistern, welche ein Probeschmelzen mit 5440 Pud Erz aus der nur noch 4 Faden tiefen Woskresenskischen Grube unternahm, und aus demselben 55 Pud Schwarzkupfer erhielten, in welchem 6 Pud 9 ℔ 69 Sel. Silber, und in diesem noch 3 Pfund Gold waren. Dieses brachte den Werken den Nahmen der Kolywano-Woskresenskischen zuwege. 246 Pfund vorgefundenes Demidowsches Schwarzkupfer gaben 7 Pud 4 Pfund güldisch Silber.

Das Kolywanische Gebirge.

1714 übernahm die Krone die gesammten Werke von Demidow mit 3121 Leuten, für den Preis der Taxe der Kommission von 29,445 Rubel, die Demidow nach und nach von seinen Abgaben an die Krone einbehalten sollte. Die Taxe der Demidowschen Offizianten betrug 50,799 Rubel, in Betracht der langen Nutzung und sehr angegriffenen Waldung ward die erste Summe festgesetzt, und auch das vorhandene Schwarzkupfer für die Förderungs- und Schmelzkosten abgeliefert.

1747 wurden den Werken 10,000 Bauern zur Abarbeitung des Kopfgeldes und nachher mehrere zugeschrieben; so daß deren seit 1763 40,008 sind. 1748 fing die Schlangenbergische Grube wichtig zu werden an, die in der Folge um $\frac{3}{4}$ aller güldischen Silberausbeute gegeben hat. Die Barnaulsche Haupthütte ward 1749, die Pawlowsche 1763, die Susunsche 1765, die Aleische 1782, die Loktewskische 1784, und die Gawrielsche 1793 erbauet. Die Oberbefehlshaber waren nach der Reihe der Brigadier Beyer. Die Bergräthe Ulich und Kristiani, der Gen. Lieut. Poroschin, der Gen. Lieut. v. Irmann, der Gen. Maj. v. Müller, und der wirkliche Etatsrath von Katschka. Die Verwaltung geschieht durch die Bergwerkskanzeley in Barnaul, die den Oberbefehlshaber (Glawni Kommandör), 2 Räthe (Towarischi), Secretairs und s. f. hat, und die selbst, da die Einkünfte der Schatulle berechnet werden, unter dem Kabinet in St. Petersburg steht. Die Berg- und Hüttenleute sind beständig, und werden als Rekruten von den zugeschriebenen Bauern, völlig wie in andern Statthalterschaften die Rekruten für die Armee und auch in eben der Zahl, von fünfhundert Mannspersonen ausgehoben.

Für die zugeschriebenen Bauern muß die Kanzeley das Kopfgeld an den Kammeralhof der Kolywanischen Statthalterschaft, oder auch nach Anweisung an die Linientruppen bezahlen. Dieses geschahe mit dem in Susun gemünzten Kupfer, aus welchem das Silber geschieden worden. Das Geld reichte auch zu Besoldungen und selbst zur Fracht für den Transport des Silbers nach St. Petersburg, weil es noch etwas güldisch Silber enthielt, welches angerechnet, mithin die Münze leichter als die Kathrinenburgsche geprägt wurde. Jetzt, da alles güldische Silber aus dem Kupfer gezogen wird und die Schwere des Kathrinenburgschen hat, auch jährlich nur 200,000 Rubel geprägt werden, reicht es nicht, und das Kabinet zahlt das fehlende in Assignationen, dagegen es dann die ganze Ausbeute behält.

Die sämmtlichen Berg- und Hüttenoffizianten sind ein schulgerechtes Corps, vom Range der Artillerie, also um eine Stufe höher als die Uralschen Bergleute.

Vorzügliche Gruben und Bergarbeiten.

Die Anzeigen der Gruben enthalten oft Nachricht von dem Innern ihrer Gebirge, daher ich sie hier nach den vom Oberbergmeister Renovanz (dessen geographisch-mineralogische Beschreibung des Altaischen Gebirgs 4. 1788) angenommenen Gebirgsreviere kürzlich anführen will.

1. Im wilden südlichen Gebirge.

Die von ihrem Finder, dem Schlößer Syranow benahmte Syranowsche Grube ist seit 1792 im Umgange. Ihr Liegendes ist Kalk und quarziger Thonschiefer; das Hangende glimmriger Thonschiefer. Ihre Erze halten im Durchschnitt über 4 Selotnik güldisch Silber im Pud. Ψ. Außer dieser Grube sind in diesem Gebirgstheil viele Erzanbrüche erschürft, deren weitere Untersuchung, bis nähere Erze fehlen, ausgesetzt ist.

2. Das Bobrowsche Bergrevier

am Bobrowka des Uba. Es wird vom Irtysch, Ulba, Ulta und von der Grenzlinie eingeschlossen. Die Bergarten die-

dieſes niedrigen Gebirgrevieres ſind Granit und granitiſcher Schiefer, Thonſchiefer mit Feldſpath und weiſſem Glimmer, Hornblende, Porphyr, Hornſchiefer, ſehr klüftiger Feldkieſel, Dachſchiefer, grünlicher Schiefer, Quarz und Trümmerſteine. Ren. P.

Die Talowſkiſche Grube, Talowskoi Rudnik, am Talowka der Uba, iſt ſeit 1752. Die Erze ihres lettigen und ochrigen Ganges ſind reich. Sie ruhete oft und hat bis 1783. 178-240 Pud Kupfer- und Bleyerze mit 35 ℔ Silber gegeben.

Die beyden Ubaiſchen, die Iltinſkiſche, die Bereſowſche und mehr Gruben ſind ſchon verlaſſen. Die Nikolai Grube iſt auf tſchudiſche Schürfe fortgebauet, hat aber nur 24,040 Pud Erze gegeben. Zwölf Bereſowſche Schürfe der Tſchuden ſind auf einer Steinſcheide, die einen 2½ bis 7 Fuß mächtigen Kupfergang bildet. Sie haben nur bisweilen Arbeit und geben gute Kupfer-, auch ſilberhaltige Waſcherze. Vieler Anbrüche zu geſchweigen.

3. Das Uba-Aleiſche Gebirgrevier.

Es wird von der Grenzlinie, dem Uba, dem Bereſowſchen und Solotarjakſchen Revier umgeben. Unter den Bergen iſt der Studenaja Gora Granit und 1672 Fuß höher als der Schlangenberg und der Porutſchikowa Sopka von falkiſchem Kalk. Die Steinſcheiden haben ſtellenweiſe rothbraunen Schörl. Porphyr aus ſchwarzgrauem Hornſtein mit Feldſpath und Quarz iſt hier eine gemeine Bergart. Am Fuß des Studenaja iſt Kalkſtein mit Verſteinerungen. Dieſes Revier iſt an Erzen arm und hat nur faule und ruhende Gruben.

4. Das Korbalichinſkiſche Bergrevier.

Es hat den Namen vom Aleibache Korbalicha, und iſt von der Linie, dem Uba-Aleiſchen, Solotarjakſchen und Kolywawanischen Reviere umgeben. Im Durchmesser hält es nur 40 Werste. Die Lage des Reviers ist hoch; dessen höchste Berge sind der Rhabarberberg (Rewennaja Sopka) und Wachtberg (Karaulnaja Gora.)

An vielen Stellen zeigt sich der untertiefende **Granit** in hohen und kleinen Rücken; die gemeinste Bergart ist schieferartiger Hornstein mit eingemischter Hornblende und Feldspath, auch hornsteinähnlicher **Thonschiefer**. Ein Gemenge aus Quarz, Feldspath, Schieferbrocken, Hornschiefer und Hornblende ist Bergart der westlichen Gegend. Einige Berge bestehen vorzüglich aus Talkschiefer, andere aus Thonschiefer und aus altem Kalkstein, auch aus Flözkalk mit Meeresbrut. Am Korbalicha sind Elephantenknochen gefunden. Die vielen Steinscheiden scheinen hier den Erzlagen günstig.

Die Schlangenbergsche Grube Smeogorskoi Rudnik.

Sie ist die vorzüglichste Grube des ganzen Kolywanischen Erzgebirgs und unter allen jetzigen Bergwerken eines der merkwürdigsten. Den Nahmen hat sie, so wie der an ihrem Fuße zum Tscharysch fließende Schlangenbach (Smeagofka) von den Schlangen, die hier vor dem Bergbau sehr häufig angetroffen wurden. Sie liegt von Barnaul 247 W. südsüdwestlich, vom Irtysch 95, vom Ob 100 W.

Der Schlangenberg ist eine sanfte, nicht sehr hohe Fläche von etwan 36 Faden Höhe, vom Spiegel des Tscharysch gerechnet, und von 700 Faden im Durchmesser. Er ist fast rund um mit höherem erzlosen Gebirge umgeben, und erscheint als ein Ansatz des Wachtberges. (Vorh.) Ueberall ist er ohne alle Zerrüttungen.

De-

Demidow fand hier ofne, 10 Faden tiefe Tschudische Tagearbeiten (R. Rasnos), auf welche die Krone von 1745 an fortbauete. Jetzt machen die Wohnungen aller Bergleute einen ansehnlichen, befestigten Flecken aus.

Die Grube, die regelmäßig gebauet ward, hatte 1764
eine Tiefe von 83 Faden, jetzt von 92 Faden. Die Bergarbeiten nehmen oben ein Feld von 80 Faden im Durchmesser ein,
tiefer aber ziehen sich die Arbeiten sehr zusammen. Die alten
ofnen Tschudischen Arbeiten (Rasnos) sind jetzt 20 Faden tief.

Das eigentliche Bergwerk ist vom Anfang durch Kunst-
verständige in Absicht der Festigkeit, der Gewinnung, des
Luftwechsels, der Stollen- und Wasserkünste, der Förderung der Erze und Bergarten — gebauet und wohl erhalten.
1786 gerieth eine Parthie, zum Glück aber eine ausgebauete,
in Brand, der einige Monate dauerte. Herm. Die genaue Beschreibung dieser in jedem Betracht merkwürdigsten
Grube des Reichs würde für meine meisten Leser trocken
seyn, und die vom Fach finden sie in Renovanz Mine-
ralogisch-Geographischen Beschreibung des
Altaischen Gebirgs und daselbst auch durch schöne
Grubenkarten anschaulich gemacht. Hier nur das die unterirdische Erdbeschreibung betreffende aus Renovanz,
Pallas, Falk, Georgi und besonders aus Kanzeleynachrichten.

Die östlichen Arbeiten über dem Stollen
im Kommissions Rasnos sind um 60 Faden lang, 22 Faden breit, 9 Faden tief ganz offen. Im Jahr 1753 ward
ein groß Nest mit gediegenem Gold- und Silber- und Bleyerzen in spathiger Steinart gefunden. In den westlichen
Arbeiten unter dem Stollen sind Hornstein, weisser Spath, Thonschiefer, röthlicher und schwarzer Schiefer
Bergarten mit spathigen Silbererzen, Gilben, Bleyspath,
Hornerz, Kupfererzen und Kiesen.

Die

Die Erze im Schlangenberge scheinen dem hier lange gewesenen Oberbergmeister und Etatsrath Leube und den akademischen Reisenden eine Art Stockwerk auszumachen, in welchem die Erze in kürzern und längern Oertern oder größern Adern, Trümmern, Nestern, Nieren, Spreng- und Quetschwerk, gediegenen Körnern und Fletschen, Ochern und Mulmen, mit den Gang- und Bergarten, wie durch einander gemengt sind. Der ganze Stock bilde einen umgekehrten Kegel, habe oben 80 Faden, auf der halben Tiefe 50 Faden, jetzt in der Tiefe von mehr als 90 Faden nur etwan 20 Faden im Durchmesser, und scheine sich in noch größerer Tiefe in einer Spitze zu endigen. Da aber die Erzadern ꝛc. meistens in S. O. und N. W. Richtung angetroffen werden, und an vielen Orten Hangendes und Liegendes zeigen, so könne man die Masse ein gangartig Stockwerk nennen. Nach dem Ritter Renovanz hat der Schlangenberg nichts von einem Stockwerke, sondern alles ist nur ein sehr mächtiger Hauptgang, der am Tage im Liegenden beynahe schwebend, gegen N. W. fällt, sich unter der Stollentiefe mit wenig Donlege nach der Tiefe stürzt, gegen das tiefste aber wieder flach fällt. Das Hangende hat eine beständigere Falllinie als das Liegende, wovon die ungleiche Mächtigkeit kommt. Eine tiefe, mit Thonschiefer gefüllte Niedrigung unterbricht das Streichen des Ganges am Tage, und im Tiefsten durchkreuzen zwey taube Gänge den Hauptgang. Eine Menge Schiefergänge aber streichen mit und im Hauptgange und sind zum Theil edel. Vom Tage bis in die größeste Tiefe wird der Hauptgang nebst den Saalbändern und edlen Liegenden von einem serpentinartigen Gange am Tage 2, in der Tiefe kaum 1 Fuß mächtig begleitet. Renov.

Von den mächtigen Saalbändern sagt Pallas: die Erze legen sich so an das liegende Horngestein, daß dadurch eine Art Saalband oder Besteg von edleren und reichern Geschicken, als das Erz selbst entsteht. Ueberhaupt

setzen

setzen viele kleine Adern und Trümmer als Gefährten in den liegenden Hornstein, auch hat er oft viel Quetsch- und Sprengwerk, wovon sein Halt um so reicher wird, da darunter viel gediegene güldische Silberkörner und Fletschen vorkommen und kleine Trümmer oft mit Silberschwärze gefüllt sind. Umgekehrt bringt aber auch die Bergart in den Erzstock, und solche Keile haben vorzüglich gediegene Körner und Fletschen. Fk. Der Spath im Hangenden ist den Erzen nahe oft und meist voller Sprengwerk und Nieren, theils auch der ganzen Masse nach von Erzen durchdrungen. Fk. Zwischen dem Hornstein und Spath sind reiche Ocher und Gilben. An einem Orte füllen sie eine Steinscheide, 10 Faden lang, 11 Faden tief. Diese Kluft hatte Hornstein $\frac{1}{3}$ Faden mächtig, auch meistens Thon; tiefer waren Spath- und Kieserze. Ren. Die Verschiedenheit der Behauptung, der Schlangenberg sey **Stockwerk**, oder ein einem Klumpen ähnlicher Gang, beruhet, wie aus dem vorigen erhellet, meist nur im Ausdruk.

Der Bau des Schlangenbergs wird mit großem Nachdruck getrieben, und jährlich werden von 2 bis 4 Millionen Pud gefördert. Die Erze aber werden je tiefer, desto ärmer; anfänglich hielten sie im Durchschnitt 7 Selotnik güldisch Silber, 1772 4 $\frac{2}{3}$ Sel., 1790 gegen 4, 1796 um 3 Selotnik. Da sich der Erzstock schmälert, so werden schon seit einigen Jahren die Erzführenden Bergfesten mit gewonnen und diese Arbeiten verstürzt. 1778 berechnet Renovanz die noch in den Bergfesten stehenden Erze auf 50 Millionen Pud, und den Halt im Durchschnitt in Pud Erz an güldischen Silber auf 5 Seletnik.

Die übrigen Bergwerke des Korbalichschen Revieres sind alle weniger wichtig. Die Maschienen-Grube, die Korbalinskische, die Markscheide, die erste und 2te Karampschewskische, die Stryschkowskoische und Mathweewsche Grube leisteten nie viel und sind verlassen.

Die

Die Tscherepanowsche Grube am Korbaltscha, 12 W. vom Schlangenberge, die der Goldwascher Tscherepanow auf einem 36 Faden hohen Grubenberge 1781 erschürfte, hat jetzt nur 15 Faden Tiefe. Die obere Bergart ist grauer Hornstein, der am Tage einen mächtigen Gang mit hornigen theils reichen Silber-, Bley- und Kupfererzen hatte. Die Erze hatten an Pud von 2 - bis 80 - und einige bis 108 Selotnik Silber. Der Bau auf diesem Gang ist 38 Faden lang und 9 Faden breit. Die sich zeigenden Bergarten sind Hornstein, quarziger Horn- und Thonschiefer, Nephrit. Bis 1784 waren 71,738 Pud unansehnliche Erze gefördert, aus welchen 203 Pud 14 ℔ 86 Sel. güldisch Silber geschmolzen wurde. Ren. Seit dem hat Menge und Güte oder Halt ihrer Erze sehr abgenommen.

Die Kamistariengrube, 9 W. vom Schlangenberge, ward 1745 erbrochen und hat am Tage mehrere Gänge in serpentinartiger Bergart. Die Golzowsche Grube am Golzowka des Alei, 16 W. vom Schlangenberge, ist nur Fortsetzung Tschudischer Arbeiten, in bläulichen, groben Hornstein. Beyde haben wenig geleistet. Kanzeley.

Der Berg Pichtowa (Weißtannenberg) am Rhabarberberge (Vorb.) hat viele Tschudische Schürfe, die zu Tage anstehende Gänge zeigen, auf welche gebauet werden kann, welches mit einem von Demidow geschahe. Diese Grube bringt 40 Faden Tiefe ein und hat einen 124 Faden langen Stollen. Die Bergart ist grünlicher Talkschiefer und ihr Kupfergang ist noch in dieser Tiefe 2 Fuß mächtig, war aber am Tage viel mächtiger. Sie hatte 1783 nur um 50,000 Pud Erze gegeben, aus welchem 4906 Pud Kupfer geschmolzen sind. Kanz.

Die alte Lasurgrube am Golzowka auf einem 66 Faden hohen Berge, gab nur Kupfererze, daher man sie jetzt noch ruhen läßt. Die neue Lasurgrube auf eben diesem Berge bauete die Krone auf Tschudische Schürfe. Bis
1783

1783 waren aus 4 Schächten 90,650 Pud Erze von ¼ bis 1 ½ güldischem Silber, und 5 bis 9 Pfund Bleyhalt gefördert. Kanz. Die Haustinsche Grube auf diesem Berge ist schon von Demidow gebauet. Ihre Erze enthielten im Pud 1 Sel. Silber. 4½ Pfund Kupfer und 7 Pfund Bley, sie ist aber schon lange verlassen. Kanz.

Die Semenowsche Grube, auf einem etwas jähen Berge am Korbalicha, ward 1732 von Demidow auf Tschudische Schürfe erbauet. Unter der Krone ruhete sie oft. 1778 brachte sie 21 Faden Tiefe ein. Die Bergart ist Thonschiefer, und der Gang oben 15°, tiefer aber nur 1 Faden mächtig. Die Gangart ist Quarz, Spath und eine Art Sandstein; in den Arbeiten trift man stellenweise Quarz, Gips, Nephrit, Hornstein und Zinnopal an. Ren. Außer dem Hauptgange sind viele kleine Adern, Nieren, Streu- und Quetschwerk, fast wie im Schlangenberge. Die Erze sind vorzüglich Glanz-, Ocher- und Wascherzte, auch gediegen Silber und Gold. Leübe hält hier, wie im Schlangenberge alles für ein gangartig Stockwerk, Renovanz für eine Menge Gänge, die zusammen einen großen, unförmigen Gang ausmachen.

Diese Grube ist eine der besten des Gebirges; nach Renovanz betrug ihr noch ungewonnener Erzstock im Jahre 1778 um 40 Millionen Pud, und der Metallhalt im Pud von 1 bis 12 Sel. güldisch Silber.

Die Plosnikowsche Grube am Korbalicha, die Gusowsche im Bergzuge der Lasurgruben und mehr andere haben wenig geleistet, ruhen oft, und viele sind ganz aufgegeben.

§. Das

5. Das Solotarjaische Bergrevier.

Es hat östlich das Gebirge außer der Linie, südlich den Irtysch, westlich die Steppe mit dem Aleischen Walde, und nördlich das Kolywanische Gebirgrevier. Den Nahmen nahm der Ritter Renovanz von dem hier befindlichen großen Grabhügel Solotarja. Hier sind der Irtysch mit dem Schulba und der Loktewka und Solotucha des Alei des Ob.

Es ist am Schulba niedrig, am höchsten am Schamanicha. Die gemeinste Bergart ist hier grauer, brauner und schwärzlicher Schiefer und stellenweise Afterporphyr. Gegen die Schamanicha hin wechseln Afterporphyr mit Porphyr und Granit. Am Schulba ist Thonschiefer mit Dachschiefer, den man auch an beyden Ufern des Irtysch hat. P. Am Solotucha erhebt sich der Porphyr auf 8 Faden hoch und scheint Thonschiefer aufgesetzt. Am Uba hinauf zeigen Regenklüfte röthlichen Sand- und andere Schieferarten. Am Kolywanischen Gebirge wechseln Granit und Thonschiefer.

Die Loktewskische Grube dieses Bergreviers am Loktewka des Tscharysch, 72 W. vom Schlangenberge, ward von Demidow auf Tschudische Arbeiten gebauet. Der Grubenberg ist eine niedrige Thonschieferhöhe auf Granit. Die Höhen umher bestehen aus schwarzem Hornschiefer mit Feldspathkörnern und strahligem Porphyr. Ren. Der Gang dieser Grube steht 180 Faden unter einer mächtigen Erddecke $\frac{1}{2}$ bis 2 Faden mächtig zu Tage an, und ist schon von den Tschuden 160 Faden lang aufgeschürft; von ihnen sind auch Schlacken, in welchen aber noch Kupferkörner bemerkt werden. Sein Hangendes und Liegendes ist ein würflicher Mergelschiefer, und die Hauptgangart sehr zerborstener Thonmergel. Hie und da hat der Gang Ablösungen, meistens aber sind an beyden Seiten derselben auch Kupfererze. Die Kupfererze sind mannichfaltig, aber arm, obgleich auch gediegen Kupfer vorkommt. Die Krone bauet hier seit 1767

1767. Bis 1783, wo die Grube über 23 Faden hatte, waren 310,964 Pud Erze gefördert und aus denselben 37,154 Pud Kupfer und 13 Pud 16 Pf. 38 Sal. güldsch Silber geschmolzen worden. Renov.

Die Gregorjewschen Schürfe, die Schulbinskische Grube, die Tschudischen Schürfe am Solotucha, die vier Makariewschen Gruben u. m. a. waren alle von wenig Bedeutung und sind jetzt zur größern Zahl aufläßig und unbelegt.

6. Das Kolywanische Bergrevier.

Es hat vom Kolywansee den Nahmen und wird östlich von der Grenzlinie, nord- und nordwestlich von der Baraba und südlich vom Solotarjak- und Korbalichischen Bergrevier umgeben. Dessen Länge beträgt von S. W. in N. O. 150 W., die Breite ohngefehr 100 W. Hier sind der Tscharysch mit dem Maralicha ꝛc., der Ina, Belaja und Loktewka, der Kolywan- und Belagasee und der obere Alei. Das Revier hat viele, aber sehr mitgenommene Waldung.

Der höchste Berg des Revieres ist der Sinaja Sopka, (S. vorh) der zu einer Granitkette gehört, und auch von der halben Höhe bis zum Gipfel Granit zeigt. An der Ostseite ist ihm Thonschiefer und Kalk aufgesetzt, an der Südseite hat er Hornschiefer mit Hornblende und Feldspathbrocken. Das übrige Gebirge ist nicht hoch. Gegen W. geht ein östlicher Granitstrich, 15 bis 20 W. breit, durch mehrere Theile, aber ununterbrochen an 100 Werst fort, und vereint sich am Alei mit dem Ubaleischen Gebirgrücken. Beyde umgeben das Korbalichische Gebirge und untertiefen das sanfte Schiefergebirge, welches sich unter der Steppe ausbreitet. Der nördliche Fuß des Granitrückens untertieft die Schiefer- und Kalkgebirge, in welchen hier die ersten Bergarbeiten waren. Vom Sinaja Sopka streicht auch

N Gra-

Granit gegen den Tscharysch und untertieft Schiefer und Kalk.

Hiesige Bergwerke.

Die alte Kolywanische Grube, am Kolywansee. Demidow bauete sie 1726 auf die Tschudischen Schürfe, aus welchen ihm Probeerze gebracht wurden. Die Erze ihres Ganges hielten bis 25 in 100, nahmen aber so ab, daß die Grube mit 15 Faden Tiefe aufläßig ward. Kanz.

Die alte Woskresenskische Grube, auf dem Woskresenskischen Berge am Loktewka. Ihre Erze fülleten eine Steinscheide zwischen Schiefer und Kalk und waren so silberreich, daß sie den Herrn Demidow um die Werke brachten. (S. vorh.) Die Krone förderte aus derselben 21,778 Pud Erz, und schmolz aus demselben 8 Pud 28 Pfund 68 Sel. güldisch Silber, 1809 Pud Bley und 1290 Pud Kupfer. 1764 ward sie aufgegeben und 1781 brannte sie aus. Kanz.

Die neue Woskresenskische Grube in der Nähe der alten hatte eine ähnliche Steinscheide, war aber schon 1764 ausgebauet. Kanz. Die Gruben Kleopinsk, Medwedii und Mursinsk sind schon aufläßig.

Die Tschagirische Grube oben am Tscharysch, im wilden Gebirge bauete Demidow auf eine Steinschelde von Schiefer und Kalk, 23 Faden tief. Ihre Erzkluft war von 1 bis 7 Fuß mächtig und machte im Fallen einen Bauch von 67 Faden; die Streichungslinie beträgt aber nur 12¼ Faden, da sich denn beyde Steinseiten flach zusammen legen. Bis 1783 hatte die Grube der Krone 210,700 Pud Erze, darunter 20,000 Pud Zinkerze seyn mochten, gegeben. Die Erze gaben 31 Pud 29¾ Pfund Silber,

9005 Pud Bley und 8119 Pud Kupfer. Zink ward nicht geschmolzen.

Die Golowinskischen Schürfe, die Bogajawlenschen Bergarbeiten, die Beresowsche Grube u. m. a. haben bisher wenig Arbeit gehabt.

Die nordwestliche Verflächung des Erzgebirges.

Es hat kein hügelig Vorgebirge, sondern senkt sich sanft in ausgebreitete Steppe aus Flözlagen. Die Oberfläche ist grauer, magerer Thon und ist stellenweise salzig, mit Salzpflanzen; so ist sie am Alei, und Kasmala des Ob, am Irtysch. Dem Gebirge nahe bemerkt man an mehr Orten das sich verflächende und die Steppe untertiefende Felsengebirge, meistens von granitischer Beschaffenheit.

Der Urman.

Vom Kolywanischen Gebirge folgt dem linken Obufer bis zum Irtysch ein Flözrücken, der dem Ob ein hohes, abgerissenes Ufer giebt, weiter hinab aber dem Ob in mehr Entfernung, als am Landrücken parallel streicht, und Obbächen und Irtyschflüssen Quellen giebt. Der Ob erhält von ihm den Tschaus, Wassugan; Kut, Mai u. a., den Irtysch, den Om, Tara, Tui, Demjanka u. a. Um den Ursprung der letztgenannten Flüsse liegt dieses Flözgebirge mehr ausgebreitet, ist höher, mit morastigen Thälern und Waldung und hier heißt es bey Tatarn und Russen Urman. Dieses Gebirge eigt in den Flußufern, die es macht, die gewöhnlichen Flözlagen, ist aber bisher noch sehr wenig gekannt.

Neunter Abschnitt.
Das Mongolische Grenzgebirge.

Das Hauptgebirge streicht in der Beschaffenheit des Altai von Teleutischen See, dem Bia und Ob über den Tom und Abakan zum obern Jenisei und die obere Selenga ins Chinesische Reich, und heißt in diesen Strichen vom Ob zum Tom das Teleutische, und die nördliche Parthie das Kusnez̧kische, vom Tom über den Abakan und bis an den Jenisei das Sajanische, und vom Jenisei in O. das Mongolische Gebirge; doch wird es mit diesen Benennungen weder im Reden noch Schreiben genau genommen. Was beym Altai bemerkt ward (S. vorh.), daß die Haupt- oder höchste Gebirgskette als natürliche Grenze, wegen Unwirthbarkeit ꝛc. nicht besetzt werden kann, sondern die Grenzlinie mit ihren Festungen, Redouten, Schanzen, Vorposten, Pechstangen — viel nördlicher und auch hier wegen Unwegsamkeit — wie ein Zitzak gezogen werden mußte, gilt auch hier. Hierdurch wird dann auch die innere und äussere Kenntniß dieser Gebirge sehr erschweret. An und innerhalb der Grenzlinie waren die akademischen Reisenden Gmelin, Müller, Messerschmidt, Falk, Georgi, einsichtige Offiziere, Grenzbeamte, Jäger und im Kusnezischen Gebirge Kolywanische und Uralische Bergwerksverständige.

Das Hauptgebirge ist, wie der Altai, von sehr hoher Lage und großer Ausbreitung, außer dem Chan Taban, Burus Tau, Usunargo, Irgen Torjak und einigen andern Schneealpen im Sajanischen Gebirge ohne hochaufgeschossene Berge, von Höhen und Niedrigungen mehr wellige und meistens ofne, steppenartige Fläche. Keine andere bekannte Zerrüttungen, als die durch Klima, Witterung und

Zeit

Zeit entstanden seyn können. Nirgends Vulkane, Laven. — Meistens hat der Felsen eine Erddecke und diese stellenweise Bäume von langsamen Wuchs. Oft deckt blos Moos das Gestein, und hie und da deckt es sich mit seinen eigenen Trümmern. Die Niedrigungen haben nach ihrer Tiefe unter dem Rasen Torf, oft mit Eisenstein; einige verliehren nie alles Eis. Vom Jenisei in O. breitet sich das Gebirge als eine niedrige Felsenfläche mit einigen Felsenrücken, dem Krasnojarischen-, Baikal-, Jablonoi-Gebirge u. s. f. über das ganze N. östliche Sibirien aus. Hievon weiterh.

Die vorzüglichsten Gewässer nördlichen Laufs, als Sibiriens, welche am Grenzgebirge entspringen, sind von W. in O.: Der Teleutische See mit seinen Flüssen, vorzüglich dem Bija des Ob, der Tom des Ob mit dem Mrasa und Konda, der Jenisei mit seinen obern Flüssen Ulukem, Baikem, Abakan u. a., die Selenga mit dem Orchon u. a., die durch den Baikal und die Angara abfließt, der Irkut, Kitoi, Belaja, Oka, Birjussa und Uda der Angara und obern Tungusta.

Von der mineralogischen Beschaffenheit des Hauptgebirgs ist fast nichts bekannt, da es selbst von Jägern nur selten besucht wird. Nach dem Tagebuch des Chirurgus Wachsmann, der hier die ächte Rhabarberpflanze aufzusuchen, unter militairischer Bedeckung reisete, trift man meist Granit und hie und da Felsenkalt. In den Torfmooren war oft Morasteisenstein, den man auch als Geschiebe sahe.

Das Kusnezkische Gebirge.

Es ist das nördliche Nebengebirge des Teleutischen Hauptgebirges und reicht von Ob zum Tom und Jenisei. Das westliche Gebirge von Ob zum Tom ist das eigentliche

Kusnezkische, das östliche von Tom zum Jenisei, das Abakanskische Gebirge. In beyden Abtheilungen reiseten die akademischen Expeditionen.

Das westliche oder eigentlich Kusnezkische Gebirge hat Berge von 30 bis 50 Faden Höhe, mit meistens nassen Flächen umgeben. Zum größern Theil ist es gut bewaldet; hat aber auch viele ofne, fruchtbare und bewohnte Reviere. Der Tschumysch, Susun, Inja, Berda und kleinere Flüsse fließen zum Ob, der Mrasa, Konda und kleinere zum Tom. Das Klima ist dem Gedeihen der Menschen, Thiere und Gewächse ziemlich günstig. Nirgends sind große äußere Verwüstungen von Erdbeben —

Mineralogische Beschaffenheit des Kusnezkischen Gebirges.

Es hat oben am Tom und Mrasa viel Granitgebirge, welches sich auch im ganzen Gebirge an mehr Orten als Sohle zeigt und zu Höhen erhebt. Die bemerkten Bergarten außer Granit sind serpentinartiger Thonschiefer, in mehr Bergen; Porphyrarten, oben am Tom und daselbst auch einfach Kalkgebirge. Am Kondoma ist Hornstein mit Silbererz. Ren. Zwischen der Jug des Tschulym und dem Tom haben Bachufer Steinkohlen und bituminöse Torferde. Einige Ufer haben Sandstein, theils zu Mühl- und Schleifsteinen hart genug; einiger ist gebrannt und Lava ähnlich, vermuthlich von ehedem gebrannten Brandschiefer oder Torf. Am Bach Talmowa ist ein Silbererzanbruch mit Kalkspath, der im Pud 9 Solotnik Silber hatte. Solcher Anbrüche sind hier mehrere für künftige Untersuchungen und Benutzungen auf die Karten gebracht. 1781 gaben die Charikowschen Schürfe 279,105 Pud Erz mit ⅓ bis 4 Sol. Silberhalt.

continuirten aber nicht. Am Tschumysch ist die noch neue Salairkische Silbergrube ergiebig, und hatte 1796 bis 30 Faden Tiefe. Herrn. Schang.

Dem größern Theil nach ist das Kusnezkische Gebirge Flözgebirge mit Bergen von großem Umfange und ziemlicher Höhe. Die vorzüglichsten Bergarten sind:

Schwärzlicher und schwarzer Thonschiefer.

Brand- und Kohlenschiefer, auch armer Alaunschiefer in vielen Bergen.

Steinkohlen ziemlicher Güte, in mehrern Bergen am Londa, Kondalak — Sie haben theils Pflanzenabdrücke und Felsenkalk, Sandstein oder Alaunschiefer zur Sohle.

Steinkohlen- Brand- und Kohlenschieferlagen wurden bisweilen durch gemein Feuer oder Wetterschläge entzündet, und glimmten dann oft sehr lange. Gmelin sahe 1734 einen solchen Flöz aus mehrern Schichten am rechten Tomufer, 20 W. über Kusnezk, glimmen, der vor mehr Jahren durch gemein Feuer in Brand gerathen war und, als ihn Falk und Georgi 1771 sahen, noch glimmte. Das Feuer rückte von Fuß sehr langsam höher und war noch mehrere Faden unter dem Gipfel. Der brennende Platz war nicht heißer, als daß man des Winters auf demselben gehen konnte, trocken, voller Risse, aus welchen ein bitzer, nicht stinkender Dunst kam, auch sahe man des Nachts einzelne augenblickliche Flammen. Wurden Stäbe nur eine Spanne tief in die Risse gestochen, so entzündeten sie sich mit Flammen. Die ausgebrannten Stellen waren Ziegelroth und sahen Bolus ähnlich. 1771 entzündete der Blitz einen Kohlenflöz am Tschumysch, der aber durch aufgeworfene Erde bald gelöscht wurde.

Schiefender Kalkstein mit Korallen und anderer Meeresbrut, in Lagen mit Thon ꝛc. wechselnd, ist am Susun, Inga und an viel mehr Orten. Der Thon ist oft sehr

sehr kiesig. Am Tschulym ward ein Elephantenzahn im Thon gefunden.

Unter Kusnezk hat das linke Tomufer bey **Sosnows-koi Ostrow** eine Felsenwand aus grünlichen, kalkschüssigen, sandigen **Thonschiefer**, in welcher grobe, unkenntliche Figuren wie Hieroglyphen eingekrazt sind, wovon diese Stelle **Schriftfelsen** (Pisanoe Kamen) genannt wird.

Glimmriger Sandstein, zu Gestellstein der Hütten tauglich, bricht am Gusun.

Eisenstein ist in Geschieben und in Morästen häufig. Letztere haben meistens Torf, der hie und da in Brand gerathen ist und oft lange schwelte. 1734 brannte ein Torfmoor bey Tomsk 2 Jahre und eines bey Kusnezk 5 Jahre. Gm.

Das Abakanskische Gebirge.

Es liegt dem hohen Grenzgebirge vom Tom zum Jenisei nördlich parallel. Das Grenzgebirge fällt hier gegen den Abakan, der außer dem Gebirge zum Jenisei von westlichem Lauf ist, sehr ab, und verflächt sich dann in der Abakanschen Steppe. Das Gebirge an der Rechten des Abakan hat einige hohe Berge und wilde Gebirgreihen, meistens ist es sanft und bewaldet.

Man bemerkt in demselben einen **Granitstrich**, der am Jenisei um 120 Werste breit liegt. Einfach **Kalkgebirge** ist fast überall am Abhange, der Taschtip des Abakan hat seinen Lauf in diesem Kalkgebirge.

Schiefernder Sandstein ist die gemeinste Bergart in der Abakanschen Steppe und im nördlichen Gebirge; er macht dem Abakan und einigen seiner Flüßchen die Ufer. P. Am Kara Jus bricht er als Schleifstein. Reuov.

Zehnter Abschnitt.
Das Krasnojarische und Jeniseische Gebirge.

Oben an der Linken des Jenisei fällt das hohe Gebirge in eine steppenartige Fläche, die die Sajauische genannt wird ab; von der Mündung des Abakan an erhebt sich daran das Gebirge an dieser Seite des Jenisei bis Krasnojarsk wieder und wird A. das Krasnojarische, so wie das auf der rechten B. das Jeniseische Gebirge genannt.

A. Das Krasnojarische Gebirge.

Es liegt unmittelbar am linken Ufer des Jenisei, den es stellenweise felsicht macht, und reicht in der Breite von 30 bis 50 Wersten bis Krasnojarsk hinab. Da es seit 1730 Bergbau hat und es auch von Messerschmidt, Gmelin und Pallas besucht ward, so ist es ziemlich bekannt.

Dieses Gebirge ist außer wenigen einzelnen Bergen, Saragasch, Karasuk, Tschernoi Kamen, Aula, Uswa und einigen andern nicht hoch. Die hohen Berge haben etwas wildes und machen dem Jenisei klippige Felsenwände (R. Baiki) auch dem Flußgrunde, dem Ufer nahe Strudel. (R. Schiffera.) Der Aula hat eine Koppe mit einer Kluft, die den Tschulymern heilig ist. Hier gegenüber ist auch das Jeniseische Gebirge hoch und wild, wovon der Fluß von Felsenwänden zum Nachtheil des Fahrwassers zusammengeklemmt wird. Das niedrige, sanfte Gebirge hat zum größern Theil auf Bergen und in Thälern fruchtbare Oberfläche; so ist die Gegend von Abakan

kan zum Jjus und von Katscha bis Atschinsk am Tschulym. P.

Außer dem Uula (vorh.) haben mehrere Berge ansehnliche Klüfte und Höhlen: Ein Uferberg an der Mündung des Bitjuffa hat eine 60 Faden hohe Felsenwand mit einer 20 Faden langen, 12 Faden hohen, 3 Faden breiten Höhle. Messerschdt. Am Kokfa des Tey ist eine 80 Faden lange Höhle ganz mit Stalactit bekleidet. Die Uferberge Kuna und Kitschkalaktu haben eingekratzte Figuren der vorigen Einwohner und heißen davon Schriftfelsen.

Das ganze Gebirge ist nur stellenweise und schlecht mit Birken, Espen, Fichten, Lerchen, Tannen und Gesträuch bewaldet. Die vornehmsten Gewässer desselben sind: der Jenisei, Abakan, Tesch, Jurba, Karisch Tscherna und Beloi Jjus und Katscha. Nur kleine Seen und der Salzsee Tustukul.

Mineralogische Beschaffenheit.

Man findet an vielen Orten das alte, untertiefende Granitgebirge, welches sich auch an mehr Stellen in Hügeln erhebt. Ihm ist einfach Kalkgebirge und Schiefer- oder Ganggebirge aufgesetzt; auch sind an diesem und in den Flächen ansehnliche Flözlagen.

Die häufigsten Bergarten sind:

Mehrere Abarten von Granit an vielen Orten und eben so Graufels, Hornschiefer mit und ohne Hornblende, Thonschiefer, Dach- und Tafelschiefer, Felsenkalk, der mehrere Berge allein ausmacht und in Ganggebirge oft als Hangendes, sparsamer als Liegendes getroffen wird. Steinkohlen machen am Ubat mit Sandsteinlagen die Ufer. Röthlicher und weißlicher Sandstein macht am Jenisei und Abakan ganze Berge und

und Uferstellen; oft wechselt er mit Kalk und Thon. Die Flöze bestehen aus wechselnden Lagen von Schieferkalk, Mergelarten, Gips, Alabaster und Sandstein.

Das Gebirge hat mehrere Arten Eisenstein, in Geschieben und Nestern, Kupfererze, besonders quarzige und Kiese, Bleyglanz, und im Tuskukul und einigen armen Quellen auch in Salzplätzen Koch- und Bittersalz; im Thon Schwefelkiese.

Bergbau.

Dieses Gebirge hatte viele Ueberbleibsel des Bergbaues der sogenannten Tschuden und in Gräbern viel Metallgeräthe voriger Landsassen, auch seit 1730 Russischen Bergbau, den Privateigener unter der Direction der Katharinenburgschen Kanzeley trieben, und der jetzt unter der Koliwanischen Kanzeley ist, aber wegen schwerer Gewinnung der Bergarten, Armuth und Schwerflüssigkeit der Erze und auch wegen der sparsamen Waldung nie wichtig und also auch nie einträglich war. Der physikalischen Erdbeschreibung wegen will ich die vornehmsten Gruben, ob sie gleich jetzt beynahe alle theils aufläßig sind, theils ruhen, kürzlich anführen.

Fünf Kupfergruben am Syra des Abakan und die Tagegrube (Jama) Kolones hatten in einer sandsteinartigen Bergart einen starken Gang mit vielen kleinen Kupferadern. Sie hatten 1739 schon in 5 Faden Tiefe an 100,000 Pud Kupfererze gegeben, nahmen aber so ab, daß sie nun schon lange aufläßig sind. Gm. P. Die Basinskische Grube mit ihren nahen Schürfen gab in den ersten 2 Faden Tiefe 500,000 Pud Kupfererze und war damit erschöpft. P. Die Grube Omeskoi am Abakan, dem Jenisei nahe, hatte Kupferglas, Kupfergrün und mala-
chitsche

chtisches Kupfererze, ward aber mit 20 Faden Tiefe aufläſſig Gm. P. Die Ulbatsche, die Irbaische und Kokinskische Grube an dem Flüßchen dieser Nahmen giengen schon in einer sehr geringen Tiefe wieder ein. Gm. Die Itkulskische Kupfergrube am See Itkul war 1772 noch im Umgange und 10 Faden tief, in rother, granitischer Bergart, die hier allgemein ist. Sie gab kiesige Erze, in mehr als 10 Faden Tiefe aber wurden sie so eisenschüssig, daß sie weder auf Kupfer noch auf Eisen genuzet werden konnten. Das ist hier mit vielen Gruben der Fall.

Von zwey Kupfergruben am Karisch ist eine in röthlicher granitischer Bergart neben Graufels, und die andere ganz in Graufels, der kaum zu bezwingen war. Der Gnug, der auch kubischen Wasserkies und Eisengranaten führte, strich am Tage auf 3 Werst fort, setzte aber gar nicht in die Tiefe. Sastupawskoi Grube am Karisch gab gleich am Tage 15,000 Pud reich Lasurerz, setzte aber nicht in die Tiefe. Am Karisch sind viele Schlackenhalden der Alten, und Schürfe, die wenigstens im Anfange noch Erze geben werden.

Jurbinskoi Grube am Jurba hat in Graufels einen bis 1 Faden mächtigen Gang. Ihre Erze gaben 23 in 100 Garkupfer, waren aber auch nur am Tage und also bald erschöpft. Zwischen dem Jurba und Ijus sind viele Kupfererzanbrüche, aus welchen viele Erze gesammlet sind, bisher aber wenig in der Tiefe versprechen. Mehrerer alten Arbeiten und neuer Schürfe zu geschweigen.

B. Das Jeniseische Gebirge.

An der Rechten des Jenisei dem Krasnojarischen Gebirge parallel. Es ist nicht wie das Krasnojarische durch eine flache Steppe vom Sajanischen Hauptgebirge abgesondert,

Das Jeniseische Gebirge.

dert, sondern mehr ein Arm desselben mit ziemlichen Bergen, bis zum Anfange des Krasnojarischen am rechten Ufer; daher das rechte, oder Jeniseische Gebirge hier über den Fluß zu setzen und im Krasnojarischen am linken Ufer fortzustreichen scheint, um so mehr, da es an der rechten Flußseite niedriger und flächer erscheint, als höher. Dem Fluß östlich fällt es gegen die Uda und Tunguska ab. P.

Das Jeniseische Gebirge gleicht dem Krasnojarischen im Aeußern und Innern. Die Flüsse desselben Uk, Uß, Oi, an dem der Schneeberg Irpen Tarjak liegt, der Tuba, Anut, Jrba, Kan und kleinere fließen alle in den Jenisel.

Am Mama ist theils wildes Gebirge. Einige Uferstellen haben hier die so genannte Steinbutter (Kamenoi Musla), ein Alaunerzt. Das Ufer des Jenisei hat gegen dem linken Uferdorfe Jarowaja eine lange Felsenwand, die Gorodowaja Stena (Stadtmauer) genannt wird. Am Bache Birla ist Alaunschiefer und Steinbutter. An der Tassewa sind Kochsalzquellen.

Das Jeniseische Gebirge hat viele Kupfererzanbrüche; die bisher bekannten sind aber in so festen Bergarten, so schwer zu schmelzen und so bald erschöpflich, daß bisher auf dieselben nicht viel hat ausgerichtet werden können, um so mehr, da auch Waldung nur sparsam ist. Die Sokolowsche Grube gab Kupfererze mit 5 in 100 Garkupfer, das Erz war aber so eisenbündig, daß die Verschmelzung gar nicht Vortheil brachte.

Die flachen Gegenden des Gebirgs sind fruchtbar und auch gut angebauet.

Eilfter

Eilfter Abschnitt.
Das Baikalgebirge.

Es ist ein nördlicher Arm des Mongolischen Grenzgebirges, welcher den großen Landsee Baikal umgiebt und davon den Nahmen hat. Neben und theils an diesem Gebirge reiseten Messerschmidt, Gmelin, Steller, Pallas, Laxmann und Georgi, der den See umschiffte und Excursionen ins Gebirge machte. Auch hat die Nertschinskische Bergwerkskanzeley Missionen nach dem Baikalgebirge besorgt.

Aeussere Beschaffenheit des Baikalgebirges.

Das Baikalgebirge, welches den Baikalsee überall mit hohen Gebirge umgiebt, breitet sich dann westlich an der Lena und östlich in Daurien als niedrig Gebirge aus. Man kann den um 500 W. langen und 30 bis 70 W. breiten Baikalsee als ein großes, tiefes Thal betrachten, welches wegen seinen Tiefe und den häufig zufließenden Gebirgsgewässern ein so ansehnlich Wasserbette geworden.

Wo das Baikalgebirge vom Hauptgebirge abgeht, also am südwestlichen Ende oder Kultuk des Baikals, um den Tunka, obern Irkut u. s. f. ist es sehr hoch und wild, und den nomadisirenden Sojeten überlassen. Folgt man von hier dem westlichen Ufer nördlich hinauf, so hat man bis zum Ausfluß der untern Angara aus dem Baikal etwas niedriger waldiges Gebirge, hie und da mit Uferklippen. Der Ausfluß der Angara selbst hat Klippen. Von der Angara weiter nördlich bis zum Buguldeicha und der

Insel

Insel Olchon ist hohes, waldiges Gebirge, welches aber westlich gegen den Lena hin niedriger und ofner wird. Die Baikalinsel Olchon, etwan 50 W. lang, um 10 W. breit, ist niedriges Felsengebirge, am Wasser mit vielen Klippen. Die kleinen der Küste nahen Inseln sind rund um abgespalten 10 und mehr Faden höher als der Wasserspiegel, von Form abgeschnittener Säulen. Auf Olchon nomadisiren Buräten, auf den Klippen nisten Mewen, Seeraben. —

Von Olchon weiter nördlich bis zur obern Angara des nördlichen Endes des Baikals hat das Seeufer eins ums andere Thäler, den sanften Fuß der Berge und hohe, trümmervolle Felsenufer. Ueberall ist abwärts hohes Gebirge, theils mit Glazbergen, theils mit Schneekoppen. Dieses hohe Gebirge liegt etwan 50 W. breit, und fällt dann westlich in niedriges, endlich in waldiges Gebirge ab. Die Gebirgsthäler sind hoch, selten enge und, so wie der Fuß der Berge, bewaldet.

Die Berge steigen sanft an und sind vorzüglich von dreyerley Verschiedenheit, 1. gemeine Berge von mäßiger Höhe, ganz bewaldet und oben flach. 2. Glazberge (R. Golzi). Ihnen dienen die vorigen gemeinen Berge gleichsam nur zum Fuß; sie steigen nehmlich von denselben steiler und zu einer so beträchtlichen Höhe auf, daß sie nur an den Seiten oder Gehängen Waldung haben, die auf ihren konvexen Gipfeln nicht mehr fortkömmt; daher diese mit einer Glaze verglichen werden kann. Auf der Glaze haben sie nur Gestrippe und etwan liegende oder krüpplige Bäume. Auf einigen liegen ganze ansehnliche Stämme von Zederfichten hingestreckt, und die treiben der ganzen Länge nach aufgerichtete Zweige, wodurch sie wie Hecken erscheinen. Stellenweise sind die Glazen ohne Erde, an andern Stellen haben sie Sümpfe mit Sumpf- und Alpenpflanzen, Moose. — Auch des Sommers ist es auf denselben sehr kalt und oft fällt im Jul. und August Schnee, daher ihre beblümten Gipfel Wintergärten zu seyn scheinen.

3. Al-

3. Alpen haben noch auf den erhabenen Flächen der Glazberge eine oder mehrere, mehr oder weniger jähe, sehr hohe Felsenkoppen, die bey einiger Witterung in die Wolken zu reichen scheinen. Gewöhnlich sind diese Koppen mit größern und kleinern, meistens scharf abgespaltenen, von Regen und Frost zuwegegebrachten Felsentrümmern bedeckt, die, da sie nicht fest liegen, das Besteigen derselben gefährlich machen. Die Koppen sind ohne Bäume, meist völlig nackt, stellenweise bemoost, auch wohl mit andern Alpenpflanzen bestreuet. In ihren Vertiefungen und an der N. und N. O. Seite behalten sie fast immer etwas Schnee, und vergeht er, so fällt bald wieder neuer. Schneeglazberge verliehren an nördlichen Vertiefungen nicht jährlich allen Schnee. Die Berge nicht nur, sondern auch ihre Theile haben bey den Tungusen eigene Nahmen, Undui, Bugundu, Endur u. s. f.

Am Ufer machen einige Berge Ruinen, Klippen, Felsenecken, Landspitzen (R. Muis) und Busen (R. Guba). Der Seegrund ist, wo ihn das überaus helle Wasser sichtbar macht, mit großen Steingeschieben wie belegt; nirgends sieht man Sand.

Das östliche Baikalgebirge ist am Baikal von Kultuk nach Norden am Kultuk hoch und wild, theils mit Glazbergen, doch liegt der hohe Strich nur schmal. Dann ist das Gebirge von der Fläche Kudara, in welcher die Selengamündungen sind, gleichsam durchschnitten. Von der Steppe Kudara ist bis zum Bargusin wieder hohes, etwas wildes, bewaldetes Gebirge. Der Bargusinniedrigung oder Steppe nördlich liegt ein Bergzug als eine Halbinsel im Baikal und heißt Swetoi Nos; sie gleicht Olchon. Von Swetoi Nos ist dann wieder bis zur obern Angara hohes, waldiges, ziemlich unwegsames und auch unbewohntes Gebirge. Dieser östliche Gebirgstrich liegt um 20 bis 30 W. breit und wird dann niedriger. Er hat nur wenige Glazberge und keine Alpen, macht aber dem Baikal eben solche Ufer.

Der

Das Baikalgebirge.

Der **Baikal** scheint ein Zeuge einer großen Katastrophe zu seyn. Er ist stellenweise unmeßbar tief, hat mehrere Säulen ähnliche Klippen, wie aus dem Grunde aufgemauert. — Im Gebirge aber findet man, außer den bisher jährlich bemerkten, sehr geringen Erderschütterungen, keine andern Zerstöhrungen, als sie durch Witterung, Zeit, Steinarten — entstehen konnten; keine Zerrüttungen, Spuren von Vulkanen, Laven. —

Das Gebirge **Aldan Uro** ist der Strich des östlichen Baikalgebirgs zwischen dem Bargusin des Baikals und Witim, hoch, bewaldet, den Nomaden überlassen, wie das Baikalgebirge.

Das ganze Baikalgebirge ist bis auf die Glazen und Alpenkoppen ziemlich allgemein **bewaldet** und die Bäume der Menge nach ohngefehr in dieser Folge: **Lärchen, Birken, Zederfichten,** gemeine **Fichten, Espen, Weidenarten, Weiß-** und **Rothtannen,** sparsam **Pappeln** und einige andere.

Die vorzüglichsten **Gewässer** dieses Gebirges sind der Baikal selbst. In denselben fallen, wenn man dem Ufer vom **Kultuk** an der Westseite in N. folgt, der **Tunka** und über der untern **Angara,** durch welche der Baikal nach dem Jenisei abfließt, der **Buguldeicha, Anga, Zarma, Kolesnikowa, Sama, Onguren, Ilga, Kotscheriza, Sludenka, Kurogina** und nun die ansehnliche obere **Angara**. Von dieser an der Ostseite in S. hinab der **Frölicha, Smolicha, Tschiwirkui, Bargusin, Turka** und **Kika.** Nun die **Selenga** und dann bis zum Kultuk nur Bäche.

Das **Klima** des Baikalgebirgs ist in allen seinen Abtheilungen rauh, und daher im hohen Strich ohne Rußische Wohnungen.

Das Baikalgebirge.

Mineralogische Beschaffenheit.

Da das Baikalgebirge nur zu einem kleinen Theil von Naturforschern besucht, und zu einem noch kleinern untersucht ist, so ist auch die zoologische Kenntniß von demselben nur geringe. Wo es indessen bereiset worden, hat man eine große Gleichförmigkeit bemerkt, von welcher sich mit analogischer Wahrscheinlichkeit auf die ununtersuchten Gegenden einigermaßen schließen läßt.

Das Baikalgebirge ist altes Granitgebirge; mit anliegenden Schiefer-, und theils einfachen Kalkgebirgen, und alle haben hie oder da am Fuß und im Abfall der Berge in die Thälern Flözgebirge. Das Granitgebirge macht zwar die Hauptkette, es erscheint aber auch fast überall mit und neben den übrigen Gebirgsordnungen, gleichsam mit denselben durcheinander, wahrscheinlich weil es alle unterteuft und seiner Höhe wegen nicht überall vom anliegenden oder aufgesetzten Gebirge bedeckt wird.

Am westlichen Ende oder Kultuk des Baikals, wo Laxmann war, besteht das hohe Gebirge aus gneissigem, zerklüftetem Granit, und das einige Werste breite, bis 50 Faden hohe Nebengebirge am See vorzüglich aus derben, milchweissen Quarz (der selten für sich als Bergart erscheint). Vom Kultuk zur untern Angara ist das Innere des Gebirges nicht bekannt. Das Ufer der Angara aber hat Lagen von Thon, schwarzen Schiefer und Steinkohlen. So ist es auch von der Angara bis zur Buguldeicha. Am Kuda der Linken der Angara, dem Ufergebirge gegen Buguldeicha nahe, zeigt das hohe abgerissene Kudaufer bey Ojek, 40 W. über Irkuzk von oben: 1) sandigen Thon, 2) mürben Sandstein, und unter demselben 3) eine 3 bis 8 Faden mächtige Lage Trümmerstein oder Breccie aus erhärtetem Sande mit Bachsteinen. In dieser einem Seegrunde ähnlichen Lage ist am linken Kudaufer auf einer Strecke von

135 Faden eine 1 bis 14 Fuß mächtige Lage von braunen, thonigen Eisenocher, die oben und unten ein eines Fingers dickes, kohlenhaftes Sahlband hat. Dieser Ocher ist voller Krümelwerk von Bleyglanz von Größe kleiner Körner bis eines Eyes mit vieler Bleyerde. Es ward durch Sieben ꝛc. gewonnen, und gab im Pud 6 Pfund Bley mit 1 bis 4 Solotnik Silber. Unter der Breccie ist noch Sandstein tiefer als der Flußspiegel. Eine ähnliche Stelle mit Trümmerstein und Bleyerz ist 5 W. höher am Kuda. G. Schon 1732 war ähnlich zerstörter Bleyglanz am Orlenga der Lena und 1772 oben an der Lena selbst gefunden. Ladigin.

An und um die Mündung des Buguldeicha zeigen die Ufergebirge Granit, thonige = und Grauwacke und Hornstein, und am Ufer selbst auch Felsenkalk. Am Anga hat eine Felsenwand grünlichen Bergkiesel mit Quarzadern und weißlichen Quarzflecken. Diese Wand hat auch ohne Klüfte. Höher am Anga wird das Gebirge flach und buschig. Hier sind die Tartschiranskischen Bitter = oder Purgirsalzseen, und in der obern Thonlage Eisensteinbrocken, die vorhin die Lalninaische Hütte verschmolz. Am Zarma, welcher in den Olchonskischen Sund fällt, sind Schiefergebirgsarten und ein tawo Kalkgebirge Bergarten. Hier sind auch arme Kupfererzanzeigen mit saudigen Kupferletten. Ladigin.

Die Felseninsel Olchon (S. vorh.), besteht aus Granit, Hornfels, Thonwacke, Felsenkalk und hat auch Sandstein. Der häufige Grießsand der Oberfläche ist wahrscheinlich verwitterter Granit. G.

Ueber Olchon an der Mündung des Kolesnikowa, Onguren, Sama und Kotelnikowa bis zur obern Angara zeigt das Ufergebirge abwechselnd Felskiesel mit eingesprengtem Quarz, Thonwacke, Felsenkalk, Quarzwacke, theils mit Glimmer und Schörl, und talkige

kige Thonwacke; auf der Landspitze Solonzoi Muis sind Salzplätze. Am Kotelnikowa sprudelt aus Sandsteinklüften heisses Schwefelwasser.

Die vom Ufer entfernten Glazberge zeigen auf den Glazen und in den Alpenkoppen meistens kleinfügigen Granit, und die anliegenden Schieferberge talkigen und schiefrigen Hornstein und braunquarzige Wacke. Etwan auf der halben Höhe der Alpe Alei ist eine Art Breccie aus Quarzwacke mit Amethystkieseln; hier ist auch grober Topfsteinfels und talkiger Hornstein. Die Bachsteine, welche hie und da als ein kleiner Wall am Baikal liegen, sind gerundete Brocken genannter Bergarten. Der Uferberg Sludenaja hat so groß gemengten Granit, daß sein Glimmer zu Fenstern brauchbar ist.

Die dem Baikal östliche Bergkette ist in mineralogischer Hinsicht der westlichen sehr ähnlich. Folgt man derselben von der obern Angara südlich hinab, so hat man unter dem Frölicha die Landspitze Goretschig Klutschil Muis mit heissen Quellen in Sandstein. Am Smolicha hat das Vorland unter dem Rasen Bachsteine auf Letten. Am Tschiwirkui ist quarzige Wacke und Felsenkalk. Am Bargusinschen Busen wirft der Baikal Maltha aus, und der Ufersee Duchswoi stinkt von Schwefelleber, welches mit mehrern kleinen Seen und Teichen der Fall ist. Die Berge abwärts vom Ufer haben quarzigen Hornstein. Swetoi Nos (Vorh.) hat Granit, Thonwacke und stellenweise Steinbutter; das Gebirg Alban Uro hat Granit, Hornschiefer, Serpentinfels und eine quarzige und talkige Bergart. Am Zipa des Witim und am Karga des Bargusin, auch am Turka des Baikal sind heisse Schwefelquellen. Am Jna, wo er aus dem Gebirge Alban Uro in die Bargusinsche Steppe kömmt, sind die Urunskischen Salzteiche, aus welchen das Sibirische Purgirsalz gewonnen wird.

Unter Bargusin sind, wie bemerkt, am Turka die Bargusinschen heissen Bäder. Im Berge Sludenaja Gora (Glimmerberg) ist auch hier so groß gemischter Granit, daß der Glimmer zu Fenstern taugt. Die Selenga- oder Kudarinskische Steppe hat unter dem Rasen im Thon Eisengeschiebe. Unter der Selenga ist noch ein Glimmerberg (Sludenaja Gora) mit großgemengtem Granit. Am Bache Sludenaja fand Laxmann im Gerülle blauen Feldspath mit Kies, den er für Lapis Lazuli hielt. S. Min.

Im ganzen Baikalgebirge sind nirgends Bergarbeiten.

Zwölfter Abschnitt.
Das Daurische Gebirge.

Es ist ein nordöstlicher Zweig des Mongolischen Grenzgebirges, welches südlich unter dem Nahmen Changai in die Chinesische Mongoley, der Sibirische Zweig aber nach den Quellen der Olekma der Lena streicht, und sich dann weiter vertheilt. Die westliche Ausbreitung nimmt das eigentliche Daurien, die östliche das Nertschinskische Erzgebirge ein.

In diesem Gebirge reiseten Messerschmidt, Gmelin, Steller, Pallas und Georgi; vorzüglich ist es aber durch den Nertschinskischen Bergbau, bey welchem mehrere einsichtsvolle Männer, John, Dames, Bürzow, Ladigin, Karampschew, Barbotte und a. angestellt waren, bekannt.

Das Dáurische Gebirge.

Aeußere Beschaffenheit des Gebirges.

Die Hauptkette des Gebirgs, die von den vielen abgerundeten Steingeschieben Jablonoi Chrebet, d. i. das Apfelgebirge genannt wird, und mongolisch Daba heißt, streicht von der Selenga östlich über die Quellen des Onon und der Ingoda, wodurch es den Gewässern des Systems des Amur einen östlichen, und den des Baikals und der Lena einen westlichen Lauf giebt. Das Scheidegebirge liegt meistens in einer Reihe, ist an den mehresten Stellen hoch und von jähen Bergen, tiefen, nassen Thälern, Felsenblöcken und Geschieben, Waldung — mehr oder weniger unwegsam. Am höchsten ist es zwischen den Quellen des Onon und der Selengaflüße, wo es einige Glas- und Alpenberge hat.

Am Baldza des Onon reichen die nackten Koppen zweyer Berge in die Wolken. Um die Quellen des Onon ist das Gebirge so wild, daß man es nicht überfahren kann. Mehrere Berge haben Glasgipfel, und am Ursprunge des Kirkun und auf den Glasen Moräste. Vom Balza zum Aguza ist wegen vieler Felsentrümmer nicht wohl durchzukommen. Der Tschokondo am Aguza ist einer der höchsten Berge. Er hat bis zur Glashöhe Zedern und Lerchen. Die Koppe der Glase aber ist ganz mit Trümmern bedeckt und hat an der Nordseite bleibenden Schnee, an den übrigen Seiten aber auch im Juli oft Reif und Schnee. Die höchste Koppe heißt Jelloa (Bartgeyer). Dieser Bergzug giebt Onon- und Ingodaflüßchen Quellen. Am Ili des Onon sind die Alpen Alachana, Sachanat u. a. Bey Aschtnat am Onon sind die hohen Felsenrücken Karatul und Muruchat. P. Sofot.

Wo sich der Hauptrücken vom Ingoda an den Seen des Tschilok und über Witim- und Schilkaflüßchen östlich zum Stannowoi Chrebet wendet, ist es niedrig, liegt um 50 W. breit, und ist von Morästen, Waldung, großen Geschieben — ziemlich unwegsam.

Die

Die ganze Gebirgskette ist bis auf die Glas- und Alpenberge mit Nadelholz und auch mit Birken, Espen, Weiden und Gesträuch ziemlich bewaldet. Es giebt Selenga-, Lena-, und Amurflüßen Quellen und hat einige Seen.

Die westliche Ausbreitung des Gebirgs enthält das selenginskische gebürgige Daurien, welches an das Baikalgebirge reicht. Diese nun wenig bergige Gegend ist wie die langen, schnellen Eismeerflüsse, welche hier theils entspringen, theils dem Ursprunge nach nahe sind, die heitere, dünne, kalte Luft und mehr anderes zeigen von sehr hoher Lage. Zum größern Theil ist diese Gegend nur wellenförmig, meist offen, trocken, mager und davon steppenartig. Am Witim ist flach Gebirge mit morastigen Niedrigungen. Die erheblichen Berge Dauriens sind der Burgultei u. a. bey Kiachta, bey Kabanie an der Selenga, am untern Tschitoi; am Chilok und Uda der Selenga sind der Chibatu, Chabba u. a. unter geringern vorzüglich. Einige Berge machen Flüßen Felsenwände. Die ganze Daurische Gebirgsgegend hat, das Baikalgebirge nicht gerechnet, nur wenig Waldung. Reichlicher sind Gewässer, die Selenga mit dem Dschida, Temnik, Tschitoi, Chilok, Uda und dessen Flüßchen, auch die Seen Schakscha, Iwanow u. a. Der obere Witim mit dem Konda, Schadugna, Kitimil und q., und dem Telembinskischen See, dem Jerawna, Kutschida und Banut-See.

Mineralogische Beschaffenheit des Daurischen Gebirges.

Der hohe Gebirgsrücken besteht meistens aus alten granitischen Gebirgsarten mit Brausels und anliegendem Schiefer, und einfachem Kalkgebirge; welches alles an und außer dem Hauptgebirge sehr durch einander liegt. Flöze sind am Fuße der Berge, in den Flächen und an den Flußufern.

Die granitischen Bergarten sind nach Mischung und Korn sehr verschieden; einiger Granit hat seine Bestandtheile partheiweise und hat Glimmer, zu Fenstertauglich; anderer gleicht Granitkeilen, noch anderer hat Hornblende. —— An mehr Orten erscheint er nackt, in Flächen unter einer thonichtsandigen Decke, die hier sehr allgemein ist und von verwittertem Granit entstanden zu seyn scheint, da vieler Granit, besonders an der Selenga trocken, spröde und im Stande der Verwitterung angetroffen wird. Der verwitterte Granit erscheint meist als griessandiger Thon, wo er viel Feldspath in seiner Mischung hatte; häufig aber auch als glimmriger, unreiner Flugsand. Solche granitische verwitternde Gebirgsart ist auch am Tschikoi. Vielleicht befördert eine Salzigkeit das Zerfallen.

Am Kita haben die Berge eine bläuliche Thonwacke. Zwischen dem Kira und Kirkin siehet man ein Trippellager. Bey Selenginsk ist quarzige Wacke und grauer Hornstein, und so ists auch am Thilok. Am Witim ist Hornschiefer und Graufels Bergart der Höhen. G.

Einfach Kalkgebirge ist am Hauptrücken, aber auch am Uda der Selenga, wo ein Berg eine hohe Felsenwand macht und eine ansehnliche Kluft zeigt.

Am Ballira des Onon und an einem Gebirgbache des Tschikoi sind heiße Quellen. Gm.

Außer mancherley Eisengeschieben sind auch Kupfererzanbrüche an mehr Orten. Z. B. bey Itazinskoi Ostrog, am Kutui des Uda, zwischen dem Chilok und Ilga, wo der Berg Mungul (der Reiche) Schürfe auf Kupfer- und Silbererze, auch Eisennester hält.

Der

Der Mongolische Taischa Erinze erschürfte sie 1759, und es wurden auch in Tagegruben 13,063 Pud silberhaltige Bleyerze, 12,890 Pud Kupfererze und viel Eisenstein gewonnen, und in einer Hütte, in kleinen griechischen oder Bauerofen verschmolzen. Alles lohnte nicht und ist nun schon verfallen. G.

Vom westlichen Abfall des Hauptgebirgs sagt Gmelin, daß sich keine Spuren voriger Ueberschwemmungen und keine Versteinerungen zeigten. Doch sind am Tschikoi Elephantenknochen gegraben, die wahrscheinlich Ueberbleibsel einer spathigen Ueberschwemmung des hoch liegenden Dauriens sind.

Der Gusenot-Osero (Gansesee) am Temnik der Selenga, hat im Grunde Kochsalzquellen, die versotten werden. Am Uda und dessen Kurba, Chilok, Tschikoi, auch bey Selenginsk und an mehr Orten sind Salzpfützen und Salzplätze. Der Urunskischen Salzteiche ist schon beym Baikalgebirge gedacht.

Dreyzehnter Abschnitt.
Das Nertschinskische Erzgebirge.

Das Nertschinskische Erzgebirge, welches den dem Jablonoi östlichen Theil Dauriens einnimmt, hat seine Benennung von Nertschinsk, dem ersten Rußischen Ostrog dieser Gegend; auch wird es vom Argunfluß das Argunsche Gebirge genannt. Die Quellen der Kenntniß dieses Gebirgs sind, wie beym Jablonoi Gebirge angezeigt ist, der Bergbau und die Nachrichten physikalischer Reisenden.

Das Nertschinskische Gebirge.

Nach der neuen politischen Geographie ist Nertschinsk eine Irkuzkische Provinz (Obenst). In orographischer Hinsicht läßt sich das Erzgebirge füglich in folgende vier Gebirgreviere theilen:

1. Das östliche Gebirge zwischen dem Argun und Onon bis zum Urulenguiflüßchen des Argun.

2. Das südliche und westliche, zwischen dem Onon und der Jugoda.

3. Das nördliche, an der Linken der ganzen Ingoda und Schilka bis zum Amur oder Gorbiza und

4. Das eigentliche Nertschinskische, zwischen dem Schilka und dem Argun von Urulengui zum Amur.

Allgemeine äußere Beschaffenheit des Erzgebirges.

Es ist nur im Jablenoj Chrebet oben am Onon, der Ingoda und im nördlichen Revier an der Linken der Ingoda und Schilka ziemlich hoch und etwas wild. Das übrige Gebirge hat nur einzele, etwas hohe Berge am Turga der Jugoda, am Jldekan, Borsa und Gasimur des Arguns. Ueberhaupt ist es von sanften ausgebreiteten Höhen und ansehnlichen Flächen theils hügelig, theils wellenförmig.

Im östlichen Gebirgreviere, zwischen dem Onon und Argun ist der etwan 20 W. lange, ziemlich hohe Gebirgrücken Adon Scholon, der von vielen Trümmern und in Verwitterung begriffenen Hügeln in der Ferne der Einbildung als eine Schaafheerde scheinen kann, wovon er von den Mongolen benahmet ist. Umher ist flache Steppe
mit

mit Pfützen, die im Frühlinge zusammenfließen und große Plätze bedecken, wovon diese Gegend Tarei Nor (See Tarei) genannt wird. Die sich in der Chinesischen Mongoley ausbreitende Steppe heißt Gobi.

Im eigentlichen Nertschinskischen Gebirge (S. No. 4.) machen die nur mäßig hohen Berge oft ganze Züge. Sie sind immer an der Südseite jäher, als an den übrigen; auch haben die Südseiten keine Bäume, die nördlichen Seiten aber gewöhnlich dünne Waldung. An viel Orten sieht man den Felsen nackt, auch sind an mehr Stellen Uferklippen, Trümmer, häufige und große Geschiebblöcke, aber nirgends sind Spuren von Verwüstungen durch Feuer. Die gewöhnliche Oberfläche ist magerer Thon mit wenig Mulm. Die Flächen um die Berge sind oft sehr ausgebreitet, zum Theil sparsam mit Birken bestreuet, und das Ganze hat oft in einem großen Umfange das Ansehen ebner trocknen, welligen Steppe. Die Niedrigungen derselben sind hie und da mulmiger, fruchtbarer Boden; andere Stellen sind mit wildwachsenden Pflanzen nur dünne beraset; an einigen wachsen auch Salzpflanzen. Em. S.

Das nördliche Gebirgsrevier (S. No. 3.) ist ziemlich und gemischt bewaldet; in den übrigen ist Waldung nur sparsam und von langsamen Wuchs. Viele steppenartige Flächen sind mit schwarzen und weißen Birken ganz dünne bestreuet. Die Holzarten sind scheinbar in dieser Folge häufig: Birken, Weißtannen, Fichten, Rothtannen, Zederfichten, Espen, Erlen, Weiden, Pappeln, Traubenkirschen und Abreschen.

Die Gewässer des Erzgebirges gehören alle zum System des Amur. Der Argun mit seinen Flüßen der Linken, Urulengui, zwey Borsa, Urow, Serentui, Ildekan, Urumkan, Gasimur und Bäche.

Der Onon mit dem Ulsa, Balga, Kirkun, Ononborsa, Turja, Dschida und Aga. Die Ingoda

goda mit dem Tschilta, Olengui und Tara. Die Schilka mit der Nertscha, Gorbiza und kleinere. Der Borsasalzsee.

Im Berge Lurgikan traf der Bergbau auf 8 Faden Tiefe in braunen, quarzigen Felsenkalk eine 130 Faden lange, 3 bis 12 Faden breite, 1 bis 8 Faden hohe Kluft, hie und da mit Stalactiten, die eine Steinscheide zu seyn scheint. G. In einem Felsenkalkberge 15 W. vom Ononborsa sind zwey große und tiefe Klüfte. P.

Mineralogische Beschaffenheit.

Dem größern Theil nach gehört das Nertschinskische Gebirge zum Gang- und Schiefergebirge; neben demselben ist auch viel einfach Kalkgebirge. Die Flächen und der Fuß der Berge zeigen Flöze, und an sehr vielen Orten erscheint Granit theils in Hügeln und Höhen, theils als untertiefend Grundgebirge. Ziemlich allgemein besteht die Oberfläche aus magern Thon. Am Ononborsa, Serentui, Tarei Nor ist sie salzig mit Salzpflanzen, Salzpfützen und Salzplätzen. Bey Abagaltu ist das Thal Thongor Adschirga sehr salzig und hat einen stinkenden See. P.

Granitarten sind die vorzüglichsten Gebirgsarten am Gebirge Adon Scholon. Die hohen Steppenflächen zeigen an der Oberfläche hier und an mehr Orten Griessand mit Thon von verwittertem Granit, und unter demselben ist Granit in geringen Hügeln und auch von flacher Lage. Am Tarei Nor ist ebenfalls grandiger Boden mit Granit. An mehr Orten ist Gneisschiefer. P. Berge am Ibekan haben Granit. Andere Berge enthalten Graufels. Bey Lurgikan und an mehr Orten ist Porphyr. Gneissiger Sandstein macht in der hohen
Fläche

Fläche am Dalai Nor eine Menge kleiner Säulen. Gm. Msdt.

Thonschiefer ist im Ganggebirge vorzüglich gemein. Am Aga des Onon sind Hügel aus Hornstein am Tage voller Adern, die viele Schürfe veranlaßten, aus deren einem die 26 Faden tiefe Aginskische Grube ward. Sie führte Lazurkies, Kupfergrün und andere Kuppererze, auch silberhaltigen Bleyglanz, wurde aber bald erschöpft und aufgegeben. Lanz. Am Urulengui bey Soktuskoikaraul hat ein schieflig Felsenufer Quarzgänge. P. Im Berge Ildekan ist Quarz, Granit, Hornstein und Felsenkalk mit gediegenem Schwefel. Wahrscheinlich füllen hier Quarz mit Schwefel eine Steinscheide. Grüner Jaspis ist im Ufer am Argun bey Nertschinskoi Sawod. Jaspisbreccie aus grünem Jaspis mit Hornstein bricht am rechten Schilkaufer bey Schilkinskoi Sawod.

Mehrere größre und geringere Berge bestehen aus Felsenkalk und einige sind Marmor. Verschiedene Gruben haben ihre Erze in den Steinscheiden, zwischen einfachem Kalk- und Schiefer-, oder auch Granitgebirge und bey mehrern, wo man dieses noch nicht gefunden, möchte es eben so seyn. Ein ansehnlicher Kaltberg ist am Ononborsa. P.

Flözkalk ist am Argun, Gips und Alabaster in und bey Grubenbergen an der Schilka und am Serentui, auch im Kadainskischen Berge; schwärzlicher Steinmergel, in der Jawlenskischen und in andern Gruben. Trippel macht Uferberge an der Schilka und Nertscha. Sandstein ist an verschiedenen Orten. Hie und da ist auch Moostorf auf Felsengrund.

Außer dem Salze der Oberfläche (S. Vorh.) und dem Onoubarsasee sind auch bey Doroninskoe zwey kleine Bitterseen. Am Zagan Nor ist Bittersalz. P.

Die

Die Geschiebe bestehen aus den genannten Gebirgsarten; auf den Steppen und an Flüßen findet man aber auch Wasserquarz, Achat, Karneol, Chalzedon und Chachelon.

Das Gebirge hat Silber, güldisch Silber, Bley, Kupfer, Zink, Spiesglas, Quecksilber, Eisenstein, Braunstein oder Magnesium und auf einige dieser Metalle und ihrer Erze.

Bergbau.

Im Erzgebirge sind noch jetzt viele kenntliche Ueberbleibsel vom Bergbau und Erzschmelzen der ehemaligen Bewohner Dauriens, Dauren, Dutscheren, Sagdochanen und anderer Mandschurischen Stämme. Als die Russen Daurien in Besitz nahmen, verließen die Dauren ihr Land und zogen, ohne vertrieben zu seyn, ins Chinesische Reich. Ihr Berg- und Schmelzwesen ward vergessen. Auch die Anzeige der Tungusen im Jahr 1679 bey dem Nertschinskischen Wojewoden und durch diesen beym Tobolskischen, daß bey ihnen Gold-, Silber- und Bleyerze wären, verursachte nur eine fruchtlose Untersuchung.

Im Jahre 1698 aber zeigte der Burätt Amanschi Damonga reiche Silbererze aus dem Dreyfaltigkeitsberge (Troizkoi Gora), der viel alte Bergarbeit hatte, und drey Griechen, deren einer Simeon hieß, die 1702 zur Untersuchung nach Nertschinsk geschickt wurden, schmolzen noch in demselben Jahre 1¼ Pud güldisch Silber. Diese Männer waren ihrem Auftrage nicht ganz gewachsen, und Bergbau und Schmelzwesen machte nur langsame Fortschritte.

Im

Nertschinskischer Bergbau.

Im Jahr 1720 erhielt der hiesige Bergbau eine eigene Kanzeley, deren erster Chef der um das Rußische Bergwesen so verdiente Wojewode Mussin Puschkin war, welcher 1721 15 Pud 13 Pfund Silber schmolz. Seine Nachfolger Kutusow, Burzow, Dames (eingefangener Schwede), John und Nasarjew, die sich bis 1743 folgten, hatten jährlich von 1 Pud bis 16 Pud. Nach und nach aber ward man mit den Erzen und deren Behandlung bekannter, so daß der Assessor Odinzow 1744 bis 88 Pud Blicksilber stellte; der Bergmeister Judin hatte in seiner Zeit, die bis 1754 reichte, jährlich bis und über 143 Pud. Der Oberbergmeister Ladigin kam 1762 bis 322 Pud, und seit dem ist die jährliche Stellung an Blicksilber unter dem Gen. Maj. Suwarow, Brigadier Arseniew, Hofrath Karamyschew, Gen. Maj. von Bökelman und Handwich, bis jetzt (1796) unter dem Etatsrath Barbotte de Marin nur in einem Jahre 250 Pud in den übrigen aber von 300 bis 450 Pud gülschich Silber gewesen.

Die Stein- oder Gebirgslagen des Erzgebirges zeigen in den Steinscheiden, vorzüglich der Schieferarten und des einfachen Kalkgebirgs, schon am Tage oder doch in geringer Tiefe koncave Außenseiten, wodurch große oder kleine Zwischenräume entstehen, die man nach Größe, Form, Leere oder Füllung, Klüfte, Gänge, Nester, Stockwerke, Kammern, Brüche, Höfe, Säcke nennet. Diese Klüfte setzen oft nur in die geringe Tiefe von einigen Faden und bilden am Tage, wenn sie mächtig anstehen, Tagegehänge, die man Keile nennet, oder die Wände der verschiedenen Gebirgsarten nähern sich in größerer Tiefe, ohne Räume zwischen sich zu lassen.

Die Brüche, Klüfte, Säcke — der Steinscheiden sind selten leer, meistens mit Thon und andern Erden, Eisen- und andern Steingeschieben, Ocher, Gilben, Braunem, Schwarzem — mit Bleyglanz, Bleyspath und andern Bley-

Bleyerzen, Blende, Spießglanz, Zinkkalk — ausgefüllet. Diese Erzbehältnisse werden in den mehresten Gruben erkannt. Enthalten sie schmelzwürdige Erze, so wird auf dieselben Bergbau ausgerichtet und durch denselben ihr ganzer Inhalt leicht gewonnen und zu Tage gefördert, ausgeschieden. — Die ausgeleerten Räume werden nach ihrer Größe Kammern (R. Komorki) und meistens Höfe (R. Dwori) genannt. Die letzten sind wegen ihrer Größe, Finsterniß, schwarzlichen jutroffen Wände, Grubenlichter und deren nebelformige Dünste, unabsehlicher Tiefe — von schaudervollem Ansehen, und können des Schwindels wegen nur von wenigen Fremden befahren werden.

Der Umstand, daß viele Erzgänge, Steinscheiden — am Tage mächtig anstehen und sich in geringer Tiefe ausstellen, macht auch große Schürfe oder kleine Tagegruben nützlich, die sehr häufig angetroffen werden.

Der hiesige Bergbau ist leicht, da die Wände der Steinscheiden mehr oder weniger seiger stehen und auch die Erze lose und leicht zu gewinnen sind. Die größeste Kunst ist sichere Fahrten zu hängen und in der Mechanik für die Erzförderungskünste nicht zu fehlen. Grubenbau auch Gänge in Ganggebirge sind wegen der Schächte, Strecken, wohlberechneten Stollen, Luftzug, Wasserkünste — hier wie in Kolywan nach der Regel. Die Gewinnung der Bergarten geschieht nur sparsam mit Sprengen durch Pulver. Die Seile sind von Ceder und das Grubengeleuchte ist Talglicht. Die Bergoffizianten rangiren, wie in Kalywan mit der Artillerie, ein Bergmeister mit einem Major, ein Geschworner mit einem Lieutenant — auch tragen sie wie jene rothe Röcke mit grünen Unterkleidern und Rabatten, Epuletten und Portepees. Auch hier werden die fehlenden Bergleute als Rekruten gehoben, und das Ganze steht auch seit einigen Jahren unter dem Kabinett in St. Petersburg. Unter den gemeinen Bergleuten sind von 1200 bis 2000 aus Rußland Verbannte.

Bergwerke und Gruben.

Die Zahl aller vor Anfange des hiesigen Bergbaues erbrochenen Gruben ist sehr groß; hier nur Anzeige der vorzüglichen und deren, die unterirdische Erdbeschreibung erläutern.

Gruben am Argun und Argunbächen.

Die Bogorodskische Grube am Bache Kalga, 27 W. von Dutscherskoi Sawod, ward 1771 erbrochen und ersof 1783, 28 Faden tief. Ihre Bergart war brauner, kalkschüßiger Hornstein. Ihre Erze Bleyerde und Glanz, Kupferkies und Zinkblende. Sie standen 1½ Faden mächtig an, und die ganze Förderung hat 256,108 Pud betragen. Kanz. Karamyschew.

Drey Karasargatische Gruben in einem Bergzuge am Bache Karasargai des Borsa. Sie sind auf eine Steinscheide von Hornstein und Kalk. Ihre Erze Bleyerden und Ocher mit Bleyglanz und Blende standen auf 18 Faden Tiefe, von 2 bis 5 Fuß mächtig. Sie haben viele Erze gegeben und sind noch im Umgange.

Die Kalginskische Grube, die mit der Kilginskischen nicht zu verwechseln ist, hat einen der höchsten hiesigen Berge, 15 W. vor Kutomarsk. Die Bergart ist grau Kalkgestein und die Erze die hier gewöhnlichen Bleyocher und Erden mit Bleyglanz und Bleyspath. Sie leistete wenig und ist aufläßig. Die Kadainskische Grube auf dem hohen Berge Kadai, 30 Werst von Kutomarsk, bringt über 70 Faden Tiefe ein und hat seit ihrer Eröfnung im Jahr 1766 über eine Million Pud hiesiger ochriger Bleyerden, zinkischen und antimonialischen Bleyglanz gegeben. Karam. Kanz.

P   Die

Die Daurische Grube und die Bukatuische Grube, beyde auf einem Berge, am Bache Bukatui. Die erstere leistet wenig; die Bukatuische ist auf eine Steinscheide von Hornstein und Kalk, die fünf Brüche macht, welche zu so viel Höfen ausgearbeitet sind, die gleichsam Straßen machen. Sie hat über 1 Million Pud hiesige Erze gegeben. Karam.

Die alte und neue Ildikanskische Grube am Berge und am Bach des Nahmens, haben eine kalkige Bergart und lohnen wenig, auch ist die alte schon aufläßig. In der neuen ist das erste Zinnobererz vom Burgermeister Klemchen gefunden worden.

Die Pokrowsche Grube am Bache Katal, 40 W. von Kutomarsk, erbrach der Grubenherr Sibirikow 1746. Die obern Erze waren reich, die tiefern ärmer und die tiefsten merkurialisch; 1 Pud. Erz gab 1 Loth Queckfilber. Sie hat 40 Faden Tiefe.

Von 6 Serentuischen Gruben ist die älteste schon 1717 erbrochen. Sie sind alle auf Steinscheiden, diese aber sind bis auf zwey neuere zu leeren Höfen (R. Dwori) ausgearbeitet. Die mittlere neuere Serentuische Grube ist auf einer einförmigen Steinscheide von grauen Felsenkalk und Thonschiefer seit 1747 im Bau und noch eine der wichtigsten. Sie hat 7 Schächte und mehr ausgearbeitete Höfe, aber noch einige volle Brüche. Schon 1783 hatte sie um 4 Millionen Pud hiesiger Erze gegeben und giebt immer noch. Ihr Bleyglanz ist vorzüglich antimonialisch und silberreich. In zweyen sogenannten Eisschächten ist die Kälte so groß, daß das Tropfwasser auch des Sommers Eiszapfen macht.

Die Gruben Zachaiskoi, Wosdajanskoi, Petro-Pawlowskoi Afanaskoi und Glubokinskoi hatten alle, aber enge und leicht erschöpfliche Steinscheiden.

Die

Nertschinskischer Bergbau.

Die Grube **Blagodad** auf einem 70 Faden hohen Berge des Ruhmens, 15 W. von Nertschinskoi Sawod, ist seit 1745 im Umgange und noch ergiebig. Sie hat eine Steinscheide von quarzigen, eisenschüssigen Kalkstein und Thon= und Hornstein. Ihre Tiefe beträgt nur 60 Faden, auch sind 12 Schächte. Ihre Steinscheide ist sich im Streichen, Ausweiten oder Brüchen — sehr ungleich. Beyde Bergseiten haben der Scheide nah viel eingesprengtes Erz, daher sie mit gewonnen werden. Sie hat bereits uber 4 Millionen Pud hiesiger Erze gegeben. G. Die **Kilginskische** Grube, 3 W. von der vorigen, hat bis auf geringere Größe alles eben so und ist sehr ergiebig.

Die **Michailowsche Grube,** 5 W. von unterm Borsa, 44 W. von Nertschinsk, bauet der Grubenherr Sibirikow seit 1761 auf eine der Blagodadschen ähnliche Steinscheide. Sie hatte schon 1772 30 Faden Tiefe und 2 ausgebauete Höfe, von welchen der leere Raum des grössesten 23 Faden Länge, 4½ Faden Breite und 8¾ Faden Höhe hatte. Die Bleyerden sind hier, wie in mehr Gruben mit Bleyglanzadern durchwachsen und voller Bleyglanz, Bleyspath= und Eisensteinbrocken. Die Erze, deren sie schon 1772 2 Mill. 354,200 Pud gegeben hatten, hielten im Pud von 3 bis 12 Pfund Bley und von 2½ bis 10 Selot. Silber. Vor ein paar Jahren gerieth sie in Brand, ist aber jetzt wieder im Gange.

Die **Wosdwisenskische Grube** im Zuge des Klosterbergs, hat mit der Michailowschen die grösseste geognostische Aehnlichkeit. Sie ward 1764 aufgenommen, hatte 1780 30 Faden Tiefe und 1783 2 Mill. 307,038 Pud Erze, die bis 1780 reich waren, von da an aber viel ärmer sind, gegeben. G. Die **Wosnesenskische Grube** auf eben diesen Bergzuge wird seit 1761 gebauet. Sie gleicht den vorigen sehr, aber sie giebt weniger schmelzwürdig Erz, und dieses ist sehr zinkisch. Die alte **Wostrasenskische Grube** (Staroi Woskresenskoi Rudnik), auch im Klosterbergzuge, nur 1 W. von der Hütte, ist seit 1745 im Umgange. Ihre Steinscheide zwischen grauem Kalk und thoniger Steinart streicht 30 Faden von 1 bis 7 Fuß mächtig. Ihre Steinwände haben Erzadern, Nieren und Sprengwerk und werden mit gewonnen. Außer den gewöhnlichen Bleyerzen giebt sie auch wenig Kupfererze. Die neue Woskresenskische Grube gleicht der alten bis auf geringere Wichtigkeit.

Die erste Klostergrube, im Zuge des Klosterbergs, 3 W. von Nertschinskoi Sawod, ward auf eine Steinscheide, in der die Alten Erze gewannen, waren von 1709 bis 1771 gebauet und dann aufgegeben. Die Steinscheide von Kalk- und Thongestein war nur schmal. Die neue Klostergrube auch eine andere ähnliche Steinscheide in diesem Bergzuge war von 1742 bis 1780 im Gange. Die Füllung war stellenweise tauber Thon und Wasser. Letzteres veranlaßte einen Stollen, der 85 Faden in schwarz- und weissen Marmor steht. Kanz. G.

Die alte Dreyfaltigkeitsgrube (Staroi Troizkoi Rudnik) im Zuge des hohen Troizkischen Berges, auf einer Steinscheide von Felsenkalk und Thonschiefer ist seit 1794 im Umgange und ruhet jetzt schon lange. Die Mandschuren hatten hier viele Bergarbeit, welches dazu beytrug, daß verschiedene Russische Arbeiten bald zu Bruche gingen. Die dermaligen Bergleute, der Grieche Simeon, der Bergmeister Heidenreich, Burzow und Dames urtheilten in einer verordneten Kommission von diesem Gebirge und vom ganzen Nertschinskischen Erzgebirge, so weit es damahls durch Schürfen und Bergbau untersucht war, „daß man nirgends ein ordentliches Streichen der Gänge, „Fallen, Hangendes und Liegendes finde, sondern daß alles „wie auf einem Schutthaufen durcheinander liege. Es sey „daher unmöglich hier nach Grundsätzen einen Bau auszu-„richten und deswegen seyen der Krone große Anlagen abzu-„rathen." So sehr haben sich Einsicht und Kenntniß hier verän-

verändert. Nach der alten wurden noch zwey Troitzkische Gruben auf eben diesem Bergzuge erbrochen, bey welchen in Absicht der Steinscheiden, Bergarten, Erze, alles, wie bey der alten war, und die auch gut lohnten, nun aber schon, so wie die alte, seit einigen Jahren aufgegeben sind. Kanz. Die Jawlenskische Grube am mittlern Borsa, nahm 1773 den Anfang und 1780, als sie 20 Faden tief war, wegen sehr armer Erze, ihr Ende.

Die Luwikanskischen Tagearbeiter auf Kupfer am Luwikan des Argun, die Schabalinische Schürfe am mittlern Borsa, die Schürfe am Kamara und Urow hatten nur Tagegehänge, die in ein bis drey Faden Tiefe erschöpft waren.

Gruben am Gasimur des Argun.

Die erste und zweyte Gasimursche Grube, auf einem Berge, 20 W. unter dem Ursprung des Gasimur hatten eine Steinscheide von Thongestein und Felsenkalk, und geben silberhaltige Bley- und arme Kupfererze, sind aber schon längst aufläßig. Die Kungulskische Bleygrube am Kungul des Gasumur hatte nur einen 2 bis 4 Zoll mächtigen Gang, dessen Erz jedoch im Pud 6 Pfund Bley mit 3 Sel. Silber hielt. Kanz. Die Olenuische Grube am Olenui des Gasimur ward auf einen Gang mit sandigem Kupfererz gebauet, welches im Pud 8 Pfund Garkupfer gab. Umher hatten viele Schürfe Tagehänge von Bleyerzen; alles aber ward bald erschöpft. Kanz. Solche Tagegehänge sind auch am Ungultscha des Gasimur. Gm.

Gruben am Onon.

Die Kurenfelinskische Kupfergrube am Kurenfela hatte Kupfererze in fester, fadenhafter Steinart, die mittelst dreyer Schächte bis 7 Faden Tiefe genommen wurden, aber nicht lohnten. Umher waren viele Tagegehänge. Heidenreich. Kanz. Am Kudun des Unda des Onon sind in der Burätischen welligen und hügeligen Steppe viele Schürfe der Alten, aus welchen um 4000 Pud Kupfererz gesammlet werden konnte. Kanz. Die Aginskischen Kupfer- und Silbergruben am Aga der Linken des Onon waren Schürfe der Alten, auf welche in Tagegruben bis auf einige Faden Tiefe gearbeitet ward; die sich aber nicht rechtfertigten. Ein 1780 entdeckter neuer Anbruch gab in den obern Erzen im Pud 6 Sel. Silber. Karam.

Gruben an der Schilka.

Die Bottaische Arbeit hat im rechten Schilkaufer 20 W. über der Hütte auf einem 1 Fuß mächtigen Gang mit Bleyerzen, in Hornstein, eine Stollenarbeit, die obgleich die Erze im Pud bis 15 Pfund Bley und bis 10 Seloth. Silber gaben, weil alles mit Schießen gewonnen werden mußte, nur schlecht lohnte. G.

Die Pawlowsche Grube an Tschalbucha der Linken der Schilka, der Hütte nahe, hat in kalkartiger Bergart eine Steinscheide, die hier gewöhnlichen silberhaltigen Bleyerze, welche im Durchschnitt im Pud 3 Pfund Bley mit 1½ Seletn. Silber halten. Sie nahm 1771 den Anfang.

Die Schilkaische Grube am linken Ufer der Schilka, nahe unter der Hütte, in einem hohen Berge. Sie ward 1765 auf Veranlassung Menschurischer Schürfe eröfnet und brachte 1772 30 Faden Tiefe ein. Sie hat eine Steinscheide von Thonschiefer und eisenschüßigen Kalkstein und der Bau das Besondere, daß an dem jähen Berge mehrere Mündungen kurzer Stollen sind, aus welchen die Erze jeder Höhe gefördert, und dann auf Brücken an der Berglehne nach der Hütte gekarret wurden. Sie gab die hier gewöhnlichen

Nertschinskischer Bergbau.

lichen Bleyerze mit 3¾ Pfund bis 4¼ Pfund Bley und 1¼ bis 1½ Sel. Silber, ruhete aber 1780.

Die beyden Lurgikanskischen Gruben am Lurgikan der Linken der Schilka, 5 W. von der Hütte, in einem jähen, um 70 Faden hohen Berge, gleichen der Schilkaischen Grube in allem, und sind noch im Gange. Der Grubengang hat im Innern eine große leere Kluft, der schon vorh. gedacht ist. Die Bakatschinskische Grube am Bakatscha der Linken der Schilka, 9 W. an der Schilkinskischen Hütte, gleicht den Lurgikanskischen in Absicht der Steinscheiden und Erze, ist aber ärmer und ruhet oft. Die Kathrinengrube an der Mündung des Lurgikan der Schilka, 5 W. von der Schilkischen Hütte wird seit 1765 auf glasige Bley- und Bleyglanzerze und Bleyocher gebauet. Vieler aufgegebenen Gruben und erschöpfter Schürfe zu geschweigen.

Von 1721 bis 1783 sind in diesem Gebirge überhaupt 21 Mill. 609,066 Pud schmelzwürdige Erze gefördert. Von 1758 waren hieben 3 Mill. 359,253 Pud aus Privatgruben. Im Jahr 1783 waren überhaupt 1800 Bergleute ohne die Hüttenleute.

Vierzehnter Abschnitt.
Das Gebirge Stannowoi und dessen Zweige.

Wo das Gebirge Jablonoi in westlicher Richtung an das Baikalgebirge reicht, wendet sich ein Zweig desselben unter der Benennung Stannowoi Chrebet zum Ostmeer; in dieser Strecke hat es die Quellen der Flüsse der Linken des Amurs und ist Grenzgebirge gegen China.

Am Meer folgt es dessen Küste nordöstlich, streicht über die Quellen des Anadyrs und der linken Kolyma des Eismeers. Es macht hier durch seine Ausbreitung das Tschuktschische Vorgebirge. Am Ochozkischen Meer und Pensinschen Busen folgt es der Küste nahe, und giebt dem Meer nur kleine Flüsse, von welchen der Ud und Ochta die ansehnlichsten sind. Auf dem Tschuktschischen Vorgebirge streicht es weit vom Meer, wovon der Anadyr lang seyn kann. Westlich giebt der hohe Rücken der Lena die ansehnlichen Flüsse Olekma und Aldan, und auch die Quellen des Kolyma des Eismeeres und seiner linken Flüsse. An einem westlichen, zur Lena streichenden Zweige entspringen die Eismeerflüsse Jana und Indigirka und deren Zuflüsse an den Landrücken, die sich zwischen die großen Flüsse legen.

Auf dem Tschuktschischen Vorgebirge wendet sich ein südwestlicher Zweig durch das Land der Koräken, streicht ins Meer, und macht so die Halbinsel Kamtschatka. Von ders. s. weiterh.

Die vorbeschriebenen, dem Jenisei östlichen Ganggebirge und deren Zweige, das Baikal-, Jablonoi- und Stannoigebirge (Abschn. 11. 12. 14.) verbreiten sich über das ganze nordöstliche Sibirien von Jenisei zum Ostmeer und vom Mongolischen Grenzgebirge zum Eismeer als allgemeiner Felsengrund mit Höhen und niedrigen Bergrücken. Das Baikalgebirge nimmt westlich den ganzen Raum zwischen der Rechten des Jenisei und der linken der Lena ein. Der Hauptrücken streicht der Lena nahe, und giebt so den Jenisei die lange untere Tunguska; bey der östlichen Richtung der Lena aber streicht der Rücken entfernt von der Lena, und kann so dem Wilui und auch den Eismeerflüssen Piasida, Chatanga, Anabara und Olonek, die Nebenrücken aber den Zuflüssen die Quellen geben. Das östliche Baikalgebirge breitet sich über ganz Daurien und weiter nördlich aus, und giebt so an seinem hohen Rücken dem Witim der Lena, der obern Angara des Baikal u. a.

u. a. den Ursprung. Das übrige nordöstliche Sibirien nehmen die Gebirge Jablonoi und Stannowoi Chrebet ein, die in N. unter das Eismeer und östlich unter das Ostmeer kriechen und sich in felsige Inseln erheben —

Das ganze nordöstliche Sibirien ist noch wenig nach seinem Aeußern, und also noch weniger nach seinem Innern bekannt: also zu dem schon angeführten nur noch das folgende:

Der Hauptrücken des Stannowoi Chrebet hat kein hohes und zerrüttetes Gebirge, daher auch die Mandschuren am Ud in demselben nomadisiren. Die Zweige desselben sind noch niedriger und deren Ausbreitung von Höhen mit Morästen und Torfmooren mehr wellig als gebirgig und überhaupt naß, morastig und kalt. Was von dieser Gegend zum gemäßigten Landstrich gehört, ist dem größern Raum nach bewaldet und nur zu einem kleinen Theil offen und trocken. Der ganz kalte Landstrich hat sehr langsam wachsende Waldung, die um 63 Gr. Br. sehr klein ist, und um 65 Gr. aufhört. Der Arctische Landstrich hat blos Felsenhöhen in großen Torfmorästen (R. Tundra) auf Felsengrunde, theils auch blos bemooste Felsen, in tiefen Morästen unter dem Moos- und Pflanzenwesen immer gefrorner Schlamm oder reines Eis.

Am Mama des Witim, am Alban, Olekma, am Meer u. m. O. sind in Vergleich der übrigen etwas höhere Felsenberge. An den Ufern sind hie und da Felsenklippen und an mehr Orten Trümmer, die doch alle Wirkungen der Zeit und Witterung auf zerstörliche Steinarten seyn können. Doch sind vom Kollegienrath Larmann, von dem Naturhistoricus Märk und den Aerzten der Billingschen Expedition im nordöstlichsten Sibirien verschiedene verglaßte und andere gebrannte, schlackenhafte, Bimsstein und vulkanischer Asche ähnliche — Mineralien, die Vulkanproducte zu seyn scheinen, häufig gefunden. Außer einem Uferberge in der Nähe am Ochozk, der ein etwas Vulkanisches Ansehen hat, sind keine Berge, die Vulkane gewesen seyn könnten, bemerkt, und entweder nicht gewesen oder völlig vergangen. Am Chatanga brennet seit vielen Jahren ein Kohlen- und Schieferberg, und ähnliche können auch an mehr Orten gewesen seyn.

Die entblößten Felsen, Klippen, die Steinarten unter Torf und viele große Geschiebe zeigen Granitarten von verschiedener Mischung und ungleichem Korn, am Witim z. B. von so großer Mischung, daß die Bestandtheile partheiweise vorkommen, und der Glimmer die reinsten und größesten Tafeln zu Fenstern — giebt; fast so ists am Natschera des Aldan, am Bedikta des Olekma u. s. w. Mehrere Fluß- und Bachufer zeigen Lagen von Sandstein, Kalk, Thon, Gips, Alabaster, Tafel- und Brandschiefer.

Funfzehnter Abschnitt.
Das Kamtschatkische Gebirge.

Ganz Kamtschatka besteht aus einer Gebirgskette, die vom Lande der Koräcken etwan unter 64 Gr. N. Br. von 100 bis 200 W. breit in S. S. W. ins Meer streicht, und mit einer etwan 5 W. breiten Spitze unter 50 Gr. N. Br. endet. Die Nachrichten von diesem Gebirge sind von den Kamtschatkischen Seeexpeditionen, von den Akademikern Steller und Krotscheninikow, dortigen Befehlshabern und Seefahrern gesammlet. Die Lage auf den neuern Karten hat die Beobachtungen der Seefahrer zum Grunde.

Das Gebirge ist eine ununterbrochene Kette von mäßig hohen Bergen, die an der Westseite unter den Penschinschen Busen und das Achozkische Meer, an der Ostseite aber unter das Ostmeer, welches hier das Kamtschatkische heißt, fallen.

Das Kamtschatkische Gebirge.

len. In beyde Meere fallen nur kurze Flüße, von welchen der westliche Bolschaja und Tygil und der östliche Kamtschatka die größesten sind; die Seen Kronozkoi und Kurilskoi sind von ziemlicher Größe, und überhaupt ist das Gebirge wasserreich. Die Bergrücken sind holzlos, die Seiten oder Gehänge haben dünne Waldung aus Lerchen, Zederfichten, Weißtannen, Birken, Traubenkirschen und Gesträuch. Das Klima ist auch im südlichen Theil sehr rauh. Das Gebirge ist überhaupt theils von den Wirkungen des Klimas, theils von Erdbeben und Vulkanen an vielen Orten sehr zerrüttet. Das Meerufer hat an vielen Orten Klippen und Trümmer.

Die mehresten Berge bestehen aus Zügen oder Gruppen und sind, besonders an der Ostseite, sanft; einige sind mehr einzeln und rundum jähe und gleichsam kegelförmig. Diese waren Vulkane oder sind es noch; man nennet sie heiße Spitzberge (Goreloi Sopki). An solchen entspringen oft heiße Quellen, und einige Berge haben beständig eine Wärme, die keinen Schnee duldet, leiden aber den Wuchs einiger Pflanzen. Außer vielen nackten Stellen haben die Berge überhaupt eine magere thonigt-mulmige Erddecke. Die Verflächungen sind theils trocken, mit genannter magerer Oberfläche und mit Birken bestreuet, theils sumpfig mit Erlen und Weidengebüsch.

Der Spitzberg (Sopka) Tolbatschinsk rauchte seit vielen Jahren, und warf 1739 zum ersten Mal einen Feuerball aus, der die Waldung anzündete, und die Gegend im Umfange von etwan 50 Wersten mit einer rußigscheinenden Wolke bedeckte, die einer Queerhand hoch schwarzer vulkanischer Asche fallen ließ. Steller. Er rauchte nach dem Auswurf ununterbrochen, und wird wohl noch rauchen, wenigstens hatte er 1773 noch nicht aufgehört.

Der Vulkan Kamtschatka am Kamtschatkafluß noch über dem Berge Tolbatscha ist mit den Hügeln Gorela Sop-

Sopka, Strelneschnaja Sopka u. a. kleinen Vulkanen umgeben, und daher von großem Umfange. Der Kamtschatka selbst ist jähe, voller Spalten, raucht immer und soll sich jährlich oft mehr als einmal mit vulkanischer Asche oder Erde bedecken. Von 1727 bis 1731 brannte er fast beständig, 1737 aber im Septemb. 8 Tage hindurch heftiger als vorher. Er schien ganz zu glühen, und die Flamme glich bisweilen Feuerströmen. Im Berge hörte man ein fürchterlich Gebrülle und oft ein donnerndes Krachen. Er warf vulkanische Asche, Schlacken, Bimsstein und Steinbrocken aus. Im October erfolgte ein heftiges Erdbeben. Im Winter 1762 brannte der Nebenberg Gorela Sopka unter fürchterlichem, unterirdischem Getöse, mit heftigen Flammen. Der Schnee schmolz sehr schnell zu überschwemmenden Flüssen, und im Umfange von 300 W. war aller Schnee mit vulkanischer Asche eines Daumens dick bedeckt. Im Winter 1767 hörte man ein beständig Getöse im Berge, auch waren mehrere Erderschütterungen. Endlich erfolgte ein Feuerausbruch von minderer Heftigkeit als der vorige, und nur des Nachts sahe man Flammen. 1768 ward der Berg wieder ruhig, aber rauchte, als ihn der Kapitain Schmalew 1773 besahe, noch immer.

An der östlichen Küste bis zum Olutorischen Busen sind die Vulkane Wiluitschiskaja, einige auf der Landspitze Kronozkaja Sopka, und noch andere, die stets rauchen und bisweilen brennen. Es ereignet sich auch, daß die Flamme des einen Berges den Rauch eines andern entzündet; solche Entzündungen aber erlöschen bald. Einige Berge rauchen nicht immer, andere stellenweise, und wieder andere haben zu rauchen ganz aufgehöret. Einige rauchende Berge haben, so viel man weiß, nie gebrannt. Am Meerbusen Natrennoe Guba hört man in einem Berge das Geräusch kochenden Wassers beständig, und der Dampf aus den Bergritzen ist heißer, als ihn die Hände leiden können. Auf einem steilen Berge ist der Schnee so beweglich, daß er von

jeder

jeder Bewegung der Luft, selbst vom starken Schreyen herunter rollet.

Der Rauch der warmen Berge riecht kenntlich nach Steinoel und Steinkohlen. Steller erklärt auch die Erweiterung des Rauchens der Berge durch die Dünste von Steinkohlen oder Bergharzen, die in der Tiefe glimmen. —— Die Kamtschadalen halten den Rauch für die Dünste des Thrausiedens unterirrdischer oder Berggeister. —

Das Innere der Berge ist bisher ununtersucht; am Tage aber, an Ufer und zerrütteten Stellen und als Geschiebe findet man Granitarten, kiesigen und vitriolischen Thon, Thonschiefer, Eisenstein, Bimsstein, Laven und kalzinirte Steinbrocken, vulkanische Asche, auch, doch sparsam, Versteinerungen. St.

Die gebirgigen Kurilischen Inseln.

Alle Umstände und auch der Augenschein ergeben, daß die Kurilische Inselreibe eine S. S. westliche Fortsetzung des Kamtschatkischen Gebirgs ist, deren Fuß, Thäler und Verflächungen vom Meer bedeckt sind, über dessen Spiegel die höhern Berge als größere und kleinere Inseln hervorragen.

Diese Inseln, als Gebirggipfel betrachtet, sind nach ihrem Aeußern und Innern noch sehr unbekannt; doch weiß man von ihnen, daß sie Berge und Uferklippen haben, daß, wo nicht alle, doch einige Erderschütterungen ausgesetzt sind, und daß auf einigen Vulkanen angetroffen werden, z. B. auch die Insel Aloü, von etwan 30 W. im Umfange, auf welcher Laven, Steinkohlen ꝛc. und auch heiße Schwefelquellen anzutreffen sind. Stell. Einige Berge auf

den

den Inseln rauchen beständig und erscheinen des Nachts leuchtend.

Die gebirgigen Aleutischen Inseln.

Sie sind ein den Kurilen ähnlicher, gebirgiger Inselstrich, welcher von Kamtschatka östlich bis ans feste Land von Amerika reicht. Es ist hier alles wie auf den Kurilen, Inseln mit Felsenufern und Bergen, Klippen, rauchenden und bisweilen brennenden Bergen, Laven, Bimssteinen, Eisensteinbrocken, hie und da heiße Quellen. Auch hier sind Erdbeben. Die Beringsinsel, Kamtschatka die nächste, hat viele Anzeigen, daß sie gewaltsam vom festen Lande gerissen worden. Die Hauptgebirgsart auf derselben ist eine thonige, kalkschüßige, grünliche Steinart. Die Kupferinsel (Mednoi Ostrog), nicht weit von der Beringsinsel, hat in ihren Uferbergen gediegen Kupfer, welches die See auswäscht, und wovon einmal zwey Klumpen, die 12 Pud wogen, gefunden wurden. Jetzt findet man es sparsam und nur in Körnern und kleinen Brocken. Wahrscheinlich sind auf derselben auch gute Kupfererze. Die Insel Umjunju hat heiße Quellen, Krugloi und Ajak haben hohe Berge, und leztere in den Thälern Torfmoor. Kanagi, Tschatgina und Tagilok haben Schwefelberge und heiße Quellen. Auch Kadiak und Unalaschka haben Schwefel und heiße Quellen. Anuchta hat einen Feuerspeienden Berg. Stell. u. Neu. Nachr.

Sechszehnter Abschnitt.
Ebenen und Flächen des Reichs.

Außer dem Kaukasus, dem Taurischen und Scandinavischen Gebirge, dem Ural, dem Sibirischen Grenz- und östlichen Gebirgen, ist beynahe ganz Rußland und Sibirien flach Land; der Abhang der Karpaten, das Alaunische Gebirge sind nur Höhen, so wie das nordöstliche Sibirien mehr wellige Fläche, als eigentlich Gebirge. Der Raum, welchen die Statthalterschaften einnehmen, wird bey denselben beschrieben werden, welches mit den Verflächungen der Gebirge zum Theil bereits geschehen ist. Hier also nur von den großen unangebaueten Ebenen, von welchen die Nachricht um desto kürzer seyn kann, da auch diese noch im geographischen Theil bey den Statthalterschaften vorkommen.

In der Folge der angezeigten Gebirge sind hier die Kaspischen Steppen die ersten.

Die Kirgisischen Steppen.

Sie werden östlich durch den obern Irtysch, das Soongorische Gebirge und den Sarasu, südlich durch die Aral- und die Kaspische See, westlich durch den Uralfluß, nördlich aber durch die Ischimische Grenzlinie bestimmt.

Dieses große Land ist östlich völlig flacher Abhang vom Soongorischen, so wie westlich vom Indischen Gebirge, und hat selbst sanfte Landrücken. Es ist waldlos und hat nur an Flüssen und in kleinen Hainen etwas Gehölze, auf den Flächen selbst aber nur sparsam und geringes Gestrippe.

Die

Die Oberfläche ist überhaupt trocken, meistens magerer, wenig mulmiger Thon; in großen Revieren macht Flugsand Sandwüsten und zu einem großen Theil, vorzüglich der südlichen Gegend, ist die Oberfläche salzig, mit Salzpfützen und Salzplätzen (R. Sontschaki). Einzelne niedrige Plätze sind mulmig, und weniger trocken und fruchtbar; auch haben die Flüße niedrige, der Ueberschwemmung ausgesetzte Gestade. Ueberhaupt aber sind diese Steppen von geringer Fruchtbarkeit, auch sind sie und besonders an gutem Wasser arm. Die Seen sind theils groß, meistens aber seicht und haben bis auf wenige des Sommers salzig, oder schleimig, unrein Wasser. Die nur sparsamen Flüße sind im Frühlinge von Schnee reißend, des Sommers fast stehend und viele trocknen stellenweise ganz aus. (Hydrogr. Abth.). Für europäische Landwirthschaft fehlt ihnen fruchtbarer Boden, gut Wasser, Regen und Waldung. Desto angemessener sind sie den Hirtenvölkern, wegen der freyen, reinen Luft, gesunden Weide, wenigen Raubthiere. Die Hirten aber wissen sich mit der Wärme von Pelzen und Viehabfall in Zelten zu behelfen, und haben des Sommers statt Wasser Milch, und wenn die des Winters fehlt, rein Schneewasser.

Die Wolgaisch=Kalmückische Steppe.

Sie nimmt den Raum vom Uralfluß zur untern Wolga, und von der Kaspischen See bis zur Samara ein, und gehört in geographischer Rücksicht zur Astrachanischen Provinz; zur Saratowschen und Ufaischen Statthalterschaft.

In physischer Beschaffenheit gleicht sie den Kirgisischen in Waldlosigkeit, magern, thonigen, theils auch, vorzüglich im südlichen Theil, salzigen Boden, mit Sandflächen, einigen Seen und mehrern Steppenflüssen mit schlechtem Wasser, mit ihren Vortheilen für Nomaden und Schwierigkeiten

ten für Europäische Landwirthschaft. An den Ufern des Urals, der Wolga, Samara, und den untern Gegenden ihrer kleinern Wolgaflüße hat sie fruchtbare Niedrigungen, einiges Holz, brauchbar Wasser und auch mehrere beständige Wohnsitze. In den Sandschollen ist Grauswerk vom Kaspischen Muschel- und Schneckenwerk häufig.

Daß das Gemeingebirge (Obstschei Syrt) die Steppe als ein sanfter, ausgebreiteter Landrücken vom Uralgebirge zur Kaspischen See durchstreicht, und sich in dieser Steppe verflächt, auch daß dem Gemeingebirge an der Westseite der Sandrücken Raryn parallel liegt, ist schon, und mehr, was auf diese Steppe Bezug hat, im 5ten Abschnitt angeführet.

Die Ebenen von der untern Wolga zum Don.

Sie werden östlich von der Wolga, südlich von der Kaspischen See, dem Terek und Kuban, westlich vom Asowschen Meer und untern Don umgeben; nördlich ändert sich die magere Ebene stufenweise und ohne feste Begrenzung in fruchtbar Land; einigermaßen ist der hohe Absatz, den der Ritter Pallas für das alte Ufer des ehemaligen Meers hält (Hydrogr.), der Anfang fruchtbarern Landes. Man unterscheidet ohne genaue Bestimmung in dieser ausgebreiteten Ebene:

1) Die Kumanische Steppe von der Kaspischen See zur Kuma und über dieselbe bis zur Sarja hinauf und bis zur Wolga.

2) Die Terekſche Steppe, vom Terek zur Kuma.

3) Die Kubanische Steppe, vom Kuban zum Manitsch, und

4) Die

4) Die Asowschen Steppen an beyden Seiten des untern Manitsch bis zum Asowschen Meer und untern Don. Der politischen Einrichtung nach gehört alles zu Kaukasien.

Das ganze Land gleicht der Kalmückischen Steppe in trocknem, magern, theils salzigem Boden und häufigen Salzpfützen und Pflanzen, in Sandschollen mit Muschelgruß der Kaspischen See, und auch in fruchtbaren Niedrigungen oder Gestaden der Flüße u. s. f. An der untern Kuma hat die Fläche einige sehr reiche Salzseen. S. Hydrogr.; auch die Manitschische Steppe, die vorzüglich mager ist, hat Salzseen. Die Terekische Steppe ist Abhang des Kaukasus und als solcher schon im ersten Abschnitt vorgekommen. Dieses ist auch der Fall mit der Kubantschen Steppe, die bis zum Manitsch unter der Oberfläche eine allgemeine Schicht bald sandigen Kalkstein, bald kalkigen Sandstein hat. Obst.

Die Flächen Tauriens.

Sie sind die Ausbreitung des östlichen und nördlichen Abhanges des Taurischen Gebirgs gegen Kertsch und den Bosphorus, das faule Meer und die Landenge von Perekop. Dem Gebirge nahe und bis zur halben Ausbreitung ist der Boden kalkig, höher und unfruchtbar, mehr abwärts thonicht und fruchtbarer, gegen die Meere hin fast überall salzig, auch sind daselbst mehrere Salzseen. (S. Hydrogr. Abtheil.)

Die Halbinsel Kertsch hat am Ufer des Bosphorus und schwarzen Meeres kleine Thonhügel aus eingetrocknetem salzigen Thonschlamm mit rothem, schleimig gewesenen Eisenerz. Fanegorien, eine Mündungsinsel des Kuban, hat alles wie Kertsch, eben solche Hügel. — Die Flächen beider Seiten des Bosphorus sind nur wenig höher als der Meerspiegel. Kertsch und Fanegoria haben von

Alters

Taurische Flächen.

Allers an mehr Uferstellen reichhaltige Bergoelquellen und einige Faden weite und tiefe Gruben, welche einen salzigen Thonschlamm, der nach Bergöl riecht, auswerfen. Wird viel Schlamm ausgeworfen, und betrocknet er bald, so entstehen die beym Kaukasus Abschn. 1. angeführten 2 bis 5 Faden hohe Thonhügel, die wachsende Berge genennt werden. Könnte der sprudelnde Schlamm nicht durchbrechen, so erfolgten neue Ausbrüche in der Nähe. Der Ritter Pallas sahe 1794 eine solche sprudelnde Grube, von einigen Faden weit, in welcher man beständig ein kochendes Geräusch hörte, und deren Schlamm ruhig abfloß.

Nach den Sagen dortiger Tataren entstehen neue Ausbrüche des sprudelnden Schlammes mit polternden, oft Donner ähnlichen Geräusch, Feuer und Rauch. Der Ausbruch auf Fanegorien im Jahre 1794, am 7. Februar, 12 W. von der Stadt Taman, war so fürchterlich, daß er in den Zeitungen als ein Vulkan angezeigt ward; nie hatte ein Ausbruch solchen Lermen gemacht. Man hörte ein fürchterlich donnerndes Getöse; dann erschien ein Feuerstrahl nach Schätzung 50 Faden hoch, der eine halbe Stunde dauerte und einen dicken Rauch zur Folge hatte. Der Rauch und das heftige Kochen, welches einen Theil des Schlammes weit wegschleuderte, dauerte bis zum folgenden Morgen; dann floß der hervorsteigende Schlamm ruhig über den Rand der Oeffnung und bedeckte die Gegend von 1 W. im Umkreise von $\frac{1}{2}$ bis eines Fadens hoch, auch haben sich einige bis 3 Faden hohe Hügel aufgeworfen. Die ganze, zu Tage gebrachte Schlammmasse mochte wohl 100,000 Kubikfaden betragen. Im Julius nachher, als Pallas daselbst war, war der Schlamm trocken, voller Risse, und floß gar nicht mehr, man hörte aber ein fortwährendes unterirdisches Kochen. Der ausgeworfene Thon war wie der der übrigen Hügel ein sehr lockerer, bläulicher Thon, scheinbar mit glimmernden Gneistheilchen. Diese waren vielleicht nur mit fortgerissen, der Thon aber die Erdasche verbrannten Kohlenschiefers oder Steinkohlen, denn das Meerwasser, mit welchem er hervorsprudelte, die Salzigkeit mitgetheilt haben konnte. Auch Brocken von Kalk- Sand- und Thonsteinen waren mit ausgeworfen. Pallas hält für wahrscheinlich, daß auf Kertsch und Fanegorien eine sehr tief liegende Steinkohlenschicht seit Jahrhunderten brenne. Fände nun das Meerwasser irgendwo eine Oefnung, durch welche es in diese Feuerstätte dringen könne, so würde das in Dünste verwandelte Wasser und die entbundenen oder entstandenen Gasarten die obere Decke zerreißen, und so einen Ausgang so lange benutzen, bis sich ein Gleichgewicht wieder hergestellt habe.

Diese merkwürdige Erscheinung der Schlammsprudel und der davon entstehenden Hügel hat alle Gleichheit mit den wachsenden Bergen im Kaukasus bey Baku und Salian, an der Mündung des Kur. (S. Abschn. 1.)

Die Nagajisch = Taurische Steppe.

Sie liegt am Asowschen und schwarzen Meere vom untern Don zum untern Dnepr. Nach geographischer Eintheilung gehört sie zu Taurien.

Es ist eine völlige Fläche im Aeußern den Kaspischen Steppen ähnlich, thonicht, mager, theils salzig, trocken, holzlos mit wenigen und schlechten Gewässern, doch mit mulmigen Niedrigungen, für das Hirtenleben so vortheilhaft, als für ansäßige Landwirthe widerspenstig. Ihre vorzüglichen Gewässer sind außer dem Meere und den Ufern des Don und Dnepr der Berda, Kalaus, Moloschnaja Reka und einige geringere Steppenbäche und Seen. In orographischer Hinsicht ist sie merkwürdig. Die allgemeine sandige und thonige Muschelkalklage der Kubanischen u. a. Steppen (Vorh.) zeigt sich von Aksai der Rechten des Don wieder unter dem Rasen, und reicht in beschriebener Beschaffenheit (Abschn. 1.) über den Kalaus bis an den Berda, wo sie ganz aufhört. Am

Die Nagajisch-Taurische Steppe.

Am rechten Ufer des Berda fängt eine Granitfläche an, die am Ufer wenig höher als die Kalkfläche der Linken ist, und reicht über die Flüßchen, welche zwischen dem Berda und Moloschnaja Reka ins Meer fallen, und dann weiter nördlich bis an die Wasserfälle des Dnepers, deren Banken und Blöke zum großen Theil aus groß gemengtem Granit bestehen, in welchem der Feldspath herrschend ist. Obst. Auf der weitern Ausbreitung aber verliert sich der Granit am Meer vom Moloschnii Wodi bis zum Bug. Dann erscheint er wieder an der Rechten des Dnepers vom Ingulez bis Elisabetgrad. P. Am Bug ist Feldspath mit schwarzem Glimmer wahrscheinlich allgemeiner Grund. Bey Tschigrin am Irkle hat der Granit einen Sandsteinflöz zur Decke.

Dieser Granit ist nicht in Masse, wie in alten hohen Gebirgen, sondern er liegt in Lager, die in einem Winkel von 45 Gr. oder noch mehr senkrecht gegen S. hinabfallen. Die Oberfläche zeigt sich oft wellenförmig, manchmal von Spalten, wie von Senkungen verrückt. Er hat mehrentheils eine schwache Erddecke, steht aber auch an mehr Orten blos an. Es ist mehrentheils rother oder grauer, vollkommener fester, kristallisirter Granit oder Granitello, als blättriger oder schiefriger Granit und theils Gneis oder Glimmerschiefer, aller aber offenbar von einem Alter. Die Granitlagen sind von verschiedener Stärke, in einer Strecke von einigen 20 Faden an 8 Lagen verschiedener Farben. Oft trift man einfachen Granit aus Quarz und Feldspath, meistens aber fehlt auch der Glimmer nicht. Der Granit ist an mehr Orten sehr ins Große gemengt; besonders nimmt der Feldspath ganze Reviere ein. So sind z. B. die Gräben der Festung Sacharowa zwischen dem Dnepr und Berda zu ganzen Strecken blos in Feldspath gehauen. Der Granitello hat hie und da sternförmigen Glimmer. Der blättrige Granit hat die Bestandtheile des wahren, ist aber nicht selten so mürbe, daß man ihn mit Händen zerbrechen kann. Der Gneis, dessen Alter durch

durch seine Lage zwischen Granit erwiesen ist, besteht häufig aus silberfarbigem Talkgestein, oder man findet ihn auch wie Murkstein mit Schörl und Granaten. Der Ritter Pallas meinet, daß diese Granitfläche wohl Gipfel eines voruralter Zeit versunkenen Granitgebirgs seyn könne. ——

An mehrern Dneprflüßen, am Donep des Don und seinen Flüschen zeigen die Flußufer **Kreidehügel**, die sich unter die Flächen verbreiten. Am Bachmut des Donez sind **Kochsalzquellen** und Teiche. Die Flächen haben hier an vielen Orten und wahrscheinlich überall unter dem Rasen einen Grund aus **Muschelkalk** mit **Roggenstein** und **Tuf**, dem am Manitsch ganz ähnlich (S. Abschn. 1.), vielleicht auf Granit- oder anderem Felsengrunde. Ost.

Die Wosnesenskischen und Otschakowschen Steppenflächen.

Sie haben ganz die äußere Beschaffenheit der beschriebenen und auch eine gleiche Anwendung. Ihre innere Beschaffenheit ist noch ununtersucht; doch gehört das, was vorher von der Gegend an der Rechten des Dnepr, die vorher zu Katharinoslaw gerechnet ward, hieher.

Flächen des arctischen Landstrichs Rußlands.

Sie reichen an der Nordmeerküste vom Mesen bis zur Petschora und zum Uralgebirge und gehören ganz zur Stattbalterschaft Archangel.

Diese sehr gleichförmigen Flächen reichen von etwan 67 Gr. N. Br. zum Meer, und bestehen in einem holzlosen Morast, theils mit Gesträuch, meistens nur Gestrippe und Morastpflanzen. Sie geben auch dem Meer ein niedrig Uier, doch zeigt sich stellenweise Felsengrund, der auch in diesen Torfflächen hie und da unmittelbar unter dem Rasen, und theils

theils am Tage zu erkennen ist. Nach den wenigen Bemerkungen, die in dieser Gegend gemacht worden, ist unter dem Kraut- und Moosrasen Morasterde oder Rasentorf, auf einem Leem- oder Thonlager, die auf einem allgemeinen Felsengrunde zu ruhen scheint. Das ganze ungeheure Torfmoor (R. Tundra) ist der Kultur ansäßiger Landleute unfähig, und den Samojeden, die mit Renntbieren nomadisiren, überlassen. Hievon auch noch im Geograph. Theil.

Flächen des arctischen Landstrichs Sibiriens.

Die Arctische Fläche Sibiriens reicht vom Ural oder Ob bis an und über den Jenisei, und von etwa 66 bis 67 Gr. in N. bis ans Eismeer, also sehr ungleich weit; nach geographischer Eintheilung gehört sie zu Tobolsk.

Sie hat mit der Rußischen arctischen Fläche im Aeussern alle Aehnlichkeit. Gestrippe und nur Pflanzen und Moosrasen auf Morast und Torf, wahrscheinlich auf einer Thonlage, auf Felsengrunde, meistens unter dem Moosrasen beständig Eis, und für Europäische Landwirthschaft eine völlige Unwirthbarkeit.

Vom Jenisei über die Lena, am Eismeer, bis an das Kap der Tschuktscher sind stellenweise sehr ausgebreitete Torfsümpfe (R. Tundri), den beschriebenen ganz ähnlich. Sie liegen um die Höhen des Nordöstlichen Sibirischen Felsengebirges als dessen Verflächungen. (Abschn. 14.)

Die Isettische Steppe.

Sie besteht in der Verflächung des östlichen Katharinenburgschen und Baschkirischen Urals, und reicht bis an den Tobol. Sie ist meist offen, mit Birken bestreuet, hat vielen fruchtbaren Boden, und nebst gutem Flußwasser auch viele gute und schlechte Seen. Sie ist ziemlich angebauet. Von ihr noch im geographischen Theil.

Die Ischimsche Steppe.

An beyden Seiten des Ischim vom Tobol zum Irtysch. Sie ist eine ofne, trockne, meistens magre, zu einem großen Theil aber auch fruchtbare und ziemlich angebauete Steppe. Sie gehört zur Statthalterschaft Tobolsk, bey der sie noch (im 2ten Theil) vorkommt.

Die Baraba.

Sie nimmt den Raum zwischen dem Irtysch und Ob, vom Kolywanischen Gebirge bis über den Om und Tara ein. Am Irtysch ist sie thonicht und mager mit Salzseen, am Ob hoch und trocken, auch fruchtbar. Der mittlere größere Theil ist niedrige, theils nasse, aber fruchtbare Fläche mit vielen Seen, Hainen und zerstreueten Birken. Sie war den Barabinzen überlassen, unter der jetzigen Regierung aber hat sie mehrere Kolonien ansäßig gemachter Verschickten erhalten. Von derselben noch im 2ten oder geographischen Theil.

Des

Des ersten Theils
Dritte Abtheilung.
Kenntniß der Gewässer.

Der erste Theil

Seiner Körpersbau,

Kenntniß der Gewächse.

Einleitung.

Da ich keine Hydrographie überhaupt, sondern nur die Mittheilung der mir bekannt gewordenen Nachrichten von den Gewässern des Russischen Reichs zur Absicht habe; so kann ich auch alles, was bey der Hydrographie vorauszusetzen ist, Begriffe von Quellen, Bächen, Flüssen, Seen, Sümpfen — als bekannt annehmen.

Wie in der Orographie will ich auch in der Hydrographischen Abtheilung der südlichen Grenze des Reichs von O. nach W. und dann nördlich von W. nach O. — folgen. Nach einer kurzen Nachricht von den Gränzmeeren sollen die an der Russischen Küste an der Südgrenze von O. nach W. und bey den nördlichen Meeren von W. nach O. einfallenden Flüsse nach der Reihe angezeiget werden. Die Zusammenstellung der Flüsse nach den Meeren scheint mir vorzüglicher, als nach den Gebirgen an welchen sie entspringen. Die Quellen der Flüsse von entgegengesetztem Lauf sind oft ganz nahe; viele Flüsse entspringen nicht an Gebirgen, nur an Landrücken, einige kommen aus Seen, Sümpfen, Morästen. — Nach kurzer Beschreibung des Hauptflusses von den Quellen zum Meer werden die größern einfallenden Flüsse beyder Seiten eben so angezeiget werden. Bäche aber und Flüßchen, wenn sie nichts Merkwürdiges haben, bleiben weg, um so mehr, da verschiedene derselben im geographischen Theil vorkommen. Die Landseen kommen bey ihren Flüssen, in die sie abfließen und Sümpfe bey ihren nächsten Flüssen vor. Wiederholungen zu vermeiden, werden die Fische im Ichtyologischen Abschnitt im 3ten Theil angezeiget werden.

Man

Man kann in unserm flachen Lande die Länge der Flüsse von den Quellen zur Mündung, so daß man ihre großen Bogen ꝛc. rechnet, wegen der vielen Krümmungen meistens für gedoppelt länger als in Linien gemessen halten. Die Höhe der Quellen gegen den Spiegel der Mündungen läßt sich aus der Geschwindigkeit des Laufs, da er nach der Breite, dem Wasserbette, der Höhe des Wasserspiegels — sehr ungleich ist, zwar nicht sicher rechnen, doch ist Güldenstedts Vermuthung, daß unsere Wolga, Düna, Dwina ꝛc. die in den Sommermonathen gleich ungestört und scheinbar gleich geschwinde fließen, auf 2000 Faden oder 4 W. im flachen Lande 6 Zoll, im Gebirge bis 1 Fuß Fall haben möchten, wahrscheinlich und kömmt mit den übrigen Umständen sehr überein. Die großen Sibirischen Flüsse fließen scheinbar, wie die Wolga, nur ist der Jenisei etwas schneller.

Die südlichen Steppen haben in den sogenannten Steppenflüssen eine eigene Art von Flüssen. Sie entstehen an höhern Stellen von schmelzendem Schnee, und haben sich tiefe Gräben oder Wasser- und Regenklüfte, deren Ufer oft mehrere Faden hoch sind und Awragi, auch Buiraki genennet werden, in die Steppenflächen geschnitten. In denselben stürzen sie im Frühling vom schmelzenden Schnee, auch, doch selten, von Regen gefüllt, mit Ungestüm in die niedern Betten der Steppenseen. Des Sommers sind sie mehr oder weniger stehend, und einige trocknen auch ganz oder stellenweise aus. Die bleibenden Wasserbetten dieser sogenannten Korallenflüsse haben äußerst schlecht Wasser. Das Wasser kleinerer Steppenflüsse verseigt auch oft in den Steppen ohne ein Seebette zu erreichen. Die Steppenseen, die immer sehr seicht sind und flache Ufer haben, breiten sich vom erhaltenen Schneewasser und der Flüsse im Frühlinge sehr aus, und verkleinern sich dann im Sommer, mit ihrem schlecht gewordenen Wasser.

Der Unterschied der Seen oder Wasserbetten mit Abfluß und der Sümpfe, oder Wasserbetten ohne Abfluß wird

Zur Hydrographie.

wird im gemeinen Reden wenig beobachtet; desto genauer aber und recht physisch unterscheidet das Landvolk, vorzüglich Sibiriens, die Seen nach Spiegel und Waſſer. Man hat:

Reine Seen (Tſchiſtoje Oſera), mit einem Waſſerſpiegel ohne Schilf und Krautwerk.

Schilfſeen (Kamyſchnoje Oſera) mit Rohr und Schilf.

Rothe Seen (Krasnoe Oſera) von rothem Schein von blühenden Patamogeton und andern Waſſerpflanzen.

Süße Seen, mit ſüßem Waſſer (Presnoje Oſera)

Brake oder etwas ſalzige Seen (Solotkowoi Oſera).

Karauſchen- und Barſchſeen (Okunewskoi Oſera), in welchen wegen ſchlechten Waſſers nur Karauſchen und Barſche fortkommen.

Leere Seen (Puſtoje Oſera), die wegen ſchlechten Waſſer, oder weil ſie ausfrieren, ohne Fiſche ſind.

Bitterſeen (Gorkii Oſera), mit unreinem Koch- und Bitterſalz.

Reiche Salzſeen (Solenoi Oſera). Die reichſten laſſen ihr Salz des Sommers in Kryſtallen fallen — S. Hydrolog. Abſchn. im 3ten Th.

Hindbeerſeen (Malinoi Oſera) ſind reiche Salzſeen, die einen röthlichen Schein geben und deren Kochſalz einen Bleygeruch wie von Hindbeeren hat.

Stinkſeen, (Duchowoi Oſera) deren Waſſer und noch mehr deren Grundſchlamm von üblem Geruch, faulen Eyern etwas ähnlich iſt.

Ich will noch einige Ruſſiſche Benennungen zur Unterſcheidung der Gewäſſer anführen: **Klutſch** eine gemeine Quelle, **Roſſal**, eine Salzquelle. **Kotelnik**, eine Quelle, die nur Keſſelweiſe Waſſer giebt. **Padun** und **Kutſch** Quellgerinne oder Bächlein. **Retſchka**, ein Bach, **Reka** ein Fluß. **Perewos** eine Durchfurt,

Perebor eine seichte steinige Flußstelle, die ihn schließend macht.

Bereg das Ufer, Lugewoi Bereg das niedrige oder Wiesenufer, Gornoi Bereg das hohe oder Bergufer. Jar ein steiles Ufer. Utjos Felsenwand des Ufers. Stolbi säulenförmige Uferklippen. Tschela Uferklippen. Ples niedriges Sandufer.

Pöluinna, des Winters ofne Flußstellen: Molm und Moli die Sommersandinseln oder trockner Flußgrund großer Ströme. Buik und Schiffera, Flußklippen. Ulowa ein Wasserwirbel. Porag Wasserfall.

Startza ein alter stehender Fluß, Jerik und Schar blinder Flußarm. Prorwa ein Durchschnitt, der Flußarme verbindet.

Kuria und Saton ein Flußbusen, Liman ein großer Flußbusen.

Ilmen ein Ufersee.

Pokal, das Absinken des Landes, welches dem Flusse die Richtung giebt. Wolok, das schmale Land zwischen zwey Flüssen, über welches Waaren und wohl auch kleine Fahrzeuge gebracht werden.

Guba eine See- oder Meerbucht, Saliw ein Meerbusen.

Wir haben schon einige Wassergemeinschaften oder Verbindung verschiedener Flüsse durch Kanäle, z. B. den Wischnei-Wolotschokschen, der das Flußsystem der Wolga der Kaspischen See mit dem der Newa der Ostsee verbindet, der Kanal bey Räsch, welcher die Flüsse Lesnoi Woronesch des Don und Chupta, der Wolga, also das schwarze Meer und die Kaspische See vereinigt, aber wegen wenigen Wassers nicht anwendbar ist, und mehrere unvollendete. Sie kommen auch im geographischen Theil vor.

Erster

Erster Abschnitt.
Gewässer der Kirgisischen Steppen.

Die Gewässer der Kirgisischen Steppen bestehen alle in Sümpfen oder abzuglosen Seen, deren Zuflüssen, auch vielen versiegenden eigentlichen Steppenflüssen. Sie sind durch die Bemühungen Rytschkows Bardanes, Falks, Nachfragen bey Karavanen — nur zum Theil bekannt.

Der Aralsee.

Die Russen nennen ihn Aralskoe More, die Tataren Dengis, auch Alat Dengis (Inselmeer), man nennt ihn auch von seinem blauen Schein das blaue Meer (Sinaja More). Die Steppen unserer Kirgisen haben den nördlichen Theil des Sees, sie ziehen aber selten so weit, sondern lassen die Gegend den Aralern, Truchmenen und Chiwinsen.

Der Aral liegt nach dem Russischen Atlas von 43 bis 47 Gr. Br. und unter der Länge von 76 bis 80 Gr.; seine Länge beträgt um 300, die Breite um 200 W. Westlich hat er das Mangislakische Gebirge, außer dem aber ist seine ganze Gegend dürre, magre, thonige und sandige, ohne Steppe. Wenn die Kaspische See ehedem, vor dem Durchbruch des Tracischen Bosphorus viel höher gestanden hat, wie Pallas u. a. dafür halten, so können der Aral und die Kaspische See vereint gewesen seyn. Später noch soll er durch einen Fluß mit der Kaspischen See Gemeinschaft gehabt haben, dieser aber von einem Chan zugeworfen, oder wahrscheinlicher verwehet seyn.

Der

Der Aral hat sehr viele größere und kleinere Inseln, die flach sind und Seegrund zu seyn scheinen, den das Wasser nicht zu bedecken vermochte. Auf den größern ziehen die Insulaner von einer zur andern, wobey sie sich sehr kleiner Fahrzeuge bedienen. Er hat übrigens mit der Kaspischen See große Aehnlichkeit, seichte schilfige Ufer, schlecht und wenig gesalzen Wasser, Seehunde, Störarten und andere Kaspische Fische; die Araler und übrigen Küstenbewohner sind aber keine Fischer. Der ganze See hat keine Uferörter und keine Schiffart. Seine größesten Zuflüsse sind der Syr Darga und Ulu Darga, beyde an der Ostseite und beyde entspringen im Soongorischen Gebirge, also ganz außer den Kirgisischen Steppen. Die übrigen Zuflüsse sind klein und träge.

Der Aksakal Barbi, ein Sumpf von etwan 70 W. im Durchmesser, vom Orsk am Ural etwan 5 Tagereisen. Seine Gegend ist salzige Steppe. Das Wasser des Sees ist schlecht, wenig gesalzen, und arm an Fischen. Seine vorzüglichsten Zuflüsse sind: der Ulujak und Turgai, die beyde am Sibirischen Grenzgebirge entspringen und von welchen der Turgai aus eilf Turgaibächen, die durch Beynahmen unterschieden werden, Karaturgai, Akturgai — besteht und der Irgis, ein ziemlicher Steppenfluß, der mehrere Bäche aufnimmt und im Frühlinge reissend, des Sommers aber ein Korallenfluß ist. Die Steppe beyder Seiten ist salzig und hat viele Grabhügel, von welchen der höchste am Kara Irgis 15 Faden hoch ist. Rytschk d. ält.

Der Telenkul auch Telengul vom Aral in O. ist in salziger Steppe, und hat um 50 W. im Durchmesser. Er ist das Bassin des Flusses Sarasu, der zwar groß ist und viele Zuflüsse hat, aber doch des Sommers stellenweise austrocknet.

Tespen Karakul, zwey Tagereisen von Uralskoi Gorodok, möchte 7 W. im Durchmesser haben.

Der

Der See Grásnaja (Rothsee), um 270 W. von Uralsk, hat etwan 5 W. im Umfange. Er setzt des Sommers schlecht Kochsalz ab, welches die Uralischen Kosaken für ihre Fischerey holen. Der Ulukul, Dschilenttkul, Charsadsut-, Ubo-, Taschkul, Uluktakul, Kunkulkul, Naurkul, ꝛc. sind in der nördlichen Kirgisischen Steppe, gegen den Irtysch hin und ziemlicher Größe.

Der Ebelei, 70 Werste vom Ursprunge des Tobol, hat mit seinen Nebenteichen um 10 Werste im Durchmesser. Er macht jährlich eine Salzrinde, bis einer Querhand dick. Der Baklanowa 50 W. von der Uiskischen Linie ist auch salzreich setzt es aber nicht ab.

Auſſer den angeführten sind noch sehr viele Sümpfe und Teiche, besonders ist ein ganzer Seestrich dem Soongorischen Gebirge parallel. Eben so sind auch viele Steppenflüsse nicht einmahl dem Nahmen nach bekannt.

Zweyter Abschnitt.

Die Kaspische See und deren Russische Gewässer.

Die Kaspische See.

Die Kaspische See, (Mare Caspicum), auch das Hirkanische Meer (Mare Hircanicum), nennen die Russen Kaspinskoe More auch das Chawalinskische Meer, von einem Volk, welches ehemals an der Mündung der Wolga wohnte. Die Perser nennen die Kaspische See Kalsun, auch Gursen, die Türken Burigasi gast, die Georgianer Kurtschinsk, die Tatarn Albengis, die Armenianer Sorf.

Nach Olearius ließ es Peter der Große durch Soimonow und Bruce beschiffen und auf eine Karte bringen. Zu unserer Zeit umschifften es Gmelin und Hablizl und Güldenstädt beschrieb die Rheeden, einzelner und zerstreueter Nachrichten zu geschweigen. Form und Lage zeigt der Russische Atlas.

Die See liegt an der nördlichen Breite von 35 bis 47 Gr. und unter der östl. Länge von 65 bis 70 Gr. Ihre größeste Länge beträgt um 1000, die Breite von 200 bis 450 W. Sie hat mit keinem Weltmeer Gemeinschaft, und ist also nach des Ritter Bergmanns Unterscheidung ein Sumpf; unter denselben aber vielleicht der größeste der bekannten Welt. Natürlich hat sie also weder Ebbe, noch Fluth. Ihre vorzüglichsten Busen sind an der Ostseite Mertnoi Kultuk, der gegen den Aralsee hin liegt, der Mangislaksche und Alexandrowsche, an der südöstlichen Seite der Astrabatsche, an der Westseite der Busen bey Enzeli, Sallän, Baku und kleinere.

Ihr Wasserspiegel ist rein und nur an den Ufern sind einige niedrige, unbewohnte Eilande, die, da die Höhe des Seespiegels von 6 bis 8 Fuß verschieden ist, nicht immer gleich groß sind. Die Verschiedenheit der Höhe des Wasserspiegels kommt nicht von unterirdischer Gemeinschaft mit andern Meeren, wie einige glaubten (Rytschk.), sondern vom Winde, der das Wasser nun an dieser, dann jener Küste aufschwellt und vorzüglich vom zuströmenden Schneewasser im Frühlinge. Nach Messungen und Berechnung des Falles der Flüsse ist die Lage der Käspischen See niedriger, als des schwarzen Meeres, und besonders der Ostsee. Das erstere liegt nach Lowitz um 50 Fuß niedriger. Das östliche und nördliche Uferland scheint Meeresgrund gewesen zu seyn und Varenius und andre hielten für wahrscheinlich,

daß

Die Kaspische See.

daß die Kaspische See mit dem schwarzen Meer und Aralsee ein Meer gewesen, welches durch den Durchbruch im Tracischen Bosphorus nach dem Mittelmeer getrennet worden. Der Ritter Pallas macht diese Vermuthung durch die Angabe der alten Ufer der Kaspischen See wahrscheinlich.

Im Kaspischen Seebette ward zur Erklärung der Konsumtion der Menge des ihr durch große Ströhme zufließenden Wassers ein Strudel oder Schlund, durch welchen das Wasser in andere Meere abflöße, angenommen; man findet aber überall mit dem Bleywurf auf 5 bis 50, 100 und auch mehr Faden Tiefe Grund. Gm. Ein solcher Schlund müßte die ohnehin geringe Salzigkeit des Seewassers längst abgeführt haben. Die Verzehrung des zufließenden Wassers läßt sich durch Verdunstung einer so großen Fläche in solcher südlichen Breite sehr gut erklären.

Der Abfall des Kaukasus und Persischen Gebirgs läßt im Meer Felsengrund vermuthen, bisher aber sind nirgends Klippen oder Erhebungen des Bodens bemerkt. Die Russischen Ufer sind bis weit vom Lande seicht, übersandet und oft schilfig, auf der höhern See ist der Grund tief und rein. Die seichten Ufer, Busen und Rheeden und die geringe Größe der See machen die Schifffahrt etwas mißlich, die auch nur geringe ist.

Das Seewasser ist von widrigem Geschmack, nicht recht helle, nicht sehr flüßig. In Sommernächten giebt es von Bewegung der Fahrzeuge, Ruder — einen leuchtenden Schein, welches Hablizl Würmern zuschreibt. Der Armuth an Salz wegen wird es an den nördlichen Ufern des Winters mit Eise bedeckt.

Das östliche Ufer hat einen Theil des Mangislakschen, das südliche das Persische, das westliche das Kaukasische Gebirge, die am Meer bis auf wenige Stellen ein Vorland machen und von demselben sanft ansteigen. Das nördliche Russische Ufer hat die Kirgisische, Kalmükische und Kumanische Steppe und die Mündungen der Jemba, des Ural, der Wolga, der Kuma und des Terek, dann an der Westseite die Mündung des Aksai, Achtagan, Koisa, Samur, Kuba und Kur.

Die See ist fischreich, und besonders gehen die Störarten in die Russischen Flußmündungen in ungeheurer Zahl. Sie hat auch Seehunde. S. die zoolog. Abtheil.

Russische Flüsse der Kaspischen See.

Die Jemba.

Dieses ist ihr Russischer Nahme, die Kirgisen nennen sie Dschem, auch Diáta. Sie ist der östlichste Fluß der Russischen Küste der Kaspischen See. Was wir von ihm wissen, ist von Bucharischen Karavanen, Kirgisen, Delegaten, aus der Kirgisischen Gefangenschaft entflohenen Russen und Russischen Tatarn, von Rytschkow, Falk u. a. gesammlet. Die Karte von Orenburg im Russischen Atlas zeigt deren Lage und Zuflüsse.

Die Jemba entspringt an der Westseite des Kirgisischen Grenzgebirges Moguldschar, etwan unter 50 Gr. Br. und fällt ihren Quellen in SS. W., fast unter 47 Gr. Br. und 71¼ Gr. Länge in einen nordöstlichen Busen der Kaspischen See. Ihre Länge wird nach Tagereisen um 600 W. geschätzt. Ihr ganzer Lauf ist in der trocknen, unfruchtbaren Kirgisischen Steppe in einer ½ bis 1 Werst breiten, fruchtbaren Niedrigung oder Gestade, sparsam mit Weiden, Pappeln, Espen und Gesträuch.

Der Fluß selbst hat übersandeten Grund, eine Breite von 20 bis 40 Faden, des Sommers trägen Lauf und schlecht Wasser, zeigt viele trockne Grundstellen und hat nur wenig Fische. Die Mündung ist sehr seicht, voller Sandriffe, doch gehen aus der Kaspischen See Störarten in den

untern

Kaspische Flüsse. Der Ural.

untern Fluß. Die Gestadufer, welche die höhere Steppe macht, haben Sand- und Thon-, auch Kalklagen und Stellen mit Malthaquellen.

Die Zuflüsse der Jemba von oben hinab sind: der **Buga**, der **Temir** (Eisenfluß) und **Saigis**, alle an der rechten Seite. Es sind Steppenflüsse mit schmalen fruchtbaren Gestaden und schlechtem Wasser, welches des Sommers stellenweise austrocknet. Der **Temir** hat viele thonige Eisenerze, der **Saigis** einige Bergtheerquellen und oben in Sandflözen arm Kupfersanderz. Das linke Jembaufer hat nur Bäche. Von vorigen Bewohnern dieser magern Gegend sind einige Ueberbleibsel beständiger Wohnungen.

Der Uralfluß.

Es ist der **Rhymnus** der Alten und war der **Jaik** der Russen, bis ein Kayserlicher Befehl vom Jahr 1777 gebot, ihn zur Erlöschung des Andenkens der Empörung der Jaikschen Kosaken **Ural**, so wie die Kosakenstadt **Jaik Uralsk** und die Jaikschen Kosaken selbst **Uralische Kosaken** zu nennen.

Der Uralfluß ist als Grenze mit den Kirgisischen Horden, durch die Anlage der Orenburgschen Linie und Erbauung Orenburgs um 1743, durch den Russischen Atlas und durch die Reisen der Akademiker, auch Rythschkows Orenburgsche Topographie, mit seinen Zuflüssen und seiner Gegend sehr bekannt.

Er entspringt im östlichen Theil des Baschkirischen Urals am Bergzuge Karatau, nach den Karten unter 54 Gr. Br. und 87 Gr. L., und fällt bey Gurjew unter 47 Gr. Br. und 69 Gr. L., den Quellen in S. S. W. in die Nordseite der Kaspischen See. Sein Lauf ist im Gebirge bis Werchuralsk

ralsk östlich, bis Orsk, wo er das Guberlinskische Gebirge durchschneidet, südlich, bis Uralskoi Gorodok westlich und bis zum Meer wieder südlich. Durch diese verschiedenen Richtungen erhält er eine Länge von etwan 2000 Werften. Von Werchuralsk bis zum Meer macht er mit der Festungsreihe seiner Ufer die Kirgisische Grenze.

Er fließt in einer Niedrigung oder einem Gestade abwechselnd von 1 bis 6 W. breit. Dieses hat im Gebirge theils felsige, in der Fläche aber bis unter Uralsk an beyden Seiten 5, 10 und mehr Faden hohe, abgerissene Ufer, die die Flözlagen der hohen Steppe, Thon, Sandstein, sparsam Kalk und Alabaster, auch Kreide zeigen. Gegen Gurjew hin fließt er in flacher Steppe, in welcher er mehrere Mündungsarme und Inseln hat. Das Gestade ist meistens mit Birken, Espen, Weiden, auch Eichen und Gebüsch bewaldet und fruchtbar, wird auch nicht überall überschwemmt, daher Uralsk gute Obstgärten, auch einige andere Festungen Plätze mit Getraide auf dem Gestade hat.

Der Ural hat über Orenburg eine abwechselnde Breite von 10 bis 25 Faden unter Orenburg von 20 bis 80 Faden. Er hat nirgends Fälle oder Klippen, fließt aber auf übersandetem Grunde schnell, wodurch er sich im Frühlinge, ob er gleich nicht leicht bis 2 Faden wächset, doch hie und da einen neuen Lauf gerissen und den alten stellenweise mit stehendem Wasser als alten Fluß (R. Stariza) verläßt. Seine Uferseen sind klein und sparsam. Er macht auch nur wenige und kleine Inseln. Fast überall ist er tief, aber ohne Wasserfahrt, weil dieselbe hier nicht Bedürfniß ist. Nur bey Ilezkaja Krepost leidet er eine hölzerne Brücke. Sein Wasser gleicht dem der Wolga und wird wie dieses von den Kaspischen Störarten sehr geliebt, die aber durch Stemmungen verhindert werden, weiter als bis Uralsk hinauf zu gehen. Die Mündungen, vor welchen Inseln liegen, sind so versandet, daß nur in den Arm Bucarca kleine Fahrzeuge von Astrachan gehen können. Sie haben, wie überhaupt

der

der untere Strohm, vielen Schilf. Die Mündungsinseln sind flach und niedrig, daher sie bisweilen von der See bedeckt werden und nachdem dieses lange dauert, mehr oder weniger verändert wieder erscheinen. P.

Die obere Gegend des Uralflusses bis Werchuralsk ist der Baschkirische Ural, dann bis Orsk an der Rechten der steppenartige ofne Abhang des Urals, hier auf einer Strecke von 60 W. das Guberlinskische Gebirge und unter demselben bis zum Meer die Steppe, welche die östliche Verflächung des Obstschei Syrt macht, die gegen Osernaja Kreidehügel hat. An der Linken hat er von Werchuralsk bis Orsk die Kirgisische Steppe, gegen den Guberlinskischen niedrig Gebirge und von demselben zum Meer überall die ofne, trockne, magere, Kirgisische Steppe. (Orograph. Abtheil. 5ter Abschn.) Bey Kalmykowa unter Uralsk wurden vor einigen Jahren Elephantenknochen aus dem Flußufer gespühlt. Bey Saratschinsk sind Ruinen voriger fester Wohnsitze. Gegen Inderskoi Krepost hat die Kirgisische Steppe einige Werste vom Fluß, neben einem kleinen Gebirge, den schon bey den Kirgisischen Gewässern angeführten Inderskischen reichen Salzsee. Hier macht der Fluß die Insel Kosch-Uralsk, die vielleicht seine größeste ist.

Die vorzüglichern Zuflüsse der rechten Seite des Urals sind von oben hinab:

Die Gebirgsflüschen Werchnaja und Nischneja (obere und untere) Kisil und der Guberla.

Der Sakmara, der größeste Fluß des Ural, kömmt aus dem Baschkirischen Ural, und fließt dann in der Steppe, die den Abhang des Gemeingebirgs (Orogr. Abschn. 5.) macht, in einem der Ueberschwemmung ausgesetzten ¼ bis 2 W. breiten Gestade, mit Gehölz, Gebüsch und Morästen bis zur Mündung in die rechte Uralseite nahe unter Orenburg. Er hat 15 bis 20 Faden Breite, im Gebirge gutes, gut:s, ausser demselben aber schlechtes Wasser mit wenig Fischen. An Sakmara stehen einige zu Flecken und Dörfern gewordene Festungen und Redouten der ehemaligen Sakmarischen Linie. Die vornehmsten Zuflüsse der Sakmara sind die Gebirgsflüßchen Ik und Salair und die Steppenflüßchen Salmysch und 3 Kargalabäche.

Unter dem Sakmara erhält das rechte Ufer des Ural die Steppenflüßchen Irtek und Kyndall, dann den grösseren Tschagan, welcher den Steppenfluß Derkul aufnimmt. Weiter hinab den Kuschun, ein Korallenflüßchen und den Abfluß des Kamyschsamarasees, der aber nur im Frühlinge statt hat und des Sommers trocken ist.

An der linken Seite erhält der Ural in der Kirgisischen Steppe den Or, Kirg. Tamloi, auch Karagan Lör, der am Gebirg Moguldschar entspringt. Am Orbach Kamyschla sind reiche Salzstellen; den Ilek, welcher an eben dem Gebirge entspringt und bey Ilezkaja Krepost in den Ural fällt. Er hat die Größe des Or. Etwan 25 W. über der Mündung ist der berühmte Iletsche Steinsalzberg am rechten Flußufer. Der Ilek hat ein schmal Gestade mit einigem Gehölze und des Sommers trägen Lauf und schlecht Wasser. Die übrigen Zuflüsse der Kirgisischen Seite sind geringe und meistens nur Steppenbäche in Regenklüften.

Der Uralfluß hat im Gebirge unbewohnte Ufer und ausser demselben ist die ganze Gegend seines Systems an beyden Seiten trockne, magere, waldlose Steppe, nur zur Viehzucht vortheilhaft, wovon die Kirgisen den Beweis geben. Am Russischen oder rechten Ufer hat er Orenburg, Uralskoi Gorodok und Werchuralsk und die übrigen Linien-Festungen, Redouten — welche ausser der Miliz, den Russischen und Tatarischen Kosaken, die Kronproviant erhalten, nur sparsam andere Einwohner haben. Einige Flüsse der Russischen Seite haben wenige Russische, und mehr Tatarische Wohnsitze. S. im geograph. Theil.

Die Wolga.

Der Sarmatiſche Nahme Wolga heißt großer Fluß, das iſt auch die Bedeutung von Rha, womit die Alten die Wolga benahmten; die Tataren nennen ſie Ethel d. i. die Freygebige, die Kalmücken Jſchllgab. Die gut angebauten Gegenden ihres Syſtems, die Reiſen der Akademiker und anderer, die Beſchreibung der mittlern Wolga für die Reiſe der Monarchinn (Opiſanie Reki Wolga etc. mit Karten), der Ruſſiſche Atlas und viele zerſtreuete Nachrichten haben ſie ſehr bekannt gemacht. Hier davon das Weſentlichſte:

Die Wolga, der größeſte Fluß des Europäiſchen oder eigentlichen Rußlands und einer der größeſten Europens, entſteht nach den Karten faſt unter 57 Gr. Br. und 51 Gr. L. Ihre Mündungen an der Kaſpiſchen See bey Aſtrachan und unter 46 Gr. 22 M. Br. und 66 Gr. öſtl. Länge. Ihr Lauf iſt im niedrigſten Strich einer weitläuftigen Gegend Rußlands, wovon ſie an beyden Ufern viele und theils ſo anſehnliche Zuflüſſe erhält, daß ihr Flußſyſtem von ſüdlichem, bis weit in den nördlichen Landſtrich reicht. Sie ſelbſt fließt von ihrem Anfange bis Kaſan öſtlich und dann bis Archangel ſüdlich. Ihre Mündung iſt ihrem Anfange in S. O. Reiſet man an der Wolga von einer Uferſtadt zur andern, ſo iſt das ein Weg von 2905 W.; würde man ihrem Ufer genau folgen, ſo möchte er wohl doppelt ſo lang ſeyn. Rechnet man nun mit Güldenſtädt auf jede 4 Werſt 6 Zoll Fall, ſo wären ihre Urſeen an 100 Faden höher als ihre Mündungen.

Der Urſprung der Wolga iſt ein Bach aus geringen Quellen auf der Alaunischen Höhe oder im Wolchinskischen Walde (Abthl. 2. Abſchn. 3.) beym Dorf Wolchino Werchowie, der in den 7 Werſt langen, aber ſchmalen See Stertſch fällt. Dieſer hat einen Abfluß nach dem großen See Oſelok und der Oſelok nach dem See Piano und dieſer nach dem See Wolga, wo die Korallenſeen ein Ende nehmen.

nehmen. Die Wolga ist schon am Ausfluß aus dem See Wolga ansehnlich, nach Aufnahme des Selischarowka, der dem 40 W. langen und 8 W. breiten See Seeliger abführt, erhält sie die Breite von 20 Faden. Hier steht Ostaskow.

Von Ostaskow an ist der ganze Fluß im flachen Lande, in welchem er überall ein Gestade von 1 bis 20 Werste Breite hat. Dieses hat ein hohes, jähes, häufig abgerissenes Ufer, welches meistens an einer Seite das flache Land macht, an der andern aber aus einer Reihe Hügel besteht. Das erste, welches 5 bis 10 und mehr Faden hoch zu seyn scheint, wird das Wiesenufer (Lugowoi Bereg), das andere, welches 10· 20 und mehr Faden Höhe zu haben pflegt, das Bergufer (Gornoi Bereg) genannt. Beyde bestehen, wie die Uferwände und viele Regenklüfte zeigen, aus Flözlagen abwechselnd aus Flözkalk, Thon, Mergel, Gips, mehrerley Schiefer, Sandstein, Steinkohlen — und enthalten mancherley Geschiebe. Das Gestade selbst ist Morast, Torfmoor, Wiese und zu einem großen Theil mit Gehölz und Gebüsch bedeckt. Sparsam sind auch, doch nur kleine Uferseen.

In diesem Gestade hat der Fluß ein 1 bis 3 Faden tiefes eingeschnittenes Bette; in welchem er auf übersandeten Thon, ohne Fälle und außer einigen, den Ufern nahen Steinblöcken, ohne Klippen und Strudel, von mittelmäßiger Geschwindigkeit, sehr gleichförmig fließt. Die Breite der Wolga beträgt bey Rschew Wolodimerow bis 30 Faden. Von hier ist sie schiffbar. Bey Twer ist sie etwan 100, über der Kama bis 200· und unter derselben bis 400 Faden breit. Weit breiter ist sie, wo sie von Inseln getheilt wird. Die Ueberschwemmungen vom schmelzenden Schnee heben ihren Spiegel nach den Zuflüssen und Ufern verschieden, bey Twer z. B. $1\frac{1}{2}$ bis 2·, bey Kasan um 3· bey Saratow bis 7·, bey Astrachan um 1 bis $1\frac{1}{2}$ Faden. Diese reissen ihr bisweilen neue Betten, die, wenn

sie

Kaspische Flüsse. Die Wolga.

sie Fluß behalten, kleine Wolgen (Woloschk) genannt werden. Die verlassenen, mehr oder weniger stehenden Flußstrecken heissen alter Fluß (Stariza) und die Uferbusen Saton. Der Fluß hat eine Menge größerer und kleinerer Inseln (Ostrowi), völlig von Beschaffenheit des Gestades, waldig, Bruch — die bis auf die untersten bey Astrachan alle überschwemmet werden, dadurch erhält er denn stellenweise eine Breite von 15 bis 20 W. Er wächset so geschwinde, daß sein Wasser in die kleinen einfallenden Flüsse steigt, welche bis zur Wiederherstellung des Gleichgewichts zurück fließen.

Des Sommers entblößt die Wolga an unzähligen Stellen ihren Grund und macht Sandinseln (Moli), die nach der Ueberschwemmung nicht immer an eben der Stelle wieder erscheinen. Viele dieser Inseln aber sind mit Weidengebüsch überwuchert, und werden wegen der dadurch bewirkten Festigkeit immer höher; der Fluß selbst ist dann an vielen Orten sehr seicht, das wahre Flußgerinne aber hat meistens eine Tiefe von 2 bis 5 auch 7 Faden. Dieses benutzen die Fahrzeuge.

Das Wasser der Wolga ist Flußwasser mittler Güte, nicht sehr hell, doch nicht ungesund und recht für die Fische, an welchen die Wolga vorzüglich reich ist.

Sie bedeckt sich jährlich vom Ursprunge zur Mündung mit haltbarem Eise, welches wegen des Klima an verschiedenen Orten zu verschiedener Zeit geschieht. In ihrer südlichen Gegend bleiben seichte Stellen offen und rauchend, die man Polumna nennet. Bedecken sie sich, so öfnen sich andere, daher die Winterwege mit Vorsicht gewählt werden müssen.

Wo die Wolga bey Astrachan in die Kaspische See fällt, theilt sie sich in acht Arme, die von O. nach W. Busun, Balbun, Kutun u. s. f. heissen. Diese Arme theilen sich noch weiter, davon um 70 Inseln, die nicht alle

über-

überschwemmt werden, entstehen. Astrachan selbst steht auf einer solchen hohen Insel, deren Ufer jedoch im Frühlinge unter Wasser kommen, schlammig werden und mit den im Schlamm gebliebenen Fischen, Gewürmen, Kräutern 2c. die Atmosphäre durch faule Dünste verderben.

Die Wolga und ihr ganzes Flußsystem ist an vielen Fischarten, Amphibien, Uferthieren 2c. reich. Sie werden in der zoologischen Abtheilung des 3ten Theils vorkommen.

Die Wasserfahrt auf der Wolga ist durch das Gewerbe des Barkenbaues, der Wasserfahrt selbst und der Fischerey von äußerster Wichtigkeit. Die üblichen Fahrzeuge werden außer gewöhnlichen Boten, Kähnen, Schaluppen — die man überall bauet, auf mehrern Werften an den waldigen Ufern des Flusses selbst, meistens aber an seinen Zuflüssen, vorzüglich an der Kama und deren Flüssen, Wiätka, Tschußowaja 2c. und in geringerer Zahl an der Oka u. s. f. erbauet.

In diesen wurden die Fahrzeuge von gespaltenen Fichten- oder Tannenplanken, deren jeder ansehnliche Baum zwey, oft nur eine gab, erbauet; nach Kayserlichen Befehlen aber geschieht es seit mehrern Jahren von gesägten Planken, deren ein Stamm 4 bis 6 giebt, wodurch also viel Waldung gewonnen wird. Da aber die nach St. Petersburg und Astrachan gehenden, also bey weitem die meisten Fahrzeuge, nur eine Reise machen und die als Bau-, meistens nur als Brennholz, eines für 10-, 20- bis 30 höchstens bis 40 Rubel verkauft werden, so sind jährlich um und über 5000 Barken erforderlich, die also ungeheure Waldung erfordern. Die Rückfahrten der Barken sind zwar durch Kayserliche Anordnungen sehr begünstigt, da aber die Barken den Rückweg ohne oder mit weniger Rückfracht, stellenweise strohmauf, also mit vielen Arbeiten machen müssen, so ist der wohlfeile Verlauf derselben doch vortheilhafter.

Die

Kaspische Flüsse. Die Wolga.

Die Zimmerleute sind Landleute aus der Gegend der Werfte oder auch Hüttenleute, unter welchen denn die klügern und geübtern die Meister vorstellen. Die Planken werden meistens aus den Wäldern als Blöcke geflößt und auf den Sägemühlen der Werfte und Hüttenwerke zerschnitten. Der Bau einer Barke erfordert einen Sommer und kostet, alles gerechnet, der wohlfeilen Arbeiter, und des Umstandes, daß fast kein Eisen nöthig ist, ohngeachtet, doch nach der Größe ꝛc. 2 bis 300 Rubel.

Die Fahrzeuge sind in Bauart etwas, in Größe aber mehr verschieden. Kalommiki, die gewöhnlich schlechthin Barken genennt, und vorzüglich beym Transport des Eisens, Flachses, Hanfes, Leders, Oeles, Talgs und anderer Zufuhr angewendet werden, sind 18 bis 22 Faden lang, 7 Faden breit, 1½ Faden hoch, mit plattem Boden und haben statt des Steuers oder Ruders vorn und hinten einen langen Steuerbaum. Sie erfordern strohmab 50 strohmauf 100 Mann. Halbbarken haben ohngefehr die halbe, Bote (Wodowiki) den vierten Theil der Größe einer Barke, und sind vorzüglich für Produkte einfallender Flüsse gebräuchlich.

Ladia sind 30 bis 33 Faden lang, 8 bis 9 Faden breit, von ihrem platten Boden, den alle diese Flußfahrzeuge haben, 1½ Faden hoch. Sie dienen vorzüglich zum Salztransport und laden um 100,000 Pud. Sie erfordern strohmauf 300 Mann. Meschamoki sind 25 Faden lang 7 Faden breit, 1½ Faden hoch, laden 60,000 Pud und erfordern strohmab 30, strohmauf 50 Mann. Nosesdi haben die Länge der vorigen, aber 8 bis 9 Faden Breite. Sie führen vorzüglich aus Wiäzk und Permien Holz nach Astrachan. Sie gehen also nur strohmab und kommen mit 35 Mann zurechte. Kajuki, 18 bis 20 Faden lang, 4 bis 5 Faden breit, tragen 35,000 Pud und sind vorzüglich für Getraide üblich. Rytsch, d. j.

Das Schiffvolk, welches überhaupt Burlaken genannt wird, ist Landvolk, vorzüglich der Statthalterschaften des kalten Landstrichs, welches mit Päßen vom Frühling zum Herbst auswandert, um im Sommer den Unterhalt für sich und die Ihrigen und die Abgaben zu verdienen. Sie finden sich in großer Zahl an den Orten ein, wo die Fahrzeuge abgeben, und auf den Stationen für die Fahrt strohmauf, die die Vermehrung der Arbeiter erfordert. Diese Leute bedingen jede Reise und oft jede Station derselben summarisch, und wandern nach ihrer Entlassung wieder nach Stationen, die mehr Leute gebrauchen. Die für die ganze Reise, z. B. in Permien, angenommenen, wandern nach deren Vollbringung truppweise zu Fuß nach Permien zurück. Der Aufseher für die ganze Reise (Prikaschik) ist ein betrauter Offiziant des Befrachters, der empfängt, die Burlaken annimmt, die Producte abliefert. —

Vor dem wurden die Wasserreisen oft durch **Flußräuber**, die sich in den Regenklüften aufhielten, gefährdet. Wenn sie an ein Fahrzeug kamen, mußte sich das Volk auf das Gesicht niederlegen, und geschahe dieses, so mordeten sie nicht, sondern nahmen nur, was ihnen anstand, besonders das Reisegeld zur Bezahlung der Burlaken; fanden sie Widerstand, so mordeten sie. Seit aber nach einem Befehl die ergriffenen Räuber am Wolgaufer an den Rippen aufgehangen wurden, und also eines martervollen Todes starben, wurden die Räubereyen seltner. Jetzt wird sie mit der Knute bestraft, kommt aber fast gar nicht mehr vor.

Die **Fischerey** ist in der ganzen Wolga und auch in ihren großen Flüßen beträchtlich, vorzüglich wichtig aber ist sie in der untern Wolga bis Saratow hinauf, wo sie in eigenen Fischerlagern (R. Watagi) mit dem größesten Nachdruck und Vortheil betrieben wird. Wie an den Stationsorten der Wasserfahrt finden sich auch bey den Fischerlagern ausgewanderte Arbeitsleute aus verschiedenen Statthalterschaften

ein,

ein, um von dem bedungenen Lohne ihr Hauswesen und ihre
Abgaben zu bestreiten.

Die Bewohner der Wolgaufer sind bis auf wenige
Tscheremissen, Tataren und Teutsche und andere Kolonisten,
alle Rußischer Nation; Städte und Dörfer sind volkreich,
nahrhaft und vorzüglich wohlhabend.

Merkwürdigkeiten der Wolgaufer und Zuflüße.

Die Wolga hat von ihrem Anfang an bis Ostaschkow
das Alaunische Gebirge (Vorh.) und nur niedrige Ufer, die
unter dem Rasen Modererde, Torf, Thon, Sand und
Sandstein, Kalkschiefer mit Meeresbrut ꝛc. zeigen. So
sind auch die übrigen Ufer den ganzen Fluß hinab. Bis zur
Mündung der Oka hat sie ihr hohes oder Bergufer bald an
der einen, bald an der andern, stellenweise auch an beyden
Seiten. Von der Oka wird das rechte Ufer bis zur Sarpa
unter Zarizyn von einem Hügelstrich begleitet, der meist ein
abgerissenes Ufer macht, und dessen Hügel oder Berge abwechselnd 20. bis 70 Faden höher als der Flußspiegel sind.
Dieser Hügelstrich heißt das Wolgagebirge. Es ist
durchaus Flözgebirge.

Bey der Stadt Rschew Wolodimerow am rechten
Ufer erhält die Wolga ihr oberstes Flüßchen Wesuga.
Twer steht auch am rechten Ufer der Mündung der Twerza
an der Linken gegen über. Hier hat die Wolga des Sommers
eine Schiffbrücke, die einzige auf ihrem ganzen Lauf. Diese
kommt aus dem Waldaischen Gebirge und ist oben bey
Wischne Wolotschok durch einen kurzen Kanal mit dem Sna vom
System der Newa in Gemeinschaft. Peter der Grosse
bewerkstelligte diese Gemeinschaft des Systems der Wolga
und Newaflüße, und dadurch der Kaspischen und Ostsee
durch den Kaufmann Serdukow. Der Sna und die
obere

obere Twerza stehen gleich hoch und haben eine Lage, daß nahe Seen dahin geleitet werden konnten, wodurch dem Mangel des Wassers, welches vorher in einigen Sommern die Fahrt aufhielt, abgeholfen ward. Es gehen jährlich um und über 3000 Barken aus der Wolga die Twerza hinauf, durch den 3 W. langen Kanal in den Sna, aus demselben in den Mstinasee, aus diesem in den Msta u. s. f.

Unter Twer fällt die Sestra und Soscha in die Rechte, und die Mologa in die Linke, an der Mündung der leztern steht Ribna. Von hier bis Uglitsch am linken Ufer hat die Wolga, dem linken Ufer nahe, große Steinblöcke, die Strudel machen und Wasserfälle (Porogi) genannt werden.

Romanow am linken Wolgaufer und der Mündung der Scheksna. Diese ist der Ausfluß des Belosero, 250 Werste lang. Sie hat von Felsenblöcken Strudel (Porogi), verträgt aber doch die Beschiffung mit Barken. Der Belosero (Weiße See) hat um 50 W. im Umfange, und nach Stürmen von aufgerührtem Mergelschlamm weißlichtrübes Wasser. Er nimmt die Kowscha und kleinere Flüßchen auf und hat eine nasse, kalte, waldige Gegend.

Peter der Grosse unternahm auch hier eine Vereinigung der Kaspischen- und Ostseegewässer, starb aber vor der Vollendung. Unter den folgenden Regierungen ist zwar diese Sache verschiedentlich wieder vorgenommen, aber unter Kriegen ausgesetzt und noch jetzt nicht beendet worden. Die Barken aus der Wolga sollen die Scheksna hinauf bis zum Suda, und diesen und dessen Kolpi hinauf gehen. Aus dem Kolpi würden sie durch einen 15 Werste langen Kanal in den Lit der Mologa, und dieser bis Tifina hinab folgen. Von da sollen sie durch den 60 W. langen Tifinaischen Kanal vom System der Wolgaflüße in den Wolchow vom Newasystem gelangen, und mittelst des Ladogaischen Kanals in die Newa, auf dieser aber nach St. Petersburg kom-

kommen. Die Fahrzeuge können auch aus dem Tisinaischen Kanal in den Sias, und diesen hinab durch einen 12 W. langen Kanal in den Wolchow, und so in den Ladogaischen Kanal kommen. Diese Kanäle sind weit gefördert, aber noch unvollendet. Die Fahrt würde um 200 W. kürzer, als die durch den Wischne Wolotschokschen Kanal, und wäre besonders für die Rückfahrt der Barken leichter; des Sommers aber möchte es doch bisweilen dem nur kleinen Kolpl des Scheksna und Lit der Mologa an hinreichendem Wasser fehlen.

Nach einem neuern Plan können die Barken auch den Scheksna hinauf, über den Belosero in dessen Koscha, aus diesem aber durch einen 60 W. langen Kanal vom Wolgasystem in die Witegra des Newasystems, und so in den Onegasee, aus demselben aber durch den Swir in den Ladoga u. s. f. kommen. Hiedurch könnten besonders die Gegenden um den Belosoro, Onega und Ladoga ihnen abgängige Bedürfnisse erhalten und ihre Produkte ausführen. —

Jaroslawl am rechten Ufer und der Mündung des Katorosla, der den Rostowschen See abführt.

Kostroma an der Linken und der Mündung der Kostroma, die an einem Landrücken, der Wolga und Dwinaflüße theilt, entspringt. Die Kostroma hat bey Solgalizkoi Kochsalzquellen und die Abflüße der großen Landseen Tschugloma und Galizkoe Osero. Ihre Gegend ist waldig, aber doch gut bewohnt. Ihr hohes, flözges Bergufer ist bald an der einen bald an der andern Seite.

Das Flüßchen Unscha an der linken Wolgaseite entspringt mit der Kostroma, mit der sie alles gleich hat, an ein und demselben Landrücken. Das thun auch die noch kleinere Wokscha und Usola.

Am rechten Wolgaufer steht gegen der Unscha Jurjewez po Wolgski und fast gegen der Usola Balachna mit Kochsalzquellen. Zwischen beiden Städten sind die höhern Uferberge Balaklanowa Gora.

Nischne Nowgorod am rechten Wolgaufer und an der Rechten der Mündung die Oka.

Die Oka, an der Gmelin, Pallas, Lepechin, Falk, Georgi ꝛc. reiseten, ist der größeste und merkwürdigste Fluß der rechten Seite der Wolga. Sie entspringt in der Statthalterschaft Orel an einem Landrücken zwischen Wolga- und Dnieprflüßen, ihrer Mündung in S. S. W. Ihre Länge beträgt um 500 Werste. Auf ihrem Lauf hat sie, außer Orel, die Statthalterschaften Tula, Kaluga, Riäsan, Moskau, Wolodimir und Nischne Nowgorod, also fruchtbare Gegenden, und überhaupt ist die Gegend ihres ganzen Systems eine der fruchtbarsten Rußlands. Ihre Breite ist außer Orel von 20 bis 150 Faden, und die Breite ihres Gestades von 1 bis 4 W. verschieden. Bis auf die Größe hat die Oka mit der Wolga viele Gleichheit; im flachen Lande solch Gestade, mit Mooren, Wiesen, Waldung, solche Fluß- und Gestadeufer, Inseln, ein thoniges, übersandetes Flußbette ohne Klippen und Fälle, des Sommers entblößten Sandgrund, solch Wasser, scheinbar solche Geschwindigkeit des Laufs und fast alle Wolgafische. Ihr Bergufer ist bis Murom bald an der einen bald an der andern Seite und von Murom an der Rechten. Bey Nischne Nowgorod wendet es sich östlich, und folgt der Wolga unter der Benennung des Wolgagebirges. Es hat Thon, Kalkschiefer mit Versteinerungen, Gips, Alabaster, rothen Sandmergel (Opoika) und andere Flözlagen.

Ihre vorzüglichsten Zuflüsse und Uferörter sind von oben: in Orel die Städte Kroma und Orel.

In Tula die Städte Belaja und Aleksin, der Fluß Sucha der Linken.

In Kaluga die Städte Peremyschl, Worotinsk und Kaluga und die Flüsse Schisdra, Urga und Protwa der Linken der Oka.

In

Die Oka der Wolga.

In Riåsan Riåsan und Kasimow und die Flüße Osetr an der Rechten, die Mokscha aber an der Linken. Der Osetr hat den Wiasch, Zna und Chupta, von welchen der lezte durch einen Kanal mit dem Lesnoe Woronesch des Don Gemeinschaft hat, wovon schon vorher. Die Mokscha hat die Issa u. m. a.

In Moskau Kolomna am linken Ufer und an der Mündung der Moskwa. Diese entspringt 50 W. über Moskau und ist der Oka bis auf die Größe im Flusse, Waser, Fischen, Gestade rc. sehr ähnlich. Im Bergufer der Moskwa, welches bald an der einen, bald an der andern Flußseite ist, bricht bey Meiskau Kreidestein, bey Panki Sand- und Mühlenstein.

In Wolodimer hat die Oka am linken Ufer Murom und die Flüßchen Ista, Wiksa und Meletina mit Hüttenwerken, auch Mokmol, dessen Wasser Kröpfe macht. An der Rechten fällt der Telscha ein, der kleiner als der Moskwa, aber schneller ist, und auf seinen kalkigen Ufern viele Erdfälle hat; der Kliasma aber, von Größe der Moskwa, der er gleicht, mit dem Susdal und den Städten Wolodimer und Susdal fällt in die linke Seite der Oka.

In Nischne Nowgorod siebt am rechten Ufer der Mündung der Oka und am rechten Ufer der Wolga die Gouvernementsstadt Nischne Nowgorod.

Die Wolga hat unter Nischne Nowgorod an der rechten Seite den Anfang des so genannten Wolgagebirges oder Bergufers, welches hier aus Thon-, Kalk-, Mergel-, und andern Lagen besteht. Der Fluß hat es unterwaschen, dadurch vor mehrern Jahren das Nischnegorodische Kloster in die Wolga stürzte.

Der Kutma der Rechten und der Kirsenez der Linken der Wolga sind klein, und lezterer in waldiger Gegend.

Die Sura der Rechten der Wolga entspringt am Samarischen Landrücken, der Mündung in S. S. O. Sie

S 2 gleicht

gleicht der Oka in Ufern, Gestade, ungestörtem Lauf, Wasser, — ist aber kleiner und nur im Frühlinge fahrbar. An ihren Ufern stehen Kurmisch, und an der Mündung Wasilgorod. Ihre größesten Flüßchen sind der Piana (trunkene, von seinen auffallenden hin und her laufen), welcher viele unterwaschene Ufer, Höhlen und Erdfälle hat. Der Ufersee Tilenina hat zwischen zwey kleinen Inseln einen Wasserschlund, der bisweilen den ganzen See aufnimmt; einige verschlungene Sachen will man im Bache Wad wiedergesehen haben (Lep.). Vom Ufersee Mandewskoi sagt Pallas, daß dessen Fische, wenn sie das Netz spürten, verschwänden. Die ganze Gegend hat eine Kalklage auf Mergel, und scheint zu einem großen Theil unterwölbt. Die Penfa und Usa der Linken der Sura sind klein; an der ersten steht die Gouvernementsstadt Penfa.

Unter der Sura ist der Wetluga, der viele Lindenwaldung hat, an der Linken der Wolga. Am rechten Ufer steht Kusmodemjansk und Tschebofsar; in die Linke fallen die Flüßchen Rutna und Kokschaisk, an lezterem die Stadt des Nahmens.

Die Schwiaja der Rechten der Wolga fließt der Sura parallel und gleicht ihr in allem, nur ist ihre Gegend weniger fruchtbar. Aus ihren Ufern sind Elephantenzähne gespült. An der Mündung steht die Stadt Swiask. Da die Wolga weiterhin von O. in S. fließt, so liegt ihr die Schwiaja, die nur Bäche hat, nahe und parallel, fließt aber nördlich, also der Wolga entgegen.

Die Kasanka von Größe der Wetluga entspringt am Vorgebirge des Urals, und fällt unter Kasan in die Linke der Wolga. Im Frühlinge ist sie bis Kasan, also 7 W. über der Mündung, mit dem Bulawka, der einen großen See abführet, und der Wolga selbst eines, wovon dann die ganze Gegend ein meerähnlich Ansehn erhält. Die Wolga wächset so schnell, daß ihr Wasser in die Kasanka stürzet, welche

ein

ein paar Tage zurück fließt, ein paar Tage stehend ist, und dann erst wieder nach der Wolga abfließt. - An der Kasanka stehen, außer Kasan, Arsk und viele Tatarische Dörfer. Die Bergstrecke des Wolgagebirgs am rechten Ufer besteht gegen der Kasanka und weiter hinab aus den Jugewskischen Bergen (Jugewskoi Gori.).

Die Kama der Linken der Wolga ist ihr größter Zufluß, und macht ein ansehnlich Flußsystem. Die Tatarn nennen die Kama Tolman Jdel, auch Tscheman Jdel. Ihre Gegend ist theils Gebirge und ziemlich angebauet. An ihrem System reiseten die mehresten Akademiker und der jüngere Rytschkow; vorzüglich ist sie auch durch Bergbau bekannt.

Sie entspringt an einem vom Ural westlich streichenden Landrücken, Petschora- und Dwinaflüßchen nahe, beym Dorfe Polanka, nach den Karten unter 58 Gr. B. und 72 Gr. L., mit rauschenden Quellen, und erhält bald so reichliche Zuflüsse, daß sie 40 W. unter demselben kleine belastete Fahrzeuge trägt. Anfänglich fließt sie nördlich, dann östlich gegen den Ural und nun an demselben hinab in dessen Vorgebirge zur Linken der Wolga, in welche sie 60 W. unter Kasan, dem Ursprunge in S. S. W., unter 55 Gr. 15 M. Br. und 66 Gr. 50 M. O. L., fällt. Ihre Länge wird 2000 Werste gerechnet. Rytschk.

Sie fließt auf übersandetem Thon und Steingrunde, ohne von Klippen und Fällen gestört zu werden, geschwinder als die Wolga und macht viele Inseln, auch zeigt sie des Sommers viele Sandgrundstellen. Ihre Breite ist unter Solykamsk von 50 bis 250, und wo sie durch Inseln getheilt wird, noch mehr Faden. Vieler seichten Stellen ungeachtet hat sie doch den ganzen Sommer für die Fahrt belasteter Barken hinreichende Tiefe. Nirgends verträgt sie eine Brücke. Ihr Wasser ist besser als der Wolga, deren Fische sie hat.

Ihr Gestade ist 1 bis 4 W. breit, von gewöhnlicher Beschaffenheit, mit Wiesen, Bruch, Moor, Waldung; so sind auch die Inseln. Die Gestadeufer werden zum Theil von den Bergen des Vorgebirgs gemacht und zeigen Thon-, Kalk-, Mergel- und andere vorzüglich aber Sandsteinlagen.

Die Producte ihrer theils offenen, theils waldigen und gebirgigen Gegend, Metalle, Salz, Holz, auch wohl Getraide, machen den Barkenbau und die Wasserfahrt (S. Vorh. zu vorzüglichen Gewerben der Uferbewohner.

Flüße und Uferörter der Kama.

Die obern Flüßchen der Kama sind zum Theil Petschora- und Dwinaflüßchen so nahe, und die Zwischenländer sind so schmal und flach, daß an mehr Orten Kanäle, zur Verbindung der Kama der Kaspischen See mit der Petschora des Nord- und Eismeeres und der Dwina des weißen Meeres statt haben könnten, die auch im Vorschlage gewesen, bisher aber nicht bewerkstelligt sind.

Die Kalwa der Kama ist der Wolosniza der Petschora so nahe, daß vor dem und bisweilen noch jetzt Getraide für die Petschora aus der Kama in die Kalwa, aus dieser aber in die Wischurka, dann in den Tschussowoesee, hierauf in dessen Bach Jelowka ging, wo es ausgeladen und über ein nur 4 W. breites Zwischenland (Wolok) an die Wolosniza gebracht ward, wo es wieder in Fahrzeuge kam und endlich die Petschora hinab ging. In den Tschussowoesee fällt auch der Beresowka. Geht man diesen hinauf, so kömmt man dem Flüßchen Kina der Wischegda der Dwina auf $\frac{1}{2}$ Werst nahe.

Das Flüßchen Permskaja Kltelna auch Klelna der Linken der Kama und der Stránskaja Kltelna

der

der **Wischegda** entstehen in ein und demselben Morast, und könnten sehr leicht vereinigt werden. Die Monarchin ließ diesen Ort 1785 durch den Gen. Maj. von **Suchtelen** und Obristlieutn. **Knidsow** untersuchen. Nach ihren Berichten und Karten sind beyde Flüßchen 10 W. unter ihren Anfängen fahrbar, und ein 17 bis 20 Werste langer, leicht ausführbarer Kanal mit zwey Schleusen würde diese Gemeinschaft machen. Die Arbeit nahm auch den Anfang, ward aber 1787 wegen des Türkenkrieges bis auf bessere Zeiten ausgesetzt.

Die **Wischera** der Linken der Kama entspringt am hohen, wilden Scheidegebirge des Urals, und fällt ihren Quellen in N. W., 30 W. über Solykamsk ein. Sie ist an 700 W. lang, schnell, und hat stellenweise Felsenufer von Felsenkalk und horniger Steinart. Ihre Gegend ist zum großen Theil rauhes, kaltes, waldiges Gebirge, wenig bewohnt und wenig angebauet. An ihrem Ufer steht **Nirop** und **Tscherdyn**. Unter vielen Zuflüßen aus dem Gebirge ist die **Kalwa**, die bey Tscherdyn in die Linke der Wischera fällt, derselben sehr ähnlich und nur etwas kleiner. An ihren Ufern sind Ueberbleibsel voriger Wohnungen. **Rytschk**.

Solykamsk am linken Kamaufer an der Mündung der **Usola**, die nur klein, aber wegen ihrer Salzquellen und Siedereyen berühmt ist. An dieser Seite ist auch der **Pistor** mit einem Hüttenwerk und der **Jaiwa**, ein ziemlich Flüßchen, welches im Ural entspringt, und an seinen Ufern Sandstein und viele Gruben auf Kupfersanderz hat.

Der **Taman** der Rechten und **Poschwinka** der Linken der Kama sind klein, haben aber Kupferhütten. Die **Koswa** der Linken gleicht der Jaiwa ganz. Die Flüßchen **Tscherma** der Rechten, **Wisimka**, **Wilwa** und **Liswa** der Linken sind klein. Die Tscherma und Wisimka haben Kupferhütten. Die **Obwa** der Rechten ist etwas größer.

fer. Die Domnanka und Choglowka haben Kupferhütten.

Die Tschussowaja auch Tschassowaja, wogulisch Suscha, an der Linken, ist einer der größesten Zuflüße der Kama. Sie entsteht aus den Abflüßen dreyer Seen, von welchen einer Tschussowskoi Osero heißt, dem Hauptrücken des Urals nahe, und fließt an der Westseite demselben nahe nördlich, dann wendet sie sich westlich zur Kama, in welche sie den Urseen in N. W. fällt. Am hohen Gebirge sind die Quellen ihrer Zuflüße den Quellen der Tobolflüße theils auf 3 W. nahe. Im westlichen Lauf von Ulkinsk an, von wo sie Georgi befuhr, macht sie um die Berge, die ihr zum Theil hohe Felsenufer aus Felsenkalk geben, große und viele Krümmungen, wodurch sie eine Länge von 400 W. verdoppelt. Ihre Breite ist selten über 50 Faden. Sie fließt sehr schnell und ist ohne Fälle, und da an ihren Zuflüßen viele Hüttenwerke sind, so ist für den Transport der Ural- und Sibirischen Producte Barkenbau und Wasserfahrt sehr nützlich. Ihr im Frühlinge schießender Lauf und viele Uferklippen und Krümmungen erfordern geschickte Steuerleute. Für einen Gebirgfluß ist ihr Wasser von sehr mäßiger Güte. Sie hat nur stellenweise Gestade. Mehrere ihrer Uferwände sind Felsenkalkwände von 30 und mehr Faden Höhe. Wo sie aus dem hohen Gebirge ins flache Vorgebirge kömmt, zeigen die Ufer Thon- und vorzüglich Sandsteinlagen, auch haben sie Kochsalzquellen. Ihre Gegend ist wegen der Hüttenwerke gut bewohnt, aber wegen des Gebirgs nicht angebauet.

Die Tschussowaja der Kama.

Vorzügliche Zuflüße und Uferörter der Tschussowaja von oben hinab.

Der Polewoi der Rechten hat die Severne und drey Hütten: das Flüßchen Kewda der Linken mit der Eisenhütte. Der Bilimbaicha und Scheitanka der Rechten mit drey Eisenhütten. Die Sloboda Utkinskoe mit einem Barkenwerft der Krone. Die obere und untere Utka der Linken, beyde mit Eisenhütten. Die untere Scheitanka der Linken, mit einer Hütte. Der Sulem und die größre Meschwaja Utka der rechten Seite, neben der Stroganowschen Baroney, hat drey Eisenhütten. Die Serebrenka der Rechten und der Kyn der Linken, beyde mit Eisenwerken. Der Koiwa und Archipowka der Rechten, beyde ziemliche Flüßchen; der erste hat an einem Bache ein Eisenwerk.

Unter dem Archipowka kömmt die Tschussowaja ins ofne Vorgebirge, und hat hier Werchnaja Tschussowskoi am rechten, und Nischnaja Tschussowskoi am linken Ufer, beyde Stroganowsche Flecken und beyde mit Salzwerken.

Die Sylwa fällt in die Linke der Tschussowaja, und ist bis auf geringere Größe derselben sehr ähnlich. Sie hat oben die Sylwinskische Eisenhütte und dann weiter hinab den Lisbach der Linken mit einer Hütte; das Irgiuaflüßchen der Linken mit 3 Hüttenwerken, den Suksun an der Linken mit Hütten; den größern Barda der Rechten mit Salzquellen.

Der Iren der Linken, das größeste Flüßchen der Sylwa, meist im ofnen Vorgebirge mit Kalk- und Sandschiefer, erster mit Erdfällen, lezter mit Kupfersenderz. Der Iren hat den Ui, Aschap, Turka und Bim, alle an der Linken, alle mit Kupferhütten.

In dem Winkel vom Einfall des Irens in die Linke der Sylwa steht die Kreisstadt Kungur. Bey derselben etwas über dem Jren hat das rechte Sylwaufer die berühmte Kungurische Höhle (Orogr. Abtheil.)

Unter dem Jren hat die Sylwa das Flüßchen Schakscha zur Rechten und Babka zur Linken. Oben an der 89 Werst langen Babka steht die Anninskische Kupfermünze. Ihre Bäche, Birma, Jug, Biser und Kuraschin haben Kupferhütten. Unter der Babka erhält die Sylwa, und unter der Sylwa die Tschussowaja nur Bäche. Am Einfall der Tschussowaja in die Linke der Kama steht die Sloboda Ust Tschussowskoi.

Unter der Tschussowaja hat die Kama das Flüßchen Motowilicha und Jagoschicha mit Kupferhütten und an der Mündung des leztern die neue Gouvernementsstadt Perm; weiter hinab aber die Mulanka an der Linken; die Nitwa mit einer Kupferhütte an der Rechten, den Jug mit Hüttenwerken an der Rechten, den Otscher an der Rechten, die Tulwa und dann die Stadt Osa an der Linken, die Siwa an der Rechten, an der Mündung Sarapul, und den But an der Linken. Diese Flüßchen haben Hüttenwerke.

Die Belaja ist der größeste Kamafluß, und fällt in deren linke Seite. Ihre Benennung (die Weiße) hat sie von ihrem von Mergel getrübten und noch in der Kama kenntlichen Wasser. An ihr reiseten Lepechin, Falk, Pallas, Rytschkow und Georgi.

Sie entspringt im Baschkirischen Ural am hohen Jremeltau, nach den Karten unter 54 Gr. Br. und 67 Gr. L., hat ihren obern Theil im hohen Gebirge, wo sie schnell ist, und fällt dann im flachen ofnen Vorgebirge, den Quellen in W., in die Kama. Ihre Länge, grade gemessen, beträgt über 600 Werste. Im Gebirge sind ihre Ufer stellenweise hohe Wände von Felsenkalk, mehrere mit Klüften und Höhlen. Im Vorgebirge hat sie ein ein bis 3 W. breites Gestade aus Wiesen, Bruch, Moor und Gehölz, dessen Ufer

aus

Die Belaja der Kama.

aus Sand-, Kalk- und Thonlagen des Vorgebirges bestehen. Aus diesen Ufern sind Elephantenknochen gespült worden. Der Fluß, der im Vorgebirge ein - bis 200
Faden Breite hat, macht viele Inseln, die er im Frühlinge,
wenn er bis 2 Faden hoch anschwellt, überschwemmt. Des
Sommers ist er für Wasserfahrt zu seicht, hat viele entblöß-
te Grundstellen, fließt träge und hat schlecht Wasser, auch
nur wenige Fische. Den Ufern nahe sind vom Unterwaschen
viele Erdfälle. Bey Tabinsk sind Salzquellen.
Bey Birsk ist ein kleiner Salzsee. Die Gegend der Belaja ist von ziemlicher Fruchtbarkeit, doch nur mäßig angebauet.

Flüße und Uferörter der Belaja von oben hinab.

Im Gebirge hat sie das Eisenwerk Belorezkoi Sawod. Unter derselben sind die Flüßchen Kan an der Linken, und Tor und Usolka an der Rechten, alle mit Hüttenwerken. Die Stadt Tabinsk am rechten Ufer, und
an demselben auch das Flüßchen Ilim.

Der Inser der Rechten ist ein ziemlicher Gebirgfluß,
und hat den Afsun und den Sim an der Liuken. Beyde
haben Hüttenwerke. Der Sim gleicht dem Inser an Größe
und Gegend, hat stellenweise Uferstrecken von hohen Kalkfelsen, einige mit Grotten und Klüften. Eine dieser Klüfte in
einem Berge des linken Ufers, einige Werste über dem Inser,
verschlingt des Sommers den ganzen Sim. Diese Kluft ist
ein Wasserpaß und vor demselben liegen Kalksteinblöcke, welche nicht gestatten, daß der ganze Fluß auch mit der Frühlingsfluth verschlungen werde, sondern derselben wegen zu einem Theil um den Berg fließen muß, da sich dann dieses
Wasser mit dem aus dem Berge hervorströmenden wieder vereinigt und zum Inser fließt. Die unterirdische Strecke des
Sim beträgt über 1½ Werst. Der Inser und Sim nehmen
viele

viele Gebirgbäche auf. Die Gegend beyder ist wenig angebauet. Unter dem Inser fällt das Flüßchen Irtäk in die linke der Belaja.

Die Ufa, Tatar. Ufa Jdel, der Rechten der Belaja ist ihr größester Zufluß. Sie entspringt im Baschkirischen Ural und hat eine ziemlich fruchtbare Gebirgsgegend, welche auch gut angebauet ist. An ihr reiseten Lepechin, Pallas, Georgi u. a.

An ihrem Ursprunge am Karatau hat sie hohes, auf dem größern Theil ihres Laufs aber flach, meist offen Vorgebirge. Ihre Länge beträgt nur 400 Werste. Ihr Gestade hat die gewöhnlichen Abwechselungen, und der Fluß selbst gleicht im langsamen Lauf, schlechten Wasser, Armuth an Fischen — der Belaja, auch trägt er nur im Frühlinge Barken. An ihren Ufern sind vom Unterwaschen viele Erdfälle.

Ufazuflüsse und Uferörter.

Die obere Ufa ist für die Eisenhütte Afasch Ufimskoe gestauet; unter derselben erhält sie den Bifert, Ufalei, Rasa und Serga an der Rechten. Alle haben Hüttenwerke. Die Festung Atschiedskaja Krepost steht auch auf dem rechten Ufer. Der Ai und Jurjusen der Rechten sind größer, haben selbst und an ihren Bächen Hüttenwerke, und tragen im Frühlinge Barken. Am Jurjusen brennt oder glimmet ein Kohlenschieferberg seit mehrern Jahren. An der Mündung der Ufa steht die Gouvernementsstadt Ufa.

Unter der Ufa fällt die Dioma in die Linke der Belaja. Sie ist kleiner als die Ufa, und entsteht und fließt im westlichen Abhange des Obstschei Syrt, in einem gewöhnlichen, ½ bis 1 W. breiten Gestade, langsam mit schlechtem

Was-

Die Wiátka der Kama.

ser. An ihr und ihren Bächen Menues, Karaman, Usasi u. a. sind viele Tagegruben auf Sanderze. Die Gegend ist Steppe.

Unter der Dioma fallen der Tanip in die Rechte, und der Sius in die Linke; beyde sind klein. Um den Tanip ist die Stadt Birsk.

Unter der Belaja hat die Kama den Ikfluß an der Linken. Er entspringt am Obstschei Syrt, der Mündung in S. S. O., und ist etwan 500 Werste lang. Er fließt in einem fruchtbaren Gestade, träge, seicht, mit schlechtem Wasser und wenig Fischen. Die Gegend ist etwas hüglig mit Sandstein-, Kalk- und Thonlagen, auch sind hier arme Kupfersanderze. Die Ufer zeigen diese Lagen. Hier ist auch einige Waldung und stellenweise fruchtbare Oberfläche. Der Ik hat die Flüßchen Schuranka, Kidasch, Usen, und an demselben unter mehrern einen Erdfall, dessen Grund der Eingang einer 25 Faden langen, 10 Faden breiten, 2 Faden hohen Grotte ist, die mit einer noch weitläuftigern Gemeinschaft hat. Rytschk. Diese Flüßchen sind an der rechten Seite. Der Flecken Najaibak und die Stadt Menselinsk am Menzell der Linken. Die Flüßchen Isterjak, Melaus u. a.

Unter dem Ik hat die Kama den Isch an der Linken, mit Jelabug, den Tschelma an der Rechten mit einer Kupferhütte, und den Sai an der Linken, der kleiner als der Ik, übrigens aber demselben sehr ähnlich ist.

Die Wiátka, Tatar. Nauklad Jbel, an welcher Rytschkow und Falk reiseten, ist einer der größesten Kamaflüße, und fällt in deren rechte Seite. Sie entsteht an einem Landrücken der Kama nahe und erhält durch ihre Bogen an 1500 W. Länge. Ihre obere Gegend ist meistens flache, kalte Waldung, die mittlere ist fruchtbar, und die untere zum Theil Uralisch Vorgebirge mit Kalk-, Thon- und Sandsteinflözen, theils mit Kupfersanderzen. Das Flußgestade

gestade ist von gewöhnlicher Beschaffenheit, und hat das hohe oder Bergufer an der rechten Seite. Das Flußbette ist stark übersandet. Ihr Wasser gleicht dem Wolgawasser und ist auch ziemlich fischreich. Ihre untere Gegend ist auch des Sommers für Barken fahrbar.

Zuflüße und Uferörter der Wiätka.

Das Flüßchen Cholumiza mit 2 Hüttenwerken an der Linken, und an eben diesem Ufer die Gouvernementsstadt Wiäzk. Die Tschepza der Linken hat an 400 W. Länge, nimmt viele Bäche auf und hat eine gut angebauete Gegend. Das Flüßchen Metsche da mit Jaransk; der Urschum mit der Stadt Urschum, der Bui mit einer Eisenhütte, der Schurma mit einer Kupferhütte, der Schosma mit Malmysch, alle am rechten Ufer, der Bemisch und Pisma der Linken mit Hüttenwerken, und der Taische-wa der rechten Seite auch mit einem Hüttenwerk.

Unter der Wiätka kömmt die Kama mehr in ofne Ebenen. In derselben hat sie die Schesma, ein nur 200 W. langes Flüßchen vom Obstschei Syrt, in ziemlich fruchtbarer Gegend. Sie hat ihr Bergufer mit den hier gewöhnlichen Flözlagen an der rechten Seite. Am Schesma stehen Stara und Newa (alt und neu) Schesminsk. In ihren Ufern sind Elephantenknochen gefunden. Unter dem Schesma fällt der Barsut in die rechte Seite der Kama. An ihm eine Kupferhütte.

Außer Russen wohnen an den Flüßen des Kamasystems Tataren, Permiaken und Syrjanen, Tscheremissen, Tschuwaschen, Wogulen und Wotjaken.

Unter der Kama hat die Wolga an der Linken die Ruinen von Bolghan, und an der Rechten unter Bogo-
rods-

rodskoi Selo die Underischen Berge mit der Kreisstadt Tetjuschi. Die Berge haben die hier gewöhnlichen Abwechselungen der Flözlagen, auch Alabaster mit Schwefel- und Malthaquellen, gefärbte Thonarten und Uferhöhlen, von welchen eine 30, eine 2te 40 Faden in den Berg reicht, und ein 10 Faden weites Alabastergewölbe hat (S. a. Orogr. Abthl.). Die Gouvernementsstadt Simbirsk und die Kreisstadt Sengalei, beyde am rechten Wolgaufer.

Der Tscheremtschan an der Linken der Wolga, entspringt am Obstschei Syrt. Die Länge des Flusses, der nur schmal ist, aber ein breites, fruchtbares Gestade hat, beträgt nur 300 W. Die Gestadeufer zeigen die Flözlagen des Gemeingebirges. Oben am Tscheremtschan sind die Ruinen von Bulumer und weiter hinab sind am Flusse und seinen Bächen vorzüglich Tschuwassische Ackerdörfer, welche eine vortheilhafte Landwirthschaft treiben. Unter dem Tscheremtschan steht Stawrapol an einem Wolgaarm der linken Seite.

Gegen Stawrapol hat das rechte Wolgaufer den Samarischen Bogen, welcher in einer Gruppe von Bergen des Wolgagebirges besteht, die die höchsten desselben sind. Die Wolga umfließt sie durch einen östlichen Bogen als eine Halbinsel. In dem 4 W. breiten Bogen fällt das Flüßchen Ussa, an welchem Salzquellen sind, in die rechte Seite. Unter dem Bogen ist das Bergufer wieder niedriger.

Der Sok der Linken der Wolga entspringt am Obstschei Syrt, der Mündung in O. N. O. Er hat die Größe des Tscheremtschan, solch Gestade, aber noch schlechter Wasser. Sein Bergufer, welches das Sokgebirge genannt wird, ist ein hoher Hügelstrich, der gegen den Samarischen Bogen an die Wolga reicht, daher es aussieht, als ob sie ihn durchschneidet. Die Uferberge des Sok haben in ihren Gips-, Kalk- und Mergellagen auch Bergöl- und Malthaquellen, Suhren mit Schwefel und einigen ge-

died i e g e n e n Schwefel. Die Bergöl- und Schwefelquellen machen einige Teiche und den von seinem schwefeligen Kalkschlamm so genannten **Milchbach** (Moloschnaja Retschka.)

Die vorzüglichsten Zuflüsse des Sok sind der **Baitugan, Usakli, Sursha, Surgut** und **Tschumbalak**, alle mit Maltha- und Schwefelquellen in den Ufern. Die Gegend, die Tatarische, Tschuwassische, Mordwinische und auch einige wenige Rußische Dörfer hat, ist von sehr mäßiger Fruchtbarkeit, und besitzt nur nothdürftig Holz. Lep. P. Schober. Rytschk. Vom Sok zum Samara hat auch die linke Wolgaseite ein Bergufer.

Die **Samara**, an der Heinzelmann, Pallas, Lepechin, Falk und Rytschkow reiseten, entspringt am Obätschei Syrt, der Mündung in O. S. O., nur 18 W. vom Uralfluß. Sie ist größer, als der Sok, hat ein 1 bis 3 W. breites, gewöhnliches, theils waldiges Gestade, welches im Frühlinge, wenn der Fluß vom Schneewasser über einen Faden wächset, überschwemmt wird. Die Breite des Flußes ist von 20 bis 100 Faden verschieden. Er fließt auf übersandetem Thon ohne Fälle, sehr träge ist, des Sommers seicht, hat schlechtes Wasser und wenige Fische. Er macht viele Inseln und Sandriffe. Seine Ufer, die an der rechten Seite eine Hügelreihe und Regenklüfte sind, zeigen die gewöhnlichen Flözlagen. Die Gegend ist von sehr mäßiger Fruchtbarkeit, und hat außer den Oertern der ehemaligen Samarischen Linie wenige Wohnsitze. Die südliche Gegend hat salzige Steppe.

Zuflüße und Uferörter der Samara.

Dem Ursprunge des Flußes nahe ist die Festung **Perewolok**, dann **Borst, Sorotschinsk** und **Totska-**

ja Krepost, alle am linken Ufer. Das Flüßchen Tok
der Rechten, gegen Tozkaja. Der Busuluk mit
Busulutskaja Krepost an der Linken. Die Festung
Jelschansk an der Linken und Krasnojarsk an der
Rechten. Das Flüßchen Kinel an der Rechten mit der
Kleinrussischen Sloboda Tscherkask und Alexandrowsk
über der Mündung.

Unter der Samara steht Sisran an der Sisranka
und Kaschpur am rechten Wolgaufer. Das Tschagra-
flüßchen und die Kreisstadt Chwalinsk, der kleine
und große Irgis am linken Ufer. Der letzte, an welchem
Georgi reisete, hat in magerer, salziger Steppe ein
fruchtbar, der Ueberschwemmung unterworfenes Gestade, nur
kleine Steppenzuflüsse und wenig Holz. Der Irgis ist des
Sommers träge, mit schlechtem Wasser und wenig Fischen.
In der untern Gegend stehen einige Raskolkiken Kolonisten-
dörfer. Einige Zuflußbäche haben arme Salzquellen.

Das Flüßchen Terfa fällt in die rechte Wolgaseite,
an der steht auch die neue Kreisstadt Malikowka. Die
Flüßchen Teretscha, Usowka und Kurdjun sind an
der Rechten. Unter den letztgenannten steht Saratow.
Die Uferberge heißen hier Guselskii Gori, Smek
Gori, Sokoloi Gori ꝛc. und sind von Beschaffenheit
der übrigen. An der linken der Wolga sind die Flüßchen
Karaman, Uruslan, der kleine und große Tarlik,
an welchen teutsche Kolonien stehen und der Saratowka.

Kamyschinsk, an der Mündung der Kamyschinka der Rechten der Wolgaseite. Dieser kleine Fluß war
schon nach einem Plan von Peter dem Großen bestimmt, durch einen Kanal mit dem Ilawla des Don
vereinigt zu werden, und dadurch die Kaspische Seen mit dem
Asowschen und schwarzen Meer in Gemeinschaft zu bringen;
die Sache blieb aber unbeendet. Unter der jetzigen Regierung ward sie wieder vorgenommen, der Krieg aber veranlaßte

laßte die Unterbrechung und da Lowiz fand, daß der Spiegel des Don 50 Fuß höher als der der Wolga sey, also der Don das Wasser geben müßte, wozu er nur im Frühling im Stande seyn werde, — so ruhet sie noch. Das Flüßchen **Olenka** am rechten Wolgaufer hat an der Mündung das Kakesenstädtchen **Dubowka**. Weiter hinab bey Prokleta zeigt sich im rechten Wolgaufer eine versteinte Austerbank. Hier gegenüber hat die Steppe der Linken den berühmten Salzsee **Jelton**. Etwas weiter hinab geht der Wolgaarm **Achtuba** vom linken Flußufer, und fließt demselben parallel bis er von einer Wolgamündung wieder aufgenommen wird.

Am rechten Wolgaufer ist das Flüßchen **Zariza** und an der Mündung die Festung **Zarizyn** und weiter hinab das Flüßchen **Sarpa** mit der Kolonie **Sarapta**. An derselben wendet sich das Wolgagebirge westlich gegen den Don und macht so einen Absatz an einer südlichen niedrigen Fläche, den Pallas für das alte Bette der Kaspischen See hält.

Unter der Sarpa machen die Steppen beyder Seiten dem Wolgagestade ein 5 bis 10 Faden hohes Ufer aus Lagen von Thon, Mergel, Sandstein und Kalk. Auf dem rechten Ufer stehen hier noch außer Kosakenstanizen die Städte **Tschernojar**, die am linken Ufer den Salzsee **Bogdo** fast gegenüber hat, und **Jenatewka**. Die Flüßchen **Wäsowka** und **Soljanka** der rechten Seite sind klein; letzteres kömmt von den Kumaischen Salzseen und nutzt beym Salztransport.

Gegen Astrachan hinab wächset die Wolga nur 1 bis 1½ Faden über den Sommerspiegel, wodurch einige ihre untersten Inseln und mehrere Mündungsinseln selbst ohne Ueberschwemmung bleiben. Von solchen hat eine ein Kloster, eine andere Wohnungen, einige Mündungsinseln sind Meiereyen, Gärten. — Am östlichsten Mündungsorte steht noch die Kosakenstadt **Krasnojarsk**, so wie Astrachan auf einer ansehnlichen 30 W. vom Meer entfernten Mündungsinsel.

Die

Die Kuma.

Die Kuma, an welcher Güldenstädt, Gmelin, Falk und Pallas reiseten, entspringt im nördlichen Kaukasus, am Bergzuge Elbrus, zwischen dem Terek und Kuban, nach den Karten ohngefehr um 43 Gr. Br. und über 60 Gr. L. Im Gebirge hat sie gut Wasser und fließt bis zu den Ruinen von Matschari in N. N. O. und dann in ofner Steppe gegen die Kaspische See hin in O. N. O.

In der Steppe hat sie ein ein bis drey Werste breites fruchtbares Gestade mit Wiesen, Gehölz, Bruch — welches der Ueberschwemmung im Frühlinge unterworfen ist. Die beyderseitigen Steppen machen dem Gestade ein 2 bis 5 Faden hohes Ufer aus Thon, Kalk, Sandstein und Mergel. Die Gegend beyder Seiten ist ohne, magre, salzige Steppe, mit fruchtbaren Plätzen und an der untern Kuma mit Sandhügeln und mehrern Salzseen.

Das Flußbette ist übersandeter Thon, in welchem der Fluß ohne Stöhrung, des Sommers sehr träge, mit schlechtem Wasser, von der Breite von 50 bis 100 Faden, häufig durch Inseln, dem Gestade ähnlich getheilt fließt. Gegen die Kaspische See hin versiegt er des Sommers in den Sandhügeln, im Frühlinge aber gelangt er in einer Niedrigung bis zur Kaspischen See. Ein solcher Fluß muß an Fischen arm seyn.

Die Kuma entsteht aus den Stammflüssen Gum und Gumtsch, die auch die große und kleine Kuma heißen, so wie der vereinte Fluß schlechthin Kuma genannt wird. Dieser hat den Barsukli an der Linken, den Saluka zur Rechten, den Karatukla und Donguela zur Linken, und außer diesen Gebirgsflüßchen nur noch den Steppenfluß Bibala. An den genannten Flüßchen stehen einige Festungen der Kubanischen Linie und am Bibala die Ruinen von Matschari. Außer den Festungen sind keine Wohnsitze an der Kuma.

Zwischen der untern Kuma und der Wolga liegen die reichen Kochsalzseen Kostromskoe, Malinoe, Kobilskoe, Darminskoe u. a. Von denselben in hydrologischem Abschn. d. 3ten Th.

Der Steppenfluß Kura fließt zwischen der Kuma und dem Terek. Er hat um 50 W. Länge und bildet dann einen langen schmalen See oder vielmehr Sumpf. Am Kura steht Petri Pauli Krepost der Kubanschen Linie. S d. st.

Das Flüßchen Gorkaja (Bitterbach), etwan 20 W. lang, sehr bittersalzig, fällt dem Terek westlich in die Kaspische See. Der Beketowka hat süß Wasser; in allem übrigen gleicht er dem Gorkaja.

Der Terek.

Der Terek, an welchem vorzüglich Güldenstädt, Falk, Gmelin und 1793 auch Pallas reiseten, entspringt auf dem Scheidegebirge des Kaukasus, in einem Georgischen Distriet, nach Güldenstädts Karte fast unter 43 Gr. Br. und 62½ Gr. L., den Quellen des Aragi des Kur nahe. Im Gebirge fließt er bis zur Aufnahme des Malk nördlich und denn am Gebirge in O. z. N. und fällt unter Kisliar in die Kaspische See.

Sein Lauf ist von den Quellen an in einem von ½ bis 3 W. breiten, theils ofnen, theils waldigen Gestade mit Weiß- und Rothbüchen, Rüstern, Espen, Erlen, Weiden. — Die 1 bis 3 Faden hohen Ufer des Gestades zeigen unter dem Rasen, Thon, Sand, auch hie und da Torf und Morasterde. Das Bette ist übersandeter Thon, ohne Klippen, von 10 bis über 100 Faden breit, mit mehrern dem Gestade gleichen Inseln. Der Fluß bedeckt des Sommers nicht überall seinen Grund, im Frühlinge aber, wenn er 1 Faden und darüber wächset, überschwemmt er den größe-

sten

Kaspische Flüsse. Der Terek.

sten Theil seines Gestades und seiner Inseln. Im Frühlinge theilt er sich von N. in S. in folgende vier Mündungsarme: 1. Borosda 2. Nowoi (der Neue) 3. Staroi (der Alte) und 4) der Kislar.

Der Borosda war anfänglich blos ein Kanal zur Wässerung der Gärten; als ihn aber der General Potapow, der Ueberfälle der Tataren wegen, durchstechen ließ, ward er der Hauptfluß des Tereks, wodurch die übrigen Mündungen zum Nachtheil der Wasserfarth und Fischerey noch mehr versandeten und fast stehend wurden. Die Stauung des Borosda und Wiederherstellung der übrigen Arme ist bisher nicht zu bewerkstelligen gewesen. Die Mündungen sind alle seicht und selbst kleine Fahrzeuge müssen auf den Rheden vor den Mündungen löschen. Die Mündungsinseln haben außer einer Redoute keine Wohnsitze.

Der Terek ist im Gebirge schnell, außer demselben des Sommers träge, mit schlechtem Wasser und wenig Fischen. Er hat keine Wasserfahrt. Die Gegend des Tereks ist eben das Gebirge, auf seinem östlichen Lauf der rechten Seite der Abhang des Kaukasus, bergig, waldig, meist offen, zur Linken die ofne, trockne Steppe. Auf seinem östlichen Lauf macht er die Grenze des eigentlichen Rußlands und hat zur Sicherheit wieder die Räubereyen der Gebirgsvölker seit 1735 ein Linie oder Festungsreihe, und außer derselben und Kislar fast keine Wohnsitze.

Zuflüsse und Uferörter des Terek.

Im Gebirge erhält der Terek von oben den Archun, Kisil, Pfok, Aradan, Jordan, Pfuch, Durdur, Jrew und Karaterek an der Linken und den Kumbelei und Galun an der Rechten, dann den Malk an der Linken. Dieser kömmt aus dem hohen Gebirge
nimmt

nimmt viele Flüßchen auf und gleicht, bis zur Vereinigung mit dem Terek, demselben ganz. Seine größesten Flüßchen sind der Bafan, Tschagan und Tscheret. Gest. Ueber der Mündung der Malka steht die zur Kawkasischen Hauptstadt bestimmt gewesene Festung Katherinograd.

Auf der östlichen Richtung hat der Terek die Festung Mosdok, die Redoute Naur und die Festung Tscherwnolowa und Schadrina an der Linken. Bey erster ist am rechten Ufer das Kathrinenbad, bey Schadrina das Petersbad Unter Schadrina fällt die Sunscha, ein 150 Werst langes Gebirgflüßchen, welches den Narsal, Assi, Argun u. m. a. Flüßchen aufnimmt, in die rechte Terekseite. Unter dem Sunscha sind einige Redouten und der Kisliar am Terek.

Unter Kisliar hat der Terek den Aksai auf Jaksat, der des Sommers stellenweise austrocknet und davon auch Suchoi (der trockne) genannt wird: zwischen dem Terek und Aksai ist der große See Tarasliman. Die Mündungsarme des eigentlichen Terek heißen Kopai und Bistraja Arlanbakowa. An letzten steht eine Feldschanze.

Von den Fischen und Uferthieren im Terek im 3ten Theil in der zoologischen Abtheilung.

Kaspische Flüsse und Uferörter vom Terek zum Kur.

Der Achrachan des Gebirgs nimmt den Koisu und andere Flüßchen auf und macht beym Einfall in die Kaspische See den Achrachanschen Busen Der Sulak, dem Achrachan ähnlich, fällt ohne Busen ins Meer. Diesem südlich steht die Stadt Tarku am Seeufer.

ufer. Die Stadt Derbent am Seeufer. Bey derselben Ueberbleibsel einer von Alexander dem Großen im Gebirge gezogenen Mauer. Der Gebirgfluß Samur der Kaspischen See ist größer als die vorhin genannten und sammelt viele Bäche. Das Flüßchen Nisabal mit einer Rhede und Stadt des Nahmens. Das Flüßchen Kuba mit der Stadt Kuba an der Mündung. Die Stadt Baku mit der wegen der Naphtha berühmten Halbinsel Abscheron.

Der Kur, R. Kura, der Cyrus der Alten, der größeste und südlichste Fluß der westlichen Kaspischen Küste, entspringt am Ararat, nach Güldenstädts Karte fast unter 41 Gr. Br. und fast 61 Gr. L. Er fließt im Aralgebirge nördlich und schnell, denn aber in der Thalfläche zwischen dem Kaukasus und Ararat östlich langsam zur Kaspischen See, in welche er bey Saliau unter 38 Gr. 40 M. Br. und 65 Gr. 30 M. L. in zwey Armen fällt. Sein Gestade ist von 1 bis 3 Werste breit, meistens ofne Wiesenfläche, zu einem kleinen Theil bewaldet. Die Gestabufer sind 5=10=bis 20 Faden hoch und zeigen Flözlagen.

Der Fluß hat 40 bis 80 Faden Breite, macht viele Inseln, hat auch viele Steinblöcke und davon Strudel. Des Sommers zeigt er vielen entblößten Sandgrund. Sein Wasser gehört kaum zum Flußwasser mittler Güte, ist aber fischreich. Im Frühlinge wächset er um 1 Faden, behält aber viel unüberschwemmt Gestade.

Die Gegend des Kur ist die steppenartige Fläche zwischen dem Kaukasus und Ararat und dann beyde ansteigende Gebirge.

Zuflüsse und Uferörter des Kur.

Auf der nördlichen Richtung im Ararat ist er im Gebiet der Pforte und hat die Festung Agdzicht. Auf der östlichen Richtung in Georgien hat er von oben: den Liachwi an der Linken mit Gori an der Mündung, die Flüsse Ksani und Araga an der Linken. Tiflis an beyden Ufern, der Ksia ist an der Rechten, der Jör und Alasan an der Linken, die Flüsse Samschar und Gantscha sind an der Rechten, der Aksu an der Linken, der Aras (Araxus der Alten) an der Rechten; er kömmt aus dem Ararat, und hat fast die Größe des Kur. Alle haben mehrere Zuflüsse mit georgischen Wohnsitzen. Endlich fällt der Kur mit zwey Mündungsarmen in die Kaspische See bey Salian.

Dritter Abschnitt.
Das Asowsche und schwarze Meer und deren Gewässer in Rußland.

Das Asowsche Meer.

Das Asowsche Meer oder der Moeotische Sumpf (Sinus Moeoticus, R. Asowskoe More,) ist schon von alten Erdbeschreibern beschrieben; in unsern Zeiten haben Junker, Güldenstädt, Hablizl, Pallas u. a. von demselben Nachricht gegeben, und besonders die neuern Karten des Russischen Atlasses dessen Form und Lage dargestellt.

Es liegt von S. W. in N. O. von 45 bis 47 Gr. Br. und von 52½ bis 56 Gr. L. und ist um 400 W. lang und

Das Asowsche Meer.

von 60 bis 140 W. breit. Die südliche Küste liegt gegen den Kaukasus hin, reicht aber nur an die Verflächung, auch hat die Taurische Küste kein Gebirge; das ganze Meer liegt daher in einer Fläche, die fast überall trockne Steppe ist. An der südlichen Küste hat es durch den **Cymrischen Bosphorus** (Bosphorus Cymereus) oder den **Kertschischen** und **Jenikolischen Sund** (R. Jenikalskoe Protok) mit dem schwarzen Meer Gemeinschaft, daher es auch als ein Busen desselben angesehen werden kann.

Der Spiegel des Asowschen Meeres ist rein, ohne Inseln und der übersandete Grund nach bisheriger Kenntniß ohne Klippen, auch reicht die Tiefe für die Beschiffung mit Fregatten. Die Ufer aber sind bis weit vom Lande sehr seicht, theils schilficht, und der nordwestliche Busen bey Taganrok ist fast sein einziger guter Hafen, denn auch die Asowschen Mündungen des Don und so die Mündungen des Kuban sind seicht.

Das Wasser des Meeres ist wenig gesalzen und überhaupt schlecht, doch ziemlich fischreich. Das so genannte **faule Meer** (R. Gniloe More Tat. Siwasch) an Taurien ist ein 2 bis 20 W. breiter Busen neben der schmalen Landzunge **Arabat**. Er ist seicht, hat des Sommers verdorben Wasser und giebt böse Dünste; fast so ist der schmale Busen am nördlichen Ende gegen Perekop.

Der **Bosphorus** oder **Kertschische Sund** ist um 50 Werst lang und von 10 bis 20 W. breit. Er hat ein 5 Faden tiefes Fahrwasser, ist aber wie sein Meer bis weit von den Ufern seicht, schlammig und schilfig. Er hat östlich **Fanegorien** oder **Taman** und westlich **Taurien**. Sein Wasserzug richtet sich nach den Winden.

Das Asowsche Meer und dessen Busen bedecken sich des Winters mit Eise. Im Frühlinge ist der Wasserspiegel nur um 1 Fuß höher als im Sommer.

Flüsse und Uferörter des Asowschen Meeres.

Der Kuban

Der Tataren und übrigen Kaukaser und Russen, der Kopi der Italiener und Hippanis der alten Erdbeschreiber, ist seit 1777 durch Anlage der Kubanischen Linie, durch die Besitznehmung Tauriens und Kriege bekannter geworden, als er war und im neuen Atlas mit seinen Zuflüssen vorgestellt.

Er entspringt im hohen Kaukasus am Bergzuge Elbrus, zwischen 43 und 44 Gr. Br., und fällt dem Ursprunge in W. N. W. mit dem südlichen Arm unter dem Nahmen des Kubans ins schwarze Meer und mit dem nördlichen getheilten unter dem Namen Kara Kuban ins Asowsche Meer. Im Gebirge fließt er mit gutem Wasser und ziemlich geschwinde in N. N. W., ausser demselben aber am Fuß des Gebirges in einer steppenartigen Niedrigung westlich. Auf dieser Strecke hat er in einem 1 bis 4 W. breiten, theils waldigen, fruchtbaren Gestade, welches er im Frühlinge überschwemmt, ein thoniges, übersandetes Bette, viele Inseln, einen langsamen Fluß, schlecht Wasser und wenig Fische. Seine Breite wechselt von 50 bis über 100 Faden. Die getheilten Mündungsarme machen die Insel Kopis und der nördliche getheilte Arm die Insel Taman, jetzt Fanegoria am Bosphorus, Temruk, auch mehr kleinere.

Im Gebirge außer der Grenze nimmt er den Juschik und mehr Flüßchen auf; auf der westlichen Richtung hat er an der Linken die Gebirgflüßchen Uars, Laba, Schachwatscha, Chuasch, Poschogup, Saschi und Karkoi. Am rechten oder Russischen Ufer senkt sich die Steppe nördlich gegen den Manitsch, daher der Kuban nur unbedeutende Bache erhält. An diesem Ufer steht die neue Kubanische Linie, die einzigen beständigen Wohnungen am Fluß und auch diese sind unbedeutend. Am südlichen Mündungsarm steht Kopis, am nördlichen sind Stanizen der Linie und die Festung Atschuew.

Dem

Dem Kuban nördlich fallen die unbedeutenden, trägen Steppenflüsse Beisuga, Talbas, Jega u. m. a. ins Asowsche Meer.

Der Don.

Der Tánaïs der Alten, Don der Russen, Tinà, auch Duna der Tatarn, Tongul der Kalmücken, fällt in das nördliche Ende des Asowschen Meeres und ist durch Größe, Gegend, Bewohner — sehr bekannt, auch von mehrern Akademikern bereiset.

Er fließt in ziemlicher Breite aus dem rläsanschen See Iwanowskoe Osero, und fällt nach einer Länge von etwan 1000 W. der Mündung fast in S. bey Asow, unter 47 Gr. Br. und 57½ Gr. L. ins Asowsche Meer. Die Gegend seines ganzen Flußsystems ist flach, meist offen Land, nördlich fruchtbar, südlich trockene magere Steppe, in welcher er in einem ein bis 5 W. breiten, der Ueberschwemmung unterworfenen Gestade 50 bis 200 Faden breit fließt und viele Inseln macht. Der Gestadeufer sind bis Woronesch bald an der einen, bald an der andern Seite hoch, von Woronesch aber bis zum Donez ist das aus Kreidehügeln bestehende Bergufer an der rechten Seite. Unter dem Donez werden die Ufer niedriger, und da hört auch das Gehölz des Gestades auf.

Der Don hat weder Fälle, noch von Steinblöcken Strudel, fließt des Sommers sanft und langsam, zeigt viele übersandete Grundstellen, behält aber doch von Woronesch an 1 bis 2 Faden tiefes Fahrwasser. Im Frühlinge wachset er nach Veranlassung der Ufer 1 bis 2 Faden. Sein Wasser gehört kaum zu dem mittelmäßigen, und bekömmt auch ungewohnten nicht sehr. Nur in seiner untern Gegend ist er ziemlich fischreich.

Zuflüsse und Uferörter des Don.

Der Ursee Jwanowka hat etwan 10 W. im Durchmesser und eine fruchtbare Gegend.

Das Flüßchen Wásowka mit Donkow, die Stadt Lebedian, der Metscha mit Jefremow, der Bistranka, alles an der rechten Seite.

Der Sosna der Rechten ist etwan 150 W. lang und hat den Tim, Userda ꝛc. und einige Kreisstädte, an der Mündung aber Ostrogotsch und das Kloster Diwogorsk, wo in den Kreidehügeln Mönchszellen voriger Zeit sind. Unter dem Sosna ist am linken Ufer Sadonsk, der Bitjuga mit Bobrowsk und der Oseredq.

Der Woronesch der Linken, größer als der Sosna, hat den Polewoi und Lesnoi Woronesch, von welchen der letzte seit 1707 durch einen Kanal mit dem Rakowa der Oka Gemeinschaft hat (Vorh.), und mehr Flüßchen. Der Woronesch hat eine fruchtbare Gegend und an der Mündung die Gouvernementsstadt Woronesch. Unter Woronesch ist Tawrok an der Linken, Kostinsk, Pawlowsk und Korotajak an der Rechten, der Jkorez und Bitschok an der Linken, die Städte Kalitwa und Bogulschan an der Rechten. Die Kasanka, ein über 100 W. langes Flüßchen, fällt in die Linke des Don und bestimmt das im Vergleich des fruchtbaren Woronesischen, magere Gebiet der Donschen Kosaken.

Im Lande der Kosaken stehen bis Tscherkask mehrere Stanizen, meistens am rechten Donufer. In diesem Lande fällt der Choper in die linke Donseite, der seiner Mündung in N. N. O. entspringt, und den Busuluk an der Linken, den Sawalla aber an der Rechten aufnimmt. Er hat eine gute Gegend, ein gewöhnlich fruchtbar Gestade und an seinem Bergufer, so wie auch der Busulut, Kreidehügel; stellenweise ist Sand- und Mühlstein.

Die

Die **Medwediza** der Linken des Don entspringt am Wolgagebirge, und hat in einem gewöhnlichen Gestade mit einem Bergufer, so wie ihre Zuflüsse **Idolga, Latrik, Barsuk** und **Karamysch** der Linken, **Tersa** der Rechten u. m. a. eine ofne magere Gegend. Der Fluß ist träge, hat schlecht Wasser und wenig Fische. Bey den Ueberschwemmungen bleiben viele Uferseen (R. Ilmen) nach. Oben am Fluß sind teutsche Kolonien, weiter hinab Kosakenstanizen. Der **Ilawla** der Linken des Don ist kleiner als die Medwediza, gleicht ihr aber außerdem gerade in allem. Des unvollendeten Kanals, welcher die Kamyschinka mit der Ilawla vereinigen und dadurch die Wolga und den Don in Gemeinschaft setzen sollte, ist schon bey der Wolga gedacht. An der Mündung der Ilawla steht **Donskaja**, und hier kömmt die um 50 W. lange Zarizynsche Linie von der Wolga an den Don.

Unter der Ilawla sind der **Tschir** und **Zimlä** an der Linken.

Der **Donez**, der größeste Zufluß des Don, entspringt dem Einfalle in die Rechte des Don in N. W. in der Statthalterschaft Kursk. Er gleicht dem Don bis auf die Größe fast in allem, hat oben eine fruchtbare, unten eine magere Gegend und hier auch holzloses Gestade, an seinen Ufern sind Kreidehügel, trägen Lauf, mit schlechtem Wasser und wenigen Fischen. Seine vornehmsten Zuflüsse sind von oben: der **Wolschanka** mit Wolschansk, **Charkow** mit Charkow; der **Isum** mit Salzquellen und der Festung Pawlowsk, der **Tor** mit Tor, der **Bachmut** mit Bachmut, beyde mit Salzquellen und kleiner. Einer seiner Mündungsarme heißt **Aksai**.

Der **Sol** der Linken des Don, ein salziger Steppenfluß. Der **Manitsch**, der unterste Fluß der Linken des Don, ist ein ansehnlicher Steppenfluß. Er entspringt im flachen Kaukasischen Vorgebirge der Mündung in O. N. O.

und hat an 400 W. Länge. Sein Lauf ist in einem 1 bis 2 Werst breiten, nur mäßig fruchtbaren Gestade, auf wenig übersandetem Thon, sehr träge und mit sehr schlechtem Wasser, auch fast ohne Fische. Die Ufer zeigen Sandstein, Thon- und Kalkstein mit Meeresbrut. Oben am Manitsch sind schlechte Salzseen. Er erhält außer Steppenbächen in Regenklüften den Kalaus und Jägerlik, beyde an der Linken. Außer einigen Festungen und Redouten der Asowschen Linie ist er ohne Wohnungen.

Tscherkask, die Hauptstadt der Kosaken, auf einer Mündungsinsel des Donez. Unter Tscherkask macht der Don wegen mangelnder hohen Ufer große Ueberschwemmungen. Die Festung Dimitri Rostowskoi steht am rechten Donufer, wo der westlichste Mündungsarm Temerik abgeht. Weiter hinab entstehen noch drey Mündungsarme, alle aber sind versandet; am östlichsten steht Asow unter 47 Gr. Br., 30 W. über dem Meer.

Von den Fischen und Uferthieren des Dons im 3ten Th, in der zoolog. Abtheil.

Der Hafen Taganrok ist ein tiefer Busen des Asowschen Meeres mit der Stadt Taganrok.

Der Kalmius, ein Steppenfluß, etwan 20 W. lang, fällt in die N. Westseite des Asowschen Meeres und ist ohne Wohnsitze. Der Berda ist 70 bis 80 W. lang, und fließt in einem fruchtbaren Gestade in einer mäßig fruchtbaren Gegend in einen Meerbusen. Am Berda stehen Festungen der Dneperschen Linie.

Der Molochnaja, der seine Benennung (Milchfluß) von dem weißlichgetrübten, etwas salzigen, schlechten Wasser hat, in der Taurischen Steppe, macht gegen das Meer einen langen, schmalen See, welcher bey hohem Wasser ins Meer überfließt.

In Taurien fällt der Salgir, der größeste Fluß der Halbinsel, welcher am Gebirg entspringt und ein furchtbar

bar Gestade, auch ziemlich gut Wasser hat, und der kleinere
Puganok, ihren Quellen in O. S. O., ins faule Meer.
Kleinerer zu geschweigen. Die Landzunge Kertsch hat das
westliche Ufer des Bosphorus.

Das schwarze Meer.

Diesen Nahmen hat das Meer bey den Russen (Tscher-
noe More), Tatarn (Kara Denghis) auch bey den alten
Erdbeschreibern (Mare nigrum und Pontus-Euxinus) vielleicht von der Gefahr es zu beschiffen und den schwarzen
Schein bey trübem Himmel. Unter den neuern Naturforschern hat ihm Güldenstädt die mehreste Aufmerksamkeit
gewidmet.

Die Lage des Meeres ist in der Breite von etwan 40.
bis 46 und der Länge von 45 bis 48 Gr. Die Form ist fast
eyrund. Die Gegend ist östlich der Kaukasus, nördlich,
nordwestlich und theils westlich Russische Ebenen, westlich
und südlich türkisches gebirgiges Gebiet. Die südwestliche
Küste hat den Thracischen Bosphorus, einen schiff-
reichen Durchbruch nach dem Marmormeer des Mittelmeers.
Dieser Durchbruch soll eine Erscheinung der Vorzeit seyn,
vor welcher das schwarze Meer höher stand und mit dem Kaspischen und Aralsee vereinigt war (S. vorh.)

Das schwarze Meer umgiebt Taurien; außerdem
ist es, einige kleine Uferinseln ausgenommen, von reinem
Spiegel; auch der Grund, der von nahen Gebirgen felsigt
zu seyn scheint, hat keine bekannte Klippen und ist, wo man
ihn kennet, übersandet. Die Gefahr der Beschiffung kömmt
wahrscheinlich von der geringen Größe, welcherwegen man
in Stürmen die hohe See nicht lange halten kann, von den
theils felsigen, theils seichten Ufern, von schlechten Schiffen, von der Unkunde türkischer Seefahrer und von wenigen
guten Häfen.

Das Meerwasser hat den gewöhnlichen ekligen Geschmack und auch auf der Höhe eine nur geringe Salzigkeit; hat es im Bosphorus einen Zug nach dem Mittelmeer (der nicht in der Oberfläche, wohl aber in der Tiefe bemerklich seyn soll,) so wird diese Salzigkeit noch immer etwas abnehmen.

Russische Flüsse und Ufermerkwürdigkeiten des schwarzen Meeres.

An der nördlichen Küste des schwarzen Meeres hat Rußland einige Mündungsarme des Kuban und den Cimbrischen Bosphorus, die schon beym Asowschen Meer vorgekommen sind.

Die südliche Küste hat in Taurien bey Feodosien (vorhin Kafa) und eben so bey Sudak einen Busen und Hafen. Die südwestliche Küste hat bey Sewastopol (Balaklawa) einen Busen, der der beste Hafen Tauriens und vielleicht des ganzen schwarzen Meeres ist. Der Busen ist 6 Werste lang, 2 W. breit, für große Schiffe hinreichend tief und hat einen eigentlichen 1 W. langen, 50 Faden, am Einlauf aber um 15 Faden breiten, ganz mit Felsen umgebenen, tiefen Hafen. Habl. Inkerman, Sewastopol nördlich, hat einen ähnlichen, kleinern, zu einem Hafen tauglichen Busen. Die Katsa, Alma und der Bulguinak sind kurze Flüsse des westlichen Ufers Tauriens, an welchem auch süße und reiche Salzseen sind. Am nördlichen Ende der Westküste Tauriens macht das schwarze Meer einen schmalen, 70 Werst langen, 10 bis 20 W. breiten, östlichen Busen. Ein ähnlicher des faulen Meeres (Vorh.) liegt in W., wovon Taurien durch das Perekopsche, 7 W. breite Zwischenland zur Halbinsel wird.

Flüsse des schwarzen Meeres. Der Dnepr.

Von Perekop Tauriens hat die nördliche Küste des schwarzen Meeres bis zum Dnepr die ofne, trockne, taurische oder nogajische Steppe, die Landspitzen macht; auch liegen hier einige kleine, unbewohnte Inseln im Meer.

Der Dnepr.

Der Dnepr (Danapris und Boristenes der Alten,) ist als großer Fluß in gut bewohnten Gegenden nicht unbekannt und von akademischen Reisenden waren auch Güldenstädt, Lepechin, Sujew, Pallas in dessen Gegenden.

Der Dnepr entsteht in der Stadthalterschaft Smolensk, am Alaunischen Gebirge, etwan unter $55\frac{1}{2}$ Gr. Br. und 52 Gr. L. und fällt nach einem Lauf von etwan 1500 W. unter $46\frac{1}{2}$ Gr. Br. und $49\frac{1}{2}$ Gr. L. bey Otschakow und Kienburn ins schwarze Meer. Vorher war er streckweise Grenzfluß, nach der Wiedereroberung des Polnischen Rußlands aber ist nicht nur der ganze Fluß, sondern auch das System seiner Zuflüsse innerhalb der Grenzen des Reichs.

Die Gegend des Dneprs ist flach, an der rechten Seite theils Verflächung der Karpaten, an der linken die Ebenen Rußlands. Von oben bis Kiew hinab hat die Gegend alle Abwechselungen fruchtbaren Landes, unter Kiew und bis zum Meer ist die Gegend magerer und so weniger bewohnt und angebauet. Oben bedeckt sich der Fluß vom Anfange des Novembers bis zum Anfange des Aprils, unten nur im Dezember und bis zum Ende des Februars mit Eis.

Das Flußgestade ist von 2 bis 5 W. breit und hat die gewöhnlichen Abwechselungen, doch unter Kiew nur wenig Holz. Das hohe oder Bergufer des Gestades ist meist an der linken Seite und zeigt Thon-, Mergel-, Kalk- und beson-

besonders Kreidelagen, auch viele Kreidehügel. Das Flußbette wechselt mit der Breite von 50 bis 200 Faden und giebt
viele, dem Gestade ähnliche Inseln. Es hat hie und da
Steinblöcke, die Strudel und bey Kudak Wasserfälle
machen. Des Sommers sieht man vielen entblößten Grund-
sand, der wahre Fluß aber hat bis auf die Fälle überall für
Flußfahrzeuge erforderliche Tiefe. Er fließt schnell, hat aber
hartes, nicht recht weisses und helles, kurz schlecht Wasser,
und ist ziemlich fischreich.

Nach des Ingenieurobristlteutn. Jrossow übergebenen
Plan laßt sich der Dnepr mit der Düna und dadurch das
schwarze Meer mit der Ostsee durch einen 50 W. langen Kanal, der vom Dneprflüßchen Orselka bis Witepsk an der
Düna geführet werden müßte, in Gemeinschaft bringen.
Wenn dieses aber auch statt hätte, so würden doch die Was-
serstrudel der Düna und Fälle des Dnepers die Farth hin
und zurück hindern, wenn nicht wenigstens ein Kanal neben
den Dneprfällen geführet würde, welches in dem dortigen
Felsengrunde sehr schwierig seyn könnte.

Vorzügliche Zuflüsse und Uferörter des Dnepr von oben hinab.

Der Dnepr nimmt unter seinen Quellen in nasser Waldung das Flüßchen Dneprez auf, und heißt von da an
Dnepr. In den Dnepr fallen die Flüßchen Wiksma,
Sol und Wopek in die rechte, der Osma und Wop
in die linke Seite, an derselben sind auch Dorogobusch,
Smolensk und Krasnoi; weiter stehen an der rechten Orscha, Kopis, Mogilew und Staro Bichow:
Der Druez der Rechten kömmt aus Minsk. Rogot-
schew ist am rechten Ufer, in welches auch weiter hinab der
Beresa aus den neuen Polnischrussischen Statthalterschaften kömmt. Der Mündung nahe ist der See Olga.

Der

Der **Sosch** der Linken entspringt bey Smolensk, der Mündung in N. N. O. Er hat eine gut angebauete Gegend und die Flüßchen **Osetr, Woltscha,** und **Pronja** an der Rechten, den **Beseda** und **Jpul** aber an der Linken. Der **Pripek** fällt in die rechte Dneprseite. Er entspringt in Litthauen, der Mündung in W. N. W. und nimmt ziemliche Flüßchen, den **Teterew** u. a. auf. In diese Seite fällt auch der kleinere **Jrpen,** der die vorige Kiewsche Grenze gegen Polen machte.

Die **Desna** der Linken des Dneprs ist sein größester Fluß. Er entspringt in Orel, der Mündung von N. zu O. und hat mit dem Dnepr bis auf mindere Größe und nicht vorhandene Klippen die größeste Aehnlichkeit, ist schiffbar und gut bewohnt. Unter seinen vielen Zuflüssen sind der **Karatschew** an der Linken, **Briansk** steht am rechten, **Trubschesk** am linken Ufer. Der **Sossa,** an welchem **Sewsk** steht, fällt in die Linke, der **Sudost,** an welchem **Starodup** und **Nowgorod-Sewersk** sind, fällt in die rechte Seite. Der **Schosna** und der **Sem** fallen in die Linke der Dosna; an letzterer steht **Kursk.** Das Flüßchen **Swopa** und der **Beresna** mit **Baturin** sind an der rechten Seite. Weiter hinab hat der Desna den **Snob,** an welcher auch **Tschernigow** steht, und das Flüßchen **Oster,** an der Linken, unter welchen der Desna in den Dnepr fließt.

Unter dem Desna steht **Kiew** am rechten Ufer des Dneprs; weiter hinab fällt der **Trubesch** und denn der **Jrkle** in die Linke. Der **Sula** der Linken ist kleiner als der Desna, übrigens aber demselben in Gegend und deren Anbau, vielen Zuflüssen rc. sehr ähnlich. Er hat den **Udai, Ortschiza** u. m. a., die Uferörter **Priluki, Piriätin** u. a. m. Der **Pfol,** der in Kursk entspringt und unter dem Sula in die Linke des Dneprs fällt, gleicht dem Sula in guter Gegend und Zuflüssen. An der Mündung des Pfol steht **Krementschuk.** Der **Worskla** der Linken ist

ist kleiner, als der Psol. Er entspringt in Charkow, der Mündung in N. N. O., und nimmt nur kleine Flüsse auf; unter dessen Uferörtern sind **Achtirka, Poltawa** u. m. a.

Der **Orel** der linken des Dnepr entspringt seiner Mündung in N. O. und fließt als ein Steppenfluß in sehr ungleicher Breite, sehr langsam, mit schlechtem Wasser. Am Orel ist eine vom Dnepr zum Donez reichende Linie oder Festungsreihe. Unter dem Orel ist der Dnepr sehr breit und macht große Inseln, die aber überschwemmt werden, also nicht bewohnt werden können; sie heißen **Romanowskoi Ostrow, Konskoi Ostrow** u. s. f. Die **Samara** weiter hinab entsteht gegen den Donez hin, ihrer Mündung in die Linke des Dnepr in O., und ist dem Orel an trägem Lauf, schlechtem Wasser, gutem Gestade und magerer Gegend sehr ähnlich. Ihr größester Fluß heißt **Konskii Wodi**. Unter der Samara fällt der etwas kleinere **Moskowka** in die Linke des Dnepr. Sie ist der vorigen ähnlich.

Unter der Moskowka ist die noch unvollendete Gouvernementsstadt **Katharinoslow** an rechten Dneprufer. Unter derselben hat der Fluß die 200 Faden lange Felseninsel **Kurazowa Ostrow**, die nicht überschwemmt wird und wie alle der Ueberschwemmung nicht unterworfene Dneprinseln von Schlangen wimmelt. Weiter hinab ist der Flecken **Kidak** am rechten Ufer.

Hier fangen die berühmten so genannten **Wasserfälle** (Porogi) des Dnepro, die Basseur und Güdenstädt am besten beschrieben haben, an, und reichen die größern 40, mit den kleinern aber an 60 bis 70 W. am Fluß hinab. Die Ufer und die Gegend der Dneprarme haben hier Ufer- und Grundklippen und viele, theils sehr große Steinblöcke von Granit, Feldspath und Felsenkalk, deren einige nur bey sehr niedrigem Wasser hervorragen. Keine dieser Banken reicht über den ganzen Fluß, daher machen sie nur
stellen-

stellenweise dem Waſſer Strudel und Schüſſe. Im Frühlinge ſind alle unter Waſſer, und Fahrzeuge geringer Größe können dann den Strohm nicht nur hinab, ſondern auch zur Noth hinauf fahren. Die dreyzehn vorzüglichen Strudel und Fälle heißen von oben hinab: 1. Kidak, 2. Sus̓koi Porog, 3. Lochan, 4. Schwacnez, 5. Kniainez, 6. Neſaſitez, 7. Moronowa, 8. Werchnoi Wolnoi, 9. Budilskoi, 10. Liſchnoi, 11. Tawalſchanskoi neben der Inſel des Nahmens, 12. Riſchnoi und 13. Wolnoi Porog. Einige Felſenblöcke würden des Sommers geſprengt werden können, andere ſind aber zu ungeheuer. Ein Kanal neben dieſer Flußſtrecke iſt wegen des hier allgemeinen Felſengrundes, in welchem er zerbrochen werden müßte, auch ſchwierig, doch ſoll dieſes in Unterſuchung ſeyn.

Unter den Waſſerfällen hat der Dnepr einige große der Ueberſchwemmung nicht ausgeſetzte Inſeln, Kaiſkaja Oſtrow, Jedoſa Oſtrow u. a.; auch hat er breite Arme. Einer derſelben heißt Konskaja Woda (Pferdewaſſer) u. m. a. Der Inſeln bedienten ſich die ehemaligen Saporpger Koſaken bey ihren Räubereyen. Ihre Setſcha oder Hauptſitz ſtand am rechten Ufer an der Mündung des Buſuluk. Weiter herunter ſteht am rechten Ufer die kleine Feſtung Beriſlawl. Dann folgt die Mündung des Ingulez an dieſer Seite; er iſt träge, hat ſchlecht Waſſer, um ſeiner Urſprung der Mündung in S. und auf ſeinem Geſtade Gehölz, welches hier ſelten iſt und außer Alexandria nur Dörfer. Unter dem Ingulez ſteht am rechten Dneprufer ſeit 1778 Cherſon.

Der Liman oder Buſen der rechten des Dneprs fängt unter Cherſon an und reicht ans Meer. Er hat 50 Werſte Länge und 3 bis 10 W. Breite, hat für nicht ſchwer beladene Fahrzeuge hinreichend tiefes Fahrwaſſer, iſt aber übrigens ſeicht und hat ſchlecht Waſſer, welches jedoch den Fiſchen gefällt.

Flüsse des schw. Meeres. Der Dnepr.

Der Bug, der Hippanis der alten Erdbeschreiber, fällt in die rechte Seite des Limans des Dneprs. Es ist ein ansehnlicher Fluß, der seiner Mündung in NN. W. in dem neuen Polnischen Rußlande entspringt, und jetzt mit seinen Flüssen fast ganz in Rußlands Grenzen ist. Er hat oben eine gute, unten eine magere und holzlose Gegend, mit nur mäßig gutem Wasser. Seine vorzüglichsten Zuflüsse sind der Balta und Sinucha, an der Linken; an letzterer steht Olwiopol; der Ingul auch an der Linken mit Nowo Mirgorod und Elisabetgrad und viele kleinere. Unter dem Ingul breitet sich der Bug zu einem Liman aus, der sich mit dem Liman des Dneprs vereinigt.

Unter dem Bug hat der Liman eine weit ins Meer reichende schmale Landzunge mit Kienburn, unter 46 Gr. 49 M. Br. und 49 Gr. 40 M. L. und hier ist die Mündung des Dneprs ein tiefer Hafen, aus welchem aber große, befrachtete Schiffe den Liman nicht hinauf gehen können, daher Cherson leichter gebraucht.

Der Dneprmündung östlich, ihr nahe, hat das schwarze Meer den Busen und die tiefe und gute Rheede, nebst der Stadt Otschakow. Weiter östlich fallen noch einige kleine Flüsse mit sehr ausgebreiteten Mündungen ins Meer.

Der Dnester oder Dnister, der nach den Karten fast unter 46 Gr. Br. und 48½ Gr. Länge ins schwarze Meer fällt, ist jetzt meistens Grenzfluß und dessen linkes Ufer Russisch. Er bestimmt die Grenze mit der Pforte. Zum Theil mit der Moldau ꝛc. Auch er breitet sich an seinem Einfall ins Meer in einen langen, breiten Liman oder Mündungsbusen aus. Er hat am rechten oder Türkschen Ufer die Festung Bender und am Linken 3 W. weiter hinab eine bereits angefangene Rußische Festung. Am Türkschen oder rechten Ufer seines Limans steht Akirman.

Von den Fischen und Thieren dieser Gewässer in der zoologischen Abtheilung des 3ten Theils.

Vier-

Vierter Abschnitt.
Die Ostsee und deren Russische Busen, Flüsse und Gewässer.

Die Ostsee, auch das Baltische Meer, Mare Balticum, Russ. Baltiskoe More und vor Alters auch Weregskoe More, lag ganz außer Rußland; seit dem sich aber das Herzogthum Kurland (im Jahr 1795) Rußland einverleibte und ein Russisch Gouvernement ward, hat auch Rußland einen Theil der östlichen Küste der Ostsee. Früher umgaben schon Russische Provinzen den Rigischen Busen ganz und den Finnischen zum größern Theil. Hier nur, was sich von diesem bekannten Meere auf Russische Ufer bezieht.

Die Kurländische Ostseeküste.

Die Kurländische Küste hat ganz die Beschaffenheit der Preussischen. Das Meer ist bis weit vom Ufer seicht, der Grund aber stark übersandet und mit mehrerley Pflastersteinen bestreuet. Der Grund unter dem Sand scheint Kalkstein zu seyn, der sich in der Schwedischen Insel Gotland, Kurland gegenüber, und auch in den Inseln des Rigischen Busens zu Bergen über den Meeresspiegel erhebt.

Unter den Meerauswürfen ist Tang (Fucus Vesiculosus) und einige Meergrasarten; bisweilen werden auch in Stürmen torfähnliche Klumpen von Krautwerk mit schwarzem pechartigen Schlamm, manche über einen Zentner schwer ans Ufer geworfen, die im Brennen pechhaft stinken. Auch

Bernstein wirft die Kurische Küste, doch weit sparsamer als die Preussische aus.

Das Kurische Ufer ist niedrig, hat einen Sandrand und steigt nur sanft zu nicht hoher Fläche an.

Das Meerwasser hat hier, wo es keine große Flüsse verdünnen, die Beschaffenheit des der hohen See, ist schwach gesalzen und von widrigem Geschmack. Von Meerfischen und Thieren im 3ten Theil.

Flüsse und Seen der Kurischen Küste.

Die Kurländische Ostseeküste erhält nur kleine Gewässer; von S. in N. sind es:

Die heilige Aa und mehr Bäche.

Das Flüßchen Libau aus dem See des Rahmens, hat an der Mündung die Stadt Libau und vor dem Fluß eine Rhede für Kauffartheischiffe.

Die Windau, das größeste Flüßchen, kommt aus Litthauen und hat an der Mündung, die ein ziemlicher Hafen ist, die Stadt Windau.

Das Flüßchen Irbe führet den ziemlichen See Usmait ab. Außer diesem See und dem Libau ist der Angersche Sumpf (ohne Abfluß) von ziemlicher Größe.

Der Rigische Busen.

Der Rigische Busen (Rigskoe Saliw) liegt, wenn man von der Kurischen, zur Esthnischen Küste eine Linie zieht, von SW. in NO.; die Inseln desselben aber liegen außer dieser

Der Rigische Busen. Die Düna. 313

dieser Linie, also in der Ostsee. Von dieser Linie beträgt der Durchmesser des Busens um 130 bis 140 Werste.

Der Busengrund ist überall übersandet, ohne bekannte Klippen, und der Busen hat auf der Höhe um 20 Faden Tiefe; nur an den überall niedrigen Ufern ist er seicht. Die Kalkhöhen auf Oesel und den übrigen Inseln, auch die Klippen um dieselben machen wahrscheinlich, daß überall unter dem Sande eine Flözkalklage sey.

Das Wasser des Busens ist das der Ostsee, nur noch schwächer gesalzen. Es bedeckt sich jeden Winter an den Ufern und um die Inseln mit Eise, in strengen Wintern begegnet dieses dem ganzen Busen.

Flüsse und Ufer des Rigischen Busens.

Das südliche Ufer des Busens von Kurland an ist flach und ohne Flüsse.

Die Bulbara, die in die linke Seite des Mündungsbusens der Düna fällt, kömmt ans Litthauen und fließt durch Kurland, wo Mitau an deren Ufer, 30 W. über der Mündung, steht. Bis dahin heißt sie Aa, unter Mitau aber Bulbara. Sie nimmt mehrere Flüschen und auch den Ausfluß des ziemlichen Sees Babisch auf. Ihr Wasser ist gewöhnlich Flußwasser.

Die Düna. Lett. Drugowa.

Sie entsteht auf dem Alaunischen Gebirge (Orograph. Abth.) der Mündung fast in O., nach den Karten fast unter 51 Gr. Br. und 56 Gr. Länge, 60 W. vom Ursprunge der Wolga. Ihre Länge beträgt um 1000 W. Bisher machte sie stellenweise die Grenze, seit der Erweiterung der Grenzen

U 5 gegen

gegen das ehemalige Polen und Litthauen ist fast das ganze System ihrer Zuflüsse in Rußland. Sie ist durch ihre angebauete Gegenden, Größe, Benutzung zur Wasserfahrt — Hupels, Güldenstädts u. a. Nachrichten und durch den Atlas ziemlich gekannt.

Die Gegend des Systems der Dünaflüsse ist flach, fruchtbar, mit allen Abwechselungen des Anbaues. Die Düna und ihre großen Flüsse haben die gewöhnlichen furchtbaren, meist waldigen und der Ueberschwemmung ausgesetzten Gestade mit einem hohen oder Bergufer aus Flözlagen. Die Düna selbst fließt von ungleicher Breite ungetheilt oder getheilt in einem übersandeten Thonbette, in welchem besonders in der untern Gegend große Steinblöcke angetroffen werden, die Strudel machen, welche die Farth der Strusen im Frühlinge strohmab wenig, aber strohmauf sehr hindern und theils nicht gestatten. Seit einigen Jahren arbeitet man an Zerspringung und Fortschaffung dieser Hindernisse. Sie hat die Geschwindigkeit der Wolga und auch solch mittelmäßig Wasser. Im Frühlinge wächset sie nach den Ufern und Umständen von 2 bis 4 Faden und trägt dann Strusen mit 1000 bis 1200 Schiffpfund befrachtet. Beym Eisgange richtet sie bisweilen selbst in Riga durch Ueberschwemmen großes Unheil an. Des Sommers hat sie viele trockne Grundstellen und auch das Fahrwasser ist an vielen Orten für beladene Barken zu seicht. Sie ist ziemlich fischreich.

Zuflüsse und Uferörter der Düna.

Die Düna kömmt aus ihrem Ursee am Alaunischen Gebirge ansehnlich und trägt schon von Toropez an im Frühlinge beladene Strusen mit 500 bis 1200 Schiffpfund Ladung, welches vorzüglich eine Folge der Aufnahme des verschiedene wasserreiche Seen abführenden Toropez ist. Sie hat

Der Rigische Busen. Die Düna.

hat das Flüßchen Mesa mit Waltsch an der Linken, den Abfluß des großen Sees Uswiatak an der Rechten, den Kaslia mit Suras, und weiter hinab die Stadt Witepsk an der Linken, den Abfluß des Saranowa, das Flüßchen Obol, Polozk, die Drissa mit Drissa, Dünaburg, Dubno, Kreuzburg, den Eweft aus dem großen See Luban, den Ogor und Riga, alle an der rechten Seite. Von hier ist die Düna bis zur 14 W. entfernten Mündung bey Dünamünde für mäßig beladene Schiffe fahrbar. Die Mündung ist Hafen, große Schiffe aber müssen auf der Rheede bleiben. Im Jahr 1781 beschloß die Krone einen Hafenbau an der See selbst, der auch vom Gen. Lieutn. v. Bawr weit gefördert, aber durch den eintretenden Türkenkrieg noch unvollendet geblieben ist. Snell.

Die Aa fällt von der Mündung der Düna 20 W. nördlich in den Rigischen Busen. Sie ist ganz in Liefland, nimmt viel Flüßchen und Seen auf, und trägt auch unten im Frühlinge Barken. An der Aa stehen Walmar und Wenden. Der Salis ist der 50 W. lange Abfluß des 10 W. langen und 5 W. breiten Sees Burtek. Am Salis stehen Lemsal, und an der Mündung, die für kleine Schiffe Hafen ist, Salis. Hupel.

Der Pernau aus den Flüßchen Fenern und Felin, von welchen der leztere den See Wirz abführt. Am Fenern steht Weisenstein, am Felin Felin, und an der Mündung der aus beyder Vereinigung entstandene Pernau, deren Mündung für Kauffartheyschiffe Hafen ist, die Stadt Pernau. Der See Wirz, Lett. Wirz Jerwa, 25 W. lang und 15 W. breit, fließt außer dem Felin auch durch den Embach nach dem Peipus ab. Am Embach steht Dörpat. Pernau nördlich steht noch Habsal an einer Bucht des Rigischen Busens, der für kleine Schiffe Rheede ist. Gegen Habsal liegen die Inseln Dagen und Worms.

Der

Der Finnische Ostseebusen.

Der Finnische Meerbusen (Sinus Finnicus. R. Finskoe Sahw) ist der östlichste Busen der Ostsee und liegt nach dem Rußischen Atlas in der Breite von 59½ bis 60½, und Länge von 41½ bis 48 Gr. mit vielen Inseln auf der Höhe, Rothscheer, Seescheer, Hogland, Lembasar u. m. a. auch mit vielen Uferinseln und Klippen an den nördlichen oder Finnischen Ufern, Aspoe, Birkoe u. s. f. Die südliche Küste hat Reval und St. Petersburg, die nördliche, wenn man dem Ufer folgt, Petersburg und Wiborg, bis an den Fluß Kimen, wo das Schwedische Finnland angeht; das östliche Ende macht der Kronstädtsche Busen. Eine 1777 bey der Akademie der Wissenschaften erschienene Seekarte zeigt die Inseln, die Ufer und deren Klippen, auch besonders die Tiefe, die besonders an der Südseite bis weit vom Lande geringe, höher aber von 5 bis 50 Faden verschieden ist. Die südlichen Ufer haben meistens ein niedrig Vorland mit einem Wall von Erde oder auch wie beym Baltischen Port, Narwa ꝛc. mit Kalksteinlagen. Alle Inseln und die Finnischen Uferklippen haben Kalkstein, und es ist wahrscheinlich, daß der allgemeine Busengrund ein Kalksteinlager sey, der sich auch in den Ingrischen Flächen zeigt; Finnland aber hat abwärts vom Ufer auch Granithöhen.—

Der Kronstädtsche Busen, der die östliche Spitze des Finnischen ausmacht, bis zur Insel Kronstadt reicht, etwan 25 W. lang und 10 bis 15 W. breit ist, kann auch als die Vereinigung der Mündungsarme der Newa angesehen werden, da er bey Windstille einen westlichen Wasserzug zeigt und süß, noch bey Kronstadt trinkbar Wasser hat. Im Busen sind viele seichte Stellen oder so genannte Baken, zwischen welchen jedoch ein 1¼ bis 2 Faden tiefes Fahrwasser bleibt, welches aber immer, doch nur langsam seichter wird, daher die großen Kauffartheischiffe bis Kronstadt Leichterer, und die Kriegsschiffe so genannte Kameele

oder

Der Finnische Busen. 317

oder angelegte Seitenfahrzeuge, die sie heben, nöthig haben (S. Petersb.). Ueberall ist der Kronstädtische Busen bis weit vom Lande sehr seicht, an vielen Orten mit Schilf, und überall hat er auch ein niedrig, offen oder bewaldet Vorland mit allen Anzeigen vorigen Meergrundes.

Das Wasser des Finnischen Busens ist wie der Ostsee und des Rigischen Busens, und solche Fische und Thiere hat er auch. Er befriert seiner nördlichen Lage und schwachgesalznen Wassers wegen von St. Petersburg bis zu den genannten Inseln, Hogland ꝛc., doch nur in strengen Wintern mit haltbarem Eise.

Flüße und Uferörter des Finnischen Busens.

Folgt man der südlichen Küste des Finnischen Busens von Rigischen östlich, so hat man nach der Reihe die kleine Insel Odenholm, 7 W. vom Ufer.

Der Baltische Port, ehedem Roggerwik, ist ein Busen, der am Ufer 15 Werste und ins Land 10 W. reicht, am Ufer die Stadt Baltiskoe Port, im Busen aber die Insel Rog hat. Ufer und Insel haben Kalkstein. Dieser Busen sollte zu einem Seehafen eingerichtet werden, woran auch lange gearbeitet ward, die natürlichen Hindernisse aber waren unüberwindlich.

Vom Baltischen Port bis zur Narowa und Luga hat das meistens 5 bis 10 Faden hohe Busenufer fast überall Kalk- und Thonlagen. Der Revalsche Busen reicht am Ufer an 20 W., und ins Land an 15 W. Vor dem Busen liegen zwey Karlsinseln, die Insel Nargen und etwas östlicher Wulfen, alle Kalkhöhen des Seegrundes, die über den Wasserspiegel reichen. Bey Reval ist der Busen ein guter Hafen für Kauffartbey- und auch für Kriegsschiffe. Vom Revalschen Busen bis zur Narowa sind nur

nur Bäche und im Busen kleine Inseln mit Kalk, Wrangel, Ekholm u. a. Auf der Höhe ist Hogland u. a.

Die Narowa führt mehrere Gewässer in den Busen, die hier mitzunehmen sind. Der Drewka entspringt am Alaunischen Gebirge, dem Lowat nahe, fließt durch den See Alo und heißt dann Welika (der Große). Die Welika hat von oben, außer kleinen Flüßchen und Uferörtern, die Stadt Opotschka, das Flüßchen Issa mit Sebesch, alles an der Linken. Die Stadt Ostrow auf einer Flußinsel. Der Uda ist an der Linken, Pleskow an der Rechten, und unter der Stadt fällt die Welika in den Pleskowschen See, der ein Busen des Peipus ist. Die Welika hat ein gewöhnlich Gestade mit Flußinseln und hohen Flözufern, und fließt zwar ohne Fälle, hat aber von Steinblöcken einige Strudel; im Frühlinge trägt sie belastete Strusen.

Der Pleskowsche See hat nur 20 W. im Umfange und für Barken fahrbare Tiefe. Die Gegend desselben ist niedrig und waldig; seine Zuflüße sind nur Bäche. Ein 2 W. breiter fahrbarer, kurzer Durchbruch (Protok) verbindet ihn mit dem

Peipus (R. Tschutskoe Osero), einem der größten Landseen Rußlands, fast von Form eines Dreyecks, nur 60 W. lang und 40 W. breit. Er hat flache und theils waldige Ufer, unter mehrern auch 3 bewohnte Inseln, für Strusen fahrbare Tiefe, gut Wasser und ist auch fischreich. Unter seinen Zuflüßen ist der Embach, der den Wirzsee abführt (S. vorh.), der vornehmste. Unter den Uferörtern ist die Kreisstadt Gdow.

Die Norowa führt den Peipus in den Finnischen Busen ab, hat ein gewöhnlich, nicht breites Gestade, stellenweise mit Kalkufern, etwan 20 Faden Breite, das Wasser des Peipus und bis nahe über Narwa eine für Strusen fahrbare Tiefe. Einige W. über Narwa hat sie zwey Fälle (Porogi).

rogi). Der Fluß hat hier eine Kalkklippe oder kleine Insel. Von den, durch dieselben entstandenen fast gleich breiten Armen hat einer eine Kaltfelsenbank von 120 Fuß lang, die dem ganzen Arm einen 18 Fuß hohen Fall giebt; der andere Arm fällt eben so hoch, aber staffelweise und gleichsam schießend. Die Kalkinsel hat eine Sägemühle, und der Fall selbst giebt einen Lachsfang; alles giebt ein prächtig und lärmend Schauspiel. Unter Narwa, 20 W. über der Mündung, ist die Norowa für leichte Schiffe schiffbar, die Mündung selbst aber ist ein guter Kauffartheyhafen. Der größeste Zufluß der Narowa ist der Pleussa an der Rechten. Gegen der Mündung hat der Busen die Insel Lavensari, Hochland ähnlich.

Die Luga, ein ziemlich Flüßchen, eut privat dem Ilmen nahe, und fällt dem Ursprunge in N. N. W., der Narowa östlich in den Finnischen Busen. Sie nimmt viele Flüßchen auf und hat an ihren Ufern die Städte Luga und Jamburg. Ihre Ufer haben ansehnliche Kalkstrecken, und auch das Busenufer hat hohes Kalkufer, von hier östlich aber wird es niedrig. Von der Luga östlich hat der Busen nur kleine Flüßchen, den Jekoparka mit Koporien, die Worenka, der gegenüber die Insel Seskar liegt.

Weiter hinab steht Oranienbaum am Finnischen Busen, und im Busen, Oranienburg gegenüber, 8 W. vom Ufer ist die Insel Kronstadt, Finn. Retusari, mit der Stadt und dem Hafen.

Die östliche Spitze des Finnischen Busens heißt von Oranienbaum und Kronstädt an der Kronstädtsche Busen. Er hat an der Südseite überall am höhern Lande ein niedrig, theils waldiges Vorland, und auf demselben die Kayserl. Lustschlösser Peterhof und Strelna, weiter östlich aber mehrere St. Petersburgsche Landhäuser.

Die Newa ist der Abfluß eines ansehnlichen Wassersystems, dessen Anfang der Fluß Lowat ist. Dieser entsteht

steht am Alaunischen Gebirge, in der Nähe der Anfänge der Wolga, Düna und Dnepr. Der Lowal fließt nördlich in den Ilmensee, dieser fließt durch den Wolchow in den Ladogasee, und dieser durch die Newa in die Kronstädtschen und so Finnischen Busen.

Der Lowal fließt in einer niedrigen, gebirgigen Gegend, in einem nicht breiten Gestade schnell, ohne Fälle und Strudel, nimmt mehrere Flüßchen und Seen auf, und hat die Uferstädte Weliko Luk, Cholm und Stararussa Seine Ufer haben außer Erd- und Steinlagen auch Schieferkohlen oder Kohlenschiefer, und am Polissa bey Stararussa auch Kochsalzquellen. Seine Länge bis zum Ilmen beträgt nur 300 W.

Der Ilmensee ist meistens vom Waldaischen Gebirge umgeben, hat etwan 20 Werste im Durchschnitt, meist niedrige, aber stellenweise auch hohe Ufer mit Kalk und Kohlenschiefer, Thon ꝛc. Er ist tief ohne Inseln, hat gut Wasser und viele Fische. Außer dem Lowal nimmt er an der Westseite den Szelon, an welchem Salzquellen sind, den Mschaga, an welchem zwey salzige Seen sind, an der Ostseite aber den Msta auf. Der Msta kömmt aus dem Mstinasee, der Twerza nahe, mit welcher er durch den berühmten Wischme Wolotschokschen Kanal (S. Vorh.) in Verbindung steht. Der Msta hat an 200 Faden Länge, und in seinen Ufern hie und da Kohlenschiefer und Steinkohlen, überall eine, für beladene Barken erforderliche Tiefe und zwar keine Fälle, aber bey Borowizi 13 große und 17 kleine Steinblöcke, die dem Flusse Strudel und Schuß machen, und die Fahrt zwar nicht hindern, aber erschweren; es verunglücken jedoch wegen der guten Einrichtungen nur sparsam Barken. Um den Flußspiegel zu erhöhen, sind die Seen Meglin und Kobatschi über den Fällen in den Fluß geleitet. Es wird auch an einem Kanal neben den Fällen, und an einem zweyten aus dem Msta nach dem Wolchow, der bey Jurgewskoi dem Msta nahe ist, gearbeitet. Durch denselben wird die Fahrt über den Ilmen ersparet.

Der Finnische Busen. Das Newasystem.

ersparet. Der Türkenkrieg unterbrach dieses Unternehmen. Einige dem Msta nahe Seen trocknen des Sommers aus, und heißen davon trockne (Suchoe Olero). Dieses scheint außer der Verdunstung, auch in Abzügen oder Steinschelden zwischen Flözlagen Grund zu haben.

Die Wischera fällt neben dem Wolchow in den Ilmen; kleinere zu geschweigen.

Der Ilmensee fließt durch den ansehnlichen, an 200 W. langen, bis 200 Fäden breiten Wolchow in den Ladogasee ab. Dieser hat sein Gestade in einer niedrigen, waldigen Gegend, und im Bette einige Steinblöcke, deren Strudel die Fahrt nicht merklich hindern. Am Wolchow stehen Nowgorod, Staraja und Nowaja Ladoga.

Bey Nowa Ladoga, nahe über der Mündung des Wolchow, nimmt der berühmte Ladogaische Kanal, den Peter der Grosse 1718 anfing und Anna 1732 vollendete, den Anfang. Er folgt vom linken Wolchowufer dem südlichen Ladogaufer, in geringer Entfernung, in einer morastigen Gegend, überkreuzt kleine Flüße und erreicht bey Schlüsselburg das linke Ufer der Newa. Die Länge dieses mit Holz, theils auch mit Steinen gefütterten Kanals beträgt 104 W., die Breite 10., die Tiefe 1½ Faden. Die ausgeworfene Erde macht an beyden Ufern einen Wall, von welchem der nördliche den Schiffen aus dem Wolchow, der südliche den aus der Newa zum Wege für das Ziehen der Fahrzeuge dient. Die überkreuzten Flüsse haben an beyden Kanalufern Schleusen, um ihr Wasser in- oder aus dem Kanal lassen zu können. Der Kanal selbst hat nur am Wolchow und an der Newa ein paar Schleusen. Er dient den Fahrzeugen, die zeitspielige und gefährliche Fahrt neben dem Ladoga zu ersparen.

Der Sias fällt dem Wolchow östlich an der Südseite in den Ladoga. Er hat eine nasse, waldige Gegend.

Unter

Unter seinen Flüßchen ist der Tifina der Rechten wegen des Tifinaischen Kanals zur Gemeinschaft der Wolga mit der Rewa durch den Schekéna u. s. f. merkwürdig. Hievon schon bey der Wolga vorh. Der Poscha und Ojat fallen aus einer dem Sias ähnlichen Gegend in die Ostseite des Ladoga. Dieses thut auch der Swir, der den Onegasee in den Ladoga abführet.

Der Onega ist einer der größesten Landseen des Reichs. Er liegt dem Ladoga östlich und hat das flache, nasse, kalte, mäßig fruchtbare, Olonezkische und Finnische Gebirge. Er hat viele und theils große Busen; auch den Ufern nahe viele, theils bewohnte Inseln; auf der Höhe ist er von reinem Spiegel mit gutem Wasser und Fischen. Einige seiner nördlichen Inseln und so auch die Ufer und deren Klippen bestehen aus Marmor, und wahrscheinlich ist das ganze Seebette übersandeter Felsengrund. Er erhält seiner Lage nach nur kurze Flüße, den Witegra an der Südseite, mit Witegra, den Woblo aus dem See Woblo, die Abflüße des Lisch und Suma, die Losocho an der Westseite mit der Hauptstadt Petrosawodsk und viele kleinere theils fast stehend, theils mit Fällen, oft mit gelbem Wasser, welches auch gelben Schaum macht. Laxm.

Der Onega fließt an der Westseite durch den Swir in das östliche Ufer des Ladogasees. Der Swir hat das niedrige Gebirge des Onega, ist ansehnlich, und hat zwar Steinblöcke, ist aber doch für Gallioten schiffbar.

Der Ladogasee ist größer als der Onega, nur 150 W. lang und 100 W. breit. Da er die mehresten Gewässer des Finnischen Gebirgs sammlet und selbst den Onega aufnimmt, so muß er wohl die niedrigste Stelle dieses Gebirges einnehmen. Der See macht viele Busen und Landecken, hat aber nur wenige Uferinseln; auf der Höhe ist er ganz rein. An seinen nördlichen Ufern ist hie und da Marmor, die übrigen sind niedrig. Sein Grund ist überall übersandet.

det. Seine Tiefe ist sehr verschieden, und nicht überall für Wasserfahrt hinreichend. Sein Wasser ist sehr rein und auch fischreich. Wie der Onega, wird er jährlich und zum großen Vortheil der Fischerey mit Eise bedeckt. Die Gegend des Ladoga ist der des Onega ähnlich.

Der Ladoga hat über 70 Zuflüße, die aber seiner Lage nach bis auf die Wolchow und Swir mit ihren Systemen nur kurz seyn können. Folgt man dem Ufer des Ladoga von der Linken des Ausflußes der Newa rund um den See bis wieder zur Newa, so sind die vorzüglichern Zuflüße:

An der Südseite die Nasia, an welcher Kalksteinbrüche sind, die Lawa, die beyde vom Ladogaischen Kanal überkreuzet werden, der Wolchow, Sias und kleinere. An der Ostseite hat er den Swir aus dem Onega, den Oloneka mit Olonez und kleinere. An der Nordseite sind viele Busen und der Ruskola, Janez und kleinere. An der Westseite ist der Woxa, der Abfluß mehrerer Gewässer des westlichen und S. W. Finnlands. Diese Gewässer geben mit dem Zwischenlande den Landkarten fast ein netzförmiges Ansehen. Sie stehen auf mannigfaltige Weise in Gemeinschaft und erscheinen als Seen, Kanäle, Flüße, Strudel, Wasserfälle, Durchbrüche, mit und ohne Klippen, — stehen aber in Absicht der Höhe oder des Wasserzuges in solchem Gleichgewicht, daß die Woxa, die scheinbar das trockne Land dieser Gegend reichlich verdoppeln könnte, nur sehr langsam in den Ladoga abfließt. Die größesten Wasserbetten heißen Sama bey Wilmanstrand, Utrus bey Nyslott u. m. a. Der ansehnlichste Wasserfall ist der Imatra im Woxa selbst, 27 W. über Kexholm. Der Sakula, eine große Seegruppe, steht mit dem Woxa auch in Gemeinschaft, und hat noch einen zweyten Abfluß nach dem Ladoga.

Die Newa ist der einzige Abfluß des Ladoga und aller seiner Gewässer. Sie kömmt aus einem südwestlichen Busen des Ladoga, in welchem recht vor dem Ausfluß eine Insel liegt, welche die Festung Schlüsselburg hat. Auf ihren 60 W. langen Lauf macht sie einen südlichen Bogen, und fällt dann mit mehrern Armen bey St. Petersburg, ihrem Ausfluß in W., unter 59 Gr. 57 M. in den Kronstädtschen Busen. Ihre Gegend ist niedrig, mäßig angebauet. Sie hat kein eigentlich Gestade, sondern von der höhern Fläche 3 bis 8 Faden hohe Ufer, meistens aus Thon. Ihre Breite wechselt von 100 bis 200 Faden. Außer der Katharineninsel bey Schlüßelburg und den Mündungsinseln bey St. Petersburg hat sie keine Inseln. Ihr Bette ist übersandeter Thon, und hat bey Pella Steinblöcke, deren Strudel doch die Wasserfahrt nicht stöhren. Ihre Tiefe beträgt 1 bis 3 Faden. Im Frühlinge ist ihr Spiegel nur ½ bis 1 Faden höher, bey St. Petersburg aber steigt sie bey westlichen Stürmen, die den Abfluß aufhalten, bisweilen fast bis 2 Faden. Auch des Sommers fließt sie geschwinder. Ihr Wasser gehört zu dem besten Flußwasser. Bey St. Petersburg hat sie sich nie vor dem 20. Octobr. mit Eise bedeckt, und nie brach es vor dem 25. März.

Ihre vorzüglichsten Zuflüsse sind von oben: der Ladogaische Kanal in Schlüßelburg, dann das Flüßchen Mcha, und der Fluß Tosna, alle an der Linken; über der Mündung der Tosna steht das Kayserliche Lustschloß Pella im Bau. Die Ischora fällt unter der Tosna in die Linke der Newa; sie ist kleiner als die Tosna; beyde entspringen am Duderhoffschen Gebirge und haben angebauete Gegenden.

Unter der Ischora hat die Newa an der Rechten die Teutsche Kolonie Saratowka, und an der Linken das Flüßchen Slowenka, mit der Ufersloboda Ribna und weiter hinab Alexandrowsk, die Porzellain Fabrik, das Newskische Kloster, und das Jungfernkloster, die schon zu St. Petersburg gerechnet werden.

Am rechten Ufer ist das Flüßchen Ochta mit den Ruinen von Nyenschanz.

Unter Ochta giebt der Strom an der Linken die Fontanka und Moika, an der Rechten die kleine Newa und die Newka, die sich noch weiter theilen, ab, wodurch die verschiedenen umflossenen Stadttheile entstehen, deren untere Gegenden in einigen Jahren überschwemmt werden.

Das nördliche Ufer des Finnischen Busens hat von der Mündung der Newa in W. am Kronstädtschen Busen das Flüßchen Sestra, welches dem Ladoga nahe entspringt, und eine kalte, waldige und bergige, auch nasse Gegend, an der Mündung aber die Kayserl. Sestrabeksche Gewehrfabrik hat.

Von der Sestra und am Finnischen Busen selbst hat das Ufer mehr Felsenklippen und Inseln, von welchen Biorka, Torsari, Pensari u. a. bewohnt sind. Wiburg steht an einer felsigen Bucht, die am Busen ein guter Hafen ist; eben so Friedrichsham. Von Friedrichsham bis zum Grenzfluß Kymen sind viele Klippen, Scheren und Inseln.

Der Grenzfluß Kymen kömmt aus dem See Pesand, und besteht gleichsam aus einer Kette aneinander gereiheten See- und Wasserbetten, die selbst auch mit andern Gewässern Gemeinschaft haben, alle aber durch den Kymen in den Finnischen Busen abgeführet werden. Der Kymen hat große Aehnlichkeit mit dem Woxa, ein großes Wassersystem, Fälle, Klippen, natürliche Stauungen. — An der Linken der Mündung oder an der Rußischen Seite steht Panis, an der Rechten oder Schwedischen Lowisa.

Das ganze Rußische Finnland ist sehr wassersüchtig und waldig; zur Benutzung der Wälder aber er-
leich-

leichtern die vielen Wasserfälle den Bau der Sägemühlen.

Von den Fischen und Uferthieren der Ostseegewässer im 3ten oder naturhistorischen Theil.

Fünfter Abschnitt.
Der nördliche Ozean.

Das Rußische Reich reicht in Norden überall an den nördlichen Ozean, der an den Küsten Rußlands bis Nowa Semlia und die Meerenge Waigaz das Nordmeer (Oceanus Septentrionalis) und von Waigaz bis zur Tschutskischen östlichen Landecke (Tschutskoi Nos) das Eismeer (Mare Glaciale) genennet wird; doch wird es mit dieser Unterscheidung nicht genau genommen.

Der ganze Ozean macht an unsern Küsten viele Busen, und viele Landspitzen reichen weit ins Meer. Der merkwürdigste aller Busen ist das weisse Meer, Mare album, R. Beloe More.

Die Kenntniß des Nord- und Eismeeres, mit Ausschluß des weissen Meeres, ist wegen der arctischen Breiten, des Treibeises, der unbekannten See, der seichten Ufer, der mangelnden guten Hafen, der unbewohnten Ufer, wegen fehlenden Reiz für Handlung —— äußerst schwierig. Was die Rußische Regierung wegen dieser nähern Kenntniß ihrer Küsten und des hohen Meeres bisher durch Seeexpeditionen aus Archangel, Kola, den Mündungen der Sibirischen großen Flüße, und vorzüglich durch die Kamtschatkischen Expeditionen unter Bering, und Billings und die Kolaische unter Tschitschigow ausgerichtet hat, ist schon vorher kürz-

kürzlich angezeigt. Was wir von diesem Meere wissen, gründet sich auf diese Unternehmungen und auf die gesammelten Nachrichten und wenigen eigenen Bemerkungen der akademischen Reisenden, **Müller, Gmelin, Messerschmidt, Pallas, Sujew.** Das ist jedoch nur ziemlich allgemein, und auch die Karten unsers Atlasses gründen sich nur ortweis auf richtige Vermessungen.

Das Nordmeer.

Das Nordmeer hat seine Ufer am **Kolaischen Vorgebirge** und auch an der Meerenge **Waigaz**, ohngefehr unter 70 Gr. Br.; das südlichste Ufer ist an der Mündung der **Petschora**, etwan unter 68 Gr. Br. Außer dem weissen Meer hat es nur einen ansehnlichen Busen. Die Ufer sind an Kola felsigt mit Klippen, vom weissen Meer an aber die niedrige, allgemeine arctische Torfflüche (R. **Tundra**). In den Busen und Flußmündungen wird eine nur sehr geringe Ebbe und Fluth bemerkt.

Das Meer ist dem Ufer nahe und auch bis weit vom Lande fast überall seicht. Es hat übersandeten schlammigen Thongrund mit vielen Meergräsern, die es häufig auswirft. Der dem Lande nahe Ufergrund erscheint auch in mehrern kleinen, niedrigen, unbewohnten Inseln.

An der Ostseite des weissen Meeres ist die Halbinsel oder Landzunge **Kaninos**, wodurch zwischen ihr und der östlichen Küste ein ansehnlicher Busen entsteht, der bis 66 Gr. ins Land reicht; weiter östlich sind geringere Buchten.

Das Wasser des Nordmeers ist nur schwach gesalzen, daher und der arctischen Breite wegen die Bu-

fen und das Meer selbst bis weit vom Lande jährlich mit
Eise bedeckt werden, welches auch in einigen Jahren
an den Ufern lange liegt.

Das weisse Meer.

Es ist ein großer Busen des Nordmeeres, welcher bis
63 Gr. Br. ins Land reicht. Durch seine Unförmigkeit umgiebt es Kola als eine Halbinsel. Die Breite desselben ist
von 50 bis 100 W. verschieden. Es hat in seinen Busen
und an seinen Ufern viele kleine, doch zum Theil bewohnte
Inseln, und besonders am westlichen Ufer viele Klippen.
Das hohe Meer hat einen reinen Spiegel, und selbst für
Kriegsschiffe eine hinreichende Tiefe.

Die Ufer sind an der West- und meistens auch an der
Südseite zwar nicht hoch, aber felsicht, und stellenweise auch
morastig, die übrigen südlichen und östlichen sind bis auf
einzelne felsige Stellen niedrig, flach und theils sehr naß;
fast überall aber ist ein allgemeiner Felsengrund bemerkbar
und dieser ist wahrscheinlich auch unter dem Meere allgemein. Die Auswürfe des weissen Meeres sind wie an der
Kolaischen und übrigen Nordmeerküsten mehrere Meergräser,
Fucus, Litho- und Zoophiten, wenig Schaalwerk, Sand
und wenige Pflastersteine.

Flüße und Ufer des Nord- und weissen Meeres.

Wenn man dem Nordmeer von der Norwegschen und
Rußischen Grenze auf Kola und dann ums weisse Meer und
wieder am Nordmeer bis zur Meerenge Waigaz am Ufer folgt,
so ist das bemerklichste:

Das

Gewässer des weissen Meeres.

Das Flüßchen Paes aus Seen; es macht die Grenze und fällt nach den Karten unter etwan 70 W. Breite und
49 Gr. L. in eine Nordmeerbucht. Die Landzunge Ko-
jerskoe Muis ist salzicht und etwan 30 W. lang. Das
Flüßchen Tuloma kömmt aus dem See Noth und hat einen Wasserfall. Am Tuloma steht Kola unter 68 Gr.
52½ M. Br. und 44 Gr. L. Daselbst breitet sich der Fluß
zu einem brauchbaren Hafen aus, und im Meer sind
die so genannten sieben Inseln (Sem ostrowi) felsicht und nur klein.

Folgt man der Küste des weissen Meeres an der Westseite südlich u. s. f., so hat man nach der Reihe: die drey
Inseln (R. Triostrowi,) klein und felsicht, und Medwet
Ostrow (Bäreninsel), die alle jetzt verlassene Bergwerke
hatten. Sosnowoi Ostrow (Fichteninsel) ist etwas
größer.

Das Flüßchen Ponoi aus einem See, Strelna,
Worzuga, welches eine ganze Reihe Seen abführt,
Umba. Der Abfluß des Imandif, der Kowda, der
mehrere Seen abführt, fallen nach der Reihe ins Meer.
Die Insel Welikoe und Kolskoe sind beyde dem Ufer
nahe. Der Busen Kandalaskaja Guba reicht südwestlich weit ins Land.

Der südliche Busen des weissen Meeres ist mit vielen,
theils bewohnten Inseln, unter welchen Kamenoe, und
Solowezkoe Ostrow, leztere mit einem Kloster,
die vorzüglichsten sind. Der Kem führet den Kunta,
Nuk und mehr Seen ins Meer, und hat vor der Mündung die Insel Kemskoe Ostrow. Der Wig entsteht dem Onegasee nahe, fließt durch den Wigsee, nimmt
mehrere Seeausflüsse, die theils Fälle haben und dabey
gelben Schaum machen, auf, und fällt in einer Insel- und
Klippenreichen Gegend ins Meer. Drey Saibäche des
Meeres haben starke Fälle. (Laxm.) Die Suma fließt
durch

durch den Sumasee, hat an der Mündung einen Ostrog und vor demselben die bewohnte Insel Suma. Die Sig gleicht dem Wig. Diese ganze Gegend ist kalt und naß.

Der Onegafluß ist nächst der Dwina der ansehnlichste des weissen Meeres. Er entspringt neben dem Onegasee, seiner Mündung in das südliche Ufer des weissen Meeres in S. S. O. Oben ist er Flüßchen des Belosero vom System der Wolga (vorh.) so nahe, daß er mit denselben durch Kanäle scheinbar leicht vereint werden könnte. Als Onega kömmt er aus dem See Laffa, und nimmt an beyden Seiten viele Flüßchen, Bäche und Seen auf. Oben steht die Stadt Kargapot am Onega, an der Mündung, die ein guter Hafen ist, die Stadt Onega. Auch daselbst sind im Meere Inseln.

Die Dwina.

Der größeste Fluß des weissen Meeres, fällt in dessen östlichen Busen. Sie ist schiffbar, hat eine gut angebauete Gegend und ist davon bekannt, auch reiseten der ältere Gmelin, und vorzüglich der Ritter Lepechin an derselben. Sie entsteht aus Vereinigung der Suchona und des Jug.

Die Suchona ist der Abfluß des 50 W. langen, 20 W. breiten Kubanischen Sees, der die Gewässer seiner Gegend sammlet, gut Wasser hat und fischreich ist. Die Suchona hat das gewöhnliche $\frac{1}{2}$ bis über 1 W. breite, waldige und offene Gestade, und bald an der einen, bald an der andern Seite ein hohes Bergufer. Ihr Bette ist übersandeter Thon ohne Steinblöcke, auch ist sie vom See an schiffbar. Ihre Zuflüße sind zahlreich, aber klein. Am Flüßchen Wologda steht Wologda, weiter hinab am linken Suchonaufer Totma, wo Salzquellen sind; die sind auch

wei-

Flüsse des weissen Meeres.

weiter hinab am Ledjanka der rechten. Bey Ustjug vereint sie sich mit dem Jug, der kleiner als die Suchona ist, aber eine gut angebauete Gegend hat.

Die aus dem Suchona und Jug entstandene D w i n a ist von ihrem Anfange ansehnlich und fließt in einem gewöhnlichen 1 bis 3 W. breiten Flußgestade, welches sein hohes Ufer bald an der einen, bald an der andern Seite hat, in einem übersandeten Thonbette, 100 bis 200 Faden breit, ohne Stöhrungen, ziemlich geschwinde. Sie macht viele Inseln, und zeigt des Sommers an vielen Orten trocknen Grund, behält aber für beladene Flußfahrzeuge, die hier Karbassen genannt werden, hinreichend Fahrwasser. Ihre Länge beträgt mit Inbegrif der großen Krümmungen um 500 W. Ihr Wasser ist mittler Güte und auch fischreich.

Ihre vorzüglichern Zuflüße und Uferörter sind von oben hinab.

Die Provinzialstadt Ustgug Welika, an ihrem Anfange. Der Fluß W i s c h e g d a an der Rechten, ihr größster Zufluß, entspringt der Petschora nahe, (mit deren Bächen sie vereint werden kann), ihrer Mündung in O. N. O. Sie trägt im Frühlinge beladene Karbassen. Die Wischera auch an der Rechten. Sie hat das Flüßchen S y r j a n s k a j a K i t e l m a, welches mit P e r m s k a j a K i t e l m a der Kama in einem Sumpf entstehen, so, daß beyde leicht vereint werden könnten (Vorh.). Weiter hinab hat die Wischera das Flüßchen Wim, in dessen Ufern Korallen, Schaalwerk und andere kalkige Versteinerungen häufig sind. Unter dem Wim steht J a r e n s k, und weiter hinab Solwitschegodsk mit einer Salzsiederey am rechten Wischeraufer.

Unter dem Wischegda hat die Dwina das Flüßchen Waga an der Rechten, und an eben dieser Seite den Pinega, wo ein Werft für Schiffe von Lerchenholz ist.

Archan-

Archangel am rechten Dwinaufer und dann die Mündung, die ein guter Kauffarthey- und Kriegshafen ist. Seit 1735 bis 1764 ward der Hafen nie vor dem 9ten April und nie nach dem 13ten May vom Eise frey.

Der Mesen, der östlichste Fluß des weissen Meeres, entspringt seiner Mündung in S. O., und hat eine nasse, kalte, meistens den Samojeden überlassene Gegend, auch nur kleine Zuflüße.

Vom weissen Meer östlich hat das Nordmeer die Landzunge Kaninos und den Meerbusen Tscheskaja Guba. Vor demselben ist in der höhern See die Insel Kalgujew, die etwan 15 W. im Durchmesser hält.

Die Petschora, ein an 1000 W. langer Fluß, entspringt am westlichen Ural, Obflüßen nahe, auch hat sie nahe Kamaflüße, die mit derselben vereinigt werden können. Ihre Gegend ist der westliche Abhang des Ural an der Rechten, und der allgemeine Torfsumpf an der linken Seite. Ihr Gestade ist unten holzlos. Es hat viele Kalkufer mit Klüften und Höhlen (Petschori), wovon ihr Nahme genommen ist. Ihr Lauf ist ungestört, ihr Wasser rein, aber arm an Fischen. Ihre Mündung ins Meer ist nach den Karten unter 68 Gr. Br. und 69 ½ Gr. L. Sie hat aus Thonuferstellen Elephantenknochen gespühlt. Ihre vorzüglichsten Zuflüsse sind der Lialsa, Suchoi Usa und Elima an der Rechten, an der Linken sind nur Bäche. Außer Pustoserst und einigen geringen Dörfern hat sie keine Wohnungen.

Der Mündung der Petschora östlich nimmt eine Meeresbucht das Flüßchen Korotcha auf, gegen welchem die Inseln Dolgo und Matwoewskoe sind.

Die Meerenge Waigaz trennet Nowa Semlia vom nördlichen Kaukasus, nach den Karten unter 70 Gr. Br. Sie scheint nur 50 W. lang und breit, wird aber meistens
von

von der Felseninsel Walgaz und dann diese umgebenden kleinen Eilanden eingenommen.

Das Eismeer.

Das Eismeer, Mare glaciale, R. wie das Nordmeer Severnoe Okean, ist der östliche Theil des nördlichen Ozeans, der die Sibirische Küste von der Meerenge Walgaz und dem Ural bis zum Tschuktschischen Vorgebirge und der Beringsmeerenge bespühlt. Was vom Nordmeer gesagt ist, gilt auch vom Eismeere; außer dem Abhange des Urals solchen breiten Torfschaum (Tundra), solche niedrige und bis weit vom Lande seichte Ufer, Buchten, Busen, Landecken, einige Uferinseln; so schwach gesalzen Wasser. — Von Jenisei in Osten wechselt doch das Ufer mehr als westlicher mit Torfland und Felsenstrecken. Zu einem großen Theil liegt die Eismeerküste nördlicher, als die des Nordmeeres, am Karischen Busen unter 68°, bey Tschuktskoe Nos unter 74 Gr., und eine Landspitze zwischen dem Jenisei und der Lena reicht bis 77 Gr.

Busen unter 74 Gr. Br., verliehren nie alles Eis, (Müll.) auch treiben Stürme an die gemeinen Küsten Eisfelder, die sich des seichten Grundes wegen aufthürmen; und dann nach und nach schmelzen, oder auch von Landstürmen wieder in die See gerathen. Das Eis scheint bläulich und besteht aus fast ganz süßen Wasser. Das Eismeer zeigt Ebbe und Fluth etwas stärker als das Nordmeer. Im Karischen Busen; in welchem sie täglich zweymal erfolgt, beträgt die Verschiedenheit der Höhe des Spiegels um $2\frac{1}{5}$ Fuß. Suj.

Die Auswürfe des Eismeeres bestehen außer Fucus und andern Seegräsern, auch, doch sparsam, in Steinkohlen und Brandschieferbrocken; um die Mündungen des

des Jenisei wird hie und da Bernstein in kleinen Körnern gefunden. Das Meer wirft auch Treibholz, meist Lerchen, theils so häufig aus Ufer, daß es als ein kleiner Wall aufgestapelt liegt. Einzelne Stücke oder Bäume von Treibholz werden auch bis 1 W. vom Meerufer gefunden, wodurch wahrscheinlich wird, daß sich das Meer zurücke ziehe.

Eismeerbusen und Flüsse.

Der Karensische, auch Karische Meerbusen (R. Karskoe Saliw) ist zwischen Nowa Semlia und einer östlichen Landzunge, neben dem Obbusen. Die Breite desselben beträgt 100 bis 150 W. Sein südlich Ufer ist unter 69 Gr. Br. Er gleicht in allem dem Meer, solche niedrige Ufer, solchen Grund, Wasser, solche Ebbe und Fluth. Bey der Ebbe entblößt er den nächsten Ufergrund auf eine ziemliche Breite und verstattet dessen Besichtigung.

Die Landzunge zwischen dem Karischen und Obbusen reicht bis 73 Gr. ins Meer. Ihre Breite beträgt nur 200 W. Ihre Beschaffenheit ist die der allgemeinen Torffläche, naß, mit vielen Seen, die von Seevögeln häufig besucht werden, und vielen Bächen, denen des Karischen Busens ähnlich.

Der Obfluß.

Der Ob, Samojed. Kolta, Ostjak. Jag, Tatar. Umar, ist nach dem Jenisei der größeste Fluß Sibiriens und überhaupt einer der größesten des bekannten Erdbodens. Er entsteht aus Vereinigung der Flüsse Katunja und Bi, die beyde am Altaisch-Soongorischen Scheidegebirge, nach den Karten etwan unter 52 Gr. Br. und 107 Gr. L. entsprin-

gen

Der Ob des Eismeeres.

gen und fällt unter 75 Gr. Br. und 91 Gr. L., also dem Ursprunge in N. N. W. ins Eismeer. Sein Flußsystem reicht von 75 bis 112 Gr. östl. Länge und ist, bis auf die südlichen Zuflüsse des Teleutischen Sees und den Anfang des Irtysch, ganz innerhalb der Russischen Grenzen. Der Ob und seine Gewässer konnten wegen der großen Ausbreitung und seiner zum Theil unwirthbaren oder doch nur wenig angebaueten Gegenden nicht überall genau untersucht werden, doch waren Müller, Gmelin, Messerschmidt, Strahlenberg, Steller, Pallas, Falk, Georgi und am untern Ob vorzüglich Sujew, an demselben; in den obern oder Gebirggegenden aber hat ihn der Kolywanische Bergbau bekannt gemacht. Außer seinem Anfange im Gebirge ist sein ganzes Flußgebiet das flache Sibirien; nur der Irtysch und der unterste Ob erhalten auch Zuflüsse aus dem Uralgebirge.

Der Teleutische, auch Telezkische See N. Telezkoe Osero, Mongol. Altan Nor, ist in einer hohen, ofnen Gebirgsfläche, um 80 W. lang und 25 W. breit. Unter dessen Zuflüssen sind der südlich entspringende Tschuluschmen u. m. a. Aus dem See kömmt der ziemliche Bija mit N. westlichem Lauf und nimmt nach einer Länge von etwa 200 W. an der Linken den nicht großen, aber langen Katunja auf und der vereinte Fluß heißt nun Ob. Dieser fließt erst nördlich, dann westlich und wieder nördlich, wodurch er eine Länge von etwan 4500 W. erhält.

Der Ob hat von seinem Anfange unter der Vereinigung seiner beyden Stammflüsse, wo die Festung Birsk steht, bis zum Berdo, eine etwas gebirgige Gegend und denn bis zum Meer flach Land. Sein Gestade hat von 3 bis 30 W. Breite und wechselt mit Wiesen, Moor, Bruch, Sümpfen, auch bis in die arctischen Gegenden mit Gehölz. Das flache Land macht dem Gestade ein 5 bis 10 Faden hohes Ufer. Dieses hat aber auch streckenweise bald an der einen, bald an der andern Seite Hügelstriche. Die Ufer und Hügel zeigen

gen abwechselnd Thon-, Kalk-, Mergel-, Gips-, Sand-
stein-, Torf und mehrerley Schieferlager. Auf der ganzen
Länge des Flusses sind im Gebürge und in den Flächen bis
ans Meer hie und da aus den Ufern Elephantengerippe ge-
waschen.

Das Flußbette ist übersandeter Thon, ohne Klippen und Steinblöcke, daher der Fluß ruhig und langsamer
als die Wolga fließt. Er hat im Gestade ein 1 bis über
2 Faden hohes Ufer und da er im Frühlinge nach Umständen
einen bis 2 Faden und darüber wächset, so überschwemmet
er sein Gestade und seine vielen, theils großen, dem Gestade
in allen gleichen Inseln. Des Sommers zeigt er an vielen
Stellen theils ansehnliche Plätze des Grundes, der Fluß neben demselben aber hat ein bis 2 Faden und darüber tiefes
Fahrwasser. Die Breite des Flusses wechselt von 100
bis an 1000 Faden; wenn er im breiten Gestade dasselbe
und seine Inseln bedeckt, so hat er ein fast meerähnlich Ansehen. An der Mündung breitet er sich zu einem meerähn-
lichen, um 600 W. langen, bis 100 W. breiten Busen
(R. Obskaja Guba) aus.

Das Wasser des Ob ist nur von mäßiger Güte,
doch völlig unschädlich und auch fischreich. Von solcher Beschaffenheit ist auch das Wasser des Busens. Die Ufer des
Ob sind nur schwach bewohnt, und seine arctische Gegend ist
Nomaden überlassen.

Zuflüsse und Uferörter von Birsk hinab.

Die Flüßchen Pestschanaja und Amu und der
größere Tscharysch und Alei entspringen alle im Gebirge,
und fallen in die Linke des Ob. Die beyden letztern, besonders der Tscharysch nehmen die meisten der schon genannten Flüßchen des Kolywanischen Erzgebirges auf. Der

Der Ob und Obflüsse.

Barnaulka nimmt am Irtysch den Anfang, reihet einige Seen an einander und hat am Einfall in die Linke des Ob die Bergstadt Barnaul. Der nur kleine Tscheremschanka ist an der Rechten; der größere, dem Barnaulka ähnliche Kasmala an der Linken; an letzterer steht die Silberhütte Nowopawlowsk. Der Tschumysch, der in der Nähe des Toms entspringt und der Susun fallen in die rechte Obseite und haben beyde Hüttenwerke. An dieser Seite sind auch der Berbo und Inga, beyde nicht groß.

Der Tom, einer der größesten Flüsse der rechten Obseite, entspringt im hohen Sajanischen Gebirge, am Berge Tombasch, dem Abakan des Jenisei nahe, seiner Mündung in S.S.|O. Die gerade gemessene Länge des Flusses beträgt um 600 W. Die Gegend des Tom ist oben das Teleutische Gebirg und unten flach, waldig, fruchtbar Land. Sein Gestade von gewöhnlichen Abwechselungen hat eine Breite von 1 bis 3 W. und Ufer mit Thon, Sandstein, Schiefer, Kalk, auch Kohlenschiefer, der an einem Berge 20 W. über Kusnezk seit vielen Jahren glimmet (Orogr. Abth.), und bey Gosnowka unter Kusnezk eine Strecke grünlichen, kaltigen Sandschiefer, der von eingekratzten Figuren Schriftfelsen (Pisanoi Kamen) genannt wird.

Das Bette des Toms ist übersandet, mit Flußkieseln und unter diesen auch farbige. Bey Tomsk hat der Fluß eine Bank oder eine Art Damm aus Bachkieseln (R. Perebor) über welchen er sich mit Geräusch stürzt. Unter Kusnezk wechselt seine Breite von 15 bis 60 Faden und trägt im Frühlinge, vom Schneewasser von 1 bis 1½ Faden angeschwollen, beladene Barken. Sein Lauf ist geschwinde, ohne Unterbrechungen, sein Wasser nur mäßiger Güte, aber fischreich. Bey Tomsk unter 56½ Gr. Br. bedeckt er sich nach der Mitte des Octobers mit Eise und verliert es um die Mitte des Aprils.

Die vorzüglichsten Zuflüsse und Uferörter des Tom sind der Mrasa der Rechten, im Gebirge von Klippen ꝛc. stolpernd und wild. Der Aba der Linken, mit Abinzischen Dörfern. Kusnezk die Grenzlinienstadt am rechten Ufer, der Konda der Linken gegen Kusnezk. Sosnowskoi Ostrow, eine hohe bewohnte Flußinsel. Tomsk am rechten Ufer und die Mündung des Toms in die Rechte des Ob, 40 W. unter Tomsk. Ueber und um Tomsk wohnen Tatarn und Ostiaken.

Der Tschulym, Tatar. Tschuml, Ostiak. Aksu (weißes Wasser) und Urupn, der unter dem Tom in die rechte Obseite fällt, entstehet aus denen nahe am Jenisei entspringenden Flüßchen Kara, R. Tschernoi (der schwarze) Djus, und Ak, Russisch Beloi (der weiße) Djus, in einer etwas gebirgigen Gegend. Beyde haben nur Bäche. Der durch Vereinigung des schwarzen und weißen Djus entstandene Tschulym hat in einer flachen, etwas waldigen, wenig angebaueten Gegend eine Länge von 1100 W., und fließt auf übersandetem Thongrunde in der Breite von 50 bis über 180 Faden, hat viele Inseln und des Sommers trockne Grundplätze. Sein Gestade hat von 5 bis 10 W. Breite, wenig Waldung, aber 93 Userseen, die im Frühlinge in die Ueberschwemmung gerathen und das Wasser und die Fische des Flusses haben. Das Wasser ist schlecht, ist aber an Fischen sehr reich.

Die vornehmsten Zuflüsse des Tschulyms unter den Djusflüssen sind: der Urup an der Linken; er hat von Steinblöcken Strudel. Der Kija der Rechten 250 W. lang, mit vielen Userseen, der Jaja der Linken. Der Kemtschuk und Ului der Rechten. Die Uferbewohner des Tschulyms und seiner Flüsse sind meistens Tschulymsche Tatarn und Ostiaken und nächst diesen Russen.

Unter dem Tschulym fällt der Tschaus in die Linke des Ob, er ist nicht groß, entsteht aus dem Kasik und Ojesch und hat ein breit Gestade mit vielen Userseen. An

Der Ob und Obflüsse.

seiner Mündung ist die Ueberfahrt der Sibirischen Heerstraße über den Ob.

Der Ket, Ostiakisch Keto der Rechten des Ob entspringt dem Jenisei nahe, der Mündung in O. S. O. Er gleicht an Größe und Wasser dem Tschulym, hat viel niedrige Sandufer (R. Plossi) und des Sommers viel trockene Sandgrundstellen (Sib. Moli). Er hat nur kleine Zuflüsse und eine wenig angebauete Gegend, dient aber dem Wassertransport für ostsibirische Produkte. Sie werden von Jeniseisk 30 W. über Land an der Ket gebracht und gehen auf demselben nach dem Ob. Die Mündung des Ket hat drey Arme.

Unter dem Ket steht Narym am rechten Obufer, unter 58 Gr. 46 M. Br. Das Flüßchen Wassuga fällt in die linke, weiter hinab aber der Tim und der etwas größere Wach in die rechte Obseite. Alle drey haben eine kalte, waldige, wenig angebauete Gegend.

Surgut am rechten Obufer unter 61 Gr. 16 M. Br.

Newolo Protok, ein Arm der Linken des Ob, der die Spitze vom Einfall des Irtysch durchschneidet und sie zur Insel macht. Der Ob hat von Surgut an niedrige Ufer und große Inseln, eine nasse waldige Gegend und an den Ufern nur wenige Russische und Ostiakische Dörfer.

Die Mündung des Irtysch an der Linken des Ob.

Der Irtysch fließt als ein ansehnlicher Fluß aus den Nor Saisan in der Soongorey, nach den Karten unter 47 Gr. Br. und 101 Gr. L. Der Saisansee liegt in einer ofnen, sehr hohen, flachen Gegend, wird um 200 W. lang und um 50 W. breit geschätzt, und nimmt vorzüglich den Fluß Chairlik an der Südseite auf, den man für den Anfang des Irtysch halten kann. Der Saisan hat flache Ufer, Uferinseln, übrigens einen reinen Spiegel und gutes Wassers.

Der Irtysch fließt in N. N. Westlicher Richtung erst im und am Altaischen und Kolywanischen Gebirge, und dann

im

im flachen Lande. Diese Gegend ist bis Tobolsk meist trocken und offen, unter Tobolsk bis zur Mündung unter 61¼ Gr. Br. und 84½ Gr. L. waldig und mehr naß. Er hat von Saisan an überall ein 2 bis 4 W. breites Gestade mit den gewöhnlichen Abwechselungen von Wiesen, Bruch, Gehölz — und bald an der einen, bald an der andern Seite hohes Ufer, aus dessen Lagen hie und da Elephantenknochen gespühlet sind. Das Flußbette zeigt sich überall übersandet und hat auch einige große Steinblöcke, deren Strudel jedoch der Wasserfarth, die im Frühlinge vom Saisan an statt hat, keine Hinderniß machen. Der Fluß macht viele Inseln und überschwemmt sie im Frühlinge, so wie das Gestade; er schwillet dann von 1 bis 2 Faden hoch. Dagegen hat er im Sommer vielen trocknen Grund und viele Weideninseln. Die Breite des ungetheilten Flusses ist innerhalb unserer Grenze von 100 bis 200 Faden verschieden. Sein Wasser ist des Sommers nicht helle, doch nicht ungesund und sehr fischreich. Des Sommers schwimmt bey Windstille ein Scheit Holz in einer Stunde bey Semipalat 3=, bey Tara 2=, bey Tobolsk nur 1 Werst. Gm.

Flüsse und Uferörter des Irtysch von der Linie an, den Fluß hinab.

Das Flüßchen Narim ist unser oberstes Gebirgsflüßchen am rechten Ufer. Unter demselben fällt der um 200 W. lange Buchtarma aus dem Gebirge auch in die Rechte. Der Ablakét aber, an welchem Ruinen sind, in die Linke.

Das Flüßchen Ulba ist an der Rechten und in dessen Nähe steht Ustkamenogorsk, unser oberster Wohnsitz an eben dem Ufer. Der Tschagurban, nicht groß, aus dem Soongorischen Gebirge, fällt in die Linke; der Uba und Schulba fallen in das rechte Ufer. Auf demselben

stehen

stehen auch Sempalat, Korjakowskoe Vorpost und Jamyscha. Diesem in der Nähe sind die berühmten Kochsalzseen Karjakowskoe, Jamysch, die 4 Seen Borowie und drey Karasukseen, in salziger Steppe. Der große See Atkul ist dem linken Jrtyschufer nahe, Schelesinskaja steht am rechten Ufer.

Die Steppe Baraba neben dem rechten Flußufer hat viele und unter diesen verschiedene ansehnliche Seen und Sümpfe; der Tschani wird 200 Werste lang und 50 W. breit geschätzt, der Ubakul hält an 40 Werste im Durchmesser, der Kankul, Semisch, Jtkul u. a. sind auch ansehnlich. Sie haben selten andere Fische als Karauschen, Barsche und Hechte. Auch die linke oder Kirgisische Flußseite hat in dieser Gegend verschiedene große Seen oder vielmehr Sümpfe.

Der Om der Rechten des Jrtysch entspringt im Obgebirge Urman, und fällt bey Omskaja Kreposst in den Jrtysch. Seine Gegend ist offene, fruchtbare Steppe; sein Gestade von gewöhnlicher Beschaffenheit; der Fluß selbst fließt langsam und hat schlecht Wasser. Seine größesten Zuflüsse sind der Jscha, Kama und Tartaß. An den Ufern sind einige Koloniedörfer von Verwiesenen. Die Tara gleicht dem Om an Ursprung, Größe und Gegend und fällt gegen Tara am linken Jrtyschufer ins rechte. Der Osch der Linken des Jrtysch führet Seen, und unter diesen auch den 30 W. langen, 10 W. breiten Saltan, dessen Wasser von übelem Geruch ist (P.), ab. Der Tui der Rechten gleicht dem Tara ganz. Der Kurkula der Linken ist der Abfluß der Seen von 12 Tagereisen.

Der Jschim der Linken des Jrtysch entspringt am Bergzuge Eremeitau, nach Jslenjews Karte unter 51 Gr. Br. und 90 Gr. L. der Mündung fast in S. Seine obere Gegend ist hohes, flaches, welliges, ofnes Gebirge und innerhalb der Linie meist trockne und meist ofne, mäßig ange-baugebauete Steppe; längs der Linie hat er viele, theils salzige Seen und umher Salzpflanzen. Die untere Gegend ist fruchtbarer und mehr angebauet.

Das Gestade des Ischim ist von ½ bis über 1 W. breit, Wiese, Bruch, Moor, und hie und da auch mit Espen, Weiden und Pappeln. Der Fluß im Gestade hat ein übersandetes Bette, keine Steinblöcke, die Strudel machen, eine Breite von 15 bis 30 und 50 Faden. Er fließt hin und her, macht viele Inseln, zeigt des Sommers häufige unbedeckte Stellen und fließt träge. Das Wasser und die Fische sind die des Irtysch. Im Frühlinge wächset er nach den Ufern, die bald an der einen, bald an der andern Seite hoch sind, 1 bis 2 Faden und überschwemmt dann sein Gestade, wobey nun hier und dort Elephanten- und andere Knochen herausgewaschen sind.

Die vorzüglichsten Zuflüsse und Uferörter des Ischim sind von oben: Der Tersaken, Abfluß des großen Kirgisischen Sees Chaldin Nor an der Linken und der Burla aus dem See Burla der Rechten. Die Linienfestung Petri Pauli an der Rechten unter 57½ Gr. Br. Der Karasuk der Linken aus Seen. In den Ufern des Karasuks waren Elephantenknochen. Das Flüßchen Abak der Rechten, dessen Gegend die Abazkische Steppe heißt. Das Städtchen Korkina an der Linken und mehr Seeabflüsse und Flüßchen beyder Seiten und an der Mündung Ust Ischimstaja Sloboda.

Der Wagai fällt unter dem Ischim in die Linke des Irtysch. Er ist um 200 W. lang und hat eine gute und angebauete Gegend, die die Wagaische Steppe heißt.

Der Tobol, Tatar. Topol, auch Towalga, ist der größeste Fluß des Irtysch und fällt in ihre Linke. Er entspringt aus den ofnen Höhen des Sibirischen Grenzgebirges der Mündung in S. S. W., unter 52 Gr. Br. und 58 Gr. L. Seine Länge beträgt nur 600 W. die Sommerbreite

Obflüsse des Tobal.

breite ist von 30- bis 100 Faden verschieden. Seine obere Gegend ist das flache, ofne Ganggebirge und dessen Abhang in der Kirgisischen Steppe. Innerhalb der Grenzlinie ist die obere Gegend flach, offen, trocken, doch voller Seen, meist mit schlechtem Wasser; die untere ist fruchtbarer mit Gehölz und angebauet. Seine Gegend zur Linken ist die fruchtbare, doch meist ofne Verflächung des Urals, auch mit vielen Seen.

Das Gestade des Tobol und sein Flußbette ist von gewöhnlicher Beschaffenheit, ersteres von 2 bis 4 W. breit mit einem hohen Ufer bald an der einen, bald an der andern Seite und das Bette ist übersandet, ohne Klippen und andere Stöhrungen des Laufs. Der Tobol macht viele Inseln, zeigt des Sommers vielen entblößten Grund und hat das Wasser des Jrtysch, fließt aber viel träger. Im Frühlinge wächset er 1 bis 2 Faden, und nur dann trägt er beladene Barken. Er ist nicht fischreich. Die vielen nahen Steppenseen haben meistens schlecht Wasser und nur Karauschen, Weißlinge, und einige auch Barsche und Hechte; einige sind ohne alle Fische; alle aber werden wegen dieser Fische und des Gewürms von Wasservögeln häufig besucht.

Zuflüsse und Uferörter des Tobol.

In der Kirgisischen Steppe hat er nur Bäche und keine Wohnsitze; an der Linie aber an der Linken den Ui, der im Ural entspringt, an beyden Seiten mehrere Bäche und Seen, auch am linken Ufer die Uiskische Distanz der Orenburgschen Linie mit Troizk ꝛc. und an der Mündung Ust Uiskoi Kreposst hat. Seine Gegend hat viele Seen und ist nur mäßig angebauet. Unter dem Ui fällt das Flüßchen Kurtamysch aus einer angebaueten Gegend in die Linke des Tobol. Auch an demselben sind viele Seen. Zarew

Kurgan steht weiter hinab am linken Tobolufer. Der Fluß hat hier an beyden Seiten viele Seen und eine gute Gegend.

Der Iset der Linken des Tobol kömmt aus einem See am östlichen Ural über Kathrinenburg und fließt in einem fruchtbaren, 1 bis 2 W. breiten Gestade in meist ofner, fruchtbarer, und ziemlich angebaueter Gegend, deren südlicher Theil die Isetische Steppe genannt wird. Er überschwemmt sein Gestade und ist dann bis Schadrinsk für belastete Barken fahrbar. Er hat besser Wasser, als der Tobol. Die vorzüglichsten Zuflüsse und Uferörter des Iset sind:

Werch Isetskoi Sawod am Iset unter dem Ursee. Die Bergstadt Kathrinenburg. Die Flüßchen Uktus und Sisert an der Linken; beyde mit Hüttenwerken. Die Kamenka mit einem Hüttenwerk und Kalschedauskoe Ostrog an der Linken. Das ziemliche Flüßchen Sinara an der Rechten, aus einem großen See, er nimmt den Bajerjak u. a. auf. Die Tetscha der Rechten aus dem See Irtäsch. Zwischen der Sinara und der Tetscha sind viel Seen. Das Kloster Dalmatow an der Mündung der Tetscha. Schadrinsk am linken Isetufer. Der Mias der Rechten des Iset ist sein größester Fluß und dem Iset ähnlich. Er entspringt im Uralgebirge und hat sein Gestade in der Isettischen Steppe. Der Mias hat das Flüßchen Tschumbalak und die Oerter Tscheleba, Miaskaja und Okunewskaja. Seine Ufer haben Kalk, Schiefer, Thon und in letzterm sind auch Elephantenknochen gefunden. Die Fläche zu beyden Seiten des Mias hat sehr viele und theils große Seen, meist mit schlechtem Wasser, mit Karauschen und Weißlingen, einige zugleich mit Barschen und wenige auch mit Hechten. Unter diesen Seen, deren Nahmen und Beschreibungen vermieden wurden, ist der Atkul, ein See mittler Größe, deswegen merkwürdig, weil er so reich an Salz war, daß es in demselben

Obflüsse. Der Tobol.

selben gebrochen wurde; als er aber in eine Ueberschwemmung gerieth, ward und blieb er so wenig gesalzen, daß jetzt Karauschen in demselben leben können. Unter dem Mias fällt das Flüßchen Juruma in die Linke des Iset. An der steht auch Isetskoi Ostrog. Die ganze Gegend des Iset und ihrer Flüsse ist nur wenig angebauet. Sie hat Russen und hiernächst Baschkiren.

Am rechten Tobolufer, fast gegen den Iset, steht Jaluktorskoi Ostrog, und dann fällt das gut bewohnte Flüßchen Uk in diese Seite.

Die Tura der linken des Tobol entspringt im hohen Uralgebirge der Mündung in W. S. W. Im Gebirge hat ihr Gestade felsige Uferstellen und der Fluß ist schnell; in flachen, meist ofnem Abhange zeigen die Gestadeufer Flözlagen, in welchen auch Elephantenknochen gefunden werden. Der Fluß überschwemmt sein Gestade und ist des Sommers sehr träge, zeigt an vielen Orten seinen Grund und hat schlecht Wasser. Die vorzüglichsten Zuflüsse und Uferörter der Tura sind von oben: der Kussia an der Rechten, mit den Blagodatschen Eisenwerken. Die obere und untere Turinskische Eisenhütte an der Tura selbst. Der Wui, mit einem Hüttenwerk. Werchoturien, wo der Fluß zwischen Kalkufern, 60 Faden breit ist. Die Salda an der Rechten mit einem Hüttenwerk. Der Tagil der Rechten, der einige Hüttenwerke hat und den Barantscha, Lai, u. a. aufnimmt. Unter dem Tagil fällt der Riza in die Linke der Tura; der Riza entsteht aus der nördlichen Neiwa und südlichen Resch. Die Neiwa entspringt im hohen Ural, hat oben waldig Gebirge, gutes Wasser und fließt schnell. An der Neiwa ist von oben die Eisenhütte Newiansk, der Schurawla mit einem Hüttenwerk, der Bingowka, Susanka, Sinjatschicha, Alapoewa, alle an der Linken und alle mit Hüttenwerken, der Seeabflüsse zu geschweigen. Der Resch, der sich unter Alapoewa mit der Neiwa vereint, gleicht im Ursprunge,

Y 5 Größe,

Obflüsse. Der Tobol.

Größe, Lauf und Gegend der Neiwa, an seinen Zuflüssen aber sind keine Hüttenwerke. Der vom Neiwa und Resch entstandene Niza ist nur kurz und nimmt an der Rechten den Irbir auf, an welchem Irbizkaja steht. Unter der Niza steht Tiumen am rechten Ufer der Tura. Der Pischma der Rechten der Tura, der unter Tiumen einfällt, ist ein ziemlich Flüßchen, welches am Gebirge entsteht. Oben am Pischma und seinen obern Bach Beresowa sind die Beresowschen Goldbergwerke und Goldwäschen, auch eine Stahlhütte. Er nimmt mehrere Bäche und viele Seeabflüsse auf und ist gut bewohnt.

Die Tawda fällt unter der Tura in die Linke des Tobol. Sie entsteht aus Vereinigung des nördlichen Pelim und südlichen Soswa. Der Pelim entspringt im Scheidegebirge des Nordurals, etwan unter 62 Gr. Br. und hat eine nasse, kalte, wenig wirthbare Gegend. Er fließt durch den Gebirgsee Pelim. Am Ausfluß aus dem See unter 59 Gr. B. und 81½ Gr. L. steht die Stadt Pelim, unter welcher er sich mit der Soswa zur Tawda vereinigt. Die Soswa ist dem Pelim sehr ähnlich. Sie entspringt am Wostrot Kamen des Uralgebirges, Kamabächen nahe. Die Soswa hat von oben an der Rechten den Wagran in einer wilden Gegend, doch mit einem Hüttenwerke, den Kolonga mit einem Hüttenwerke, den Turja mit berühmten Kupfergruben, den Kokwa, den Lialia mit einem Hüttenwerke, den Pawda und den Labwa; an der Linken hat sie nur Bäche. Die vom Pelim und der Soswa entstandene Tawda hat ihren Lauf theils in waldigem Gebirge, theils in ofner, aber wenig angebaueter Gegend. Sie erhält nur Bäche und fällt nach den Karten unter 57⅓ Gr. Br. in die Linke des Tobol.

Unter dem Tawda fließt der Tobol in die Linke des Irtysch. Dieser hat vom Tobol an sein Bergufer an der Rechten; aus dem linken Ufer sind Mammontsknochen gespühlet worden. Suj. Das Flüßchen Demjanka fällt

in

Der untere Ob.

in die Rechte und der Konda in die Linke des Irtysch. Unter dem Konda fließt der Irtysch in die Linke des Ob. Etwas über der Vereinigung wird die Spitze vom Einfall von einem Durchbruch (Protok) durchschnitten.

Unter dem Irtysch hat der Ob ein 30 bis 40 W. breites Gestade und in demselben große und lange Inseln. In beyden Ufern sind Mammontsknochen angetroffen worden. Die Gegend ist bewaldet. Der Soswa, der mit dem Soswa der Tawda nicht zu verwechseln ist (Vorh.), fällt in die linke, der Kaschik in die rechte Obseite; letzter fließt durch zwey Seen. Beyde haben eine waldige, nasse, kalte Gegend.

Das Flüßchen Wogulka fällt in die Linke des Ob, bey Beresowa unter 63 Gr. 56 M. Br. und 63 Gr. Länge. Hier bedeckt sich der Ob um die Mitte des Octobers mit Eise und erst gegen das Ende des Mayes bricht es. Am rechten Obufer ist hier der Abfluß des großen Sees Kunawal und weiter herunter an der Linken das Flüßchen Sinja. Der Sob dieser Seite fließt im Gebirge über Felsentrümmer, mit großen Geräusch. An ihm, etwan unter 66 Gr. hört die Waldung auf. Die Obufer zeigen hier Sand, Thon, Geschiebe von Kalkstein mit Versteinerungen und Kalktrümmersteine. Suj. Obdorsk steht am rechten Obufer unter 67 Gr. Br., der Mündung des Flüßchens Palu nahe.

Unter Obdorsk nimmt der Obbusen (Obskaja Guba vorh.) den Anfang. Er hat an der Westseite niedrig, morastig, felsiges, holzloses Gebirge und am Ufer stellenweise Kalkfelsen. Es fallen an dieser Seite nur Bäche ein. Die Ostseite des Busens ist noch unbekannter. Eine östliche Bucht desselben heißt von dem einfallenden Flusse Taß der Taßische Busen. Der Taß entstehet der Mündung in S. O. gegen den Jenisei hin, und hat eine kalte, nasse, theils waldige Gegend. Der Gydi ist der nördlichste Fluß der Obseite des Obbusens, kommt aus einem See und hat

in

in dem hier allgemeinen Torflande einen kaum merklichen N. N. W. Fluß, und macht am Obbusen selbst einen langen Busen.

Von den Fischen und Uferthieren des Ob in der zoolog. Abtheil. des 3ten Theils.

Der Jenisei und dessen Wassersystem.

Tataren und Mongolen nennen den Jenisei vom Ursprunge bis zur obern Tunguska Kem, die Ostiaken in Sibirien Guk, auch Chosek (großer Fluß), die Tungusen Jehanneses, die Russen vom Ursprunge bis zur Russischen Grenze mit den Mongolen Kem und im Russischen Gebiet Jenisei, vermuthlich vom Tungusischen Jehanneses.

Den Russen ward der Jenisei erst bekannt, als sie mit Eroberung Sibiriens bis an denselben vorrückten, mit dem Mündungsbusen geschahe dieses 1610 (Müll.) Die obere Gegend des Flusses außer dem Reich ist noch jetzt nicht untersucht, die unterste unter Turuchansk hat außer einigen Seeexpeditionen und Jagdgesellschaften bisher auch nur wenig Zuspruch besonders von Naturkennern gehabt. Am mittlern Jenisei waren **Müller, Gmelin, Messerschmidt, Strahlenberg, Steller, Pallas, Sujew**. Außer den Generalkarten machen die Specialkarten des Russischen Atlaß die Richtung und Gegenden des Jenisei und seiner Gewässer, so weit sie dazu im Stande waren, anschaulich.

Der Jenisei ist der größeste Fluß des Russischen Reichs und einer der größesten des Erdbodens. Er entspringt auf dem flachen und welligen, ofnen, sehr hohen Tibetischen Gebirge, nach den Karten etwan unter 49 Gr. Br. und 117 Gr. östlicher Länge und fällt ohne große Krümmungen unter 72 Gr. Br. und 100 Gr. L. dem Ursprunge in N. N. W.

W. ins Eismeer. Man hält ihn in gerader Linie 3000 W. lang. Auf seiner ganzen Länge sind in seinen Ufern Elephantenknochen angetroffen.

Von Tibetischem Gebirge kömmt er in das waldige, wildere Sajanische Gebirge und aus diesem im Russischen Reich ins Krasnojarische und Jeniseische. Im Gebirge hat der Fluß stellenweise Felsenufer, die ihm Ufer Klippen und Strudel (Schiffera) machen, und ihn auch hie und da zusammendrängen, doch hat überall Wasserfahrt statt. Auch weiter hinab bis Turuchansk sind sparsam solche unschädliche Ufer- und Grundklippen.

Unter dem Krasnojarischen Gebirge ist beym Jenisei alles wie beym Ob, solch Gestade, solche Ufer, solche mäßig fruchtbare Gegend, die doch an der Rechten des Flusses mehr felsicht und uneben ist, solche Waldlosigkeit und allgemeiner Torfsumpf (Lundra) unter Turuchansk, wie am Ob unter Beresowa, solch Flußbette, doch dieses mit mehr Klippen und Felsenblöcken solche Fluß- und solche Sand und Weideninseln vom entblößten Grunde, solche Ueberschwemmungen, solch Wasser, solche Fische — der Jenisei ist aber größer und fließt geschwinder.

Am System des Jenisei ziehen und wohnen außer den Grenzen und im Gebirge Mongolen, Soongoren, Sajanen, Beltiren, und im flachen Lande Ostiaken, Buräten, Tungusen und mehr Sibirische Völkerschaften, auch in den obern Gegenden viele Russen.

Zwischen dem Ob und Jenisei streicht ein Landstrücken dem letztern ziemlich parallel und meistens nahe; ein ähnlicher zwischen dem Jenisei und der Lena streicht der Lena näher, daher der Jenisei an der Linken nur kurze, an der Rechten aber größere und längere Flüsse erhält. Mehrere der Ob- und Jesisei- und der Jenisei- und Lenaflüsse haben ihre Quellen so nahe, daß kurze Canäle unter denselben Gemeinschaft schaft und eine Wasserfahrt vom östlichen Sibi-

rien

rien bis an den Ural, und wenn Tobolflüsse mit Kamaflüssen vereint würden bis in die Kaspische See, ins schwarze Meer, in die Ostsee, auch durch Verbindung der Kama mit der Dwina nach dem Weißen Meer, werkstellig gemacht werden könnten. Dieses ist auch schon bey den Oertern, wo sie statt haben könnten, angemerkt.

Vorzügliche Flüsse und Uferörter des Jenisei von oben hinab.

Die vereinten Stammflüßchen Schischkisch und Beikem heißen bis zur Russischen Grenze Ulukem (der große Kem). Dieser nimmt mehrere Flüsse und unter denselben an der Linken, der Grenze nahe, den Kemtschuk auf. Von hier und der Grenze erhält der Ulukem von den Russen den Nahmen Jenisei.

In Sibirien hat der Jenisei das Flüßchen Uk an der Linken, Sajanskoi Ostrog und das Flüßchen Oi auch Oja an der Rechten. In die Linke des Jenisei fällt der Abakan, ein ziemlicher Fluß, der im Schneegebirge an Kasyn, dem Mrasa des Toms nahe entspringt. Im Gebirge hat der Abakan stellenweise Ufer aus Felsenkalk, außer dem Gebirge fließt er in östlicher Richtung in einem gewöhnlichen Gestade meist zwischen Sandsteinufer zum Jenisei in der ofnen magern Verflächung des Gebirgs, die die Abakansche Steppe genannt wird. Unter seinen Zuflüssen sind der Nena, Taschtip, Issa u. a. Am Taschtip ist eine Russische Wohnung, die übrige Gegend benutzen Beltiren und Birjussen.

Unter dem Abakan fällt das Flüßchen Lukasi, an welchem ein Hüttenwerk steht, in die rechte und der Koksa in die linke Seite des Jenisei. Dieser hat am Koksa eine ziemliche kalkige Uferwand, die von eingekratzten Characteren voriger

riger Landsassen **Pisanoi Kamen** (Schriftfelsen) genannt wird. Das Flüßchen **Teß** der Linken ist etwan 50 W. lang und verliert sich 600 Schritt vom Ufer, in welches es fällt. P. Dieses thun auch der **Bira** und **Kal** an rechten Ufer. Gm. Der **Tubo**, Tat. **Upsa** der Rechten des Jenisei entsteht aus dem **Kasyr** und **Amut** des Schneegebirges. Er nimmt den **Irbit** auf, an welchem ein Hüttenwerk steht. Unter dem Tuba hat der Jenisei hohes Felsenufer und auf demselben **Abakanskoi Ostrog**, wo der Fluß Klippen (R. Buiki) hat; die sind auch weiter hinab am **Sida** der Rechten.

Das linke Jeniseiufer hat **Gorodnaja Stena**, eine hohe Felsenwand mit eingekratzten Figuren; das Flüßchen **Ongur** und **Jesagasch** und unter mehrern Braken, auch der reichen Salzsee **Tustukul**, in welchem in trocknen Sommern Salz gebrochen werden kann; weniger reich ist der **Kisil** und **Uetskul**. Am Birjussa der Linken hat das Felsenufer eine 60 Schritte lange und 10 Schritte breite Kluft. Auch daselbst ist ein **Schriftfelsen** (Pisanoe Kamen) mit eingekratzten Characteren.

Der Fluß **Mama** der Rechten, ganz im Gebirge, fließt wegen vieler Steinblöcke rauschend, hat in seinen Ufern viele Felsenstellen und in einigen Alaunerz. Das linke Ufer hat hier eine Grotte und unter derselben das Flüßchen **Katscha**, unter welchem **Krasnojarsk** unter 56 Gr. 10 M. Br. und 100 Gr. 10 M. Länge steht. Hier bricht das Eis in der Mitte des Aprils. Der **Kan**, der den **Ribna** aufnimmt, fällt unter Krasnojarsk in die rechte Seite und der **Busau** in die linke. Hier reicht am linken Jeniseiufer eine Reihe Klippen 2 W. hinab; diese Stelle heißt **Podporeschnaja Porog**.

Die **Werchnaja** (obere) **Tunguska** der Rechten des Jenisei, ist wegen ihres ausgebreiteten Wassersystems, zu welchem auch die Baikalgewässer gehören, der vorzüglichste Fluß des Jenisei. Dieses System nimmt in der obern

obern Angara den Anfang, hat dann den Baikal mit seinen Gewässern, der durch die untere Angara abfließt und durch die obere Tunguska in die rechte Seite des Jenisei fällt.

An den Baikalgewässern reiseten Messerschmidt, Gmelin, Steller, Pallas und Georgi.

Die obere Angora (Werchnaja Angara) entspringt am Gebirge zwischen dem Witim und der Lena unter 55 Gr. Br. und 133 Gr. L., der Mündung in N. O. Ihre Länge rechnen die Tungusen für 25 Tagereise, deren jede 20 W. betragen mag. Sie fließt in einem breiten Gestade schnell, hat viele Strudel, nimmt viele Flüßchen und auch den Abfluß des 10 W. langen, 7 W. breiten Sees Irrokan auf, ist ansehnlich und hat ungewöhnlich helles Wasser. Außer einem Koloniedorf von Verbannten hat sie keine Wohnungen, nur Nomaden. Sie fällt mit 3 Mündungen in das nördliche Ende des Baikals.

Der Baikalsee, der größeste Landsee des Reichs, der deswegen auch das Baikalmeer (More Baikal) und das heilige Meer (Swetoe More) genannt wird, ist an S. W. in N. O. 550 W. lang und stellenweise von 30 bis 70 W. breit. Er liegt in der Breite von 52 bis 55° und in der Länge von $121\frac{1}{4}$ bis $127\frac{1}{2}$ Gr. Er ist rundum mit hohem, wildem Gebirge umgeben und hat am Ufer abwechselnd Felsenwände, flach Vorland, Landspitzen und Busen, auch am Ufer mehrere Felseninseln, von welchen nur Olchon an der Westseite ansehnlich ist. Auf der Höhe ist der Spiegel rein und das Wasser ungewöhnlich helle. Durch sein helles Wasser sieht man an vielen Orten den Grund auf 5 bis 7 Faden Tiefe mit großen abgerundeten Geschieben wie belegt. Die Tiefe des Sees wechselt von 3 bis 80 Faden, und beträgt stellenweise unmittelbar an den Klippen und Felseninseln bis 8 Faden. Er ist nur mäßig fischreich, woran seine Seehunde und Seeraben (R. Baklani) mit Schuld seyn mögen. Die Höhe des Wasserspiegels ist nur bis 3 Fuß verschieden, daher er auch nicht überschwemmt. Er hat das Besondere, daß er bisweilen, doch nur stellenweise, bey stillem Wetter unruhig wird. Vielleicht hat sein Felsengrund mit Gebirgsklüften Gemeinschaft, durch welche Winde wirken. — Er bedeckt sich in der letzten Hälfte des Dezembers mit haltbarem Eise. Dieses macht bey starkem Frost mit großem Krachen Borsten, einige bis 1 Faden breit. Frieren sie zu, so entstehen andere. Dieser Borsten wegen werden des Winters Breter auf das Eis geführet, die die Fuhrleute zur Ueberbrückung der Borsten der Heerstraße gebrauchen. Im Ausgange des Aprils bricht das Eis und schmelzt in den Busen. Die Ufer haben nur an der Mündung des Bargusin, der Selenga der Tunka und an der ausfließenden Angara Wohnsitze; an den übrigen Ufern hausen Burätten und Tungusen. Der See hat auch keine andere Wasserfahrt, als von der Angara zur Selenga und selten nach Bargusin.

Flüsse, Ufer und Inseln des Baikals.

Folgt man dem westlichen Baikalufer von der untern Angara nach der obern, so hat man vorzüglich:

Die Gebürgflüßchen Galoustna, Buguldeicha, Anga, wo an der Mündung die Tartschiranskischen Bittersalzseen sind, und den Olchonschen Sund. Alle diese Flüßchen sind klein mit hellem Wasser, schnell, ohne Wohnungen. Am Olchonschen Sunde liegt die 50 W. lange, um 10 W. Breite Insel Olchon.

Ueber dem Olchonschen Sunde fällt der Ledenaja Retschka (Eisflüßchen) zwischen Felsen, die den ganzen Sommer über Eis behalten, und dann der Kotelnikowa, an welchem warme Quellen sind (S. Hydrolog. Abtheil. des 3ten Th.), in die Westseite des Baikals.

Z

Das

Das nördliche Ende dieses Sees hat die drey ansehnliche Mündungsarme der obern Angara. Vorh.

An der Ostseite ist am Baikal von der obern Angara hinab:

Der Fluß Frölicha, der den ziemlichen Gebirgsee Frölicha abführt. Am Flusse sind warme Quellen. Dann folgen der ziemliche Smolicha, der kleinere Labsicha und Kabanie, auch das Flüßchen Tschiwirkui, das in den 15 W. langen und 7 W. breiten Tschiwirkuibusen fällt, welcher Swetoi Nos zu einer Halbinsel macht. Diese besteht in einem Bergzuge von der Höhe der Glazberge und ist bis auf einen schmalen Hals umflossen. Gegen den Baikal hin hat das Vorgebirge abgespaltene Felsenwände.

Der Busen Bargusin (Bargusinskoe Guba) ist um 10 W. breit und reicht 5 W. in die steppenähnliche Niedrigung des Berguferflusses. Er hat niedrige Ufer und ist nicht tief. Bey Stürmen wirft er zähe Maltha (R. Morskoe Wosk) aus. Der Bargusin ist nach der Selenga und der obern Angara der größeste Fluß des Baikals. Er kömmt aus einem Gebirgsee der obern Angara und dem Witim nahe, fließt in einem Gestade in Gebirgthälern und dann in einer 15 bis 20 W. breiten Thalfläche und fällt in den Bargusinschen Busen. Seine Gegend ist Nomaden überlassen. Der Bargusin hat den Karga mit heißen Quellen, den Alanburga, Ina und Urun; am letztern sind die Urunschen Bitterseen, die jetzt das Sibirische Purgirsalz geben, alle an der Linken, und die Kreisstadt Bargusin, 50 Werste über der Mündung am rechten Ufer.

Neben der Südseite des Bargusinbusens ist der Stinksee (Duchowoe Osero) von etwan 1 W. im Durchmesser. Er hat einem schwefellebrigen, schon in einiger Entfernung übel riechenden Schlamm.

Der Turka, ein 200 W. langer Fluß von schnellem Lauf, der mehrere Bäche und auch den Abfluß des 12 W. langen

Der Jenisei. Baikalgewässer.

gen und 8 W. breiten Kotakil aufnimmt, hat an seinen Ufern, einige W. über der Mündung heisse Quellen, die die Bargusinschen Bäder genannt werden. Der Kika, der weiter hinab einfällt, ist kleiner als der Turka.

Die Selenga entspringt im flachen Mongolischen Gebirge nach den Karten unter 44 Gr. Br. und 115 Gr. L., und fällt bey Posolskoe Monaster fast unter 52 Gr. Br. in die Ostseite des Baikal. Ihre ganze Gegend außer und im Reiche ist hohes offenes, steppenähnliches, wenig fruchtbares Gebirg und hohe wellige Steppe. Sie hat in Daurien ein 1 bis 2 W. breites Gestade, welches sich an der dreyfachen Mündung steppenartig ausbreitet. Sie macht wenig Inseln und hat in Daurien eine 100 bis 200 Faden betragende Breite. Sie fließt langsam, hat Wasser mäßiger Güte und viele Fische. Bey Selenginsk wird sie in der ersten Hälfte des Octobers mit Eise bedeckt, und verliert es zu Ende des Aprils. Das Gestade zeigt Thon, Sandstein und hie und da auch Granit.

Ihre vorzüglichen Zuflüsse und Uferörter sind von oben: der Iga der Linken, der den ansehnlichen Mongolischen See Kosogol abführt. Der Orchon der Rechten, ein ziemlicher Fluß mit dem Tola. Der Bach Kiächta der Rechten mit dem Grenzort Kiächta, unter 50 Gr. 15 M. Br. Der Dschida und der Temnik der Linken. Unten am Temnik ist der Salzsee Gusenoe. Der Tschikoi der Rechten ist der größeste Selengafluß. Er entspringt im Gebirge und hat beym Ursprunge heiße Quellen. Unter seinen Zuflüßen ist der Mansa u. a. Selenginsk, am rechten Ufer unter 51 Gr. 7 M. Br. und 124 Gr. L. Der Chilok der Rechten, der den Schakscha und mehr Seen abführet. Der Uda der Rechten entspringt dem Konda des Wilim nahe. Er überschwemmt sein breites Gestade nur stellenweise, fließt des Sommers träge und hat Wasser mäßiger Güte. Der Uda hat von oben den Pogromna

an

an der Linken, den Oni an der Rechten, den Kubun an der Linken, den Kurba an der Rechten, und an demselben einen stinkenden Salzsee, und Udinsk an der Rechten der Mündung. Der Itanza des Baikalgebirgs fällt in die rechte Seite der Selenga, an deren Linken Kabanie Ostrog steht. Die Fläche, in welcher die Selenga mit drey Armen in den Baikal fällt, heißt die Steppe Kubara.

Auf die Selenga folgen an der Ostseite nur Bäche; in das südwestliche Ende des Baikals aber, welches Kultuk genannt wird, ergießt sich das Flüßchen Tunka, an welchem Tunkinskoe Ostrog steht, in den Baikal. Die S. westliche Seite des Baikals von Kultuk bis zur untern Angara erhält nur kurze Bäche.

Die untere Angara, auch schlechthin Angara, der einzige Abfluß der Baikalgewässer nach dem Jenisei, fällt unter 52 Gr. Br. zwischen Felsen bey Nikolskaja Sastawa, etwan 200 Faden breit aus dem See, und hat daselbst in ihrem Bette niedrige Klippen, die dem Fluß eine Art Fall machen, stellenweise die Bedeckung mit Eise verhindern, aber doch der Wasserfahrt herunter und hinauf ein Fahrwasser lassen. Sie heißt nur bis zur Aufnahme des Ilims, wo Wasserfälle oder Strudel sind, Angara, von da aber Tunguska, und zur Unterscheidung von noch zweyen Tungusken die obere Tunguska (Werchnaja Tunguska.)

Die Angara fließt in Norden und der obere Theil der Tunguska auch; dann wendet sich diese westlich und fällt unter 58 Gr. 26 M. Br. und 109 Gr. L., dem Ausfluß der Angara in N. W., in die rechte Seite des Jenisei. Die Länge der Angara beträgt nach Messerschmidt 994′, der Tunguska 477′, beyder also mit allen Krümmungen 1471 Werste.

Die

Die Gegend der Angara ist bis Irkuzk das Baikalgebirge, dann westlich oder an der Linken der Fläche, meist der ofne Abhang des Grenzgebirges und zur Rechten oder nördlich die allgemeine felsige, morastige und waldige Gegend des nordöstlichen Sibiriens. Die Gegend der Tunguska ist an beyden Seiten diese felsige und waldige Gegend. Ueberhaupt haben beyde Flüße eine gemäßigte, fruchtbare und gut angebauete Gegend.

Beyde Flüße haben ein 1 bis 4 W. breites Gestade mit den gewöhnlichen Abwechselungen, welches sie, ob sie gleich im Frühlinge stellenweise über 2 Faden wachsen, doch nicht überall überschwemmen; auch sind unter den Flußinseln bewohnte. Die ungetheilte Breite der Flüße wechselt von 100 bis 200 Faden. Sie sind beyde schnell, haben mehrere Steinblöcke und Strudel, sind aber doch fahrbar. Ihr Wasser ist sehr gut, besonders hat die Angara kristalklares Wasser. Die Ufer zeigen Thon, Kalk, Sandstein, Schiefer, Brandschiefer und bey Irkuz ꝛc. auch Steinkohlen.

Vorzügliche Flüße und Uferörter der untern Angara.

Nikolskaja Sastawa an der Rechten des Ausflußes der Angara aus dem Baikal war ehedem ein Zoll. Der Fluß hat hier mehrere Klippen, die einen so starken Schuß machen, daß er Wasserfall genannt wird. Der Irkut, ein ziemliches Gebirgflüßchen der Linken, mit Steinkohlen in den Ufern. An ihm stehen einige Dörfer, und an der Mündung Irkuzk unter 52 Gr. 6 M. Br. und 122 Gr. 13 M. L. In einer Zeit von 30 Jahren stand hier der Fluß vom 16 December bis 14. Januar und brach zwischen dem 7. April und 20. May.

Jeniseiflüße. Der obere Tunguska.

Unter Irkuzk fällt der **Kuda**, der an der Lena entspringt und eine angebauete Gegend hat, in die Rechte. Der **Kitoi** der Linken ist kleiner, und hat unter seinen Geschieben Steinkohlen; an der Mündung steht **Kitoiskaja Sloboda**. An dieser Seite ist auch der nur kleine **Telma**. Weiter hinab hat die Angara die Insel **Usolt** mit einer Salzsiederey.

D'r **Belaja**, größer als der Irkut, entspringt am ofnen, hohen, nassen Grenzgebirge, und hat seinen Lauf zur Linken der Angara im ofnen Abhange. An der Mündung steht **Belskoe Ostrog**. Auf diesem Ufer steht weiter hinab **Balaganskoe Ostrog**. Dann fällt die der Belaja in allem gleiche **Oka** in diese Seite. Unter ihren Flüßchen ist der Tulun Grenze zwischen Irkuzk und Tobolsk. An der Mündung der Oka steht **Bratskoe Ostrog**.

Der **Ilim**, ein ziemlicher Fluß der Rechten, entspringt der Mündung in S. O. an der Lena. Er hat eine angebauete Gegend und die Stadt **Ilimsk**, auch oben Salzquellen. Hier verändert nun die Angara ihren Rahmen und heißt

Die obere Tunguska.

Diese hat gleich am Anfange die so genannten **Wasserfälle (Porogi)** oder Felsen, die dem Flusse Schuß und Strudel machen. Sie heißen von oben 1) **Pochmelit Porog** (vom Trunk noch taumelnder). Er hat an beyden Ufern Klippen und macht Wellen wie im Sturm. 2) **Pianoi Porog** (der betrunkene), dem vorigen ähnlich. 3) **Padun Porog**, 16 W. unter dem vorigen. Er hat in 5 Absätzen 4 Faden Fall und ist gefährlich. 4) **Dalgoi** (der lange) und 5) **Schamanskoe Porog**, (Hexenwasserfall) sind minder gefährlich. Alle können von geübten Schiffsleuten Flußab befahren werden. Aber auch

auch außer diesen Fällen hat der Fluß auf seiner ganzen Länge mehrere Klippen und Strudel.

Das Flüßchen Mura fällt in die rechte Seite der Tunguska, die hier auf einer Strecke von 2 W. säulenförmige Uferklippen hat, welche Muraschnaja Stolbi genannt werden. Gm. Am Oslianka der Rechten sind unter den Geschieben auch Probiersteine.

Die Tassewa der Linken ist ansehnlich. Sie entsteht im Jenisei und Grenzgebirge aus dem Tschoma und Usalka, die Tschoma aber aus dem Uda (der in seinen Kalkfelsenufern viele und große Grotten hat, P.) und Birjussa. Am Usalka sind Salzsiedereien. Am Flüßchen Oleschma der Linken hat die Tunguska auf einer Strecke von 2 W. eben solche Felsensäulen, als am Mura. Diese heißen Schelemetowi Stolbi. Gm. Unter dem Oleschma fällt die obere Tunguska in die rechte Seite des Jenisei.

Unter der Tunguska hat der Jenisei den Kem an der Linken, der nur klein ist, aber dem Kett des Ob so nahe kömmt, daß wahrscheinlich ein 50 W. langer Kanal eine schiffbare Gemeinschaft zwischen dem Jenisei und Ob bewirken würde. Jeniseisk am linken Ufer unter 58 Gr. 56 M. Br. und 109½ Gr. L. Hier bricht das Eis des Flusses in der ersten Hälfte des Aprils. Die Frühlingsfluth erhöhet seinen Spiegel nie über 3 Fuß. Ueber und unter Jeniseisk macht der Fluß bald an der einen, bald an der andern Seite Busen oder Ausweitungen, die hier Kuria genannt werden. Außer kleinen Flüßchen beyder Seiten fällt die

Podkamenoe Tunguska (Tunguska über den Bergen) in die rechte Seite des Jenisei. Sie entspringt an einem Rücken, der Jenisei- und Lenaflüßen Quellen giebt, und von welchen ein Arm an der Linken dieser Tunguska zum Jenisei streicht, wovon sie die Tunguska über den Bergen benahmet ist. Sie gleicht der obern Tunguska, nur ist sie viel

viel kleiner, und hat nur kleine Zuflüße. Ihre Mündung ist nach den Karten unter 62 Gr. Br. und 108 Gr. L.

Unter der Podkamenaja Tunguska hat der Jenisei die Ukadenja an der Linken, und den ziemlichen Wach, der einen nassen, waldigen, torfigen Grund hat, an der Rechten. Der Jelagu, ein ziemlicher Fluß der linken Seite, entspringt dem Taß des Ob ganz nahe. Hier und schon höher stehen ostiakische Jurten am Jenisei und seinen Flüßen. Im rechten Ufer ist hier Kalkstein mit Meeresbrut. Messerschmidt.

Nach der Aufnahme mehrerer kleinen Flüße beyder Seiten fällt der Turuchan, ein ziemlicher Fluß in die Linke des Jenisei. Er entspringt dem Taß des Ob nahe, fließt in morastiger und torfiger Waldung träge, und hat an der Mündung Turuchansk auch Manguseisk, unter 65 Gr. 50 M. Br. und 107 Gr. L.

Die Nischnaja (untere) Tunguska der Rechten des Jenisei ist einer seiner größesten Flüße. Messerschmidt beschiffte sie. Sie entspringt in der Nähe der Lena, unter 57 Gr. Br. und 107 Gr. L. Ihre Mündung in den Jenisei ist unter 65 Gr. 40 M. Ihre Gegend ist niedrige, nasse, felsige, und torfmoorige Fläche des nordöstlichen Sibiriens, wenig wirthbar, daher auch nur oben an derselben einige Dörfer stehen. Die Gegend ihrer Linken wird die Jrkutskische, die der Rechten die Samojedische Seite genannt. Ihr Gestade ist gewöhnlich; ihr Lauf wenig getheilt, geschwinde, ihr Waßer gemein Flußwaßer.

Ihre vorzüglichsten Uferörter und Flüße sind von oben: der nur kleine Tschuminda der Linken, und hier eine Flußsteinbank (R. Perebor). Hier sind auch Kochsalzquellen und die Ufer haben Felsen. Am Nereja weiter hinab an der Linken sind ebenfalls Salzquellen und das geringe Klosterdorf Troizkaja, Salmka, wo etwas Korn gebauet wird. Beide Ufer haben weiter hinab Felsen und

Klip-

Eismeerflüße.

Klippen, und der Fluß Steinbanken. Unter dem Jeroma der Linken wird der Fluß tiefer und reiner. Die Mündung in den Jenisei hat drey Arme. An der Linken der Mündung steh: das Kloster Troizkoe Monaster.

Unter der Tunguska hat der Jenisei kleine Flüßchen an beyden Seiten, und an der Linken Solokino Simowie, 620 W. unter Turuchansk; so weit kam Sujew. Die Gegend hatte bis dahin noch einige Waldung, war an der Linken flach, und ward an der Rechten von einem Bergrücken begleitet. In den Ufern ist Meeresbrut, und noch unter der Simowie sind Mammontsknochen aus den Ufern gespühlt worden. Von Solokino an ist sehr krüpplige Waldung, und bald hört sie ganz auf. Unter Solokino Simowie fällt der Chantai in die rechte Seite des Jenisei, und hat an der Mündung Chantaiskoi Pogost unter 68 ¼ Gr. Br. Gm. Der kleine und große Cheta fallen in die Linke.

Unter dem Cheta breitet sich der Jenisei zu einem 10-, bis 30-, stellenweise bis 50 W. breiten Busen aus, der viele niedrige Inseln hat und an beiden Seiten mehrere Flüßchen aufnimmt. Der Einfall des Jeniseibusens ins Meer ist nach den Karten zwischen 72 und 73 Gr. Br. und unter 100 Gr. L. Der Busen wird, wie hier das Meer, erst im Junius vom Eise frey, weil es dann mit südlichen Winden in die See geht.

Die Fische, Wasser und Uferthiere des Jenisei werden im zoologischen Abschnitt des dritten Theils vorkommen.

Der Pjasida des Eismeeres entsteht an einem östlich streichenden niedrigen Bergrücken, den man zum Stannowoigebirge rechnen kann (Vorh. orograph. Abth.), nach den Karten unter 67 Gr. Br., und fällt nach einem Lauf von etwan 500 W., dem Anfange in N. N. W., unter 73 Gr. Br. und 104 Gr. L. ins Eismeer. Seine ganze Gegend ist die allgemeine ofne, naße Torffläche (Tundra) am Eismeer.

meer. Er hat keine Rußische Wohnsitze und ist vorzüglich unbekannt.

Vom Piasida bis zum Taimurschen Busen hat die Meerküste mehrere Inseln, und die sind auch bis zum Chatanga.

Der Taimursche Busen (Taimurskaja Guba) liegt zwischen zwey Landecken, von welchen die östliche unter 115 Gr. L. bis 78 Gr. ins Meer reicht. Die südlichen Ufer des Busens sind unter 76 Gr. Br., also ein Theil unseres nördlichsten Uferlandes. In den Busen fällt der Abfluß des Sees Taimur. Die ganze Gegend ist Torffläche.

Die Chatanga des Eismeeres kömmt aus Morastseen an dem bey der Piasida genannten westlich streichenden hohen Rücken. Ihr Ursprung ist nach den Karten unter 67½ Gr. Br., und die Mündung dem Ursprunge in N. N. O. unter 124 Gr. L. und 74 Gr. Breite. Sie ist größer als die Piasida. Ihre ganze Gegend ist die hier allgemeine Torffläche (Tundra). Die Chatanga hat von oben den Kotogan an der Rechten, den Cheta an der Linken, an dessen Mündung Chatansloe Ostrog, die einzige Rußische Wohnung für Kosacken, die den Tribut holen, den Popigan an der Rechten, den Balabma an der Linken, den Nawa an der Rechten. Hier hat die Chatanga auf 8 W. ein etwan 15 Faden hohes Bergufer, welches Steinkohlen und Kohlenschieferlagen enthält. Diese Berge brennen seit undenklichen Jahren und noch immer (S. vorh. orograph. Abtheil.). Unten breitet sich die Chatanga zu einem langen, 10 bis 25 W. breiten Busen aus, der mehrere Flüßchen aufnimmt. Die östliche Landspitze am Busen heißt Preobratschenska Nuis, und hat den großen, ins Meer abfließenden See Nordwik.

Die Anabara, viel kleiner als die Chatanga, nimmt etwan unter 68 Gr. Br. den Anfang, ist ganz in der arctischen Torffläche ohne Rußische Wohnsitze, und fällt mit ihrem

auf-

aufgenommenen Flüßchen unter 73 Gr. Br. und 106 Gr. L. in einen kleinen Eismeerbusen.

Der Olonek entspringt nach den Karten etwan unter 67½ Gr. Br. im Torfmorast, macht einen östlichen Bogen und fällt dem Ursprunge in N. N. O. unter 72½ Gr. Br. und 131 Gr. L. in einen Busen der Lenaausflüße. Er ist größer als der Chatanga, und hat an der Linken viele Flüßchen, an der Rechten aber nur Bäche. An der Rechten der Mündung steht die Kreisstadt Olonek, die einzige am Eismeere, und die nördlichste im Reiche.

Das Meerufer der Jurazkischen Küste vom Jenisei zur Lena hat stellenweise aufgethürmte Haufen von Treibholz, Federn, Tannen und Lerichen. Unmittelbar am Ufer ist es theils frisch, abwärts aber, wo jetzt das Meer nicht mehr hinkömmt, ziemlich vermodert. Gm.

Die Lena.

Die Lena ist nach der Größe der dritte Fluß Sibiriens und mit ihrem ganzen, ausgebreiteten Wassersystem nicht nur ganz in Sibirien, sondern in der einzigen Statthalterschaft Irkuzk. An ihr reiseten Müller, Gmelin, Steller bis Jakuzk, und in ihrer untern Gegend waren die Seeexpeditionen.

Sie entspringt am westlichen Baikalgebirge, 50 W. vom Baikal, nach Gmelin unter 52½ Gr. Br., und 124½ Gr. L., ihren Mündungen an der Jurazkischen Küste zwischen 73 und 74 Gr. Br., und 134 bis 143 Gr. L. in S. S. W. Auf ihrem Laufe macht sie einen starken östlichen Bogen. Die Gegend der Lena und ihres Systems ist bis unter den Wilui, oder etwan 67 Gr. Br., das allgemeine flache, nordöstliche Sibirische Gebirge mit seinen Kulturfä-
higen

bigen und unwirthbaren Abwechselungen. Von 68 Gr. nördlich ist die Torffläche (Tundra) auf Felsengrund. Die ganze Lenagegend ist wenig angebauet.

Der Fluß hat zwar auf seinem ganzen Lauf keine Fälle, aber hie und da Strudel und Uferklippen, ein ungleich breit Gestade mit den gewöhnlichen Abwechselungen, welches er, da er 1 bis 2 Faden im Frühlinge steigt, überschwemmt. Er macht im Gestade viele Inseln, und zeigt des Sommers, nach Art großer Flüsse, vielen trocknen Sandgrund, trägt aber doch von Kirenga an beladene Fahrzeuge. Das Gestade hat ein 5 bis 10 Faden hohes Ufer, und bald an der einen bald an der andern Seite einen Bergstrich oder Bergufer. Die Geschwindigkeit des Flußes ist verschieden; bey stillem Wetter schwimmen Holzscheite bey Jakuzk in einer Stunde 400 Faden, über Kirenga und weiter hinab aber in einer Stunde 4 W. Das Lenawasser ist nur von mäßiger Güte, aber gar nicht ungesund.

Vorzügliche Flüße und Uferörter der Lena von oben hinab.

Die Lena hat unter Vereinigung ihrer Quellbäche das Flüßchen Amga, und unter demselben Wercholensk am rechten Ufer. Noch mehrere Flüßchen, das Flüßchen Ilga mit Ilginskoe und hier eine Steinbanke (Perebor). Das Flüßchen Orlenka und Iga an der Rechten. Die Kuta an der Linken mit einer Salzsiederey, und Ustkutsk an der Lena. Die Kirenga fällt in das rechte Lenaufer. An der Mündung Kirenskoe Ostrog unter 57 Gr. 47 M. Br. Der Itschora und Saljanka der Linken haben beyde Salzquellen. Der 15 W. lange Bergstrich Talokowi Gori besteht aus gelbem Sandstein.

Der Witim der Rechten, ein ansehnlicher Fluß, entspringt in Daurien an der Ostseite des Baikals unter $53\frac{1}{2}$ Gr.

Gr. Br. und 130 ½ Gr. L. (Gm.), macht auf seinem Laufe in theils ofnem flachen, theils höherm und waldigem Gebirge einen östlichen Bogen, und fällt dann mit drey Armen unter 59 ½ Gr. Br. und 131 Gr. L. in die rechte Lenaseite. Sein Gestade hat stellenweise Kalkfelsenufer. Das untere Gebirge am Witim hat Granit mit Glimmerbrüchen. Er ist ohne Rußische Wohnungen. Witimskaja Ostrog steht gegen seiner Mündung am linken Lenaufer.

Zuflüße und Uferörter am Witim von oben.

Der Kutschida, ein mit Felsen umgebener schöner See, fließt ins linke Ufer des Witim. In diese Seite fällt auch das Flüßchen Kitimit. Der Abfluß des Sees Jerawna und der Konda, der den Abfluß des Telembinskischen Sees hat, fallen in die rechte Witimseite. Der Zipa, der durch den großen Bauntsee fließt, ist an der Linken. An dieser Seite fällt auch der Mama ein, an welchem Glimmerbrüche sind.

Unter dem Witim fällt der Nuga in die Linke der Lena. Unter demselben hat dieses Ufer eine zwey W. lange Strecke mit säulenförmigen Klippen (R. Stolbi). Olekminskoi Ostrog ist am Linken, die Mündung des Olekma aber am rechten Lenaufer. Der Olekma gleicht dem Witim, entspringt unter 53 ½ Gr. Br., und hat die Mündung unter 60 ½ Gr. Er hat nur Flüßchen und eine nasse, rauhe, theils waldige Gegend.

Unter dem Olekma hat die Lena außer kleinen Flüßchen auch den Sinja an der Linken, und von demselben an in einer Strecke von 35 W. eine Reihe großer säulenförmiger Uferklippen, zwischen welchen das Flüßchen Stolbowaja (Säulenbach), in die Lena fällt. Die theils eckigen, theils runden Säulen haben eine Höhe von 10 bis 15 Faden,

und

und bestehen theils aus Sandstein, theils aus Felsenkalk. Gm.

Von den Säulen (Stolbi) bis Jakuzk ist bald an der einen, bald an der andern Seite hohes Ufer, die Gegend beyder Seiten aber ist flach. Die Lena hat hier viele Inseln, und über dieselben gemessen eine Breite von 3 bis 5 W. Jakuzk steht auf dem linken, bis 15 Faden hohen Lenaufer unter 62 Gr. 2 M. Br., und 147 Gr. 12 M. L. Der Fluß hat hier 3 Arme, über welche gemessen seine Breite mit den Inseln bis 13 W. beträgt. Er befror hier im Jahre 1739 am 28. September, und brach am folgenden 11ten May. Gnr.

Dreyßig Werste unter Jakuzk ist auf einer Strecke von 5 W. an der Linken Bergufer; von dem an aber werden die Ufer beyder Seiten niedriger. Die gute Waldung dauert bis unter den Aldan.

Der Aldan der Rechten der Lena ist ihr größester Fluß. Er entsteht am Penschinschen Busen, nach den Karten unter 56 Gr. Br. und 143 Gr. Länge, und fällt unter 64 Gr. Br. und 146 Gr. Länge in die Lena. Seine Gegend ist die des nordöstlichen Sibiriens, felsicht, kalt, naß und waldig. An mehr Orten bleibt den Sommer hindurch unter dem Moos Eis, auch verlieren es einige Seen nicht ganz. Der Aldan ist vom Judoma hinab schiffbar.

Die vorzüglichen Flüße des Aldan von oben sind: der Maja der Rechten, der den Judoma aufnimmt. Der Umja der Linken. Die Belaja der Rechten. Unter ihr ist die Mündung des Aldan.

Der Wilui der Linken der Lena entspringt nach den Karten unter 66 Gr. Br. und 124 Gr. L.; die Mündung ist unter 64 Gr. Br. und 144 Gr. L. Er nimmt nur kleine, aber viele Zuflüsse auf, und hat eine Gegend, der an der untern Tunguska (Vorh.) ähnlich. Der Tunguska gleicht auch der Wilui an Gestade, Größe, Wasser. — Unter den

Eismeerflüße.

den Zuflüßen des Wilui hat der Kaptendet an seinen Ufern Steinsalz und auch Salzquellen. Am ganzen Wilui stehen bloß die obere, die mittlere und untere Wiluische Winterhütte (Wiluiskoi Simowie) der Kosacken.

Unter dem Wilui hat die Lena nur kleine Flüßchen, und unter diesen auch den Schigan, unter welchem sie sich als ein Busen ausbreitet. Sm. Sie nimmt hier mehr Flüßchen und an der Rechten auch den Siktok auf, an welchem Siktokskoe Simowie steht. Am Flüßchen Tschuja der Linken ist die Lena breit und hat die felsige Insel Stolbowoi Ostrow (Müll.). Unter derselben, unter 71 ¼ Gr. Br. (Müll.), theilt sich die Lena in 4 Mündungsarme, und diese heißen von W. nach O., Nastizkaja Protok (Durchbruch), Schegalezkaja, Tumazkaja und Krestjazkaja Protok. Sie umgeben große, niedrige Inseln, von welchen eine Kulazkoe Ostrow genannt wird. Müll.

Die Jana des Eismeeres entspringt dem Alban nahe, etwan unter 64 Gr. Br. und 150 Gr. L., und fällt mit mehrern Armen unter 72 Gr. Br., dem Ursprung in N., ins Meer. Ihre ganze Gegend ist die unwirthbare Torffläche (Tundra) am Eismeer. Unter ihren Flüßen ist der Dulgalach der Linken, der Barulach der Rechten u. m. a. Oben an der Jana steht Werch-Janskoe Ostrog, und über den Mündungsarmen Ust-Janskoe Ostrog, in welchen einige Kosaken und Jäger wohnen.

Die Indigirka, ein ziemlicher Fluß, entsteht aus mehrern Flüßchen etwan unter 62 Gr. Br. und 158 Gr. L. Unter seinen Zuflüßen ist der Ömekän der Rechten der größeste. An diesem Fluße steht die neue Kreisstadt Satschiwersk am rechten Ufer, unter '67 Gr. 16 M. Br., auch sind weiter hinab noch einige so genannte Witterhütten (Simowie). Er hat vier seichte Mündungsarme, mit niedrigen

gen Inseln, nach den Karten unter 72 Gr. Br. Seine obere Gegend ist das felsige, waldige nordöstliche Sibirien, die untere die arctische Torfsläche, in welche Jukagiren und Jakuten ziehen.

Der Alaseja, etwan 500 W. lang, ganz in der arctischen und felsigen Torfsläche, ohne Rußische Wohnungen, fällt unter 71 ½ Gr. Br. und 167 Gr. L. ins Eismeer. Weiter östlich ist der noch kleinere Tschukotscha in eben diesem Fall. Müll.

Die Kolyma ist unter den kürzern Eismeerflüßen der größeste und auch der östlichste. Sie entspringt dem Penschinschen Busen nahe, im Ochozkischen Kreise, etwan unter 61 Gr. B. und 162 Gr. L., und fällt ihrem Ursprunge in N. N. O. mit mehrern Armen, unter 72 Gr. Br. und 175 Gr. L., ins Eismeer. Ihre größesten Zuflüße Suchaja, Kurkadan, Omula u. a. sind an der Rechten. Die ganze Gegend der Kolyma ist oben das rauhe felsige nordöstliche Sibirien, und unten die arctischen felsigen Torfmoore, und daher den Nomaden überlassen; nur drey Winterhütten, in welchen einige Kosaken hausen, stehen am Fluße; von diesen steht Burulgino Simowie über den Mündungsarmen unter 71 Gr. Br.

Die Eismeerufer des Tschuktschischen Vorgebirgs haben nur geringe Buchten und Flüßchen.

Fische, Meer- und Uferthiere kommen in der zoologischen Abtheilung des 3. Theils vor.

Sechs-

Sechster Abschnitt.
Das Ostmeer, dessen Abtheilungen und Rußische Flüße.

Das Ostmeer oder stille Meer, Mare orientale seu pacificum R. Wospotschnoe, auch Tichoe More oder Okean, ist, in unsern Gegenden durch eigene Seeerpeditionen untersucht (S. Einl.), auch haben verschiedene Handelsseefahrer, Kosaken, Kaufleute, Jäger, ihre Bemerkungen mitgetheilt, welches alles bekannt gemacht und auf eine 1786 im Kayserl. geographischen Departement erschienene Karte getragen ist. Doch sind unsere Kenntnisse von diesem Meere noch sehr mangelhaft.

Die Felsenufer Sibiriens, Kamschatkas und die felsigen Aleutischen und Kurilischen Inseln machen wahrscheinlich, daß das Meer überhaupt Felsengrund habe. Es zeigt an unsern Küsten überall Ebbe und Fluth; die erste dauert bey Ochozk gewöhnlich 7 Stunden, wobey sich das Meer an 2 W. zurücke zieht, und seinen Grund, Schaalen- und Krautwerk zeigt; die Fluth währet meistens 8 Stunden. Ueberall und selbst auf der Höhe ist das Meerwasser nur schwach gesalzen.

Folgt man der Ostküste vom Tschukschischen Vorgebirge südlich hinab, so hat man nach der Reihe folgende Bemerkungswürdigkeiten:

Die Straße Anian, nach Büsching Cooks, nach dem Rußischen Atlas Berings Meerenge, ist, so weit Untersuchungen wegen Treibeises ꝛc. statt haben, kurz und das nächste Amerikanische Land unter 66 Gr. Br. und 207 ½ Gr. L., auch nicht weit. Cook folgte der Amerikanischen Küste bis 70 Gr. 45 M., und als er nicht weiter kommen konnte, wandte er sich westlich nach der Sibirischen Küste, konnte aber nicht um das Kap kommen. Im Sunde sind die Inseln Okisjan, Skimasai u. m. dem Vorgebirge nahe, und werden von den Tschuktschen, die die Sprache der Insulaner verstehen, besucht. Die Tschuktschische Küste ist felsicht, niedrig, und hat nur geringe Flüßchen.

Der **Anadyrsche Meerbusen** (R. Anadyrskoe More) ist groß, hat niedrige felsige Ufer, und in und vor dem Busen im Meer eine Inselgruppe, die die **Sinde** genannt werden. Unter den nur kleinen Flüßen des Busens ist auch der ansehnliche **Anadyrfluß**. Er entspringt im nassen Felsengebirge, dem Kolyma nahe, und fällt unter 65 Gr. Br. und 187 Gr. L. in den Busen. Er nimmt nur kleine Flüßchen auf. Am Anadyr stand **Anadyrskoe Ostrog**, der aber verlassen ist. Die Koräkische Ostmeerküste ist felsicht und hat den Fabel, Pokosta und mehr kleine Flüße, die meistens in kleine Busen fallen.

An der Ostseite der Halbinsel Kamtschatka heißt das Ostmeer das **Kamtschatkische** (R. Kamtchatskoe More), auch das **Biebermeer** (R. Bobrowoe More). Hier hat das Meer von W. in O. einen Inselstrich, der ein Gebirgrücken zu seyn scheint, dessen Fuß vom Meer bedeckt ist, und dessen Bergzipfel über dem Meeresspiegel als Inseln hervorragen. Der ganze Strich wird unter dem Nahmen der **Aleutischen Inseln** begriffen. (S. Orogr. Abtheil.)

Die Halbinsel **Kamtschatka** (S. Orogr.) verflächt ihr Gebirge so, daß es unter das Meer fällt. Die Küste hat nur kleine Busen und Flüßchen. Der größeste Fluß ist der nur 400 W. lange Kamtschatka, an welchem der

obere

Das Ostmeer.

obere und untere Kamtschatkische Ostrog stehen. Weiter südlich hinab ist der Busen Awatscha, der ein guter Hafen ist und Petri Paulihafen genannt wird. Ein Hafen geringerer Güte ist die Mündung des Kamtschatka. Der Busen Kronozkoe Guba hat den Ausfluß des ziemlichen Kronozkischen Sees.

Die südliche Spitze Kamtschatkas heißt Lapatka. Von derselben liegt der Kurilische Inselstrich in S. S. W. als ein den Aleutischen Inseln ähnlicher Gebirgsrücken. Die Westküste von Kamtschatka hat nur kleine Flüße und Bäche: die größesten sind der Bolschaja, dessen Mündung Hafen ist, und der Tagil; an beyden sind Ostroge.

Das so genannte Ochozkische Meer liegt zwischen dem östlichen Ufer des festen Landes und dem westlichen von Kamtschatka. Der nordliche Theil desselben macht den Penschinschen Meerbusen, der in N. N. W. liegt, und meistens vom Lande der Koräken umgeben wird. Er hat am nördlichen Ende östlich die Bucht Aklan und westlich Ischiginsk. In den Aklan fällt das Flüßchen Aklan und Penschina; am ersten steht die Kreisstadt Aklansk. Am Busen Ischiginsk steht die Kreisstadt des Nahmens —. Der ganze Penschinsche Busen hat nur kleine Zuflüsse.

Die Ochozkische Meerküste liegt vom Penschinschen Meerbusen bis zum Urak von O. in W. und vom Urak bis zum Ud von N. in S. Sie hat das Flüßchen Ochota, dessen Mündung Hafen für Kamtschatkische Schiffahrt ist. Am Hafen steht Ochozk unter 59 Gr. 20 M. Br. und 160 Gr. 15 M. L. Der Urak, ein ziemlich Flüßchen, entsteht dem Judoma des Aldan so nahe, daß die Ladungen der Fahrzeuge von der Lena vom Judoma über ein schmal Land leicht gebracht werden und in Fahrzeuge des Uraks geladen werden könnten, der Urak hat aber Klippen.

Vorm Urak südlich heißt das Meer das Tungusische. An dasselbe reicht das Gebirge Stannowoi, welches hier die Russische und Chinesische Grenze macht, und aus welchem noch der Russische Fluß Ud und das Flüßchen Tarom unter 55 Gr. Br. und 188 Gr. L. ins Tungusische Meer fällt. Am Ud steht Udskoe Ostrog und am letztern eine Winterhütte (Simowie). Die Meerinseln Sagalin und andere gehören unter China.

Der Amur, der Chines. Helong Kiang, Mandschur. Sagalin Ula ꝛc. heißt, ist dem Gebirgrücken Stannowoi südlich und nach den letzten Grenztractaten mit beyden Ufern im Chinesischen Reich, dessen Stammflüsse Argun und Schilka aber gehören hieher.

Der Argun, Daurisch Orgun, kömmt aus dem ansehnlichen See Dalai Nor, und ist bis zur Aufnahme des Chailar der Rechten ganz in der Chinesischen Mongoley. Vom Chailar bis zum Amur ist er Grenzfluß, so daß China das rechte und Rußland das linke Ufer des Flusses hat.

Der Argun ist von Dalai Nor an ansehnlich und fließt in einer ofnen Gegend in einem 1 bis 2 W. breiten, meist waldlosen Gestade in der Breite von 30 bis 100 Faden, des Sommers sehr langsam, mit schlechtem, gelblichem Wasser, welches des Winters, wenn der bessere Theil desselben zu Eise geworden, fast braun und von häßlichem Geruch ist, auch nur wenig Fische hat. Die vorzüglichsten Zuflüsse und Uferörter sind von seinem 50 W. langen und 30 W. breiten Ursee Dalai Nor, der als Steppensee schlecht Wasser und wenig Fische hat, der Chilar ein ziemlicher Fluß der Rechten und dann noch einige kleine Flüsse an der Chinesischen Seite. Im Russischen Gebiet hat das linke Ufer den Berg und die Schanze Abagaitu und Alt und Neu Zuruchaitu, Grenzposten, wo ehedem Russen und Chinesen handelten. Das Flüßchen Urulengu. Der Karlira, kleiner, als der Urulengu. Am letztern ist der große See Buguti. Drey Borsaflüßchen nach der

Reihe,

Reihe, an welchen Berg- und Hüttenwerke sind. Argunskoe Ostrog. Der Urow. Der Gasimur, der größte Zufluß der linken oder Russischen Seite. Er ist an 300 W. lang und hat an seinen Ufern und Bächen außer einigen Grubendörfern, auch 15 Ackerdörfer. Unter dem Gasimur vereint sich der Argun mit der Schilka zum Amur.

Die Schilka, Tungusisch und Mongolisch Schilkir größer als der Argun und ganz im Reich, entsteht aus Vereinigung des westlichen Ingoda und östlichen Onon.

Die Ingoda entspringt im Gebirge Jablonoi (S. Orogr. Abtheil.), und vereint sich unter 51 Gr. 40 M. mit dem Onon zur Schilka. Ihr Lauf ist im Nertschinskischen Gebirge in einem tiefen Gestade, mit vielen Felsenuferstellen; auch der Fluß hat viele Steinblöcke. Er ist schnell, hat schönes Wasser, aber wenig Fische. Sein Gestade wird im Frühlinge überschwemmt. Die vorzüglichsten Zuflüsse und Uferörter sind von oben: Die Kreisstadt Doronesch am linken Ufer, wo ein Salzsee ist; das Flüßchen Tschitoi an der Linken und Tschitinskoi Ostrog an der Mündung, der Olengu an der Rechten, mit einer Slobode. Der Ulgui der Linken; die Tura der Rechten, wo so wie am Ingoda selbst Gräber der Alten sind.

Der Onon entspringt im hohen, wilden Jablonoigebirge, außer der Grenze, nach Pallas Karte unter 46 Gr. 30 M. Br. und 126 Gr. L.; der Mündung in S.W. Seine Gegend außer dem Gebirge ist meistens hohe, wellige, ofne und zum Theil auch salzige Steppe, ohne Anbau. Sein Gestade ist nur schmal und wird überschwemmt. Sein Wasser ist gut Flußwasser. Die Ononsteppen haben seichte Seen, die beym Schneeschmelzen zusammen fließen und große Spiegel machen, im Sommer aber bis auf nachbleibende kleine Seen und Pfützen austrocknen; ein solcher See ist der Tarei Nor, der des Sommers nur Pfützen behält. Der Onon hat von oben: den Kirkun mit dem Baldsa an der Linken, den Aguza und den Kira an der Linken.

Die Festung Akschinsk an der Rechten, den Onönborsa und neben demselben den Borsasalzsee, den Turja und Dschida, alle an der Rechten und den Aga an der Linken.

Die aus Vereinigung des Ingoda und Onons entstandene **Schilka** fließt südöstlich zum Amur. Die Länge der Schilka beträgt um 400 W.; ihre Breite in einem gewöhnlichen Gestade wechselt von 150 bis 200 und mehr Faden. Die Gegend ihrer Rechten ist das Nertschinskische Erzgebirge, zur Linken die allgemeine felsige, waldige, kalte, nordöstliche Sibirische Gegend. Sie fließt geschwinde, und hat besser Wasser und mehr Fische, als der Argun. Im Frühlinge wächset sie stellenweise bis zwey Faden.

Die **Schilka** hat von oben das Flüßchen **Tschalbucha** an der Rechten, den **Ischigan** an der Linken; den gut bewohnten **Urulgu** an der Rechten, die **Nertscha** an der Linken und **Nertschinsk** unter 51 Gr. 56 M. Br. an der Mündung. **Stretinskoe**, eine Kreisstadt, steht am rechten und die **Schilkinskische Silberhütte** am linken Ufer. Das Flüßchen **Gorbiza** fällt nicht weit über der Vereinigung der Schilka mit dem Argun, oder dem Anfange des Amurs in die Linke der Schilka. Der **Gorbaza** bestimmt abwärts vom Fluß die Chinesische Grenze und hat eine Grenzwache.

Unter dem Gorbiza, unter 53 Gr. N. Br. und 160 Gr. L. vereinigen sich der Argun und die Schilka zum **Amur**, der, wie schon angezeigt ist, jetzt ganz außer den Grenzen des Russischen Reiches zum Ostmeer fließt.

www.ingramcontent.com/pod-product-compliance
Lightning Source LLC
Chambersburg PA
CBHW020301240426
43673CB00039B/671